사주의 상(相)을 보는 것이 격국 이다.

神通 격국 통변
신통 格局

한 명호 엮음

📖 도서출판 두원 출판미디어 📖

◎ 볼수록 강해지는 격국 통변.

사주의 격국(格局)이란 말에 관심이 가기 시작하면, 이제 추명(推命)에 있어 어느 정도 체계(體系)를 갖추기 시작한다 생각하면 될 것입니다. 물론 용신(用神)이란 단어도 동반(同伴)되겠지요.

종합적(綜合的)이고, 더 세부적(細部的)인 것은 용신(用神)을 설명, 격국(格局)과 같이 진행되어야 하나, 격국(格局)은 진행이 시작하는 과정이요, 용신(用神)-편은 진행하여 마무리하는 과정이라 따로 분류를 정확히 하는 것이 이해에 더 도움이 되리라 생각, 지면 관계상 양이 많으므로 분리하게 되었습니다. 재삼 양해를 구하는 바입니다. 이 책에서는 격국(格局)을 위주로 한 통변(通變)을 살펴보았습니다.

● 격(格)이란 도대체 무엇일까?

격(格)이란? 어떠한? 즉 지정(指定), 선택(選擇)되지 않은 사물(事物)의 처한 위치(位置)나, 환경(環境), 또는 그에 합당한 지위(地位)나 신분(身分), 등급(等級), 격식(格式)이나, 품위(品位) 등을 나타내거나, 비유(比喩)하는 경우, 사용되는 단어인데, 쉽게 생각하면 일종의 접미사(接尾辭) 식으로 갖다 붙이면 되는 것, 또한 격(格)이다. 라 해도 큰 무리는 없다.

● 국(局)이란?

본문(本文)의 내용을 그대로 옮긴다면, 일의 상황(狀況)이나, 벌어지는 형상(形象), 전체를 부분적으로 이야기하는 것이니, 격국(格局)이란? 갖춘 형상(形象)이나, 전개되는 시간, 공간적인 요소를 수적(數的)으로 평가(平價)내리는 것.

◉ 사주에서 왜 이 격국(格局)이 필요, 중요한 것일까?

식사할 때 배부르게 먹으면 그만이지 수저, 포크, 나이프 기타 도구들과 그 사용방법이 뭐 그리 중요한가? 도구가 있으면 알아서 퍼먹든지, 씹어 먹든 알아서 먹으면 그만이지 언제부터 격식(格式)을 찾았다고! 한다면? 웃자고 하는 이야기도 되고. 피곤한 일이라며 외면 받을 수도 있다.

격 (格)과 비슷한 말로는 식(式)이라는 단어를 사용할 수 있다. 그러나 식(式)은 비교가 아닌 정해진 틀을 의미하는 것이 강(强)해 약간은 뉘앙스가 달라질 수도 있다.

◉ 격(格) 이란? 쉽게 생각하면 "명사나, 형용사, 동사, 부사 등 갖다 붙이면 가능해진다."라 생각하자. 대다수가 뜻이 변하지 않고 통용(通用)이 가능. 예를 들어 문장을 한 번 살펴보자.

◉ 우리는 주로 **속담(俗談)**과 **격언(格言)**을 많이 인용, 사용한다.
 ① "까마귀 날자 배 떨어진다." 라는 말을 비유, 사용하는데 끝부분에서 ② 배 떨어지는 격! 라 표현한다면 문장의 뜻에 더욱 강한 의미가 부여됨은 물론, 전달하고자 하는 뜻이 각인되는 효과가 확실하다.

❷. "아버지가 나귀 타고 장(場)에 가신다."라 할 경우. 아버지 격(格)이요, 나귀 격(格)이요, 장(場) 격(格)이요, 가시는 격(格) 등으로 격(格)을 명명할 수 있다.

격 (格)이란? 사용하는 모든 단어에 가능하다. 가능하지 않다면 단어 자체가 구성원으로 적합하지 않다는 말도 나온다.

☞ 사주(四柱)에 격(格)이 많은 건 당연. ──────────────

- 여러 가지 격(格) 중 실질적(實質的)으로 피부에 와 닿고, 주종(主從)을 이루는 대표적(代表的)인 격(格)이 무엇인가?
- 가려 선봉(先鋒)에 내세우는 것이 격국(格局)의 궁극적(窮極的)인 사용법이다.

☞ 격(格)이 **해변(海邊) 격(格)**이라 하자.

- 해변(海邊)이 주격(主格)이니, 환경(環境)을 살펴보면 바닷가가 가까울 것이요, 사람들은 어업(漁業)에 종사, 바닷가에서 생산되는 많은 수산자원을 활용, 생활에 보탬이 되도록 할 것이다.
- 그곳에는 식당들이 있어도, 도시의 식당과는 현저한 차이가 날 것이다. 싱싱한 해산물에, 활어(活魚)에 풍요로운 바다의 냄새가 물씬 풍긴다. 과일, 농산물 가격, 의류 등 기타 여러 생필품이 다른 지역보다는 가격이 약간 비싸고, 다양하지 못할 것이다. 취약(脆弱)점이다. 바닷바람과 햇볕에 노출(露出)이 많아 구리 색 피부가 돋보일 것이다.

⊙ 이렇게 격(格)을 알면 부분적인 면이 많지만 여러 가지를 유추 판단할 수 있다. 그런데 그것이 피상적(皮相的), 비현실적(非現實的)인 것이 아니라, 사실적(事實的)이고 확실한 것이다. 정확한 판단이 나온다. 폭넓게 순식간에 보지 않고, 듣지 않아도 근접, 추명이 가능하다. 직접적(直接的)인 경험이 아닌 간접적(間接的)인 경험이지만, 많은 면에 있어서 가능성(可能性)이 열린다.

⊙ 바로 이것이 보이지 않는 상(象)을 보는 것이다. 앉아서 천리(千里)를 본다는 것이 바로 이러한 원리(原理)다. 예전부터 많은 수양(修養)을 쌓기 위해 천하를 유람하는 것이 다 그러한 연유다. 가만히 앉아서 학(學)만 추구하는 이론적(理論的)인 면(面)에만 치우치는 것과는 차이가 있다.

⊙ 격국(格局)을 판단하고, 추리(推理)하는 과정에 있어서 특히 중요한 것이 원류(原流), 흐름인데 이는 사주 추명(推命)에 있어 기억해야 하는 사항이다.

■ 흐름을 안다는 것은 자신을 아는 것이요, 자신을 깨달음으로 많은 반성과 각오를 다지며 어제보다는 나은 내일을, 부족한 부분을 채우는 과정일 것이고, 채울 수 있다는 것은 만족과 기쁨을 누릴 수 있다는 것이다.

⊙ 격국(格局)에 대한 사람들의 의견이 분분하나 중요한 것은 큰 줄거리를 보며 하나하나 검토해 보는 여유다. 그러면 여러 판단이 설 것이다.

■ 그것은 독자 여러분의 관심과 내공에 달린 것이라, 한 가지 저의 생각을 말씀

드린다면 보통 명리(命理)를 공부하는 과정에서 보면 격국(格局)과 용신(用神)을 매우 중요시 취급. 이 부분들은 몇 번을 반복해도, 반복(反復)해야 하는 부분(部分). ■ 용신(用神) 편에서는 종합적으로 그동안 미진한 부분이나, 실전(實戰)에서의 핵심적인 부분을 다루어 볼까 합니다.

그 동안 전화를 주시어 격려, 조언을 아끼지 않으신 많은 분께 감사드리면서 더욱 더 정진하여 많은 내용을 독자 여러분과 함께 의논하고, 나누도록 하렵니다. 항상 건강하시고, 많은 진전이 있으시기를 기원합니다.

2024년 01월 02일

춘천에서 법사 원담 올림.

차례 —————————————————————

제 ❻ 장

제 ❶ 장

□ 격국(格局)의 통찰(通察).

❶. 격국(格局)의 진단.

❷. 격국(格局)의 정법(定法).

❸. 격국(格局)의 탄생

격국이란 너도나도 같이가는 끝이없는 길이로세
격국이란 모든 것이 공평하게 나타나는 형상일세
격국이란 서로간에 손을잡고 공생하는 방법일세
격국이란 나타나면 사라지고 사라지면 나타나네
격국이란 보인다는 그자체가 형상이니 답이로세
격은작고 국은크니 어찌구별 꼴이로다 생각하세

❶. 격국(格局)의 진단.

✪ 격(格)이란? 공중누각(空中樓閣).

- 허공(虛空)에 누각(樓閣)을 세우는 것처럼 아무런 근거 없고 가공(加功)된 것이요, 일종의 허상(虛像)과 같은 의미(意味)다.
- 글자를 분석하면 루(樓), 각(閣)을 반반씩 쪼개 합쳐놓은 것이 바로 격(格)자다.
- 그렇다면 격(格)을 논(論)하는 것이 헛것을 논한다는 이야기인가? 유, 무 형상이다.

❖ 격(格)이란?

서 로의 존재를 인정하는 격식(格式). 격(格)이란 상대가 있어 나의 존재 사실을 나타내는 것이요, 허상(虛像), 실상(實像)이든 이루어진다.

✪ 격(格)이란 상(象)이다.

- 형이상학적(形而上學的)인 상(象)이다. 기운(氣運)의 변화(變化)를 일러주는 상(象)이다. 그래서 정확하게 짚어낸다. 어떨 때는 선명(鮮明)해 쉬울 수도, 어떨 때는 혼미(昏迷)해 보이지 않을 수도 있다.

◉ 우주(宇宙) 삼라만상(森羅萬象) 모든 것은, 고유한 상(象)을 나타낸다.
상(象)은 겉으로 드러나 보고 판단할 수 있는 외적(外的)인 상(象), 보이지 않고 함축되어 나타나는 내적(內的)인 상(象), 그리고 내적, 외적, 환경에 의해 변화되는 상(象) 등,
- 그 뜻이 방대 어느 일부분을 논한다는 것도 참으로 힘든 일이다.
지금 논하는 격국(格局) 역시, 그 상(象)의 일부분에 지나지 않는다.

✪ 격(格)이란?

- 어떠한 대상(對象)에 대하여 종합적(綜合的)으로 갖추고 있는 모든 여건(餘件)을 감안, 수적(數的)으로 우수(優秀)한, 즉 많은 부분에 평가, 정확하게 계산, 명명(命名)하는 것이다.
- 즉 형성 DNA의 서열분석.
- ⊙ 우리가 목(木)을 목(木)이라 칭하는 것도, 목(木) 그 자체가 100%로 목(木)이 아닌 줄 알면서, 목(木)의 상(象)에 해당하는 부분이 많으므로, 겉으로 드러난 상(象)이므로, 수(數)적으로 계산 목(木)이라 칭(稱)한다.

⊙ 오행(五行)의 각 요소 들은, 각각 다 오행의 요소(要素)를 다 갖고 있다. 그중 대표적인 기운(氣運)이 강(强)하게 나타난 그것을 셈하여, 그 명칭(名稱)을 붙이는 것이다.

- ⊙ 격국(格局)의 주체(主體)는 일간(日干).
- 주체(主體)를 중심으로 전체적(全體的)인 상황, 상호 연관(聯關)−관계, 위치에 따른 판단(判斷), 환경(環境), 기운(氣運)의 안배, 이해(利害)관계, 등등 많은 사항이 밀고, 당기고 하면서 무엇인가 만들어내게 된다. 이때 생기는 것이 격(格)이다.

격(格)도 어느 것을, 어느 정도, 알아야 할 것인지도 어지러운 정도다. 갖다 붙이면 격(格)이 되니 어느 정도 타당성(妥當性)이나, 나름대로 의견(意見)을 피력하다 보면 우후죽순(雨後竹筍)식으로 늘어나는 것 또한 격국(格局)이다.

- ⊙ 앞선 분들이 먼저 내놓은 것이 하도 많다 보니, 그것을 다 들여다보기도 힘든 상황이다. 어떤 분들은 어떤 것은 필요 없는 사항이고, 복잡하기만 한 것이니 요 정도만 알고 나머지는 무시해도 좋다는 의견을 갖고 계신 분도 있

고, 자기가 골라 취하면 되는 것이다. 하는 분도 계시고 그에 대한 의견도 갖가지다. 마치 한정식 요리를 거하게 한 상(床)을 받아 놓고, 무엇을 먼저 먹어야 할지 몰라 눈이 휘둥그레지는 그런 상황(狀況)이다.

⊙ 답은 간단하다. 식단도 주식(主食)이 있고, 부식(副食)이 있고, 국 종류, 젓갈, 나물, 생선, 고기, 버섯, 해물, 야채, 건어물 종류—거기에서 김치를 골라보더라도 물김치, 갓김치, 배추김치, 열무김치,--이루 헤아릴 수 없을 정도다. 배가 불러, 다 못 먹는다. 두고두고 나누어서 먹어야 언제인가는 다 먹어본다.

⊙ 배운다는 것은 끝이 없는 일이다. 내 능력껏 배우고, 터득하는 것. 격국(格局)도 종류별로 다 살펴본다는 것도 많은 시간을 요(要)-한다.

▪ 결국, 끈질긴 사람이 무엇이든 이기는 것이지만, 욕심(慾心)내지 말고 능력껏, 건강이 허락하는 한 열심히 배우고 터득하는 것이다. "득도(得道)하기 위한 수련(修練)이다."라고 생각하는 것이 편하다. 배운다는 것 역시, 득도(得道)를 위한 과정이다.

✪ 국(局)이란 글자를 풀어보자.

▪ 주검을 나타내는 시(尸)-자가 옳을 가(可)-라는 글자를 덮고 있다.

　　▪ 시체를 걷어내니, 즉 뻣뻣한 형태로 드리워진 상(象)을 걷어내어 옳음을 알리는 것을 가두어진 입구(口)-자를 통하여, 언로(言路)를 열어주는 것, 즉 입으로 말하는 것이 격국(格局)이라는 것이다.

✪ 격국(格局)이란?

사주(四柱)에서 격국(格局)의 의미, 뜻을 헤아려보자. 일의 상황(狀況)이나 벌어지는 형상(形象), 전체의 한 부분을 이야기하는 것이니, 격국(格局)이란? 형상(形象)이나, 전개되는 시간(時間), 공간적(空間的) 모든 요소(要素)를 합해 수적(數的)으로 평가(平價)하는 것이다.

⊙ 외적(外的), 내적(內的) 성분(成分)이나, 자질(資質), 기량(技倆), 인격(人格), 품격(品格), 등 상(象)적인 면(面)도 포괄, 어느 정도의 위치에 해당하는가?
  • 상황이나 요구되는 분야에 적용하는 것이다.

☐ 사주(四柱)-상의 격국(格局)을 보는 시각(視覺).

⊙ 주체(主體)는 일간(日干)이다. 일간을 월령(月令)에 대비(對比), 어디에 해당하는가 분석, 타(他)-육친(六親)과 상관관계(相關關係)를 비교, 일간(日干)과의 상황(狀況)을 비교(比較), 분석(分析).

⊙ 우선 제일 크게 두 가지로 분류할 수 있다.
좀 더 세부적(細部的)으로 구분하는 것이 당연하지만, 커다란 그림을 그리는 방법을 살펴보자.

☐ 내적(內的)인 면(面)으로 살펴보는 경우.

⊙ 내격(內格)이라 하여 육친(六親)을 위주로 살펴보는 것.

☞ 내격(內格)의 종류

정인격(正印格), 편인격(偏印格), 식신격(食神格), 상관격(傷官格), 정재격(正財格), 편재격(偏財格), 정관격(正官格), 편관격(偏官格), 건록격(建錄格), 양인격 (羊刃格)

건 록격(建錄格)과 양인격(羊刃格)을 따로 취급하기도 하고, 포함(包含)하여 십정격(十正格)으로도 한다.

☐ 외적(外的)인 면(面)으로 살펴보는 경우.

⊙ 외격(外格)이라 하여 내격(內格) 이외의 경우를 살펴본다.

▪ 이에는 생각-외 많은 부분이 표출(表出)된다.

☞ 외격(外格)의 종류.

내 격(內格) 이외의 격(格)을 전체적(全體的)으로 외격(外格)으로 분리(分離). 판단에 혼란을 피하고, 구별을 기한다.

☐ 왜? 격(格)을 정해야 하나?

⊙ 우리가 식탁(食卓)을 대하면 그 위에 그릇에 담긴 내용물을 보고서 그것이 밥인지, 국인지, 반찬인지 각각 구별한다.

▪ 반찬도 세분화, 그 종류가 부지기수다. 장 종류도 나올 것이고, 양식(洋食), 한식(韓食), 중식(中食) 등 지역별로 특색이 있는 다양한 식단이 차려질 것이다.

⊙ 제일 크게 나누어본다면 한식인지? 중식인지? 양식(洋食)인지? 일식(日食)인지 우리는 일일이 다 먹어보지는 못했어도 판단은 할 것이다. 일단은 크게 분류하는 경우다.

더 세분화한다면 그 종류는 전문가가 아니면 헤아리기 힘들 것이다. 그리고 난 후에는 시식(試食), 맛에 대한 평가가 내려진다. 사람도 마찬가지. 사주를 보고 판단할 경우 무엇인가 기준(基準)이 있을 것이고, 그에 의해아! 이 사람은 사회가 필요로 하는 사람이구나! 또는 더 노력해야 할 사람이구나! 등등 판단이 내려진다. 기준에 따른 판단은 다양해진다.

⊙ 격(格)을 정하는 것은 사람을 가치(價値) 등급(等級)이라는 표현이 어색한
지 몰라도 그런 성격(性格)이 강(强)한 것이 사실이다.

• 세상사다. 별 볼 일 없는 물건이라도 실로 필요로 하는 사람에게는 귀한 물
건이다. 내로남불의 가치적인 판단 기준은 곤란하다.

✪ 예전 한창 시끄럽던 소고기의 예를 들어보자.

• 제일 크게 나눈다면 국내(國內)산인지? 수입(輸入)−산
인지? 문제다.
• 가격(價格)은 국내산이 비쌀 것이요, 맛도 취향(趣向)에
따라 다르겠지만 또한 차이가 있을 것이다. • 수입한 것
을 국내산으로 속여 파는 행위는 격국을 겉만 보고 판단
하는 단순한 판단이다.
• 그만큼 분석이 중요하다. 수박 겉핥기는 사술(邪術)이다.

❖ 격(格)으로 친다면 사주가 상격(上格) 사주인지, 하격(下格) 사주인지 구분
한다. 귀천(貴賤), 빈부(貧富), 강약(强弱) 등을 가린다. 선천, 후천 바뀌는
운명에 따른 격국의 변화가 있음이다.

❖ 사주를 청탁(淸濁)으로 본다면 청(淸)−격, 탁(濁)−격으로 구별.

국 내산은 원산지가 국내라, 유전인자가 어떠한가?
어디에서 사육, 어떠한 사료를 먹고 자랐는지도 알 수 있다. 그에 대한
모든 정보가 한눈에 알 수 있도록 다 입력되어있다. 사주(四柱)에서도 격
(格)을 정할 때 이러한 것을 보고 다 정하는 것이다. 그리하여 어떠한 시기
(時期)에, 어떠한 환경(環境)에서 출생(出生)하여 자라고 어떤 성향이 강하
고, 유전인자(遺傳因子)가 어떠한가? 알 수 있다. 그렇다면 왜 음식은 그렇게
집착하면서, 자신의 사주분석에 필요성을 느끼지 못하는 사람이 많을까?

⊙ 일반적으로 사람들은 당장 눈앞에 보이는 물질(物質)에는 집착(執着)하고,
조금만 문제가 있어도 호들갑 떠는 것이 일반적인 생리(生理)다.

그러나 조금만 더 대국적인 면으로 자신의 현재(現在), 미래(未來)에 대하여 과거(過去)를 반성(反省), 비전을 갖는 일에 신경을 쓴다면, 삶에 대한 불안감(不安感)이 많이 사라질 것이다.

격 (格)을 정하는 것도 이러한 불확실한 현재, 미래에 대한 분석으로 과거와 같은 착오가 없는 삶을, 더 나은 미래를 예측하기 위한 하나의 시금석(試金石)을 마련하기 위한 것이요, 직간접으로 연관되는 모든 사항을 파악, 그에 대처하기 위함이다.

❂ 격(格)을 정하는 것은 무극(無極)에서 음(陰), 양(陽)으로 나누어지고, 다시 사상(四象)으로 나뉘어 오행(五行)이 형성되고, 다시 세분화(細分化)되는 것처럼 많은 부류에서 어느 부류(部類)에 속하는가 골라내는 것이다.

각 각의 변화(變化)와 흐름을 알아내어 종합적인 판단(判斷)을 한다.
왜 이런 판단이 필요할까? 위에서 언급한 소고기의 경우에서 보듯, 그처럼 부분적인 일에도 눈에 불을 켜는데, 평생의 삶에 연관된 모든 사항을 알아보는 것일 때는 잠을 줄여가면서라도 알아야 한다.

⊙ 모르는 사람은 손에 쥐어도 모른다고 하였다. 자기 잘났다고 점술(占術)이니, 미신(迷信)이니, 통계(統計) 운운한다면 할 말이 없다. 음양, 오행은 기본이다. 우리는 판단할 때 옳은 것인가? 틀린 것인가? 양자-택일이다.

• 그 자체가 선택이요, 결정하는 것이다. 물론 본인의 모든 역량을 집중, 신중을 더 한다. 배운 것, 경험한 것, 들은 이야기, 남들의 선례-그 기준은 무엇일까? 그리고 결정하는 그 행위 그것은 어떻게 표현을 할 것인가? 점술일까? 아니면 무엇일까? 삶 이란? 선택이다.

　　　❖ 첫째는 자신(自身)을 아는 것,
　　　❖ 둘째는 상대(相對)를 아는 것,
　　　❖ 셋째는 주변(周邊)의 모든 것을 파악하는 것.

그 래야만 내가 무엇을 해도, 상대가 무엇을 해도, 주변에서 어떤 상황이 발생하더라도 대처해 나간다. 격(格)만 일단 정해져도, 그것으로 끝나는 것은 아니다. 시작에 불과하다. 그 후(後)에 발생, 이루어지는 수많은 변화(變化)를 일일이 다 파악해야 한다.

※ 사주(四柱)를 보고 모든 것을 판단하는데, 100% 장담 못 하고 보는 것이 사실이다.

• 그러나 최대한(最大限) 접근(接近), 긍정적(肯定的), 발전적(發展的)인 방향으로 결론(結論)을 도출(導出) 제시, 불확실한 앞날에 대비(對備) 길을 제시하는 것이다.

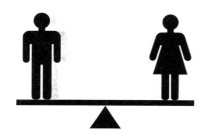

※ 만인(萬人)은 평등(平等)하다. 그러나 그것은 어디까지나 기회(機會)와 권리의 균등(均等)이요, 인간이라는 그 자체에 대한 존엄성이나, 존재에 대한 균등이다.

❖ 우선 기회(機會)라는 것에 대해 논해보자.

말 로만 평등(平等)이지 기회조차 주어지지 않고, 설사 기회(機會)가 와도 그것을 활용(活用) 못 하고, 날려 보내는 경우가 허다하다.

▪ 소 잃고 외양간이라도 고치면 그래도 나은 것이다. "다시 이제는 그런 기회가 없다."라는 생각으로 모든 것을 잊고 사는 것, 또한 인생이다. 기회는 항상 앞에 있는데 그것을 모르는 것이다.

⊙ 어떤 이는 기회를 스스로 만들어 이루는가 하면, 눈치만 살피다 기회를 못 잡고, 자기 몫으로 주어지는 기회가 적은 사람도 있고, 반복되는 "기회가 계속 이어질 것이다."라는 안이(安易)한 생각으로 생(生)을 그르치는 사람도 있으니, 깨우침과 깨달

음으로 기회가 아닌데도 불구, 기회로 활용하는 사람도 있고 천차만별(千差萬別)이다. 그렇다면 그 원인(原因)은 무엇일까?

사

람의 됨됨이가 똑똑하고, 부지런하고, 진취성 있고, 영리하고, 자기 자신의 삶에 나름대로 확실한 가치관(價値觀), 건전한 사고방식(思考方式)으로 생활하기 때문이다.

❖ 적재적소(適材適所)다.

※ 격(格)을 정하는 것은 그 사람이 과연 어디에 어울리고, 어떠한 역할을 하는 것이 타당한가? 판가름하기 위한 것.

• 인정(人情)이라던가, 통념(通念)상의 그런 개념(槪念)에서 벗어나 냉철(冷徹)하게 결정한다.

각

자의 능력(能力), 모든 면에서 그릇을 본다. 사람을 평가(平價)하는 판단이다. 사회(社會)란 냉정하고, 세상이란 비정하다. 인간에게 있어 생로병사(生老病死)란 어쩔 수 없는 운명이요, 흐름이다.

◉ 혼자서 욕심을 갖고 오래 살고 싶다 해도 다 부질없는 일이듯 못난 사람은

못난 대로, 잘난 사람은 잘난 대로, 각자의 삶을 사는 것이 인생. 돈이 많아 질펀거리는 사람을 비난해도 그것도 그 사람의 그릇이요, 부정부패(不正腐敗)한 사람도 다 각자가 지닌 자기 그릇이다.

잘

못된 행위요, 지탄받는 행동이지만 그것도 그릇이다. 격국(格局)을 정하는 방법 중 그릇에 비유, 이제 그 세부적인 면으로 살펴보자.

❖ 그릇으로 판단하는 사주(四柱)의 격(格).

인 간(人間) 자체도 음(陰), 양(陽)으로만 구분한다면 참으로 간단하다. 거기에서 오행(五行)으로 나누어지고, 분류(分類)되고, 점차로 복잡해지기 시작한다. 수많은 군상(群像)으로 나타난다.

▢ 사주(四柱)의 격(格)을 그릇으로 보는 경우.

• 그릇이란 액체이던, 고체이던, 중간 성질의 물건이던, 음식이던 우리가 사용하는 물체를 담거나, 올려놓거나, 보관하는 틀을 갖춘 일종의 도구다.

필 요에 따라 그 물체의 용도나 사용방법에 따라 쓰기도 하고, 보관하고, 오래되어 낡으면 새로 구입. 남에게 주기도, 버리기도 하고, 급할 경우, 빌려 사용하는 것 또한 그릇이다.

⊙ 국만 담을 수 있는 그릇, 밥만 담는 그릇, 반찬만 담는 그릇, 장만 담는 그릇, 술만 담는 그릇, 이것저것 여러 용도로 사용 가능한 그릇 등 그릇의 용도(用度)와 그 형태(形態)는 실로 무궁무진하다. 이는 그 형태의 상(象)만 보아도 대략 짐작한다. 사람도 마찬가지. 사주를 놓고 보면 대략 상(象)이 어떠한 그릇? 하는 것이 판가름 난다.

❖ 사주가 청격(淸格)인가? 탁격(濁格)인가?

그 릇이 깨끗한 가? 지저분한 가 본다. 새 그릇?, 헌 그릇? 새는가?, 안 새는가? 개밥 주기 알맞은 그릇인가? 식탁에 올릴 그릇인가? 쓰레기나 담는 그릇인가? 버려야 할 그릇인가? 자손-대대로 보존 할 그릇인가? 당신은?

❖ 사주가 성격(成格)인가? 파격(破格)인가?

제 대로 격식(格式), 요소(要素)가 갖추어 졌는가? 정상적인 사주인가, 아
닌가? 결함(缺陷)이 있는 사주인가? 아닌가? 깡통-차인가? 풀-옵션인
가? 중고인가?

❖ 크기, 능력(能力), 분야, 건강(健康), 인간성(人間性)은 어떠한가?

- 사주(四柱) 상으로 보면 큰 역할을 할 사람인
  가? 별 볼 일 없는 일을 할 사람인가?
- 직업(職業)은 어떠한 직업(職業)이 어울릴 것인
  가? 사람 구실 할 사람인가?
- 전반적(全般的)인 상황(狀況)이다.

♣ 그릇으로 본다면 술잔에 어울리는가? 밥그릇인가?

국그릇인가? 호텔의 식탁에 오를 그릇인가? 국보급의 보물급 도자기인가? 화
병인가? 이빨 나간 그릇인가? 흠이 난 그릇인가? 유리그릇인가? 놋쇠 그릇인
가? 등등을 본다. 그 사람의 종합적(綜合的)인 점수(點數)를 주는 것이다.

▢ 용신(用神)이란 무엇일까?

✪ 용신(用神)이란 ?

- 용(用)이란? 글자를 의미 그대로 해석한다면 베풀고
  행하여, 작용하고, 등용(登庸) 부리고, 들어주고 사용하
  는 것이다. 글자를 살펴보면 주(周)라는 글자에서 입구
  (口) 자가 떨어져 나간 형상(形象)이다.

주 (周)는 주변(周邊)이요, 고루고루 균등(均等)하다.
라는 의미가 강한데, 희기입문(喜氣入門)이라 하여 기쁜 기운(氣運)이
안으로 들어온다는 뜻이다. 즉 좋은 기운(氣運)이 들어와 기쁨을 준다는 의

미다. 여기서 입이 떨어져 나가 없어지니, 말로써 표현 못 하는 것이다. 무엇인가 허전하다. 주변(周邊)의 환경(環境)에 무엇인가 드러낼 수 없는 문제가 있다. 여건(餘件)이 어수선한 점이 있다. 부지런히 보충(補充), 움직여 기쁨을 충족(充足)시켜야 한다. 이때 용(用)－해야 하는데, 무엇을 용(用)－하는가? 귀신(鬼神)을 부리는 것이다. 상(象, 相)의 귀신(鬼神)을 부리는 것이다.

귀신(鬼神)도 종류가 많다. 제대로 알고, 선택, 취용(取用). 잘못 사용하면 패가망신(敗家亡身)이요, 일생을 고난(苦難), 비통(悲痛), 빈곤(貧困), 관재(官災) 등에 허덕이게 된다.

※ 용신(用神)의 선택(選擇)은 중요(重要)하다. 사람은 누구나 타고난 사주(四柱)가 완벽할 수는 없다. 그래서 그 사주를 보완(補完)할 필요성(必要性)이 전제된다. 이때 사용하는 것, 용신(用神)이다.

⊙ 용신(用神)이란 글자 그대로 신(神)을 활용(活用)하는 것이다. 신(神)이란 일간(日干) 자체인 아(我), 즉 주체(主體)인 본인(本人)과 연관, 모든 역량을 발휘하는 것이다.

※ 일간(日干)이 지나치게 강(强)하거나, 약(弱)할 경우.

그 대상(對象)이 달라진다. 강(强)할 경우 스스로 제어하는 방법을 택하면 되나, 약(弱)할 경우는 상대방에 의존한다. 선택의 중요성이다. 용신(用神)은 정신적(精神的)인 면이 매우 강(强)하다. 귀신(鬼神)을 부려야 하니 얼마나 신경 쓰이겠는가?

격국(格局)은 일차적(一次的)인 면이 강(强)하다. 구성된 틀을 보고 결정하므로 당연하다. 용신(用神)은 이차적(二次的) 성격이 강(强)하다. 격국(格局)이 뼈대라면 용신(用神)은 살을 붙인다.

▪ 격국(格局)이 육체(肉體)라면, 용신은 정신(精神)이다. 둘의 관계는 떨어질 수 없는 불가분(不可分)의 관계가 성립. 격국을 살피면서 용신을 알아야 하는 이유다.

✪ 용신(用神)은 왜 필요한 것일까? ──────────

⊙ 용신(用神)이란? 사주의 균형(均衡) 즉, 중화(中和)시키기 위해 일간(日干)인 아(我)가 권한을 위임, 2인 자로 내정하는 것이다.

⊙ 모든 움직임을 총괄하는 기능을 한다.

❊ 매사 모든 것을 혼자 전부 처리할 수는 없다. 사주에 음양(陰陽)이 나타나듯 격국(格局), 용신(用神)도 이와 같다. 양(陽)이 강(强)할 경우 음(陰)으로 억제하고, 음(陰)이 강(强)할 경우 양(陽)으로 억제(抑制), 중화(中和)시키듯 말이다.

☐ 격(格)을 정하면 어떤 면(面)에서 편할까?

• 격(格)을 정해도 아무런 득(得)이 없고, 도움이 안 되면 정할 필요가 없다.

과연 득(得)은? 어떤 점이 편할까?

☐ 한 가지의 틀을 보면 벌써 몇 가지의 답이 나온다.

丁	戊	甲	戊
未	子	子	子

⇨ 무(戊)토 일간(日干)의 남성.

지지(地支)에 재(財)인 수(水)가 많다.

⇨ 여기서 격(格)을 정(定)하면 일단 재다신약격(財多身弱格)이 나타난다.

다른 격(格)은 보류하고, 중추적(中樞的) 작용을 할 격(格)을 선택해본다.

⊙ 항상 아내에 대한 콤플렉스에 불만(不滿)이 도사리고 있다. 처복(妻福)이 지지리도 없다. 수(水)인 아내가 동짓달이라 차가운 물이요, 그 속에서 헤어 나오기 힘들다. 술과의 접촉이 많다. 자연 알코올중독이요,

　　　※ 여자의 경우는 지나치게 냉(冷)하니 임신(姙娠)하기 힘들다.
　　　■ 자녀(子女)를 낳아도 순탄하지 않다. 정상적인 상태가 아닐 확률이 높다.
　　　※ 여자(女子)로 인해 많은 실패를 거듭한다. 그에는 본인의 탓, 아내의 탓도 있다. 주변에 여자가 많으니 항상 문 밖에서 기다리고 있다. 격(格)을 정하면 벌써 어느 정도 그에 대한 분석이 나오니 통변도 편하다.

자동차 모델명이나 년 식(年式)만 알아도 그 제품에 대한 전체적인 파악이 이루어지듯 격(格) 또한 마찬가지다.

• 그 모델 특유의 장단점을 미리 파악, 어디가 고장 나거나, 문제가 생겨도 대비(對備)하고 원인(原因) 분석이 용이(容易)하다.
• 그래서 격국(格局)이 더욱 요긴(要緊)하고, 정확히 파악해야 한다.

　　　◉ 병원의 의사가 환자를 오진(誤診)한다면 어떤 결과가 나올까?
　　　• 참으로 황당한 일이다.
　　　• 격(格) 역시 잘못 설정한다면, 해석이 가관(可觀)일 것이다.

❷. 격국(格局)의 정법(定法)

⊙ 격(格)을 정한다고 하면 그 명칭(名稱)을 붙여야 할 것인데, 그 명칭(名稱)은 어떻게 붙이는 것일까?

■ 일반적으로 우리가 사는 주거환경을 살펴보자.

• 주택의 경우 사주(四柱)가 집이라 가정. 어떤 사람은 사주(四柱)가 아파트요, 어떤 사람은 단독이요, 연립이요, 다세대요 등등 금방 결론이 나온다. 바로 그것이다.

저 사람은 아파트 격(格)이요, 이 사람은 단독의 격(格)이요, 그 사람은 연립의 격(格)이다. 라고 명명(命名)하면 된다.

⊙ 그다음으로 들어간다면 복잡한 사항이 나오기 시작한다. 아파트에 사는데 과연 평수는? 자기가 돈을 모아서 산 것일까? 아니면 빌려서 은행의 융자를 얻어서 산 것일까? 전세일까? 월세일까? 아니면 임대아파트일까? 과연 식구는 몇이며 수입은 어느 정도일까?

사주(四柱)의 심도(深度) 있는 파악으로 들어가면 세부적인 상황까지도 나온다. 그렇게 된다면 격(格)의 명칭도 점점 심도가 깊어간다.

⊙ 예를 든다면 30평 빌라에 자기 소유격이요, 월수입 500-격이요, 식구가 5명인 격(格))도 되고, 다양화다. 앞으로의 결과와 전망은? 이유는?

⊙ 정격(定格)이라 하여 격(格)을 결정(決定)하는 방법에도 여러 가지가 있다. 사람마다, 책마다 다 각각 자기 나름대로 정하는 방법이 있는데, 어느 방법이 더 정확, 우수하다는 이야기는 일단 보류, 많은 방법이 있다는 것만 설명하자. 중요한 것은 일정한 룰에 의거한다. 사용하면서 합리적인 것을 찾아보자.

□ 격(格)을 정하는 방법(方法). ────────

　　　　□ 일간(日干)과 월지(月支)의 장간(藏干) 중 그 본기
　　　　　(本氣)를 기준으로 정(定)하는 방법.
　　　　• 일간(日干)이란? 본인(本人)인데, 월지(月支)에 함축
　　　　　되어있는 천간(天干)의 기운을 살펴 그 가운데 해당하
　　　　　는 기운(氣運)을 택(擇)하여 정하는 방법이다.

월지(月支)는 주중(柱中)의 사령부(司令部)요, 본부(本部)다.

□ 각 지지의 본기를 알아보자.(각 월(月)의 본기(本氣).)

1월(寅) : 甲	4월(巳) : 丙	7월(申) : 庚	10월(亥) : 壬
2월(卯) : 乙	5월(午) : 丁	8월(酉) : 辛	11월(子) : 癸
3월(辰) : 戊	6월(未) : 己	9월(戌) : 戊	12월(丑) : 己

➪ 각각의 지장(地藏)—간(干)을 살펴보면 될 것이다.

➪ 여기에서 축(丑)—토를 살펴보자. 축(丑)은 섣달인데 토(土)이지만, 금(金),
수(水) 작용이 강(强)하다. 특히 수(水)의 작용이 강하다.

✪ 일간(日干)은 본인(本人)이고, 월지(月支)는 어머니의 자리다.

부　모님의 유전인자(遺傳因子)가 영향을 끼친다. 기본적인 목적은 언제
태어났느냐를 본다. 그 시기(時期)에 따라 많은 차이가 생기기 때문이
다. 똑같은 목(木)도 계절(季節)이나, 월(月)로 비교해보면 많은 차이가 난다.
⊙ 목(木)이란 원래가 성장(成長)의 기상(氣象)이라 가을이나, 겨울에 출생(出
生)했다면 일단 적절(適切)한 시기는 아니다. 정상적(正常的)인 각도(角度)
에서 약간 벗어난 것이다. 자기의 본 성향(性向)에 알맞은 시기에 태어나는 것
이 제일 좋다. 기본적인 상(象)이 일단, 흐름이 순리(順理)를 따르지 않았다.

⊙ 출생(出生)—시 기본 환경(環境)이 원만하지 않다. 어머니가 합법적인 어머니인가? 아닌가? 재혼(再婚)한 가정에서 출생하였는가? 자연 형제(兄弟)—관계도 복잡해진다.

※ 부모님 사이가 원만한가? 아닌가? 사랑으로 인한 출생인가? 아닌가? 출생(出生)—시의 가정환경은? 사람이 출생(出生)한다는 것은 부모 사랑의 결실(結實)이다. 부모(父母)의 노력 없이 탄생(誕生)되지 않는다.

※ 인간사 종족—번식이라는 숭고(崇高)한 의미도 있다. 그러니 그 출생(出生)이라는 자체가 중요하다.

• 흔히 하는 말로 하룻밤에 어쩌다 생겼다는 둥 매우 듣기 거북한 이야기를 하는 사람들의 자녀를 보라, 그 출생의 동기(動機)가 불순하니 그 자손인들 어떠하겠는가? 보편타당성을 논하는 것이다.

□ 주중(柱中)의 왕자(旺者)로 격(格)을 정(定)—한다.

주 중(柱中)은 사주—전체를 말함인데, 기운(氣運)이 제일 강(强)한 자(者)를 선택, 대표자(代表者)로 내세운다. 즉 환경(環境)을 논한다.
사람은 특히 사주가 약(弱)할 경우, 환경의 지배를 받는다.

⊙ 심지가 굳고, 의지가 강한 사람은 주변의 환경이 어렵고, 힘들어도 그에 굴하지 아니하고 나름대로 능력과 성실함을 발휘 그것을 타파하려 한다.

⊙ 100% 전부 이루어지지는 않겠지만, 어느 정도 성과는 이룬다.
어떤 이는 목적을 달성하고, 그 결과는 여러 상황으로 나타날 것이다.

이런 경우, 일간(日干) 자체가 나름대로 강인(强忍)한 경우다. 환경(環境)을 극복(克復)하기 위해 부단히 노력한다.

⊙ 사주가 약(弱)한 사람보다는 그래도 환경의 영향을 덜 받는 경우다.

♦ 운(運)이 좋은 경우, 크게 영향을 받지 않고 승승-장구 하는 경우도 있다. 사주가 강(强)해도 그리 많지 않은 경우다.

⊙ 사주(四柱)가 약(弱)한 사람일 경우, 쉽게 환경(環境)의 지배를 받는다. 주변(周邊)의 세력에 쉽게 동(動)하여, 자기 세력(勢力)을 포기, 활용을 못 한다.

☐ 월지(月支)에 인수를 놓고 있으니 인수(印綬)격이다.

辛	丁	○	○
丑	酉	寅	○

⤳ 인(寅)월의 정(丁)화 일간(日干).
계절은 목(木)화(火)의 계절이라 좋은데--

⤳ 인수격(印綬格)이면 심성(心性)이 침착하고, 곱게 자라고, 착하게 자라는 형상이다.

▪ 그런데 자랄수록 재(財)의 기운이 강(强)해 재(財)의 지배(支配)를 받는다. 쩐의 전쟁에 돌입한다.

⊙ 금전에 집착하는 사람들은 과욕, 헛된 망상에 시달린다.

▪ 유산상속, 형제지간 우애, 배신 등 애로사항이 하나, 둘이 아니다.
▪ 신강의 유무로 진정은 이루수 있으나 결론은 마찬가지.

✪ 재(財)가 많으니 편재격(偏財格)도 성립.

문제는 여기서 발생(發生)한다. 일간(日干)이 인성(印星)을 받아 곱게 자라난

것은 좋은데, 시간이 갈수록 재성(財星)인 금(金)의 기운이 일간인 정(丁)화를 압박한다. 조용한 연못에 파문(波紋)을 일으킨다. 그것도 계속. 삶에 지대한 영향을 끼친다.

▪ 정(丁)화인 일간(日干)이 견디지 못하고, 재성(財星)의 기운을 인정(認定), 굴복하고 들어간다.

⊙ 주중(柱中)의 왕자(旺者)에게 전권(全權)을 양보(讓步)하는 것이 아니라 찬탈(簒奪) 당한다.

• 어쩔 수 없이 인정하는 경우다.

자기의 사주(四柱)를 자기가 이끌지 못하면, 타(他)에 의해 사주의 운영(運營)을, 자기 삶의 방식을 자주적(自主的)이 아닌 방법에 의한다.

• 재(財)는 금전(金錢), 세파(世波)요, 풍파(風波)를 많이 당한다.

• 향기와 악취를 동시에 생산해 내기 때문이다.

❏ 용신(用神)도 격(格)이다.

격 (格)이 있는 곳에 용신(用神)은 불가분의 관계다. 자동차(自動車)가 있으면 운전(運轉)자가 필요하듯 용신(用神)은 반드시 있어야 한다.

⊙ 처음 우주선이 발사되었을 때 사람들이 귀환(歸還)을 축하하며 조종사들을 환영하였고, 지금도 그들의 이름을 잊지 않기 위해 나름 그들의 이름을 사용하고, 기념하기 위한 행사도 한다. 바로 이것이다.

용 신(用神)도 엄연히 격(格)으로 대우(待遇)받아야 한다. 그래서 용신(用神)도 격(格)으로 사용된다.

⊙ 용신(用神)이란?

삶 으로 비교한다면 항상 갈구(渴求)하는 것, 필요(必要)하여 내 곁에 항상 같이하길 원하는 존재(存在)요, 나를 떠나지 말기를 바라는 존재다. 내 삶이다. 인생의 지표요, 추구하는 목표다. 그것이 비록 짝사랑 일지라도.

❏ 주격(主格)과 종격(從格)이 있으나. 고정관념은 버릴 때는 버려라.

• 물이란 위에서 아래로 흐르는 것이다. 항상 흐른다는 것은 상하(上下), 좌우

가 존재(存在)한다는 것이다. 이것은 그 누구도 부정하지 않을 것이다.

  ❋ 격(格)도 마찬가지. 용신(用神) 또한 마찬가지고. 하나의 사주에 여러 격(格)의 명칭(名稱)이 나타나도 때로는 어느 격(格)이 필요 없을 때가

있고, 보잘것없던 것 같던 격이 때로는 금은(金銀)-보화(寶貨)역할을 할 때도 있다. 모든 것이 오행의 요소를 갖고 있듯 말이다.

⊙ 집안에 자식이 여럿일 경우, 부모 대(代)를 이어 집안을 이끌어갈 일꾼.

부모(父母)라는 사주(四柱)에 자식(子息)이 각각의 역할(役割)에 따라 격(格)이라는 명칭(名稱)이 붙는다. 큰아들 격, 둘째 아들 격, 셋째 아들 격, 큰 딸 격, 둘째 딸 격하는 식(式)으로 말이다. 사주에서 격(格)이란 이런 것이다. 큰아들이 가문(家門)을 일으킬 수도 있고, 다른 나머지 자식들이 또한 일으킬 수도 있다. 무조건 큰아들이라 그리한다는 법도 없다. 특히 요즈음 같은 시대에서는 더욱 그렇다. 능력(能力)이 위주인 사회(社會)다. 격(格)도 마찬가지. 정해진 틀에서, 나타나는 격(格)에서 운(運)의 흐름에 따라 각각의 격(格)의 역할이 빛을 발한다.

⊙ 큰 줄기는 바뀌지 않는다.

때로는 작은 역할(役割)의 격(格)이 더 큰 역할을 할 수 있다. 일부 부분적(部分的)이긴 해도 이 점을 간과(看過)해서는 안 된다. 그래서 가능한 격(格)은 최대한 참조하는 것이 실수(失手)를 방지하는 지름길이다.

⊙ 별 볼 일 없는 사주요, 상(相)도 시원치 않은 인물이다.

목에 힘주고 사는 사람들은 왜일까? 운(運)에서 그 격(格)을 바꾸었기 때문이다. 그것도 대운(大運)이 몇십 년을 이어간다면 참으로 허망할 것이다. 왜? 사주–상의 격(格)은 보잘것없는 격인데, 실제는 너무 판이하니 말이다.

➲ 대운(大運), 세운(歲運)이 합작, 또 다른 기류를 형성(形成), 완전히 사주의 격(格)을 송두리째 바꾸어버렸으니 말이다.

➲ 주격(主格)과 종격(從格)이 바뀌고, 어떤 경우는 새로운 격이 형성(形成)된다.

❋ 그리 흔하지 않은 경우일지 몰라도, 가끔 우리는 접한다는 사실을 인정할 줄도 알아야 한다.

◆ 어렸을 때 못난이가, 오줌싸개가, 빌빌하던 아이가, 공부도 못하던 아이가, 골골하던 아이가 성장(成長)하여 완연히 다른 사람으로 변모(變貌)한 모습을 보이는 것을 어찌 설명할 것인가? 보이지 않는 그들의 노력 또한 무시할 수 없는 사실. 내가 걷는 동안 그들은 뛰고 있었다. 깨달음이다.

격(格)이라 하여 한 번 정하여진 것이 평생(平生) 가는 경우가 많지만, 그렇지 않은 경우도 많다. 그리고 작은 돌이 거대한 바윗덩어리를 받치고 있다는 사실을 알아야 한다. 가려진 작은 힘이 큰 힘을 지탱한 것이다.

ㅁ 못 먹는 감 찔러나 보자는 격(格).

丙	甲	○	○
寅	子	卯	○

⇨ 묘(卯)월의 갑(甲)목 일간.
목(木)의 원류(原流)는 수(水)인데 찢어먹기다.

⇨ 자(子)수를 놓고 삼각형으로 목(木)이 서로 쟁탈전(爭奪戰)이다. 하나를 놓고 셋이 다투니 묘(卯)목이 열 받아 너도 못 먹고, 나도 못 먹자는 식으로 우물에 침 뱉고 있는 형국이다. 왕자의 난이다.

⊙ 원류(原流)가 훼손되고 있다. 이때 마침, 보다 못하던 시간(時干)의 병(丙)화가 나서서 해결. 아직 기운(氣運)이 남는 모양인데, 다 내게로 와서 땀 좀 흘리면서 나의 일을 도와달라 하며 목(木)의 기운(氣運)을 삭감(削減)한다.

❋ 병(丙)화의 도움으로 원류(原流)가 살아나지만, 이미 흔적(痕迹)은 어쩔 수 없다. 묘(卯)목은 양인(羊刃)이라 양인격(羊刃格)이 성립(成立).

⊙ 여기에서 주(主)는 식신(食神)인 병(丙)-화가 되어 식신격(食神格)이 되고,

묘(卯)목은 양인격(羊刃格)으로 종(從)의 역할에 해당. 여기에서 임술(壬戌)-운이 왔다 하자. 이때는 종(從)의 역할을 하던 묘(卯)목이 빛을 발한다.

인 (寅)목이야 원래 착한 목(木)이니 굳이 언급 안 해도 잘한다. 천간(天干)으로 임(壬) 수가 싸움을 말리던 병(丙)-화를 괴롭히지만 결국, 묘(卯)목과 인(寅)목의 도움으로 기사회생(起死回生)-.

☞ 자손(子孫)이 없는 경우.

⊙ 그 집 사주(四柱)는 무자식(無子息) 격(格)이다. 부모만 있는 집안이니 대(代)를 이어가기는 어렵다.

⊙ 그렇다면 어찌해야 대(代)를 이어갈 것인가? 남의 자식을 양녀(養女), 양자(養子)로 삼아 자기 집안의 호적에 올리고 대(代)를 이어간다.

❋ 이런 경우, 언제인가 자기의 핏줄을 찾아갈 수도 있다. 그러나 열심히 살아 양부모(養父母)의 뜻에 호응하는 자손도 있

을 수 있고, 그것은 아무도 모른다. 세상의 흐름이 바뀌다 보니 이제는 양녀(養女), 양자(養子)가 아니다. 입양(入養)이라는 용어(用語)로 그 의미가 바뀐 지 이미 오래다.

◉ 대(代)를 잇는다는 의미보다 가정의 테두리에서도, 정통 소가족 중심의 사회로 정착되어 나은 환경에서 자녀를 양육(養育)한다는 의미가 강해진다.

• 부모(父母)를 봉양(奉養)한다는 의무감(義務感)이 사라지고, 각자가 늙어서도 각자의 삶을 추구하는 해괴한 생활-패턴이 점차 뿌리고 내려 말년(末年)이 되면 노후대책 세우느라 이 또한 괴로운 삶의 연속이 이어진다.

어 차피 삶이란 업(業)이요, 고통(苦痛)이지만 반대로 기쁨이요, 행복이요, 삶의 기쁨을 누리는 방법을 생각하고 찾아보는 것 또한 보람찬 일이요, 가는 길이다. 주는 것으로 족한 것이 행복이다. 바라지 말라,

▢ 격(格)을 정하는데, 천간(天干)과 지지(地支)가 같을 경우,
천간(天干)을 우선하여 격(格)을 결정.

천간(天干)은 체(體)요, 지지(地支)는 용(用).

☞ 천간(天干)과 지지(地支)가 같은 경우. (천간(天干)과 지지(地支)가 같다 함은 음양(陰陽), 오행(五行)이 같은 것)을 말하는데, 그 면모(面貌)를 보자.

갑(甲)   을(乙)   기(己)   경(庚)   신(辛)
인(寅)   묘(卯)   미(未)   신(申)   유(酉)

☞ 오행(五行)은 같은데 음양(陰陽)이 다를 경우.(체(體)와 용(用)을 구분)

정(丁)   병(丙)   임(壬)   계(癸)

사(巳)   오(午)   자(子)   해(亥)

❏ 체(體)는 겉으로 드러난 실체(實體), 용(用)은 실질적(實質的) 실체.

⊙ 비유가 지나친지 몰라도 내시(內侍)의 경우, 겉으로는 남자지만 실질적인 종족(種族)—번식의 능력(能力)을 발휘하지 못한다.

　■ 불임여성의 경우, 이런 여성도 체(體)는 음(陰)이지만, 음(陰)의 역할을 못 한다고 볼 수 있을까?

　⊙ 물론 지나침이 있다. 지금의 비유는 음(陰), 양(陽)이 각각의 모든 기능을 행하지만, 결정적(決定的)인 면에서 그 기능의 일부를 가동(稼動)시키지 못한다. 그렇다고 음(陰)과 양(陽)이 바뀐 역할을 하는가? 그것은 그렇지 않다.

불임인 남성이나, 여성 각자가 자기의 성적(性的) 특성(特性)에 관한 모든 역할을 다 한다. 다만 생산능력(生産能力)에만 국한되는 문제다.

• 여기서 말하는 체(體)와 용(用)은 각자가 자기 고유의 성(性)을 망각하고 상대방의 역할을 한다. 성전환(性轉換) 직전의 상태를 생각해보는 것은 어떨까? 다 기억을 위한 방법이다.

✪ 체(體)와 용(用).

　• 체(體)와 용(用)은 근원(根源)이 하나라 했다.

　■ 체(體)는 형이상학적(形而上學的)이요, 용(用)은 형이하학적(形而下學的)이다.

　• 동이이(同而異)한 형상(形象)으로 취급해야 한다.

✪ 하도(河圖)는 체(體)요, 낙서(洛書)는 용(用)이다. ───────

◉ 선천팔괘(先天八卦)는 체(體)요, 후천팔괘(後天八卦)는 용(用)이다. 내적(內的)인 것은 체(體)요, 외적(外的)인 것은 용(用)이다.

◉ 선천팔괘도(先天八卦圖)를 분석하여 보면 건(乾)괘에서 진(震)−괘까지는 체(體)요, 손(巽)−괘에서 곤(坤)−괘까지 용(用)이다.

◉ 사람으로 비교하면 신체(身體)는 체(體)요, 정신(精神)은 용(用)이다. 하늘이 체(體)이면, 땅은 용(用)이다.

• 주역(周易)은 상경이 체(體), 하경이 용(用)이다. 위가 체(體)이면 아래는 용(用)이다. 체면(體面)을 구긴다는 말은 무엇을 의미하는 것일까? 이것이 체(體)를 설명하는 말이다.

◉ 용(用)쓰고 있네! 이것이 용(用)에 대한 설명이다.

• 안 되는 것을 되게 하려 애쓰는 형상이요, 실질적인 움직임에 대한 애틋한 표현이다.

• 체(體)는 척이나 하고 있지만, 용(用)이란 부단히 노력하는 것, 이루기 위해 앞으로 나가는 것, 목표, 지향(志向)하는 의미(意味).

❸. 격국(格局)의 탄생(誕生) ————————

✪ 격(格)이란 단수(單數) 의미, 격국(格局)이란 복수(複數) 의미(意味).

- 격(格)이란? 육친(六親)이나, 요소(要素)의 사항에 격이란 접미사를 붙여 독립된 개체(個體)를 형성한다.
- 이 격(格)들이 사주에 포진, 연합(聯合)체를 형성할 경우 전체를 통틀어 격국(格局)이라 하는데, 형성되는 과정에서 크게 작용하는 요소(要素)들이 있다.

각 각의 격(格)이 사단 급이라면, 이 요소들은 연대 급의 역할을 한다. 어떤 경우는 전면(前面)에 나서기도 하지만, 어떤 경우는 뒤에서 물심양면(物心兩面)으로 돕는 역할을 이행한다.

⊙ 사단 급이 시원치 않을 경우, 직접 사단 급의 역할을 한다. 격(格)을 양(陽)이라 본다면, 이 요소(要素)들은 음(陰)이다. 그리하여 하나의 완전한 사주를 형성한다. 작은 기운(氣運)들이 모여 덩어리를 형성한다. 이합집산(離合集散)의 과정과 좌충우돌(左衝右突)하면서 서로가 각자의 상(象)을 나타낸다.

❏ 격국(格局)의 구성(構成)요소(要素).

❏ 합(合)
　　육합(六合) : 부부지합(夫婦之合)
　　방합(方合) : 형제지합(兄弟之合)
　　삼합(三合) : 부모(父母)와 자손(子孫)의 합(合)
　　암합(暗合) : 막후지합(幕後之合)

□ 충(沖)

    자(子)－오(午)충(沖), 축(丑)－미(未)충(沖), 인(寅)－신(申)충(沖),

    묘(卯)－유(酉)충(沖), 진(辰)－술(戌)충(沖), 사(巳)－해(亥)충(沖)

□ 형(刑)

    인(寅)－사(巳)－신(申), 축(丑)－술(戌)－미(未),

    자(子)－묘(卯)형(刑),

    진(辰)－오(午)－유(酉)－해(亥)의 자형(自形)

□ 공협(拱挾)

• 공유(公有)하고 있다 하여 공협(拱挾)－이라 한다.

    • 즉 서로의 사이에 놓고 있다는 뜻이다. 각자가 손을 내밀면 다 잡을 수 있다.

    • 자(子)와 인(寅)이 있다고 한다면, 축(丑)이 사이에 들어갈 수 있다.

    • 이때 자(子)와 인(寅)은 축(丑)을 공협(拱挾) 한다

는 것이다. 이 자체도 격(格)에 들어간다.

□ 납음오행(納音五行)

納 음오행(納音五行) 자체도 격(格)이라 볼 수 있다. 천간(天干)과 지지(地支)를 합한 하나의 기운(氣運)으로 보니, 이 또한 하나의 작은 격(格)으로 한다.

◉ 갑자(甲子), 을축(乙丑)하여 해중금(海中金)이라 금(金)의 오행(五行)으로 보는 것, 또한 격(格)의 요소다. 금(金)의 기운(氣運)에 대한 격(格)이다.

□ 길신(吉神)과 흉신(凶神).

기본적(基本的)으로는 육친(六親) 상의 길신(吉神), 흉신(凶神)을 들 수 있고, 그 외 요소(要素)들 역시 그 역할(役割)을 한다.

□ 원류(原流)와 흐름에 대하여. ────────────────

- 사주를 추명(推命)-함에, 어떤 면에 주안(主眼)점을 두는 가에 따라 색깔이 달라진다.
- 격국(格局)이 나오면 당연히 용신(用神)이 따라오기 마련인데, 격국(格局)을 위주로 사주를 추명(推命)해 보자.

사 주의 특성(特性)을 알면 크게 벗어나지 않는다. 그것에 따르는 명칭이 바로 격국(格局)인데 이를 알아도 마찬가지.

□ 격(格)에 대한 전체적인 원류(原流)와 흐름이다.

☞ 근본인 원류(原流)를 알아야 하는데, 근본(根本) 시작이 어디며, 어디까지 흘러가고, 멈추나 알아야 한다. 그래야 문제점이 무엇이며 어떻게 해결할 것인가?

기 운(氣運)의 흐름이 막히면 그곳에서 문제가 발생(發生), 그렇지 않다면 흐름이 멈출 리 없다.

- 그리고 문제없이 흐름이 이어졌어도 운(運)에서 오는 변화(變化)에 흐름이 역류(逆流), 소용돌이치고, 변화로 멈추기도 한다.

□ 원류(原流)란 무엇이 옳은 것일까?

✪ 원류(原流)란?

❋ 근원(根源)을 말하는데, 뿌리요, 근본(根本)이다.

❋ 태동(胎動)의 시초(始初)가 되는 중요한 동기(同期)를 부여하고, 성장(成長)의 원동력(原動力)이 되는 요소다.

❋ 오행(五行)으로 본다면 각각의 오행을 생(生)-해 주는 오행이다.

❋ 류(流)란 흐름이요, 위에서 아래를 뜻하는 것이요, 순리(順理)다.

❖ 수(水)를 기준으로 한다면 금(金)이 원류(原流)다.
그런데 금(金)이 보이지 않고, 토(土)가 왕(旺) 하다면 어떨까?

⊙ 원류(原流)가 없으니 존재(存在)-자체가 이상한 것이다. 하늘에서 떨어진 것도 아니고, 땅에서 솟아난 것도 아닌데 어떻게 설명할 것인가?

• 토생금(土生金)을 한 후에 금생수(金生水)가 이루어지는 것이니, 정상적인 관계보다 한 단계 더 거친다.

❋ 그만큼 시간이 필요. 탄생(誕生)의 어려움이요, 늦다. 늦둥이요, 어머니가 오랜 시간 거쳐 얻은 자손이요, 또한 어머니와의 연(緣)이 박(薄)해 사랑이 그리운 경우요, 어머니가 무덤덤한 경우도 된다.

월 지(月支)가 원류(原流)의 자리인데, 지장간(支藏干)을 살펴 어느 기(氣)에 해 당하는가 살핀다. 천간(天干)에 투출(透出)한 기운(氣運)도 보아야 할 것이고, 어디서 시작되는가 살펴야 한다.

⊙ 순(順)이든, 역(逆)이든 연결이 확연하면, 쉽게 그 흐름을 알 수 있는데 그런 사주가 흔치는 않다. 삶의 굴절(屈折)이 다 있고, 사람의 심성(心性) 또한

변화(變化)가 많고, 예측(豫測)하기 쉽지 않다.

⊙ 고통에는 성인군자(聖人君子)가 없고, 환경(環境)적인 변화에 적응하는 과정에서 보통의 인간들에게는 변화란 당연히 따라온다. 그로 인한 흐름의 갈등(葛藤), 파생(派生)되는 불협화음(不協和音)으로 흐름은 예측(豫測)하기 어려워진다. 끊어지면 이어지고, 이어지면 끊어지는 것이 사람의 인연(因緣)이듯 생(生)의 흐름도 그와 같다. 없다 하여 없는 것이 아니요, 있다 하여 항상 있는 것이 아니다.

❑ 흐름을 목(木)의 경우로 분석.

• 없을 경우는, 없으니 생겨야 흐름이 이어질 것이요, 있을 경우는 방해를 받으니 흐름에 문제가 생길 것이다. 방해(妨害)란 화(禍)를 자초(自招)하는 것이요, 나의 뜻과는 상관없이 타의(他意)로 인해 생기기도 한다.

❖ 금(金)으로 인해 장애(障碍)가 될 경우.↦ 관성(官星)

◎ 무엇이 성장(成長)을 방해하는가?

• 벌목(伐木)하니 나무가 성장(成長)이 아니라, 팔다리가 잘리는 것이요, 심하면 명(命)줄을 잃는다. 금(金)이요, 관(官)이니 관재수(官災數)요, 억압(抑壓)이요, 핍박(逼迫)을 받는다. 기죽어 사는 인생이요, 의기소침이다.

❖ 수(水)로 인하여 방해(妨害)가 될 경우. ↦ 인성(印星)

무엇이 물길을 가로막는가? ⊙ 물은 나무 에게는 생명수요, 보급로다. 이것이 지나치다 보면 부목(副木)이 되니 이 또한 문제다.

• 지나치게 부족(不足)해도 메마르니 이것 역시 방해(妨害)가 되고, 물이 고여 썩는다. 가뭄으로, 가색(稼穡)의 공(功)을 이루는데 장애(障碍)가 생긴다.

❖ 목(木)으로 인해 지장(支障)이 있을 경우. ⇨ 비견(比肩), 겁재(劫財)

⇨ 무엇이 성장(成長)에 장애(障碍)가 되는가?

- ⊙ 수요(需要)는 많은데 공급(供給)이 한정(限定)되어 있다면, 조절(調節)에 많은 불편함과 원망(怨望)이 생긴다.
- ⊙ 잡초가 지나치게 무성하면 솎아내는 수순을 밟는 것은 당연하다.

❖ 화(火)로 인해 애로(厓路)사항이 있는 경우.

⇨ 무엇이 빛의 흐름을 차단하는가?

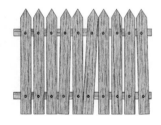

- ▪ 장막(帳幕)을 거두어야 한다.
- ▪ 인의 장막 이란?
- ▪ 철의장막이란?

❖ 토(土)로 인해 지연(遲延)되는 경우.

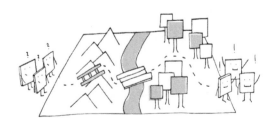

⇨ 무엇이 나의 버팀목인 뿌리의 지탱요소를 흔들리게 하여 성장을 지연(遲延)시키는가?

⊙ 나의 운신(運身)을 불편하게 하고, 거처(居處)를 불안하게 한다.

흐 름이 막히면 분명 그곳에는 문제가 있다. 원류(原流)가 불분명(不分明)하거나, 시원치 않을 경우, 항상 변화(變化)의 원인(原因), 제공(提供) 요소를 간직하고 살아간다.

• 변화는 길(吉)보다 흉(凶)의 기운(氣運)이 강(强)하다.

⊙ 사주(四柱)에서 원류(原流)라 함은 어디에서 시작, 어디로, 그리고, 어떻게 흘러가는 것인가 살펴본다. 이것은 흐름이다.

↳ 별도로 순국(順局), 역국(逆局)을 혼합, 순환(循環)하는 경우도 있다.

□ 흐름이 순국(順局)이 될 경우.

丁	丙	甲	癸
酉	辰	寅	亥

↳ 여기에서 흐름을 살펴보자.
흐름의 방향, 연속성, 시종(侍從)을 보자.
연월일시로 연결.

↳ 병(丙)화 일간(日干). 원류(原流)는 생(生) 해 주는 근원지(根源地)다.

① 각각의 원류(原流)를 보자.(원류(原流)는 인수(印綬)가 해당.)

⊙ 병(丙)화의 원류(原流)는 ➡ 갑(甲), 인(寅)-목(木)이다.

⊙ 갑(甲), 인(寅)-목(木)의 원류(原流)는 ➡ 계(癸), 해(亥)-수(水). 수(水→생(生)→목(木), 목(木)→생(生)→화(火) ➡ 원류의 기운이 일간(日干)인 병(丙)화에게 온다. 일단 원류(原流)의 확보에는 성공한 것이다.

▪ 이제 이 흐름을 일간에서 다시 이어가야 한다. 다시 일간(日干)에서 ➡ 일지(日支)로, ➡ 시지(時支)로 이어진다.

상 류(上流)에서 하류(下流)로, 위에서 아래로 흐른다.

　▪ 흐름이 원활, 막힌 사람은 아니다. ②의 흐름이다.

② 순국(順局) : 순리(順理)대로 흐름이 이어진다.

　　　위에서 아래로의 흐름이다. 고이지 않으니 썩지 않는다.

　　　년(年)→월(月)→일(日)→ 시(時)의 흐름이다.

순 국(順局)에서도 다시 ④ 역국(逆局)과, ⑤ 순국(順局)으로 분류가 되는데 흐름의 변화가 이루어진다.

⊙ 여기서 중심 역할을 하는 것은 일간. 일간이 강(强)하면 역류(逆流)일 경우라도 순국(順局)으로 변화시킬 수 있고, 약(弱)하면 그대로 순응(順應).

❏ 흐름이 중간에서 멈추는 경우.

○	丙	○	○
○	寅	子	子

▷ 원류(原流)가 있어 흐름이 이어진다.

• 문제는 일간인 병(丙)화에서 멈추어진다.

• 흐름이란 일간(日干)에서 멈춘다는 것,

▷ 자신에게서 끝이 난다. 연월일로 이어진다. 일간에게 집중.

▪ 수(水)→생(生)→목, 목(木)→생(生)→화(火)로 순행(順行)의 흐름이다.

▪ 다음 화(火)→생(生)→토(土)가 이어져야 한다.

☞ 이것으로의 진행(進行)이 없다면 이 사주의 주인공은 받아먹을 줄만 알지, 남에게 베푸는 것은 모르는 사람이다.

▪ 자신 위주의 삶을 사는 사람이다. 돈이란 돌고 돌아야 하는데 이 사람에게 가면 소식이 없다.

▪ 빌려 쓸 줄은 알아도 갚는 면에는 무관심한 사람.

▪ 닭 잡아-먹고 오리-발이다.

③ 역국(逆局) : 흐름이 거꾸로다.

　　　　　　　아래에서 위로 흐른다.

　　　　시(時)→일(日)→월(月)→년(年)의 흐름이다.

❏ 흐름이 역(逆)으로 될 경우.

戊	壬	甲	○
申	子	寅	午

▷ 시(時)에서 ➡시작하여 일(日) 그리고,
　➡ 월(月)과 년(年)으로 흐름이 이어진다.

역국(逆局)의 경우, 순국(順局)과 마찬가지로 일간(日干)의 강약(强弱)에 따라 흐름이 변화(變化)된다. ⑥, ⑦의 경우다.

❏ 사주가 순환(循環) 하는 경우.

庚	壬	甲	甲
子	戌	戌	午

▷ 임(壬)수 일간인데, 원류인 인수(印綬) 금(金)이 있다. 흔하지 않은 사주.

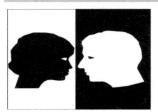

▷ 사주(四柱)가 역국(逆局)과 순국(順局)이 혼합된 경우.

• 사주의 단점(短點)이라면 재다신약(財多身弱)이라 사주가 약하다.

인 수(印綬)가 시(時)에 있으니 늦게 깨닫는 것 또한 단점(短點). 원류(原流)인 인수를 말년(末年)에 찾으니, 늦게 빛 보는 사주다.

◻ 통변(通變).

• 통변(通變)이란 통(通)하고, 변화(變化)하는 것이다.

• 통(通)이란 통관(通關)하는 것이요, 변(變)이란 변화(變化)다.

• 극히 간단한 논리(論理)로 본다면 말이다. 사실 이것이 답이다.

◉ 통(通)하고 변(變)하는 것을 하나로 볼 적에, 즉 통변(通變)에 있어서 통(通)이라는 과정은 변화(變化)하기 위한 화(化)하는 과정이요, 변(變)이란 화(化)하여 하나의 변화(變化)된 결정(結晶), 결실(結實)을 나타낸다. 과정(過程)과 결과(結果)다.

◻ 통(通)

◉ 통(通)의 의미(意味)는 막힌 흐름을 뚫어주는 것,
제대로 흐르지 않는 흐름을 더 원활히 해주는 것, 흐름이 정지(停止)하였으면 계속 흐르도록 윤활유 역할을 해주는 것. 통관(通關)이라는 의미다. 특히 사주에서는 서로 대치상태인 상전(相戰)으로 막혀있는 경우 해결, 서로 양보(讓步)를 이끌어 흐름을 원만히 해 준다.

◉ 어느 부분이 약하거나, 없음으로 진행이 이루어지지 않는 경우도 막힌 것으로 본다. 지나치게 많아도 누적(累積)된 것이므로 그 또한 막힌 것이라 통(通)하는 것이 필요하다.

◉ 글자를 풀어본다면 용기(勇氣) 있는 자만이 앞으로 나아간다.

용 (勇) 즉, 결단력(決斷力) 있게 자동차(自動車)를 타고 전진(前進)한다. 장애물(障碍物)을 뚫고 나간다. 여기에서 후진(後進)이란 없다.

□ 물이 지나치게 차가우니, 나무뿌리가 시릴 정도다.

丙	甲	○	○
寅	子	子	申

⇨ 흐름은 순행하고 있다.

지나치게 인수가 왕(旺)하다.

원류가 강하다 보니 흐름이 원활하지 않다.

⇨ 일간(日干)인 갑(甲)-목의 원류(原流)는 인수(印綬)인 ➡수(水)이다.

• 또한 수(水)의 원류(原流)는 ➡ 금(金)인데 위에서 아래로 흐름이 원만하다. 제일 급한 것이 빨리 따뜻하게 물을 중화(中和)시키는 것이다.

• 일반적으로 물이 많을 경우, 그것을 억제하는 토(土)가 필요하나 그것은 물이 범람할 경우고, 이 경우는 범람과는 거리가 있다.

• 우선 화기(火氣)가 필요하다. 차가운 물을 흡수하니 나무 자체도 냉기(冷氣)가 감돈다. 속이 얼얼하다.

목(木)은 성장인데, 성장(成長)-자체가 늦어진다. 매를 맞아도 젖은 나무는 상처가 깊다.

□ 오히려 토(土)가 제격이다.

己	戊	○	○
未	子	子	申

⇨ 일간(日干) 무(戊)-토가 물속에 잠길 상황. 물의 기세에 흙이 쓸려 내려갈 판이다.

이때는 무(戊)-토에게 기운(氣運)을 불어 넣어주고, 힘을 주어 버티라고 할 처지가 못 된다. 당장 급하다. 원래는 화(火)가 필요한데, 없으니 토(土)를 쓴다지만, 둑이 무너지지 않도록 제방(堤防)을 튼튼히 하는 것이 급선무. 토(土)가 대리(代理) 용신(用神)이라 볼 수 있지만, 그렇지 않다.

❏ 역할이 중요하다.

○	丙	○	○
○	寅	亥	子

⇨ 병(丙)화 일간.
원류(原流)인, 인(寅)-목이 있으니 든든하다.

인 (寅)-목이 없다면 수화(水火)-상전(相戰)이라 일간(日干)인 병(丙)화가 곤혹스러운데 다행스럽게 일지(日支)의 인(寅) 목이 중간에서 통(通)하는 가교(架橋)의 역할을 잘해주고 있다.

❏ 여기서는 단순화(單純化) 작업이 필요하다.

○	乙	癸	己
午	未	酉	丑

⇨ 을(乙) 목 일간. 흐름을 살펴보자.
흐름은 순행(順行)인데, 구불구불 이어진다.
지나가는 과정, 흐름이 복잡하다.

⇨ 일간인 을(乙)-목이 신약(身弱)해도 잘 넘어가는 사람이다.

♦ 숙일 때는 숙일 줄 알고, 목에 힘을 줄 때는, 목에 힘을 주는 용의주도(用意周到)한 사람이다. 여기서 일간 ➡ 을(乙)-목과, 관(官)➡금(金)과의 대치 국면인데 중간에 수(水)가 나서서 통(通)하는 역할을 하는 것이 좋은가?

• 을(乙)-목이 신약(身弱)한데 금(金)에 대항(對抗)하라 도와주어도 큰 효과(效果)가 없다.
• 그렇다면? 지지(地支)가 화금상전(火金相戰)의 기세다.

☞ 미(未)토는 조토(操土)라 금(金)과 연계를 부정한다.

※ 오(午) 화와 긴밀한 관계를 유지한다. 을(乙) 목 입장에서 계(癸)수는 천간(天干)에 노출(露出), 년(年)-간(干) 기(己)토의 견제를 받으므로 효용성이 떨어진다. 심(心)이 약한 을(乙) 목인데 금(金) 상전(相戰)은 피하고 싶다.

※ 을(乙) 목 자체가 뿌리가 없는 나무 아닌가?

오히려 월지(月支)인 유(酉) 금의 지장간(地藏干)인 경(庚) 금과는 합(合)을 형성, 오히려 구슬려 소나기를 피하고, 적(敵)과 동침(同寢)도 가능하다. 근본 바탕이 약(弱)하다.

☞ 공사(工事)에 내가 직접 나설 필요가 없다.

- 식상(食傷)인 화(火)를 동원, 관(官)과의 대화(對話)를 만든다. 여기서는 음(陰)인 금(金), 수(水)의 기운(氣運)이 강(強)하다. 화(火)인 사(巳)화가 온다 해도 그는 못 믿을 사람이다.
- 사(巳)-유(酉)-축(丑) ➡ 금국(金局)을 형성하는 일등공신(一等功臣)의 역할을 하기 때문. 여기서는 흐름에 있어 지체되는 부분인 금(金)이 세력을 삭감하는 것이 통(通)을 원활히 한다. 하수구에 막힌 퇴적물(堆積物)을 제거(除去).

□ 변(變)

변 화(變化)하는 것. 뜻을 보면 천천히 가면서 말을 하는데, 죄, 우 양쪽에 실타래를 두 개씩 갖고 있으니 그 이야기 전개가 다양하고, 무엇이 만들어지고, 이어질지는 예측(豫測)-불허(不許)다.

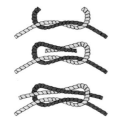

⊙ 변화(變化)란 동질(同質)에서 이질(異質)로, 이질(異質)에서 동질(同質)로 바뀌는 것을 말한다.
- 동질(同質)에서 동질(同質)로 작게, 크게, 또는 분리(分離)되는 것도 변화(變化)로 볼 수 있지만, 진정한 변화는 이질(異質)로 바뀌는 것을 말한다.

■ 물론 자기 성향을 간직한 채 이질(異質)로 변화(變化)하는 경우 포함된다. 변화(變化)는 모든 것을 변형(變形)한다.

작 은 것도 크게, 큰 곳도 작게, 없던 것도 있게, 있던 것도 없게, 움직이지 않고 정(靜)한 것을 동(動)-하게 동(動)하는 것을 정(靜)하게도 한다. 모든 것이 변(變)으로, 길흉(吉凶)을 판단.

❒ 변화(變化)의 요건(要件). ────────

⊙ 변화(變化)란 반드시 그 원인(原因), 동기(動機)가 있어야 하고, 그 상대(相對)가 있어야 변화(變化)한다.

▪ 이에는 원해 하는 경우, 원치 않아도 억지로 할 수밖에 없는 경우. 자의(自意)던, 타의(他意)던 환경(環境)에 의해 나도 모르게 절로 변화(變化)되는 경우. 결국, 다 상대(相對)적으로 생기는 현상(現象)이다.

❒ 모든 합(合)에서의 변화(變化).

크 게 본다면 동질(同質) 간의 합, 동질(同質)과 이질(異質)과의 합, 처음의 개체(個體)에서 다른 무엇인가가 만들어져 변화(變化)가 일어난다면, 그것은 합(合)이라 본다는 의미다. 여기서도 자의(自意)던, 타의(他意)든 상관이 없다.

✪ 모든 충(沖)에서 변화(變化). 합(合)이 아닌 다른 작용(作用)으로 발생(發生) 되는 변화다. 꼭 합(合)이나, 충(沖)이 아니어도 이루어지는, 환경(環境)에 의한 자그마한 변화도, 변화는 변화(變化)다.

❒ 변화(變化)의 실예. ────────

• 변화(變化)란 그에 의해 영향을 받는 것인데, 그것이 길(吉)한 방향인가?

• 흉(凶)한 방향(方向)인가? 는 사주의 강약(强弱)이 많은 영향을 미친다.

• 강(强)할 경우 적당히 강해야지, 그 역시 지나치면 오히려 흉(凶)으로 작용.

❐ 지지(地支)-형(刑)에, 관(官)이 천간(天干)에 투출(投出).

癸	癸	己	庚
亥	卯	丑	戌

⇨ 축(丑)월의 계(癸)수 일간.
지지(地支)에 형(刑), 합(合)이 보인다.

⇨ 2008년 사법고시 합격, 연수 중에 상담한 사람이다. 무엇이 문제일까?
시지(時支)와 일지(日支)가 합(合)을 이루고 있다.

❐ 일지(日支)의 해(亥)중 임(壬) 수와 암합(暗合).

丙	丁	丙	癸
午	亥	辰	丑

⇨ 진(辰)-월(月)의 정(丁)화 일간(日干).
천간(天干)으로 정(丁)-계(癸)➠충(沖).

⇨ 남편과 이혼(離婚), 자녀 1명을 두고 있는 여성. 재혼(再婚)을 준비 중.

❐ 미국으로의 유학을 고민하는 여성.

庚	癸	壬	丁
申	亥	子	巳

⇨ 자(子)-월(月)의 계(癸)수 일간(日干).
천간(天干)으로 정(丁)-임(壬)➠합(合).

⇨ 사주가 지나치게 냉(冷)하다. 주변(周邊)이 너무 차가운 것이다.
⊙ 계절(季節) 역시 동지(冬至)니 너무 춥다.
• 사회적응이 문제다. 그렇다고 전체가 그런 것이 아니다.

▪ 자신의 하고자 하는 문제가 해결되지 않고, 뜻대로 모든 것이 여의치 않다.
• 얼음도 덩어리가 크면 녹는 시간이 더 필요.

자신과 싸움에서 지고 있다. 너무 얼어있는 상태다. 운(運)에서의 변화(變化)가 중요한 사주. 약한 기운은 통하지 않는다. 언 발에 오줌싸기.

☞ 천간(天干)의 정(丁)-임(壬) ➡ 합(合)은, 아버지가 나이 차이가 많은 여성과 부적절한 관계를 유지하고 있다. 환경을 살피는 것도 필요.

❏ 환경(環境)이 문제.

己	庚	己	壬
卯	申	酉	子

↳ 유(酉)월의 경(庚)금 일간(日干).
월지(月支)와 일지(日支)가 합(合)을 이룬다.

↳ 역시 사주가 냉(冷)하다. 가을의 경(庚)-금이라 지나치게 의리(義理)를 중시하면 낭패(狼狽)다. 흐름이 원만하지 않다. 개울가 바위 그늘에 이끼 낀 형상.

⊙ 천간(天干)으로 양쪽으로 나타나 있으니 문제다.

⊙ 부모(父母) 대에 문제가 있으면, 자손(子孫) 대에서는 그것을 극복하고 슬기롭게 대처해야 한다.

• 다 업(業)인가 보다. 현재 연상(年上)의 유부남과 교제 중인데, 유부남이 이혼(離婚)하기를 기다리고 있는 여성이다. 현실(現實)이 어렵다고 도피(逃避)는 금물(禁物).

❏ 격(格) 전체(全體)의 변화(變化).

○	辛	○	○
寅	亥	亥	亥

↳ 해(亥) 월의 신(辛) 금일간.
원류(原流) 흡입(吸入)력이 지나치게 강(强)하다.

↳ 식상(食傷)인 수(水)의 기운(氣運)이 나치게 강(强)하다. 신(辛)-금 일간(日干)의 입장에서는 신약(身弱), 스스로 지탱하기 힘들어 수(水)에 종(從)-하는 현상이 나타난다. 종아격(從兒格)이다.

종 아격(從兒格)이란? 식상(食傷)에 종(從)-한다는 설명. 자식(子息)의 기운이 지나치게 강(强)하니 어미가 그 뜻을 따르고 의지(依支)한다.

그런데 이것이 어찌 된 일인가? 그 식상(食傷)이 다시 인(寅)-목과 ➡ 합(合)하여 인-(寅)-해(亥) 합(合)➡목(木)이 아닌가?

✳ 결국, 다시 보따리 싸고 쫓아가는 신세다.

어 차피 자식(子息)에게 모든 것을 맡긴 이상 어찌할 것인가? 자식 또한 수(水)에서➡목(木)으로 변한다. 신(辛)금이 해(亥)수를 따라 수(水)가 되고, 다시 목(木)으로 바뀐다. 두 번의 변화(變化)다.

✪ 우리는 살다 보면 많은 일을 다 겪는다.

• 사람을 보아도 갖가지 형태다.
• 일을 처리, 부탁하였거나 매사 모든 일이란 것이 진행 과정을 거쳐야 결론에 이르는데 어떤 일은 과정을 보면 금방 아! 어떤 결론이 나오겠구나 하고 단순판단으로도 알 수 있다.
• 복잡 미묘하여 결론을 보아야만 알 수 있는 일도 있다. 드라마의 가슴 조이는 전개 과정이라 할까?

이 런 사주의 주인공은 끝까지 가봐야 알 수 있다. 섣불리 결론을 내려서는 안 된다. 그것은 흐름을 보면 답이 나온다.

⊙ 추명(推命)에 있어 큰 역할을 하는 것이 흐름이다. 홍수가 나도 물줄기의 흐름만 정확하게 읽는다면, 피해가 있어도 큰 피해는 줄어든다.
• 예방 또한 가능한 것이고. 사주 추명(推命) 역시 이와 같은 원리다. 거기에 원류(原流)를 정확히 짚는다면 승산(勝算)은 얼마든지 있기 나름이다.

⊙ 요즈음에 간혹 기상청의 일기예보가 정확하지 않아 곤욕을 많이 겪는 것처럼 미리 예견(豫見)도 정확해야 한다. 사주 추명의 예견은 흐름을 읽는 것이다.
• 그 흐름을 읽는 방법도 여러가지다.
• 일반적으로 가장 간단한 흐름을 읽는 것 또한 지극히 정확하다. 그리고 또 다른 방법으로 흐름을 읽어 내려간다.

변 화(變化)의 흐름을 보면 두 번 크게 변한다. 그것도 일간(日干)이 변하는 것이니 여기서는 비중(比重)이 크다.

그리고 크게 달라져도 전체가 움직이므로 쉽게 알 수 있다.
• 여름이 막바지면 항상 닥치는 태풍의 예보를 생각해보자. 지난 2022년에는 사상 초유의 태풍이라는 예측이 있었지만 약간의 차이는 있었다. 일부 지역의 피해는 참으로 컸다.

• 예견이란 이런 것이다. 미리 준비, 대비하면 피해를 줄일 수 있지만.
• 예상을 뛰어넘는 경우, 중요한 것은 천재지변이라는 것이다.

□ 청탁(淸濁)의 면(面)으로 살펴라. ─────────
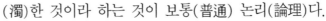

여 기서 청탁(淸濁)은, 청탁(請託)과는 다른 의미다.
청탁(淸濁)이란 맑음과 탁(濁)함을 말한다. 깨끗하고, 더러움, 맑음과 흐림, 즉 잘 보이는 것, 뿌옇게 되어 잘 보이지 않는다.

⊙ 일반적으로 음양(陰陽)을 논할 때 양(陽)은 청(淸)한 것이요, 음(陰)은 탁(濁)한 것이라 하는 것이 보통(普通) 논리(論理)다.

■ 그러나 양(陽)도 지나치면 탁(濁)한 것이요, 음(陰)도 중용을 지켜 적당하면 청(淸)한 것이 되는 것, 또한 이치(理致)다. 청과 탁의 농도를 보는 것이다.

⊙ **역(易)이란?** 변화(變化)하는 것이 이치다. 그렇다면 어떤 사주가 맑은 사주, 깨끗한 사주고, 어떤 사주가 탁(濁)하고, 청(淸)한 사주인가? 그리고 그 중도(中度)를 유지해 절제하는 방법은 무엇일까?

□ 청(淸)한 사주의 특징.

청(淸)이란 맑고 푸름이요, 선명(鮮明)함이다. 사리사욕(私利私慾) 또한 없는 것이다. 깨끗함이 물 흐르듯 도도하게 흐르는 것이다. 더러움과 악함은 다 씻어내고 스미지 않도록 함이다.

☞ 신왕(身旺)한 사주에서 많이 나온다.

- 사주(四柱)가 일단 강(强)해야 조절, 가능하다. 약(弱)하면 뜻이 있어도 펴지 못하므로 일단 보류된다.
- 그러나 종격(從格)의 사주가 청격(淸格)이 되는 경우, 변화에 의한 청격(淸格)도 성립되나, 원국(源局)에 의한 판단(判斷)을 기준.

☞ 합(合)은 긍정적(肯定的)인 면으로 본다. ──────

- 일단 합(合)이 형성되는 것은 흩어진 기운을 한 곳으로 모은다. 여러 기운을 단일화(單一化)한다.

- 복잡(複雜)보다 단순화(單純化)를 형성, 자연 청(淸)한 면으로 본다.
- 합 중에서는 삼합을 우선으로 한다.

이유는 폭(幅)이 넓으므로, 그리고 기운(氣運)이 왕(旺) 하므로. 선거에서는 작은 표수 차이라도 당락이 결정된다.

- 서로가 많은 지지를 얻었다지만 결론은 내려지기 마련이다.

☐ 금수쌍청(金水雙淸).

- 금수쌍청(金水雙淸)은 사주(四柱)가 금수(金水)가 주종(主從)을 이루는 경우, 금생수(金生水) ➡ 물인 수(水)가 지나치게 많으니 맑고, 깨끗함은 좋으나, 물도 지나치게 맑으면 고기가 살 수 없다.
- 증류수와 같다. 주로 직업(職業)도 청빈(淸貧)한 쪽에 종사(從事)하는 경우가 많다.

◉ 직종은 종교인(宗敎人), 학자(學者), 연구(硏究)직, 발명가(發明家), 특수(特殊)직 등에서 볼 수가 있는데, 단점(短點)이 의외로 많이 노출(露出), 오히려 사회생활을 하는 데 많은 어려움이 나타난다.

성 격적인 면도 융통성이 없고, 폭이 넓지 못해 다양한 일에는 어울리지 못하고 도퇴(倒退)되는 것 같다.

☐ 탁(濁)한 사주의 특징.

탁(濁)하다는 것은 더러움이요, 골치 아픈 것이요, 복잡하고, 맑지 못하다. 삶의 사연도 많고, 고난(苦難), 풍파(風波)에 어지러움이 많은 사주다.

형 (刑), 충(沖)이나 기타 흉살(凶殺)이 많거나, 기울어지거나, 원류(原流)가 이상이 있고, 흐름이 막힌 사주 등이다.

◉ 탁(濁) 이란?

파리-대가리처럼 아주 작은 이익(利益)이라도 있으면 눈을 좌우로 돌리며 호시탐탐(虎視眈眈) 노리는 것인데, 그 사악(邪惡)함과 추(醜)함은 가려져 씻어도 알 수 없다.

☞ 사주(四柱)가 약(弱)해 중심(中心)을 잡기 어렵다.

- 기운(氣運)이 쇠약(衰弱) 스스로 가치관(價値觀), 주체의식(主體意識)을 상실(喪失)한다.
- 자신의 위치, 미래에 대한 불확실성(不確實性)이 항상 문제. 지나치게 약(弱)할 경우, 흔들리다 세월 다 보낸다.
- 놀이공원에서 바이킹을 타는 형상이다.

☞ 사주(四柱)가 지나치게 편협(偏狹) 된 경우.

⊙ 사주가 한 쪽으로 지나치게 쏠린 경우.
- 여러 육친이 곤혹스럽다. 탁(濁)한 사주다. 개중에는 전후(前後)의 육친(六親)을 보호하는 경우, 일단 그리 판단한다.
- 이에는 재다신약(財多身弱), 식상(食傷)-태왕(太旺), 견겁(肩劫)-태왕(太旺), 관살(官殺)-태왕(太旺), 혼잡한 사주 즉 재살-태왕 경우 등.

☞ 탁(濁)한 경우.

육친(六親) 중에서 제일 탁(濁)한 요소는 무엇일까? 당연히 재(財)다. 제일 더러운 것이니까. 항상 고귀(高貴)한 척은 혼자 다 하는 것, 바로 재(財)다. 그러나 그것이 때로는 사람을 살리기도 하고, 죽이기도 하는 흉기(凶器), 이기(利器)로 변한다.

- 재(財)의 흐름을 잘 살펴야 하는 이유다.
⊙ 업(業)이 많은 사주로 보라. 그렇다고 무조건은 금(禁)하고. 그리고 이에 버금가는 것이 있다. 바로 수(水)다. 수(水)가 많은 사주는 몸

을 잘 안 씻는다. 사주 상으로 그렇다는 설명. ◉ 사주에 수(水)가 많으니 항상 물속에 사는 것이므로, 자기는 잘 씻는 것으로 착각한다. 실은 항상 불어 있는 것이다. 손으로 밀어도 때가 나온다. 가정(家庭) 특히, 냉장고(冷藏庫)를 보면 알 수 있다.

❑ 청탁(淸濁) 사주의 실예.

❑ 원류(原流)가 극(極)히 미세하다.

甲	己	壬	壬
子	亥	寅	子

➥ 인(寅)월의 기(己)토 일간.
시간(時干)의 갑(甲)목이 두각을 나타낸다.

➥ 재(財), 살(殺)이 뒤엉켜 있는 사주다. 재살혼잡(財殺混雜) 사주.

- ◉ 원류(原流)가 극(極)히 미세하다. 도움이 되는 남편(男便) 인 줄 알았는데 오히려 짐이 되는 인간(人間)으로 변한다. 물먹는 하마다. 그런데 그 하마가 나를 괴롭힌다.
- ◉ 처음에는 괜찮은 줄 알았는데 알고 보니 백해무익(百害無益)이다. 계산을 앞세우는 것이 요즈음 삶. 서로 간의 효용(效用) 가치(價値)를 따진다.

◉ 사랑 타령은 옛말이요, 배부른 자의 넋두리다. 정조관념(貞操觀念)도, 애틋하고, 아기자기한 사랑은 어디 갔을까? 아직도 진실(眞實)된 삶을 사는 사람이 많지만, 그런 사람도 많다는 이야기. 탁(濁)한 사주.

❑ 여성(女性)의 사주. 이 역시 재살혼잡(財殺混雜)의 사주.

丁	壬	乙	戊
未	子	未	戌

➥ 미(未)월, 임(壬)수 일간(日干).
임자(壬子) 일주(日柱)가 물기둥이다.

➥ 물이 갇혀서 흘러가지 못하고 있는 형국(形局).

물이 흐르려면 둑을 넘어야 하는데, 둑은 높고 햇볕은 뜨겁게 내리쪼이는 형국이다. 둑 주변의 초목(草木)은 뿌리로 물을 흡수하고 있다. 물이란 흘러야 한다.

탁(濁)하다. 습지(濕地)가 말라버리는 형국. 물이 흐르지 못해, 고여 탁(濁)해지고, 더러운 물로 추락.

☐ 운(運)도 따르는 사주(四柱)다.

○	乙	○	○
未	卯	未	亥

⇨ 미(未)월의 을(乙)목 일간.
곡직(曲直)격의 사주.

⇨ 곡직격(曲直格)으로 사주가 깨끗한 사주.

• 지지(地支)가 삼합(三合)으로 형성(形成).
• 주변의 여러 상황이 다 나의 힘이 되어준다.

• 을묘(乙卯) 일주(日柱)가 되어 양지(陽地)보다는 음지(陰地)에서 성공(成功)한다. 약한 기운이 지나치게 강해지니 휘어질 듯 버틴다.
• 여자라면 남자에게 지지 않는다. 남편에 대한 아쉬움은 타고난 팔자다.

☐ 청(淸)하기 위한 기본적인 조건, 기운(氣運)이 강(强)해야 한다.

辛	丁	○	○
丑	酉	午	寅

⇨ 오(午)월의 정(丁)화 일간(日干).
사주가 신왕하다. 단점은 무엇일까?

깨 끗하게 청소해도 다 기운(氣運)이 있어야 한다. 정신은 충만하나 몸이 따르지 않으니 강 건너 불구경이다. 다 장단점이 있다. 부지런함이다.

⊙ 가정(家庭)에서 주부(主婦)들이 집안 일하는 것도 보통 어려운 일이 아니다.

가 사노동(家事勞動)이라 하지 않던가? 주부 9단 소리를 들으려면 최소한 10년 이상은 지나야 한다.

- 사주가 지저분해도 기운이 강(强)하면 깨끗이 청소하여, 청(淸)한 사주로 탈바꿈 하나 게으르면 청소를 잘 안 하니 더러워지고, 탁(濁)해진다.
- 일간(日干)이 튼튼 왕(旺)하고, 재성(財星) 또한 왕(旺) 하다. 재물(財物)을 얼마든지 관리(管理)할 수 있다.
- 청(淸)한 사주. 내가 못하면 남을 부릴 수도 있다.

☞ 청(淸)의 다른 경우.

- 청(淸)이란 깨끗함의 상징이요, 맑음이다.
- 청렴결백한 청백리(淸白吏)의 표상(表象)이기도 하다. 실로 깨끗한 팔자는 더러운 재(財)인 재물(財物)이 잘 모이지 않는다.
- 원래 파리는 더러워야 잘 생기는 법이다. 은행에서 새로 바꾼 돈을 세다 보면 겹쳐지기 쉽다.

- 그래서 새 돈을 셀 때는 침을 열심히 바르거나 두 번 세 번 반복 한다.

지 나치게 깨끗하여 생기는 일이다. 헌 돈을 한 번 세어보자. 접힌 부분을 펴거나, 세는 동안에도 별로 유쾌한 기분이 안 든다.

- 빨리 세고 싶을 뿐. 단지 돈이라는 이유로 붙들고 늘어지고 있을 뿐이다.

□ 조후(調喉)-관계로 살펴보는 청격(淸格), 탁격(濁格).

조 후(調喉)란 계절의 변화(變化)−상태(狀態)를 말하는 것인데, 주로 건조(乾燥)한가? 습(濕)한가 살핀다. 춥고, 따뜻한가 보는 것이다. • 음양(陰陽)으로 본다면 음(陰)인 금(金), 수(水)는 차가운 것이요, 목(木), 화(火)인 양(陽)은 따뜻한 것이다.

• 기운(氣運)의 상승(上昇)과 하강(下降), 조후 관계를 알아보자.

☞ 양(陽)의 기운(氣運)이 강(强)하면 어떻게 하는 것이 좋은가?

양 의 기운은 위로 향하는 목(木)의 성장(成長) 기질(氣質), 분산시켜 퍼트리는 화(火)의 기질(氣質)이라 상승(上昇)하는 기운이 강하다. 양(陽)의 기운이 너무 강하면 자연 그 기운을 억제해야 하는데 상향(上向)−성의 기질을 하향(下向)성으로 조절, 적정(適正)선을 유지해야 한다.

  ⊙ 기운이 지나치게 동(動)하면 옆에 붙어 나는 것이 없다.

  ⊙ 붙어 있으려고 해도 하도 움직이니 다 떨어진다.

☞ 음(陰)의 기운이 강(强)하면 어떻게 해야 하는가?

• 음(陰)의 기운(氣運)은 내려앉는 기운이다.

  • 자꾸만 아래로 향하는 하향성(下向性) 기질(氣質)이다. 이것이 지나치면 꼼짝 안 한다.

  • 기운(氣運)을 끌어당겨 위로 올려야 한다.

  • 찌꺼기도 지나치게 많으면 제거하기 힘들어진다. 덩어리로 굳어 버린다.

  ☞기운을 끌어올리는 것은 양(陽)의 역할이요, 기운을 내려 가라앉히는 것은 음(陰)의 역할(役割).

  • 일의 효율성을 중요시하듯 사주의 음, 양조화에도 전체적인 구성, 운(運)의 도래하는 기운(氣運)의 상대성에 따라 가성비, 판단 기준이 된다.

☞ 비를 매개체로 하여 예를 들어보자.

⊙ 기온이 지나치게 상승(上昇)하여 날이 너무 뜨거우면, 즉 사주에서 지나치게 기온이 상승(上昇)하면 비가 와서 시원하게 대지를 적셔주는 것이 최선이다.

비 가 바로 금(金), 수(水)의 역할이다.
• 반대로 날이 지나치게 차가우면 추우니 따뜻하게 햇볕을 내리쪼이는 것이 최고다.
• 뜨거운 물에는 찬물을 섞고, 찬물에 뜨거운 물을 섞어 적당한 온도의 물을 만드는 것이다.

☐ 조습(燥濕)을 다루는 방법.

조(燥) 한 것, 습(濕)한 것을 대처하는 방법이다. 직접적(直接的)인 방법도 있고, 간접적(間接的)인 방법도 있다.

• 도로에 물기가 많으면 감속-운전을 해야 하는 원리다. 반대로 도로가 지나치게 건조(乾燥)해 뜨거우면 그 지열로 곤욕을 치르는 것이다.

2 022년 3월 건조함이 극에 달해 산불을 억제하기 어려워 결국, 천우신조 비가 와 수습한다. 사람들은 그 고마움에 대해 얼마나 생각할까?

때마침 온 비라 참 고맙지--- 다행이야 그리고 그것이 끝이다. 후에 다시 식목하고 얼마나 많은 경제적 손실이 발생할까? 2023년 이제 한국도 열대아? 도깨비 장마다.

과할 수 없는 사항이 하나 있다. 황사(黃砂) 현상이다. 풍(風)으로 해석하라.

간 사람들은 거론(擧論)하지 않지만, 풍(風)의 현상을 조습(燥濕)과 같이 다루어야 한다는 것이 본인 생각.

• 추후 기회가 된다면 이에 대한 많은 자료를 올릴 생각이다. 토(土)와 풍(風)과의 관계를 생각하면 될 것이다. 한(寒), 냉(冷), 조습(燥濕)에 풍(風)을 포함하는 것이다.

❏ 반대(反對) 급부(給付)적인 요소를 찾아라.

○	丙	○	○
寅	辰	辰	丑

▷ 진(辰)월의 병(丙)화 일간.
축(丑)과 진(辰)은 습토(濕土).

▷ 습토(濕土)가 많으니 피부(皮膚)에 이상이 생기는데 주로 습진(濕疹)성 종류다. 토(土)를 극(極) 하는 것은 목(木)인데 목(木)은 신 것이라, 식초성분이 좋다.

❏ 재살혼잡(財殺混雜)인데 조후(調喉)로 살펴보자.

乙	丙	庚	癸
未	申	申	亥

▷ 신(申)월의 병(丙)화 일간.
금(金), 수(水)가 냉(冷)한 사주.

▷ 병(丙)화 일간(日干)이 외로운 여성 사주. 초장 끗발?
주변(周邊)이 너무 냉(冷)하여 불이 오래가지 못할 것 같다.

고 생 끝에 말년(末年)에 복(福)이 오려는지? 재살혼잡(財殺混雜) 사주다. 따뜻한 불길이 항상 그립다. 지나치게 춥다. 부모 형제가 그리운 사주다.

⊙ 좋은 시절 다 보내고 말년에 찾는다면 어떨까?

• 다 생각하기 나름이다. 그것도 복(福)이라고 감사할 것
인가? 아니면 말 것인가? 문제는 건강(健康).

☐ 겉만 보지를 말고 항상 그 속을 보라.

乙	戊	癸	辛
卯	申	巳	酉

⇨ 사(巳)월의 무(戊)토 일간.
믿는 도끼에 발등 찍히는 사주.

월 지(月支)의 사(巳)화가 은인(恩人)이요, 구세주이더
니 어느 날부터 갑자기 태도를 돌변 있는 것, 없는
것, 다 달라고 아우성. 남자가 그리워도 남자가 붙지 않는다.
왜 나만 남자가 없어요? 있어도 배신, 아! 팔자인가요? 이유
는 남자를 재물을 날려주는 일꾼으로 생각.

☐ 병(病), 약(藥)으로 살펴보는 관계.

병(病) 주고 약(藥) 주고다. 병(病)이 들면 치료하는데,
어떤 약(藥)이 좋은가 정확히 알아야 제대로 복용한다.
진단(診斷)을 정확히 해야 함은 물론, 어떠할 때 사주(四
柱)가 병(病)드는가? 어떤 방법으로, 어떤 처방(處方)?

☐ 병(病)든 사주.

병 (病)이란 무엇이든 많아도 병(病)이요, 적어도 병(丙)이란 뜻이다. 이
에는 유형(有形), 무형(無形)의 여러 존재가 거론된다. 사람의 됨됨이
란 잘나도 탈이요, 못나도 탈이다. 재물(財物)이란? 지나치게 넘쳐도 병(病)이
요, 뼈 빠지게 궁색해도 병(病)이다. 건강(健康)이란? 힘이 넘쳐 건강해도 탈이
요, 허약(虛弱)해도 탈이다.

◉ 인정(仁情)이란? 지나치게 베풀어도 탈이요, 지나치게 인색(吝嗇)해도 탈.

이처럼 모든 것이 정상적(正常的)이지 못하고, 지나치게 많거나, 모자라 문제가 될 때 우리는 탈 났다고 한다. 다 그것이 병(病)의 원인인데, 사주(四柱) 추명(推命) 시(時) 말하는 병(病)이란 어떤 의미인가?

병 (病)이란 역시 흐름이 막혀 관통(貫通)할 수 없고, 역류(逆流)하거나, 제자리에서 돌거나, 소리 소문 없이 사라지거나, 그 형체(形體)를 짐작할 수 없거나 많은 문제를 야기, 운행(運行)에 있어 차질(差跌)이 생겨 부득불(不得不) 삶의 행로(行路)가 힘들어지는 것을 말한다.

◉ 병(病)도 그 증세(症勢)에 따라 경중(輕重)이 나타나니, 그에 따른 처방법도

다양(多樣)하다. 병(病)중 제일 무서운 것이 합병증(合倂症)이다. 한, 두 가지 병이면 치료가 가능할 것 같은 병도 합병증(合倂症)으로 번지면 그야말로 백약(百藥)이 무효(無效). 모든 일에는 시기(時期)가 있다. 그때를 잘 찾아야 한다. 물이 넘칠 때는 흘려보내야 하고, 모자랄 때는 가두어 보관해야 하는데 그동안 그 어려움은 얼마나 크겠는가? 항상 노심초사(勞心焦思)하며 사는 것, 인생이다.

□ 병(病)든 사주의 치료방법. ──────────────

당연히 병(病)의 원인(原因)을 제거, 발병(發病)하지 않도록 하는 것이 그 치료방법. 제거한다고 꼭 그것을 없애는 것만이 방법은 아니다. 직접 처리하는 경우도 있고, 우회적(迂廻的)인 방법을 동원(動員)할 수도 있다.

◉ 극(極) 하는 방법이 있는 것이요, 설기(泄氣)하여 제풀에 자빠지게 하는 방법, 싸움을 유도 지도록 하는 방법, 유화책(宥和策)을 사용하는 것도 있고, 그 해결책도 다양하다.

☐ 감량(減量)을 해야 하는 것이 급선무(急先務).

丙	丙	丁	庚
子	寅	亥	寅

▷ 해(亥)월의 병(丙)화 일간.
목, 화(火) 양(陽)이 강(强)하다.

원 류(原流)가 합쳐져서 나에게 오는 것은 좋은데, 기운(氣運)이 지나치게 강(强)해져 걱정.

◉ 영양가 있는 음식만 골라 먹다 보니 비만(肥滿)이다. 설득(說得)하라 보냈더니 오히려 설득(說得)당해, 아니 간 만 못한 결과가 되고 말았다.

☐ 진정한 일자리 창출(創出)은 본인이 하는 것.

丁	乙	丙	丁
丑	酉	午	未

▷ 오(午)월의 을(乙)목 일간.
식상(食傷)인 화(火)의 기(意氣)운이 많다.

▷ 수입(收入)은 없는데, 지출(支出)이 심하다. 내 배 째라는 심사다.

양 (陽)의 기운은 강(强)한데 음(陰)의 기운(氣運)이 약(弱)하다.
집안에 백수들이 너무 많다. 일해야 하는데 일자리가 없다고 난리다.

◉ 화(火)가 많은 것이 병(病)이다. 일자리인 금(金)을 더 기운이 강(强)하게 해야 한다. 일자리를 더 창출(創出)하도록 말이다. 노인이 일자리를 찾는 형국. 원인 분석이다.

◉ 아는 것이 없어 일자리를 주어도 자꾸 뛰쳐나오니 은근과 끈기도 필요하고, 마음에 안 들어도 열심히 버티는 것부터 배워야 한다. 운(運)에서 수(水)가 온다면 일간의 기운을 보충 해주고, 식상(食傷)을 극(剋) 하니 좋다.

◉ 금(金), 수(水)-운(運)이 좋다. 병(病)을 치료하는 방법이다.

❏ 허(虛)와, 실(實)로 판단하는 격(格).

허허실실(虛虛實實)이다. 사람이 듬직하고, 아는 것이 많고, 무게가 있어야 하고, 진실된 맛이 있어야 미래지향적인 삶을 살면서, 가치관이 확실한 인생을 논할 줄도 알아야 한다.

◉ 실(實)이란 열매가 알차게 열린 것이요, 허(虛)란 속 빈 강정이다. 흔히 하는 말에 허영(虛榮)이라는 말이 있지 않은가?

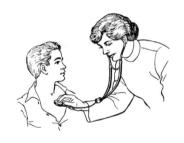 주머니는 가벼워, 갖고 다니기는 좋지만, 실속이 없다. 항상 불안하고 걱정스럽다. 마음이 불안하니 행동 또한 날렵하지 못하고, 어디라도 안정적으로 있기 어렵다. 항상 바늘방석이다. 반대로 주머니가 희망과 좋은 결실로 가득 차 있다면 기분도 좋고, 의욕(意慾)이 생기고, 적극적이고, 활력(活力)이 넘친다. 자신감에 풍만한 것이다.

◉ 맥을 짚어도 뛰는 맛이 있어야 살아 있는 것이지, 기력(氣力)이 쇠(衰)하면 맥도 잘 잡히지 않는다. 허맥(虛脈)이다. 지나치게 약(弱)한 경우요, 지나치게 강(强)한 경우다. 탄력(彈力) 있는 피부, 메마른 피부와의 비교다.

❏ 천간(天干)과 지지(地支)의 대치상태.

甲	壬	壬	壬
辰	午	寅	寅

▷ 인(寅)월의 임(壬)수 일간.
천간(天干)에 나란히 떠 있다.

▷ 임(壬)-수(水)가 셋이 나란히 년(年), 월(月), 일(日)에 있다.

원류(原流)를 찾아보니 시지의 진(辰)중 계(癸)-수 뿐. 천간(天干)과 지지(地

支)가 수화상전(水火相戰)의 형상을 유지. 천간(天干)은 허울이요, 실속(實速)이 없다. 지지(地支)에 있는 계(癸)−수만 못하다. 불 위에 그릇 가득히 물을 부어놓고 끓이는 형상. 운(運)에서나 어떨지? 겉모습은 화려한데 실속을 보니 능력(能力)도 없고, 생각만 있어 실천력(實踐力)이 부족한 사람이다.

ㅁ 진(眞), 가(假)로 보는 경우.

▪ 진짜인가? 거짓인가? 판가름이다. 살아 있는 것인가? 죽어 있는 것인가? 손 만대면 톡 하고 쓰러질 것인가? 하고 살펴본다. 가용(可用)성이 있는 것인가? 없는 것인가? 가부(可否)−간의 결정해야 하는 사항이다.

❋ 가짜인데도 일시적인 상황이나, 부분적인 면만 보고 진짜로 착각(錯覺)하고 처리하면 큰 실수(失手)다.
그런데 그런 실수는 어차피 거쳐야 하는 과정(過程)이다.

☞ 격(格)에도 진짜가 있고, 가짜가 있다.

이 것은 특히 종격(從格)인 경우에 많이 나오는데 왜, 하필 종격(從格)에 이런 경우가 많이 나오나?

• 자기 자신을 버린다는 것이 얼마나 힘든 일인가? 격(格)도 마찬가지다.

• 자기의 주체성(主體性)을 잃어버리는 것이다.

일시적으로 환경(環境)에 의하거나, 어쩔 수 없는 상황으로 상대방에게 굴복하였다면, 항시 기회를 노리고 언제인가 다시 일어서서 독립하려 할 것이다.

전 부 다 그런 것은 아니지만, 일단 한 번 배반을 때린 사람은 항상 "언제인가는 또 그럴 줄 모른다." 는 의구(疑懼)심이 그 사람을 따라다니는 꼬리표다.

⊙ 언제인가 나에게도 배반을 때릴지 모른다는 선입감(先入感)이 작용,

- 격(格)에서도 그런 점을 염두에 두어야 실수(失手)가 없다.
- 상황 변화에 대한 대응(對應)이 용이(容易)하다.

☞ 나의 것? 아닌가? 가 중요하다. 남의 것은 소용없다.

- 아내나 남편도 남의 사람이라면 다 그림의 떡이요, 필요 없다. 잘났던, 못났던 내 것이 좋다.

• 그다음은 내 편? 아닌가? 다. 필요하고 아쉬울 때 과연 도움이 될 것인가? 빠른 판단이 필요하다.

❏ 종(從)하는 것도 진(眞), 가(假)가 나온다.

○	丁	○	○
酉	丑	酉	○

↳ 지지(地支)에 금국(金局)이 형성 .
재(財)에 종(從)하는 것이다.

↳ 흐름을 살펴본다. 화(火)→토(土)→금(金)으로 흐름이 이어진다. 순순히 흘러간다.

- 움직여서 종(從)-하는 것이므로 스스로 마음이 끌려서 종(從)-한다.
- 순리(順理)에 순응(順應). 여자라면 자손을 위해 시댁(媤宅)에 순종(順從)한다. 또 다르게 본다면 절로 시댁 식구들이 좋은 것이요, 시어머니가 좋다.

❏ 울며 겨자 먹기.

○	丁	○	○
酉	酉	申	○

↳ 지지(地支)에 토(土)가 없다.
종(從)해도 분위기가 다르다.

⊨ 강압(强壓)에 의한 종(從)이다.

- 재(財)에 굴복(屈伏)한다. 이유(理由)가 필요 없다.
- 흐름이 이어지지 않는다.

◉ 마지못해 "시어머니!" 하고 부른다.

- 시댁에 얹혀사는 경우다.

❐ 좋은 것이, 좋은 것이다. ─────────────

○	庚	○	○
午	寅	寅	申

⊨ 인(寅)월의 경(庚)금 일간.
지지(地支), 화국(局)의 기운이 강(强)하다.

⊨ 좋은 것이 좋다고, 종(從)을 선택. 경(庚)-금 일간은 스스로 알아서 종(從)-하는데 시간이 흐르면서 자꾸 문제가 발생. 일종의 긁어 부스럼 격(格)이다.

- 년(年)-지(支)의 신(申) 금이 말썽을 부린다.

인

(寅)-신(申)➡충(沖)을 하는데, 왈(曰) "너는 과거에 경(庚) 금의 구박을 받던 주제에 이제 자네가 얼마나 힘이 세졌나 몰라도 감히 거꾸로 가르치려고 하다니!" 하면서 경(庚) 금에게 충동(衝動)질하며 자꾸 인(寅)-목을 건드린다.

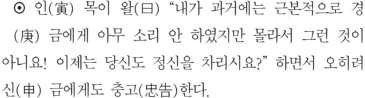

◉ 인(寅) 목이 왈(曰) "내가 과거에는 근본적으로 경(庚) 금에게 아무 소리 안 하였지만 몰라서 그런 것이 아니요! 이제는 당신도 정신을 차리시요?" 하면서 오히려 신(申) 금에게도 충고(忠告)한다.

◉ 신(申) 금은 경(庚)-금의 형인데, 경(庚) 금과는 거리가 생긴다. 중간에서, 인(寅) 목이 항상 가로막고 있다. "형님과의 연(蓮)은 당신 안 됩니다." 하면서. 신(申)-금은 인(寅)-신(申)➡충(沖)이라 정상적(正常的)인 상태가 못 된다. 상대는 인(寅)-목이다.

☞ 지장간(支藏干)을 살펴보자. ─────────────────────

⊙ 신(申) 금은 ➡ 무(戊), 임(壬), 경(庚)이다.

⊙ 인(寅) 목은 ➡ 무(戊), 병(丙), 갑(甲)이다.

서 로가 부딪혀 봐야 동률(同率). 경(庚) 금에게 득(得)이 되는가? 손해(損害)가 되는가? 를 살펴본다.

• 그리고 화(火)로 화(化)한 인(寅) 목이니, 이미 목(木)이 아닌 화(火)다. 그것에 초점을 맞추어야 한다.

☞ 경(庚)금의 입장에서 보자.

⊙ 중요한 것은 일간(日干)인 경(庚) 금이다. 모든 주체는 경(庚)-금이다.

• 경(庚) 금은 인(寅)-오(午) ➡ 화국(火局)한 결과에 종(從)-한다.

• 그러나 년지(年支)에 신(申) 금이 있으므로 가종(假從)이다. 진종(眞從)이 될 수 없다.

⊙ 재(財)가 관(官)으로 화(化)하였으니 처가(妻家)에서 일자리 만들어주고, 관리(管理)한다. 잘 보이라는 것이다.

• 다르게 본다면 처가살이도 가능하다.

• 이미 대세(大勢)는 기운 것이지만, 항상 그 기운(氣運)은 잠재(潛在)해있다.

☞ 운(運)에서 신(申)-운(運)이 온다면 어떨까?

문 제는 바로 이것이다. 년지(年支)의 신(申)과 운(運)에서의 신(申)이 합세(合勢)한다. ➡ 잠잠하던 신(申) 금을 건드리고, 경(庚) 금을 충동(衝動), 금극목(金克木)의 본성(本性)이 나온다.

⊙ 사나이가 치사하게 처가살이한다고 눈치만 보고 사는 줄 아느냐?

• 불쌍한 우리 형님 보살피는 것이 그렇게도 싫으냐? 하면서 가재(家財)도구를 다 패대기친다.

• 운(運)에서의 작용(作用)이다. 지나고 나면 "여보! 내가 잘못했소, 미안해!" 머리 숙인다.

☐ 종(從)해야 하는데, 종(從)하지 않으면 어떨까?

⊙ 순리(順理)대로, 흐름을 역행(逆行)하지 않는다.

○	丁	辛	○
寅	酉	丑	巳

▷ 축(丑)월 정(丁)화 일간(日干).
　재(財)인 금(金)의 기운(氣運)이 막강하다.

▷ 정(丁)화 일간(日干)의 입장에서는 분명히 종(從)–하는 것이 편하다.

⊙ 대세(大勢)를 거스르면 어떨까?

대세를 거역한다는 것은 대세인 전체적인 기운과 흐름을 안 따르고, 자신의 운명(運命)을 개척해보겠다는 굳은 의지다. 이기는 사람은 높은 경지에 도달한다. 종(從)–해야 할 것을 거부.

※ 이 사주에서는 종(從)–하는 것이 순리(順理)다. 종(從)–하는 데 걸림돌이 되는 것은 견겁(肩怯), 인성(印星)이다.

■ 이것은 일차적인 면이다.

• 지지(地支) 전체가 금국(金局)을 이루는데 유일하게 동조(同調)하지 않는 세력 ➡ 인(寅)목이다.

※ 정(丁)화 일간(日干)에게는 정인(正印)➡어머니다. 정(丁)화가 종(從)–한다는 것은 창씨–개명이다. 가장 서글픈 사람은? 원류(原流)인 어머니다. 원류에서 이탈(離脫), 다른 곳으로 흘러간다.

정 (丁)화가 금(金)에 종(從)-한다는 것은 재(財)에 종(從)-하는 것이다.

재다신약(財多身弱)인데 종(從)-하려 해도 제대로 안 된다.

❋ 인(寅) 목이 년(年)에 있다면 차버리고 간다지만 시(時)에 있으니 항상 걸림돌이다. 항상 앞에 나타난다. 재다신약(財多身弱)으로 어렵게 사는 것이 싫어서 뛰쳐나오려 해도 안 된다. 인(寅) 목이 용신(用神) 역할을 하면서 항상 발목을 잡는다. ❋ 그렇다고 용신이 제 역할을 해서 재다신약(財多身弱)의 신세를 면해 준다면 좋으련만, 그것이 그리 쉽지 않다.

⊙ 어머니와 아버지의 관계.

아버지는 금(金)이요, 어머니는 목(木)이다. 비교가 안 된다. 평생(平生) 구박받고 살아온 것이다. 어머니가 시지(時支)에 있으니 성질(性質)도 까다롭고, 사려 깊지 못하다. 단순(單純)한 스타일이다.

❋ 처가(妻家)는 잘 사는데 들어와서 같이 살자고 오란다. 그런데 홀로 계신 어머니를 놔두고 갈 수 없어 가지 못한다. 그렇다고 어머니를 모시고 들어갈 수는 없고, 재다신약(財多身弱)으로 그리 사는 것이다. 어머니-왈(曰) "다 내 탓이로다!" "나만 없었더라면 자식이 평생 호강하면서 살 것을---끈질긴 목숨이 원수로다!"

☐ 희(喜), 기(忌)로 판단.

희(喜)란 기쁨이요, 행복(幸福)이다. 약(藥)이요, 길(吉)이요, 순탄(順坦)이다. 글자를 풀어보면 좋은 의미로 보면, 북 치면서 입으로 말을 하니 노래하는 것이라 기쁨을 나타낸다,

❋ 선비가 입이 벌어져 다물어지지 않으니 경사가 있어 기쁜 형상이고, 나쁜 의미로 본다면 선비가 안으로 입과 입에 오르내리는 형상이라 구설, 시비에 휘둘리는 형상, 조심을 요(要) 하는 모양이다.

 (陽)이 지극(至極)하면 음(陰)이 생(生) 하는 원리(原理)다.

기(忌)란? 글자를 나누어보면 위로는 꺼리는 것, 대흉지상(大凶之象)이다. 아래로는 마음이라 괴로움이요, 피하고 싶고, 병(病)주는 것이요, 고통(苦痛), 흉(凶)이다.

☐ 은원(恩怨)으로 판단을 하는 경우.

 ✪ 은(恩)이란? 은혜로운 것이요, 예쁜 것이요, 인정(人情)이 가득한 것이다. 동정심(同情心)도 포함, 마음으로 느끼는 것이니 오죽하겠는가? 항상 가슴에 벅찬 추억을 남기고, 기억에 남는 일이다.

 (怨)이란? 상대방을 원망(怨望)하고, 미워하고, 비탄(悲嘆)에 젖고, 슬퍼하며 한탄(恨歎)하는 것이다. 희(喜), 기(忌)와 뜻이 상통하나 희(喜), 기(忌)가 일차적(一次的)이라면, 은원(恩怨)은 이차적(二次的), 삼차(三次)적 성격이 강하다.

☐ 기반(羈絆)으로 보는 격국(格局)의 분석(分析).

▪ 기반(羈絆)은 합거(合去)의 상황을 말한다. 합거(合去)란 다른 상대와 합(合)을 하여 배반하는 것이다.
▪ 자기의 본연(本然)의 본질(本質)을 바꾸는 것이다. 고장나서 작동 못 하는 것이나, 일시적(一時的)인 정전(停電)으로 불능(不能)일 경우도, 일시적이지만, 자기의 역할을 못 한다. 삼자(三者)가 볼 적에는 돌변(突變)했다고 판단.
↳ 합(合)해도 자기의 성향(性向)을 바꾸지 않는 경우 : 보통 일반적(一般的)

으로 합(合)하여 변함은, 바뀌는 경우다.

합

(合)이란 울타리 안에서 입을 하나로 통일(統一). 한 소리를 낸다, 의견(意見)의 일치(一致)고, 거(去)—라 함은 자리에서 물러남, 떠나가는 것, 잠수(潛水)하는 것, 오리무중(五里霧中)이다.

☐ 기반(羈絆).

합거(合去)와 같이, 합(合)하여 자의(自意)든, 타의(他意)든 자기 자신이, 자신의 역할을 못하게 얽매이고, 본질적(本質的)인 성향(性向)을 바꾸는 것이다. 이미 내가 아닌 내가 되는 것이다. 법적(法的)으로 파산선고(破産宣告)를 받은 것이다. 유구무언(有口無言)이듯 용도(用度)—폐기(廢棄)다. 용신(用神)일지라도 기반(羈絆)되면 사용할 수 없다.

❂ 첨언(添言)한다면 선비가 말을 타고 과거시험 보러 가는데, 마(馬)인 말이 제멋대로 날뛰는 것이요, 실타래를 풀어헤치는데 엉키는 형상(形象)이다.

☐ 합(合)이 많으면 결코 바람직한 것은 아니다.

○	甲	己	○
○	○	卯	○

⇨ 묘(卯)월의 갑(甲)목 일간.
⇨ 천간(天干)으로
갑(甲)—기(己)합(合)이 이루어진다.

⇨ 갑(甲) 목이 남편, 기(己) 토가 아내.

갑(甲)년의 운(運)이 왔다고 본다면? 아내는 어떻게 될 것인가? 기(己)토의 지지(地支)를 보면 암장(暗藏)으로 또 갑(甲) 목이 있다. 끼 많은 아내다. 어떤 놈을 만나 사라진다.

• 묘(卯)는 또 도화(桃花)에 해당.

• 항상 운(運)에서 들어오는 것은 새로운 것.

• 사주(四柱) 원국(源局)에 있는 것은 결국 헌 것이다.

• 신사와 숙녀는 항상 새로운 것을 좋아한다고 하였던가?

□ 화기(化氣)에 의한 판단법.

※ 화기(化氣)란 합(合)하여 변화(變化)하는 기운(氣運).

※ 화(化)란 모양이 바뀌는 것, 달라지는 것, 고치고 수정(修正)하는 것.

※ 친구 따라 강남 가듯 맹목적(盲目的)인 요소(要素)다.

▪ 의미를 본다면 사람이 칼을 들고 있다면 어떨까? 항상 위험(危險)하다. 평상시(平常時) 얌전하던 사람도, 일단 손에 칼을 들면 자기도 모르게 사납게 되고 마치 영웅(英雄)이라도 된 양 착각(錯覺) 한다.

▪ 돌변(突變)한다. 화(化)란 의미가 때로는 매우 복잡한 의미(意味)로 사용되는데, 일반적으로 화(化)란 합화(合化)를 말하는 것이다.

□ 합화법(合化法).

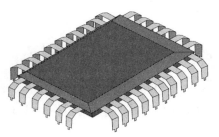

☞ 갑(甲)-기(己) 합화(合化) → 토(土)

을(乙)-경(庚) 합화(合化) → 금(金)

병(丙)-신(辛) 합화(合化) → 수(水)

정(丁)-임(壬) 합화(合化) → 목(木)

무(戊)-계(癸) 합화(合化) → 화(火)

☞ 합(合)에서 주의할 점.
- 쟁합(爭合) → 남성 둘이 여성 한 명을 놓고 싸우는 것.
- 요합(妖合) → 여성 둘이 남성 한 명을 놓고 싸우는 것.

☞ 합이불화(合以不化).

합(合)은 합(合)인데 방해(妨害)자로 인하여 화(化)하지를 못하는 것이다.

❏ 갑기(甲己) 합(合)의 경우.

■ 갑기(甲己)합 ➡ 토(土)로 화(化)한다. 그런데 목(木)이 있어서 목극토(木剋土) 한다면 어떻게 될까? (갑(甲)이 남성이요, 기(己)가 여성이다.)
- 갑(甲) 목을 기준으로 한다면 형제(兄弟),
- 기(己) 토를 기준으로 하면 시댁(媤宅)의 식구들이다.

❏ 을경(乙庚) 합(合)의 경우.

을경(乙庚)➡합(合)을 하면 금(金)이 되는데, 유약한 을(乙) 목이 금(金)으로 변하니 딴사람이 되어버린다.

인정이 많은 사람, 의리까지 겸비한다. "이제부터 을(乙) 목인 본인(本人)은, 경(庚) 금➡ 남편을 맞이하여 이 한 몸이 다 하도록 평생 같이할 것을 서약합니다."

경(庚) 금 남편은 여자를 맞이하여 합(合)을 이루면서 변함없이 금 그대로다. 여자와 눈이 맞아도 같이 도망가지는 않는다. 자기 자리는 지킨다.

가에서 반대해도 집 마당에서 허락할 때까지 꼼짝도 안 한다. 여기까지는 "여자

처 (女子)-팔자(八字)는 남자 만나기 나름"이다. 그것도 합(合)이 이루어지니 당연하다. 그런데 을-(乙)목 아내가 아이를 낳고부터 변화(變化)가 생긴다.

※ 자손은 화(火)라 금(金)인 남편을 극(剋)-한다. 자손(子孫)이 생기고 부부-금실이 갈라진다. 남편 일이 되는 것이 없다. 아내의 묘수(妙手)가 필요하다.

□ 병신(丙辛) 합(合) 수(水)일 경우는 어떨까?

병 신(丙辛) 합(合)➡수(水)의 방해자는 극(剋)-하는 것이니 토(土)다.
※ 토(土)는 금(金)의 인수(印綬)다. 무어라 하며 방해할 것인가?

결합은 안 된다 근친-간이다. 신(辛) 금은 토(土)인 내가 낳았고, 병(丙)화는

토(土)인 나를 생(生) 하였으니 근친(近親)-간(間)이다. 장모(丈母)가 방해한다.

□ 정임(丁壬) 합(合) 목(木)일 경우.

극(剋)-하는 것이 ➡ 방해(妨害)-하는 것 ➡ 금(金)이다.

금(金)의 육친(六親)관계? ➡ 아버지, 시어머니.

□ 무계(戊癸) 합(合)의 경우.

무 계(戊癸) 합(合)은 ➡ 화(火) ➡ 화(火)를 극(剋)-하는 것은 수(水)이니 ➡ 처가의 형제(兄弟)들이 반대다.

□ 갑기(甲己)하여 화기격(化氣格)이 성립.

己	甲	○	○
巳	戌	未	戌

⇨ 미(未)월의 갑(甲)목 일간.
  천간(天干)으로 합(合)이 이루어진다.

⤷ 여기서 설명은 천간(天干)에서 이루어지는 경우다.

　지지(地支)가 전부가 토(土)라 또한 종격(從格)도 성립(成立).

□ 을경(乙庚) 합(合)의 경우.

庚	乙	○	○
辰	酉	酉	酉

⤷ 유(酉)월의 을(乙)목 일간(日干).
　합화(合化)가 이루어진다.

⤷ 지지(地支)가 또한 금국(金局)이다. 을(乙)-목의 입장에서는 금(金)에 종(從) 하는 격(格)이 성립(成立). 화기격(化氣格)이면서 종격(從格).

□ 변(變)하고 변(變)하는 경우.

• 격(格)이 성립(成立)되었는데, 격(格)이 또 바뀐다.

• 한 번 격(格)은 영원한 격(格)도 있지만, 한 번 격(格)은 결코 영원한 격(格)이 아니다.

재 격(財格)이었는데 인수격(印綬格)으로 바뀌거나, 관격(官格)이 재격(財格)으로 변하여, 원래(原來)의 격(格)에서 다른 격(格)으로 변화(變化)하는 경우다.

☞ 그래서 사람-팔자 시간문제요, 열 길 물속의 깊이는 알아도 한 길의 사람 속은 모른다는 말이다.

☞ 공부만 열심히 한다더니, 자퇴하고 돈이나 열심히 벌 것이다! 라며

사업자금 빌려달라 야단이다.

☞ 시집간 새댁이 처음에는 시댁이 좋다고 엎어 지내더니, 나이가 들면서부터 친정집 문 앞을 내 집 드나들 듯하더라.

☞ 자기 아내만 알던 사람이 언제인가부터 밖으로 나돌기 시작.

❑ 종격(從格)으로 판단(判斷)을 하는 경우.

진가(眞假) 경우의 보완설명. 종격(從格)이란 일간(日干)인 자신이 허약(虛弱), 스스로 자립(自立)을 못 하여 남 도움을 받아야 하는 처지인데, 그것도 힘들어 아예 남의 집으로 들어가 버린다. 일간(日干)을 도와주는 인성이나 비겁이 없을 때나, 있어도 있으나 마나 모든 것을 포기한다.

자

신의 의지(依支)처가 없는 경우, 남의 집이라도 들어간다.
• 주중(柱中) 왕자(旺者)에게 모든 것을 의탁(依託).

❑ 순수한 종격(從格)의 경우.

① 종아격(從兒格) : 신약(身弱)한 종격(從格), 식상(食傷)에 종(從)한다.
② 종재격(從財格) : 신약(身弱)한 종격(從格), 재성(財星)에 종(從)한다.
③ 종살격(從殺格) : 신약(身弱)한 종격(從格), 관성(官星)에 종(從)한다.
④ 종왕격(從旺格) : 신강(身强)한 종격(從格), 견겁(肩劫)에 종(從)한다.
⑤ 종강격(從强格) : 신강(身强)한 종격(從格), 인성(印星)에 종(從)한다.
⑥ 종세격(從勢格) : 신약(身弱)한 종격(從格), 세력(勢力)에 종(從)한다.

종

(從)-하는 것은 자신의 처지가 매우 딱하다.
✪ 올 데 갈 데 없는 처녀가, 남자를 잘 만나서 잘사는 것.

✪ 종격(從格) 사주(四柱)는 종(從)-하기 이전에는 별 볼일이 없었으나, 주중(柱中)의 왕자(旺者)에게 종(從)하고 나서는 본인도 같은 능력자로 간주. 원님 덕분에 나팔을 부는 격(格).

종 (從) ➠ 삼합(三合)-국(局)이 제대로 진가(眞價)를 발휘.
　✪ 종(從) ➠ 할 경우, 천간(天干)에 대표자(代表者)가 하나가 좋다.
둘이면 선장이 둘이라 배가 산으로.

☞ 종격(從格)의 특성(特性). ─────────────

종 (從)할 경우, 양(陽), 음(陰)을 나누어 그 특성을 살핀다.
　　그 특징(特徵)을 알면 구별이 편하다. 종(從)이란 사람 위에 사람이 있고, 사람 아래 사람이 있는 형상.
　　• 그것도 걸어가는 형상(形象)이니 위아래가 확실하다.

　　⊙ 음(陰), 양(陽)의 기본적인 특성(特性).
　　※ 양(陽)은 남에게 잘 고개 숙이는 스타일이 아니다.
　　※ 음(陰)은 고개를 잘 숙이기는 하나, 즉 세력(勢力)에는 순응(順應)을 잘하나, 그 기(氣)를 따르지 않는다.

☞ 충불충(沖不忠)-지지(地支)➠ 충(沖)은 충(沖)인데, 충(沖)이 안 되는 것.

▢ 상전(相戰)도 때로는 필요한 경우.

○	○	○	○
午	寅	子	申

　↬ 자(子)-오(午), 인(寅)-신(申) ➠ 충(沖).
　　　↬ 인(寅)-오(午), 신(申)-자(子)가
　　　　　각각 ➠ 합(合)을 형성.

합 (合)으로 인해 충(沖)이 해소(解消)된다.
　　서로가 균형(均衡)을 이루고 있다.

❑ 운(運)에 따른 가감(加減).

○	丙	壬	○
午	寅	子	申

⇨ 천간(天干)으로 병(丙)-임(壬) ➡ 충(沖).
지지(地支)에서 충(沖), 합(合)이 병행(竝行).

⇨ 이럴 경우는 어떨까?

➡ 천간(天干)의 병(丙)-임(壬)은 충(沖)으로 보지 않는다.

※ 사주에서 충(沖), 형(刑) 등 흉(凶)이 없으면서도, 흉(凶)이 있는 사주보다 더 나쁠 경우는?

• 충(沖), 형(刑) 등이 있어도,
이것은 운(運)의 변화에 따라 가감(加減)이 가능.

식 상(食傷) 태왕, 관살(殺) 태왕, 재다신약(財多身弱), 재살태왕 등은 형(刑), 충(沖)이 없어도 흉(凶)이 있는 사주보다 더 나쁘게 취급. 크게 달라질 것이 없으니 말이다. 설사 달라진다 한들 크게 변화가 없으며, 주로 말년(末年)에 가서나 본인이 깨우치면 극복하나, 그렇지 않으면 힘들기 때문이다.

❑ 정(丁)화는 꽃인데, 말년(末年)에 가서나 꽃이 만개?

○	丁	辛	辛
寅	酉	丑	酉

⇨ 축(丑)-월의 정(丁)화 일간.
재(財)의 기운(氣運)이 지나치게 강(强)하다.

⇨ 정(丁)화 일간에게 ➡ 재(財)는 아버지가 되기도 한다. 또한 처(妻)도 되고 여러 해석이 나오지만 그중, 무엇으로 보더라도 일단 재(財)의 육친(六親)에 해당하는 부분에 대하여 항상 콤플렉스 상태이다.

☞ 좋은 기억.

평범(平凡)한 사주라면 육친(六親), 신살(殺)로 보아도 잘 맞고, 천격(賤格)의 사주라면 격국(格局)으로 보면 잘 맞고, 시골에서의 사주, 도시에서의 사주가 스케일에서 차이가 난다. 이것은 환경(環境)의 차이다. 격(格)의 차이다.

▪ 시골은 부자(富者)이고, 도시는 갑부(甲富)다.

제 ❷ 장

❑ 격국(格局)의 분류(分類)

❑ 격국(格局)의 분류(分類).

❑ 내격(內格)이란?

❑ 외격(外格)이란?

❑ 외격(外格)의 해석(解析)과 기준(基準)

사주에서의 격국(格局)은 그 사주(四柱)의 갖추어진 상(象)이다. 좋은 상이던, 나쁜 상이던 전체적으로 나타나는 상(象)은 확실하다. 그 사주의 체(體)이다. 어떠한 경우는 체(體)와 용(用)이 동시에 같은 상(象)을 나타내고, 또 어떤 경우는 완연히 다른 상(象)을 나타내기도 한다. 우리가 애용하는 버섯의 경우를 예로 보자.

보기는 화려해도 잘못 먹으면 인명(人命)을 살상(殺傷)하는 독버섯도 있다.

약(藥)도 좋은 약이라도, 지나친 남용(濫用)을 금하는 것은 왜일까?

잘못 알고, 알면서도 자제(自制)를 등한시하면 항상 문제가 생긴다.

격국(格局)도 마찬가지다. 몰라도 문제가 생기는 것이고, 알아도 잘못 사용하면 탈이 난다. 격국(格局)의 분류에 있어서 정확(正確)한 판단(判斷)이 필요하다.

어떻게, 어떠한 기준(基準)으로 판단(判斷) 할 것인가?

분류(分類)에서 혼란(混亂)이 온다면, 결과가 암담(暗澹)한 것이다.

❏ 격국(格局)의 종류(種類), 분류(分流). ────────

격국(格局)은 그 종류가 하도 많아 일일이 나열하기도 힘든 정도다. 사람도 생김새나, 성격이나, 행동이나 기타 여러 가지 면으로 본다면 각양각색이다. 어느 한 부분을 딱 집어서 저 사람은 이런 사람이다. 라고 단정적(斷定的)으로 이야기하기 참으로 어려운 것이듯, 갖다 붙이면 격(格)이 되니, 어떨 때는 엿-장사 마음대로라는 농담이 나올 정도다. 그에도 다 이유는 있다. 물론 타당성(妥當性) 또한 있는 것이고, 다만 얼마나 내가 알아서 취사선택(取捨選擇)을 하는가? 하는 문제에 도달하게 되는데 배우는 과정에 있는 사람도, 가르치는 사람도, 어려움을 토로(吐露)하는데 시작하는 경우는 어떻겠는가? 그렇다고 여기서 물러날 수는 없다.

◉ 무(無)에서 시작, 음(陰)과 양(陽)으로 나누어지듯, 그리고 다음의 변화(變化)가 이루어지듯 격국(格局)도 하나하나 큰 줄거리를 찾다 보면 매듭이 풀린다. 그 매듭을 풀어가는 줄거리를 찾는 방법은 무엇일까? 일단 음(陰)과 양(陽)으로 구분을 하듯, 상대적(相對的)인 의미로 분류(分類)를 해보자.

❖ 안과 밖의 개념으로 볼 때————————내격(內格)과, 외격(外格)
❖ 정(正), 편(偏)으로 볼 때————————정격(正格)과, 편격(偏格)
❖ 일반적인 의미, 상황으로 볼 때—————보통(普通) 격국, 특별(特別)
　　　　　　　　　　　　　　　　　　　격국

이외 다른 말을 갖다 붙인다면 변격(變格)이요, 잡격(雜格)이요,
　상격(常格)이요, 정팔격(正八格)이요, 십정격(十正格)이요, 별의별

명칭(名稱)이 다 붙을 수 있다. 결국, 따지고 보면 다 그렇고 그런 것인데, 그 말에 따른 의미도 제각각 간직한 뜻이 특이하고 재미도 있다. 기억하기 쉽고, 이해하기 쉬운 방법을 택해 각자 선택, 활용하는 것이 최선이다.

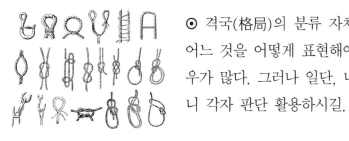

⊙ 격국(格局)의 분류 자체도 이론(異論)이 많으니 어느 것을 어떻게 표현해야 할지 참으로 곤란한 경우가 많다. 그러나 일단, 나름대로 정리하여 보았으니 각자 판단 활용하시길.

◻ 격국(格局)의 분석에 있어서 잊지 말아야 할 사항.

❖ "격국(格局)은 영구(永久)−불변(不變)하는 것이 아니다."라는 것을 알아야 한다. 변화(變化)하는 것이 격국(格局)이다.

❖ 월지(月支) 자체만 갖고서 격국(格局)을 정(定)하는 것이 아니다. 라는 것을 알아야 한다. • 투간(透干)한 월지의 지장간(地藏干)이 생극(生剋), 합화(合化)하거나, 지지(地支)의 합거(合去) 변화에 의해서도 격국(格局)은 변화되는 것이므로, 이러한 변화를 잘 읽어야 한다. 시주(時柱) 또한 마찬가지다.

모 든 것이 상대적이듯 격국(格局) 역시 내격(內格)과 외격(外格)의 큰 줄기로 나누어진다. 즉 정격(正格), 편격(偏格)으로 나누어진다.

• 복잡하고, 이것이 과연 맞을까? 하는 걱정은 할 필요 없다.

• 내격, 외격으로의 구분만 이루어진다면 된다.

✤ 모든 것은 오행(五行)의 생극제화(生剋制化)의 이치(理致)에 의한다.

✤ 나름대로 질서(秩序)와 규칙(規則)을 세워야 한다. 순서를 정해 원칙에 입각, 차례대로 분석.

✤ 비슷하다 하여 아!, 같겠구나 하는 생각은 금물(禁物). 변화란 항상 무궁한 것이다. 속단(速斷)은 금(禁)해야 한다.

□ 격국(格局)의 분류(分類).　─────────────────────

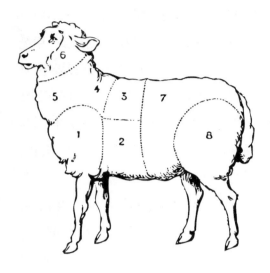

❖정팔격(正八格)

❖ 내격(內格)

❖ 정격(正格)

인수격(印綬格), 편인격(偏印格), 식신격(食神格), 상관격(傷官格), 정재격(正財格), 편재격(偏財格), 정관격(正官格), 편관격(偏官格)

❖ 십정격(十正格)――건록격(建祿格), 양인격(羊刃格) 포함.

◉ 격국(格局)

　외격(外格), 특별격(特別格), 편격(偏格), 변격(變格), 잡격(雜格)

❖ 전왕격(專旺格)-일행득기격(一行得氣格)　→　곡직격(曲直格)

❖　종격(從格)　　　종왕격(從旺格)　　　염상격(炎上格)

　　　　　　　　　　종강격(從強格)　　　가색격(稼穡格)

　　　　　　　　　　종세격(從勢格)　　　종혁격(從革格)

　　　　　　　　　　종아격(從兒格)　　　윤하격(潤下格)

　　　　　　　　　　종재격(從財格)

　　　　　　　　　　종살격(從殺格)

❖ 화기격(化氣格) → 화(化)→목(木), 화(火), 토(土), 금(金), 수(水) 격(格)

❖ 잡격(雜格) :　기타 해당하지 않은 격(格)은 잡격(雜格)으로 취급한다. 종류(種類), 그 변화(變化)가 무쌍(無雙)하여 많은 관찰, 주의가 필요하다.

격 국(格局)의 분류(分流)에 있어, 외격(外格)인 특별 격국은, 내격(內格)인 보통 격국에 우선 적용한다.

□ 내격(內格)이란?

보통의 격국(格局)을 말하는데 명칭을 붙인다면 정격(正格), 상격(常格), 정팔격(正八格)을 말한다. 십정격(十正格)이라 하여 건록격(建祿格)과 양인격(羊刃格)을 합해 보는 경우, 오행(五行)으로 본다면 당연히 포함하는데, 사주 자체가 기세(氣勢)가 편중되는 연유로, 특수한 경우의 격(格)으로 취급하기도 한다.

건 록격(建祿格), 양인격(羊刃格)이라 해도 편중(偏重)되지 않는 경우, 이때는 어떻게 설명되는가? 해당 않는 견겁(肩劫)의 경우, 어떤 해석이 있어야 할 것인가? 이에 대한 것은 각자의 판단에 맡기고 추후 간행될 "실전 사주의 분석" 편에서 심도 있게 실전─사주를 분석하면서 서로의 개인적인 의견을 개진하도록 하자. 일단 보편적(普遍的)으로 논하는 방법을 택해 보았다.

☞ 내격(內格)─ 정격(正格)의 종류.

❶ 인수격(印綬格) ❷ 편인격(偏印格) ❸ 식신격(食神格) ❹ 상관격(傷官格)
❺ 정재격(正財格) ❻ 편재격(偏財格) ❼ 정관격(正官格) ❽ 편관격(偏官格)

□ 내격(內格)의 특징(特徵).

일 간(日干)을 기준, 오행(五行)의 생극제화(生剋制化)를 다루는 일반적인 원칙에 부합 격(格)을 취용, 용신(用神)─정법(定法)을 위주로 희신(喜神), 용신(用神), 기신(忌神) 등을 사용 격(格)을 운용한다. 내격(內格)의 해석(解析), 기준(基準)은 오행(五行)의 중화(中和)를 제일(第一) 원칙(原則)으로 판단.

☐ 외격(外格)이란? ─────────────

보통의 격국(格局)이 아닌 특별(特別)한 의미 (意味), 성격(成格)을 갖추고 있는 격(格). 간편하게 "내격(內格)이 아닌 격(格)을 외격(外格)." 생각하면 된다. 내격(內格)에 대한 상대적인 격국으로 편격(偏格), 변격(變格), 잡격(雜格), 변칙(變則) 격으로 본다.

☞ 외격(外格)의 종류(種類).

외 격(外格)에는 종격(從格), 화격(化格), 별격(別格)이라 지칭되는 여러 격, 특수한 상황에 따른 격, 등등 그 외의 모든 격(格)을 외격(外格)으로 생각하면 편하다. 따로 명칭을 부여하는 것은 여타 경우 기억하기 쉽고, 추명 시 정리된 사항을 염두에 두고 하니 혼돈(混沌)이 덜 하는 이점이 많다.

◉ 격(格)을 정하는 긍정적(肯定的) 이유의 하나로 부합(附合)되는 사항이라

생각하고 틈틈이 살펴보는 것도 해롭지 않다.

옥석(玉石)을 가려 진일보(進一步)하는 것 이라, 더욱 새로운 점도 발견된다. 무조건 배척보다, 배움의 과정에서 많은 것을 접한다는 의식도 필요하다. 격(格)을 정하면 문단(文段) 정리(整理)가 된다.

❑ 외격(外格)의 해석(解析)과 기준(基準).

❂ 외격(外格)의 성격(性格)에 따른 원칙(原則)에 의해 판단.

❂ 외격(外格)의 성립(成立)이 되기 위한 조건(條件)을 충족(充足)하는지 일단 확인(確認), 그에 적합(適合)한 원칙(原則), 특성(特性)에 준해 판단.

❑ 일주(日柱)를 기준으로 보는 격(格)의 종류.

– 일주(日主)–시주(時柱)를 대비하는 경우, 일주(日柱) 자체를 보는 경우, 일주와 전체(全體)를 보는 경우.

❑ 시주(時柱)를 기준해 보는 격(格). ➡ 시상일위귀격(時上一位貴格). 시상관성격(時上官星格). 시상편재격(時上偏財格.) 등.

❑ 암합(暗合), 암충(暗冲)으로 이루어지는 격(格).몰래 하는 사랑. 몰래 하는 암투(暗鬪), 싸움.

❑ 종격(從格)으로 이루어지는 격(格).

• 물풀도 뿌리가 있다. 그래서 물결이 생겨도 밀려 떠내려가지 않는다. 그런데 그 물풀이 뿌리가 없다 가정해보자.

• 출생에서부터 뿌리가 없는 물풀이라면 어떨까? 바람 부는 대로, 물결 치는 대로 이리저리 떠다닐 것이다.

• 그러다 어디에 걸리거나, 움직일 수 없는 지경이 된다면 그때야 그곳에 정착(定着)하게 된다. 더부살이다.

일 간(日干)이 뿌리가 없어 정착(定着) 못 하고 왕(旺)–한 세력(勢力)에 얹혀사는 것이다.

❏ 화기격(化氣格)으로 이루어지는 격.

천 간(天干) 둘이 합(合)하여 하나의 새로운 기운(氣運)을 형성하는 것이고, 자기가 간직한 고유의 오행(五行)의 기운이 변화(變化), 다른 오행으로 나타나기도 하고, 그대로 간직하는 경우도 있다.

❏ 일행득기격(一行得氣格)으로 이루어지는 격.

◉ 종오행격(從五行格)이라고도 하는데 사주 전체가 천간(天干)으로 투출(透出)한 오행인 일간(日干)에게 기운이 집중하는 형상으로 기운이 편협(偏狹)하여 쏠린다.

일 간이 아닌 다른 천간(天干)의 기운에 몰리거나 할 경우, 종격(從格)으로 변화하기도 한다. 종격(從格)에도 여러 종류가 있다. 그 외의 기타 격(格)으로 이루어진다.

제 ❸ 장

☐ 정격(正格)의
이해(理解)와 분석(分析). —————————

❼. 정관격(正官格).

❶. 인수격(印綬格).

❷. 편인격(偏印格).　　　　❽. 편관격(偏官格).

❸. 식신격(食神格).　　　　❾. 건록격(建祿格).

❹. 상관격(傷官格).　　　　전록격(專祿格)

❺. 정재격(正財格).　　　　귀록격(歸祿格)

❻. 편재격(偏財格).　　　　❿. 양인격(羊刃格).

일인격(日刃格)

　　　　　　　　　　정격(正格)은 기본적(基本的)으로 육신(六神)
　　　　　　　　　　을 용신(用神)으로 한다.
　　　　　　　　　　정격(正格)도 사주(四柱) 중, 필요로 하는 기
운(氣運)이 없을 경우, 암충(暗沖)이나, 암합(暗合) 등의 변칙적(變則的) 방법
(方法)에 의해 기운(氣運)을 선택하기도 한다. 정격(正格)은 오행(五行)의 기
본적(基本的) 이치(理致)를 근거(根據)로 하여 격(格)을 정한다.

❶. 인수격(印綬格).

인수(印綬)란? 일간(日干)인 아(我)인 나를 생(生) 해주는 오행(五行)으로 나의 원류(原流)요, 흐름을 원활하도록 해주는 윤활유(潤滑油)다. 존엄(尊嚴)한 존재(存在)요, 부모(父母)라는 신(神)과 같은 존재다.

인수격(印綬格)은 순용(順用)의 격(格)이다. 시작이요, 어머니와 같이 포근한 것, 은근과 끈기요, 항상 과거를 돌아보며 미래지향(未來指向)적 삶을 추구. 세상은 혼자 사는 것이 아니다. 내가 뜻을 세웠으면 당연히 그것을

이루기 위해 혼신(魂神)을 다하는 것이 당연하다. 그것이 제대로 이루어지려면 상생(相生)하는 기운(氣運)이 있어야 한다. 흔히들 귀인(貴人), 복(福)이라 표현하는데 그것이 바로 인수(印綬)다. 여기서 주의할 사항이 있다. 인수(印綬)라 하여 무조건 좋은 것은 아니다.

◉ 도식(盜食)이 되는 경우가 있고, 인수(印綬)가 과다(過多), 여러 병폐가 있고, 중요한 것은 내가 인수(印綬)를 활용(活用)할 수 있는가 하는 문제다. 아무리 좋은 것을 손에 쥐도 나의 것으로 하지 못한다면 아무 소용 없다. 특히 사주가 신약(身弱)한 경우 인수(印綬)가 있으면 무조건 "나의 힘이 될 것이다."라는 안이한 판단은 버리는 것이 현명하다. 일단 신약(身弱)의 원인(原因)을 찾고, 인수(印綬)와의 관계를 살펴라.

◉ 정인(正印)과 편인(偏印)의 구별도 중요, 그다음은 다른 육친(六親)과 상관관계(相關關係)를 살펴 득실(得失), 기능(機能)을 따진다. 인수(印綬)는 나를

생 해주니 분명 나의 편(便)은 확실하다. 여기서 착각(錯覺)하는 경우가 생긴다. 인수(印綬)가 많을 경우, 인수가 많은 것은 정작 본인(本人)인 아(我)-와는 근본적(根本的)으로 차이가 있다. 인수가 있으면 마치 무조건 아(我)와 같은 존재로 혼동(混同)한다. 일단 아(我)가 약(弱)할 경우는 약한 것이다.

인 수(印綬)의 과다(過多)와는 연관(聯關) 없다는 생각으로 일차적(一次的)인 판단을 해야 한다. 일간(日干)인 아(我)가 약하면 신약(身弱)이다. 인수(印綬)가 많아도, 그것은 일차적으로 일간(日干)인 아(我)-와는 별개로 생각하고 판단(判斷)해야 실수(失手)가 없다. 마치

아마추어 같은 사고방식이다. 프로는 이것을 확실하게 구별한다. 이렇게 판단하고, 인수도 별개로 각각의 상관관계를 대입, 사주 추명에 있어, 한 차원 달라지는 것을 느낄 수 있다. 인성이 많지만 일간 자체는 신약일 경우 즉, 견겁(肩劫)이 부족하다. **피는 물보다 진하다!** 여기에 식상(食傷)이 하나 있다 하면 인성에 의해 극(剋)을 받는다.

⊙ 일간(日干)이 인성(印星)의 기운(氣運)을 업을 때는 신강(身强)이지만, 인수를 제외할 경우 식상(食傷)의 설기(泄氣)로 가뜩이나 약(弱)한데 더욱 약해진다. 허나 인성(印星)의 도움으로 아무런 영향을 받지 않는다. 그러나 인성에 문제가 생길 경우, 스스로 아무것도 못 한다. 별 것 아닌 것 같아도 이러한 면이 문제를 발생한다. 지나친 의탁(依託)도 그렇고, 옆에 도움이 없으면 아무것도 못 하니, 걷다가 쓰러지는 형상이다. 인성(印星)이 많다고 항상 도와주는 것은 아니다. 인성과 식상의 관계를 살핀다.

❏. 인수격(印綬格)의 구성(構成). ────────────

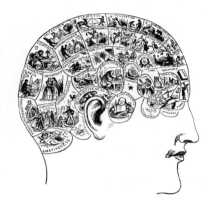

인수격(印綬格)을 갖추는 여러 가지 조건(條件), 나름대로 특성(特性)이 있다. 조건(條件)을 갖추기 위해 특성(特性)이 필요, 특성(特性)을 갖추기 위해 성향(性向)이 확실한 것이 좋다.

❶. 사주(四柱)가 건강(健康), 기운이 왕(旺)－해야 한다.

❷. 천간(天干)에 투출(透出)되어야 한다.

❸. 형(刑), 충(沖), 파(波), 해(害) 등이 없어야 한다.

형(刑), 충(沖) 등이 있으면 일단 파격(破格)으로 되는데 인수(印綬)가 충(沖), 형(刑)이면 벌써 부모(父母)덕에 금이 간 것이다.

❹. 인수(印綬)의 원류(原流)는 관성(官星)이다. 관성과의 연관(聯關)－관계가 원만해야 한다. 서로 위하는 마음이 있어야 한다. 실질적인 관계가 이루어져야 한다. 인수(印綬)가 어머니인데, 싸우는 상대가 누구일까? 주된 상대는 아버지밖에 없다. 자연 부모(父母)－간 쟁투(爭鬪)가 심해 분란(紛亂)이 자주 발생.

❶. 어머니가 이혼(離婚)하여 재혼(再婚) 한 가정의 자손(子孫)이다.

○	辛	庚	○
○	丑	戌	○

↳ 술(戌)월의 신(辛)금 일간이다.
일지(日支)와 월지(月支)가 형(刑)이다.
↳ 새어머니와 사이가 안 좋아 분가(分家), 생활하고 있다. 형제(兄弟) 역시 사이가 안 좋아 분가(分家)한 상태.

❏ 부모(父母)덕이 없다. 생모(生母)라도 자기 자식을 찾을 터인데 이혼(離婚)을 한 후 물어보지도 않는 모양이다. 인수가 일지(日支)와 월지(月支)에서 이렇게 상(傷)할 때는 그 강도(强度)가 심하다.

❖ 어머니끼리의 쟁투(爭鬪)이니 심할 수밖에 없다.

서로가 그 자리에 못 들어가게 싸운다. 못 먹는 밥에 재 뿌리기다.

고 래–싸움에 새우등만 터지니 자손(子孫)만 고달프다. 물가를 걷다 보면 옷자락이 젖기 마련이다.

❷.부모(父母)가 각각 충(沖)을 하고 있다.

○	丁	○	○
○	酉	卯	○

↳ 묘(卯)월의 정(丁)화 일간.

일지(日支)와 월지(月支)가 충(沖)이다.

↳ 가정(家庭)이 원만하지 못하니 무엇을 보고 자 랐겠는가? 맹자(孟子)의 자랐을 때의 환경(環境)이 새삼 새롭다. 인수(印綬)의 중요성(重要性) 이다.

❸. 인(寅)–목이 가세하여 묘(卯)목을 구해낸다.

○	丁	○	○,
○	酉	卯	寅

↳ 사주에 년지(年支)에 인(寅)목이 있다 하자.

변화(變化)를 중시(重視)하자.

↳ 묘유(卯酉)➡충(沖)으로 서로가 상처뿐인 영광을 안고 있다. 친가(親家) 도움으로 환경을 변화시키는 경우다.

❹. 일(日), 월(月)에서 지지에 충(沖)이 형성

☐ 부모의 관계를 살핀다.

○	丙	○	○
○	申	寅	亥

↳ 인(寅)월의 병(丙)화 일간.

지지에 합(合), 충(沖)이 동시에 건재하다.

↳ 병(丙)화 일간(日干)에게 신(申)–금은 아버지요, 인(寅)–목은 어머니다.

❸,❹ 역시 아버지와 어머니의 불화(不和)이다. 처음에는 기세가 등등한 것 같아도 결국 년지(年支)인 인(寅) 목과, 해(亥) 수의 ➡ 합(合)으로 오히려 왕따 당하는 아버지다. 고립(孤立)이다. 여기서 다른 면으로 심도 있게 추명—해보자.

◉ 병(丙)화인➡아들, 신(辛) 금인➡아버지는 합(合)이 드니 사이가 좋다. 자식이 아비를 찾는다. 그런데 어머니와 아버지는 사이가 안 좋다. 항상 티격태격이다. 여기에서 신(辛) 금인 아버지가 왕따를 당하는 한이 있어도 자식 때문에 헤어지지 못하고 한 지붕 두 가족이다. 헤어지는 일이 생길지는 운(運)을 보아야 할 것이지만, 결국 두 마음.

☞ 인수격(印綬格)은 월령(月令)을 얻었으므로 득령(得令) 했다 한다.
월지(月支)는 부모(父母)의 자리이니 부모와의 관계, 그 후광(後光), 덕(德)을 살핀다.

☞ 참고로 살펴보는 환경 관계.

❖ 인수(印綬)와 환경 관계 : 학교, 도서관, 문화시설, 패션
❖ 재성(財星)과 환경 관계 : 상업지역, 유흥시설, 시장 부근
❖ 관살(官殺)과 환경 관계 : 관공서 주변, 공기업, 군부대
❖ 역마, 지살과 환경 관계 : 터미널, 역전, 항구, 공항

인수격(印綬格)이란? 월지(月支)에 인수(印綬)를 놓고 있을 때, 암장(暗藏)간에 있는 경우를 인데, 잊지 말고 항상 정(正), 편(偏)을 구별해야 한다. 물론 다른 경우도 마찬가지. 일반적으로 인수격(印綬格)하면 ➡ 정인격(正印格)을 논한다.

❏ 인수(印綬)의 정(正), 편(偏)에 대한 구분. ─────────

인수(印綬)의 의미(意味)와 작용(作用) 및 기타에 관한 사항은 이미 육친(六親) 편에서 설명하였지만, 격(格)을 논하면서 추가로 알아야 할 사항,

☞ 연락, 소식　　　　　정인(正印) ⇨ 기다리던 소식이요, 간절함이다.
　　　　　　　　　　　　편인(偏印) ⇨ 뜻밖의 소식이요, 의외이다.

☞ 신축, 증축, 개축　　정인(正印) ⇨ 계획대로 짓는 것이고,
　　　　　　　　　　　　편인(偏印) ⇨ 갑자기 짓는 것이다.

☞ 매입의 경우.　　　　정인(正印) ⇨ 눈독, 욕심내던 것을 구입.
　　　　　　　　　　　　편인(偏印) ⇨ 충동 구매, 싫은 것도 구입.

　　　　　　　　⇨ 그 외 여러 사항도 있지만, 여기에서 굳이 설명을
추가하는 이유가 있다.
정인(正印), 편인(偏印)도 그 사주에 따라서는 필요
(必要)와 작용(作用)에 각각 다르다. 일반적(一般的)
인 개념(槪念)에서 이제는 벗어나야 한다. 흐름에 따
른 격(格), 사주의 분석이 필요하다.

❂ 갑(甲)목일 경우.

정인(正印)은 계(癸)수요, 편인(偏印)은 임(壬)-수다. 산에서 아름드리
　　나무 갑(甲)목을 벌목했다 보자. 양(量)이 너무 많다 보니 계(癸)수로
는 운반이 안 된다. 임(壬)-수인 큰 강물, 바다가 필요하다.
• 일반적인 개념으로 정인(正印)이 좋으니 무조건은 안 된다는 이야기다.
• 고정관념(固定觀念)을 버려야 한다. • 상황(狀況)에 따른 판단이 필요.
때에 따라서는 필요 없는 경우도 나온다. 오히려 거추장스럽기만 하다. 무조건
인수(印綬)이니까! 하는 식(式)은 이제는 버려야 한다. 무용지물(無用之物)이

라는 설명은 아니다. 격국(格局)을 논하는 자리니 한 단계 업그레이드, 설명은 두 단계를 뛰어보자. 인수(印綬)가 길(吉)로 작용하는지? 흉(凶)으로 작용하는가? 는 사주의 상황에 따라 다 다르다. 지금 설명하는 것은 그런 차원이 아닌 인수(印綬)가 필요하긴 해도 인수(印綬)라 무조건 꼭 필요한가? 얼마나 효용─가치가 있는가 살펴야 한다. 이제는 가격(價格)을 매겨보자.

☞ 인수격(印綬格)에서의 정인(正印), 편인(偏印)의 차이를 분석하자.

❏ 환경이 변화(變化)한다.

○	丙	甲	○
○	○	寅	○

➡ 인(寅)월의 병(丙)화 일간.
월지(月支)의 인(寅)목은 편인(偏印).

➡ 편인격(偏印格)인데 부모(父母)─덕(德)이 있고, 공부도 잘한다.

❏ 자기 복(福)도 못 찾아 먹는다.

○	丙	乙	○
○	○	卯	○

➡ 묘(卯)월의 병(丙)화 일간.
정관(正官)으로 구성되어있다.

➡ 정관(正官)이라고 무조건 좋은 것은 아니다. 습목(濕木)이라 자체 생(生) 하는 능력이 부족하다. 자연 부모의 덕도 부족, 공부도 노력은 하지만 못하는 편에 속한다. 가방만 들고 왔다 갔다 한다. 여기서도 습목(濕木) 특히 묘(卯)목의 풍화작용(風化作用)과

황사(黃砂)작용이다. 병(丙)화 일간을 생(生)-하는 것이 아니라 오히려 지장(支障)을 준다. 왜? 보기에는 적군의 역할을 안 하는 것 같지만 실제상황으로 보자. 바람이 심하니 황사(黃砂)로 먼지가 생긴다. 식물이 자라는 환경에 악영향을 미친다. 일조량(日照量)을 축소. 제대로 생 하지도 못하고 민폐다.

❂ 사주에 인수(印綬)가 많아 전체의 세력(勢力)을 좌우할 때 인수격(印綬格)으로 본다. 인수가 세력이 많다는 것은 주변의 환경이다. 사방이 인수(印綬)의 입김이 강(强)하게 작용.

인 수(印綬)가 용신(用神)일 경우 ➡ 인수격(印綬格)으로 한다.
　　인수가 용신일 경우 ➡ 오매불망(寤寐不忘), 항상 기다리는 것이 인수(印綬)다. 다른 경우도 마찬가지. 용신(用神)일 경우, 아무도 못 말린다.

❂ 여기서 우리가 판단할 수 있는 것은 월지(月支)를 위주로 하는 것이니, 부모와의 관계를 주로 살핀다. 천간(天干)의 투출(透出)-관계도 연관 지어본다.

아이들에게 "사탕을 많이 먹으면 이빨이 상한다." 먹는 것을 자제하라 해도 그것이 잘 먹히지 않는다. 어른들이 무어라 할 때나 안 먹는 척하지, 돌아서면 입에는 사탕을 물고 있다. 용신(用神)일 경우 이렇다. 자연 격(格)으로 정해 줄 수밖에 없다.

용 신(用神)이란 사주의 핵(核)으로, 삶을 추구하는 방향, 정신적(精神的)
　　지주(支柱)다. 국민은 새로운 정부가 들어서면 많은 기대를 한다. 그러나 시간이 흐르면서 실망 또한 기대와 비례한다. 그것이 삶이다. 제아무리 용신이 좋다 한 들 다 자기가 취하는 것은 극히 일부분이다. 많은 것을 잃어버리고 놓치고 있다는 사실을 모르는 것이다.

□ 인수격(印綬格)의 변화(變化)와 응용(應用).

인수격(印綬格)에는 여러 특징(特徵)이 있다. 상황(狀況)에 따른 변화를 구하는 것이 올바른 삶의 처신이나 마찬가지로, 인수격(印綬格)이 처한 환경에 따른 변화, 그 대응책(對應策)을 논의한다.

□ 인수격(印綬格)이 신약(身弱)할 경우.

인수격(印綬格)이 신약(身弱)할 경우, 인수(印綬)나, 견겁(肩劫)을 활용한다.

⊙ 누구나 어려운 일은 항상 당하기 마련이다. 미리 준비되고, 여유 있다면 아쉬운 소리 안 하고 행복하게 잘 살 것이다. 그러나 산다는 것이 어디 그리 뜻대로만 되는가?.
⊙ 아무리 친한 친구도, 부부(夫婦)도 헤어지면 다 남이 되지만, 부모(父母), 형제(兄弟)간은 얼굴을 마주치게 되는 것이 인간사 섭리다. 아무리 남처럼 서먹서먹하게 지냈다 하더라도 집안의 대소사(大小事)에는 서로 마주칠 수밖에 없다.

제 일 먼저 내 부모(父母), 형제(兄弟)를 찾는다. 물론 다른 격(格)도 마찬가지, 약간의 상황 차이는 용신(用神)이나, 환경(環境)에 따라 있지만, 신약(身弱)할 경우의 공통분모(共通分母)다. 다행히 부모, 형제라도 있으면

의지가 되어 도움도 받고 하는데, 의지할 곳 없이 신약(身弱)할 경우, 상황이 달라진다. 종(從)-하던가, 스스로 운(運)을 따르면서 자신의 운명(運命)을 개척해야

하는 어려움에 당면한다. 부모 형제가 있어도 없는 것 같다. 심하면 오히려 없는 것보다 못할 경우도 있다. 있어도 있으나 마나 한 경우는 형체만 있지 쓸모 없다는 설명, 없으니만 못하다는 것은 오히려 있으므로 해(害)가 되는 경우다. 금전 문제로 인한 갈등, 동생을 이용한 형과 가족들 우리는 상상하기 역겨운 많은 일 들을 직접 보고, 듣지 않는가?

❑ 친척(親戚)도 없고, 형제(兄弟)도 없다.

丙	壬	○	○
午	寅	酉	午

▷ 유(酉)월의 임(壬)수 일간(日干).

    사주(四柱)가 신약(身弱)으로 흐른다.

▷ 일단 월지(月支)에 유(酉) 금을 놓고 있으니 득령(得令)은 하였다.

다 음의 상황을 보니, 주변(周邊)에 아무도 아는 사람이 없다.

• 어려운 일이 있어도 의논(議論)할 사람이 없다.

어머니인 유(酉) 금의 품에서 나와 세상 구경하려니 뜨거운 햇볕만 내리쪼이고 흘러가는 자신을 말릴 뿐이다. 빈손에 땀만 난다. 물로 태어나 흐르지도 못하고 없어질 판이다. 널린 것이 돈이라고 알았는데 너무 뜨거운 핫머니라 손도 못 대고 만다. 어머니도 미치겠단다.

인 수격(印綬格)은 일단 일간(日干)을 생(生) 하므로 일간은 특별한 경우를 제외하고는 대체로 신왕(身旺)으로 흐르는 경향이 많다.

✪ 용신(用神)을 쓴다면 ?

❶.관성(官星), ❷.재성(財星), ❸.식상(食傷)을 용신(用神)으로 사용하게 된다.

❑ 인수격(印綬格)이 신왕(身旺)할 경우.

인 수격(印綬格)이 신왕(身旺)하다는 것은 인수(印綬)가 지나치게 많다.

• 일단 일간(日干)의 입장에서는 지나친 영양의 섭취로 비만(肥滿)이다. 운동을 많이 하여 체중을 감량하는 것이 급선무다.

• 여기서 나오는 용어(用語)가 다자무자(多子無子), 모자(母子)—멸자 인데 마마보이다.

인수(印綬)로 강(强)한 사람은 법 없이도 산다는 순진하고, 쑥 맥 같은 사람이다. 그저 착하기만 한 사람이다. 모든 일을 어머니와 상의하고, 결정 내리는 사람이다. 마누라 보다 어머니의 말을 더 잘 듣는 사람. 조금만 움직여도 일일이 보고 하는 스타일이다. 이런 사람은 그런 행동 자체가 습관화되어 그리 안 하면 오히려 불안(不安)해하는 사람이다. 나이가 들어도 마찬가지. 얼굴은 오히려 동안(童顔)형의 사람이 많다.

☆ 인수(印綬)가 왕(旺) 할 경우, 일간(日干)이 강하지 않더라도 어느 정도 스스로 감내한다면, 제일 먼저 재성(財星)을 살펴야 한다. 대체로 재성(財星)이 없거나, 있어도 제 역할을 못 하는 경우가 많다.

• 재성(財星)이 견디기 힘든 것이다.

• 결론은 어머니가 아버지와 이혼(離婚), 자식을 데리고 따로 사는 것이다.

이 때 자식은 아버지를 안 따라간다. 어머니를 따른다. 그러다 보니 오냐오냐 키워 버릇없고, 마마보이 소리 듣는다.

• 자연 부친(父親)의 덕(德)이 없고, 자식(子息)의 복(福) 또한 박(薄)하다. 인성이 지나치게 강(强)하니 관성의 기운이 녹아든다.

□ 돌만 잔뜩 있는 산 속의 도랑이다.

○	癸	辛	戊
午	酉	酉	辰

↳ 유(酉)월의 계(癸)수 일간.
　전형적인 모자멸자의 사주.

↳ 금생수(金生水)가 지나치다 보니 철분(鐵分)이 과다 함유되어있는 사주로 변질(變質). 물을 받아 놓으면 몇 시간만 지나도 물이 흙탕물처럼 뿌옇게 변한다.

• 물의 상징인 청(淸)의 순수함이 없다.

□ 인수격(印綬格)이 지나치게 신약(身弱)한 경우.

인수격(印綬格)이 지나치게 허약하면, 일간(日干)인 주체 자체가 너무 약(弱)하다. 사람이 너무 허약(虛弱)하면 약발도 받지 않는다. 어느 정도 가능성이 있어야 한다. 물을 부어서 채운다 해도 이미 밑이 다 빠진 독은 부어보아야 소용없다. 운(運)이 와도 제대로 못 받아먹는다.

□ 2월의 강풍(强風)에 병(丙)화 꽃이 피지도 못하고 지고 만다.

○	丙	○	○
丑	申	卯	子

⇨ 묘(卯)월의 병(丙)화 일간이다.
수(水)목(木) 응결(凝結) 사주.

⇨ 일간(日干)인 병(丙)화의 원류(原流)를 살펴보자. 인수(印綬)인 묘(卯)목이 있는데 자(子)−묘(卯)➡형(刑)에, 일지(日支)의 신(申) 금에게 극(剋)을 받는다. 가뜩이나 습(濕)목인데, 좌충우돌(左衝右突)하는 형상이다.

물도 흐려진다. 목생화(木生火)를 할 수 없다.

• 인수격(印綬格)인데 지나치게 신약(身弱)하다. 음식을 만든다고 준비만 잔뜩 하고, 정작 가스가 부족하여 음식을 만들지 못한다.

• 사람으로 친다면 약간 덜 갖추어진, 조금 모자라는 사람이다. 풍(風)의 작용으로 본다면 ➡ 주변에 냉기(冷氣)가 그윽한 바람이다.

☞ 그릇으로 친다면 ➡ 깨어진 그릇.

☞ 인수가 순수하게 삼합(三合), 육합(六合) 되어 격(格)을 제대로 이룬다면 모자멸자(母子滅子)가 아니고, 길(吉)한 격으로 판단.

☞ 인수격(印綬格)에서 사주(四柱)가 약간 약해 조금만 도움을 받는다면 크게 발전하고, 운(運)에서 또한 호운(好運)을 만난다면 길격(吉格)으로, 물에 빠진 사람 건져주었더니 보따리 내놓으라는 것과는 다르다.

□ 관살(官殺)이 많아서 신약(身弱)할 경우. ────────

관살(官殺)이 많아서 일간(日干)이 신약(身弱)할 경우는 당연하다. 이럴 경우, 관성(官星)으로 인수(印綬)를 생(生) 하여, 인수(印綬)가 일간(日干)을 생(生) 하도록 하는 것이 도리(道理)다.

□ 전형적인 살인상생(殺印相生)이다.

甲	丙	壬	壬
午	寅	子	申

➱ 자(子)월의 병(丙)화 일간.
지지(地支)에 수화상전(水火相戰)이다.

➱ 관살(官殺)이 왕(旺) 해도 인수(印綬)가 능히 중간에서 완급(緩急)조절을 충분히 할 경우는 관계가 없다. 인생은 끝까지 가봐야 안다. 예전 생각으로만 모든 것을 판단하지 마라, 노년에 어렵다고 죽는 순간까지 어려운 것은 아니다. 인생 백 년이라 하지 않던가!

□ 인수격(印綬格)인데 1월이라 약간은 춥다.

○	丙	甲	癸
酉	辰	寅	亥

➱ 인(寅)월의 병(丙)화 일간.
지지(地支)가 금(金)목(木)으로 양분(兩分).

➱ 사주의 흐름을 보면 순행(順行)으로 흐르기는 하는데, 일간(日干)인 본인이 도움은 받아도 스스로 자력(自力)으로 한다면,

약 간은 기운이 약(弱)한 면이 보인다. 이런 사주는 조금만 도와주어도 저절로 일어선다. 꼭 인수(印綬)격이 아니라도, 사주가 약간 신약(身弱)한 사주는 얼마든지 발복(發福)하고, 성공(成功)할 수 있다.

◻ 인수격(印綬格)은 재성(財星)을 싫어한다.

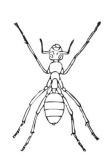

수(印綬)는 재(財)를 싫어한다. 재(財)는 인수(印綬)를 극(剋)-하기 때문이다. 그러나 인수(印綬)가 지나치게 많아 솎아주어야 할 경우, 이때는 오히려 재성(財星)이 단비와 같은 존재(存在)다.

인수가 태왕(太王)하여 오히려 병(病)이 되므로 병(病)을 치료하는 재성(財星)이 치료(治療)-약(藥)이 되는 경우다. 탐재괴인(貪財壞印)이라 하여 실직(失職), 명퇴, 불명예 퇴진이 이어진다. 그러나 인수(印綬)가 관(官)에 뿌리를 내릴 경우, 재성(財星)을 두려워하지 않는다.

- 재성(財星)은 관(官)을 생(生) 하므로, 관(官)은 생(生)을 받아 천간의 인성을 생(生) 하게 된다.
- 모두 아(我)인 일간 에게 오므로 득(得)이다. 관(官)이 없을 경우의 인성(印星)은 그 반대다.
- 인성(印星)이 약(弱)하다는 것은 이런 경우다. 인성(印星)은 인맥(印脈)의 형성(形成)에 약하다.

◻ 인수(印綬)가 지나치게 강(强)한 것이 병(病).

○	戊	丙	丁
子	申	午	未

⇨ 오(午)월의 무(戊)토 일간.
지지(地支)가 수화(水化)로 상전(相戰)을 이룬다.

⇨ 인수격(印綬格)인데 인수(印綬)가 많아 무(戊)-토가 독단적(獨斷的)인 면이 부족하다. 결정적(決定的)인 순간이 되어 스스로 방아쇠를 당겨야 하는데 항상 인수(印綬)에 의존(依存)한다.

위 낙 인수의 기운이 강(强)하고 인수의 기운(氣運)에 의해, 나의 존재(存在)가 결정되니 어쩔 수 없다.

이럴 때는 재성(財星)이 약(弱)이다. 잔소리를 하도 듣다 보니 이제 만성이다.

병

(病)이 된다는 것은 지겹다. 말을 잘 안 듣는다는 소리다.

• 재성(財星)이 용신(用神), 용신(用神)의 소리에 귀를 기울인다.

• 어머니의 말은 잘 안 들어도, 아내의 말이라면 귀담아듣는다.

□ 관인상생(官印相生)으로 연결 될 경우. ─────

인수격(印綬格)에 ➡ 관(官)이 인수(印綬)를 생(生) 하는 것이 오히려 인수를 더욱 곤혹스럽게 한다. 인수(印綬)가 약(弱)할 경우는 관(官)이 인수(印綬)를 생(生)하여 도움이 되지만, 인수의 기운이 강(强)할 경우는 인수(印綬)가 태왕(太旺), 관(官)의 존재(存在)가 무기력(無氣力)하다.

◉ 관(官)의 엑기스가 인수(印綬)로 빨려 들어가기 때문이다. 다른 면으로 본다면 영화를 관람하는데 바로 앞에 너무 큰 사람이 앉아있어, 시야(視野)가 가려 도저히 볼 수 없다. 인수(印綬)가 지나치게 태왕(太旺)하면 종교(宗敎), 철학(哲學), 도(道) 등에 심취, 스스로 "나존바라"를 외치다 보면 "나 좀 봐라! 로 변질(變質).

□ 전형적인 관인상생(官印相生)이다.

○	丙	○	○
○	○	寅	亥

⇨ 인(寅)월의
병(丙)화 일간.

⇨ 관(官)인 해(亥)수가, 인(寅) 목과 합(合)하여 인수(印綬)의 기운을 더욱 왕(旺)하게 해주고 있다.

☞ 인수(印綬)가 태왕(太旺) ➡ 자기만 먹을 줄 알지, 남에게 베푸는 것을 모른다. 저축(貯蓄)은 할 줄 알아도, 지출(支出)은 모른다.

운 (運)에서의 변화(變化)작용을 살핀다. 해가 저물 때가 되어도 항상 중천(中天)에 있는 것으로 착각. 인수(印綬)는 원래 공부, 연구, 진리추구 등으로 해석 ➡ 공부를 해도 주로 혼자 터득하고, 깨우친다.

• 기본적인 것은 다 배우고 난 후에 말이다. 기술을 습득해도 장인(丈人)-정신(精神)을 요구하는 분야에 어울린다.

• 그렇다고 남에게 안 가르친다는 설명은 아니다. 대중을 상대로 한 것이 아니다.

• 설사 교단에 서도 체질상 맞지 않아 개인지도 등으로 바꾼다.

⊙ 인수(印綬)가 왕(旺) 하니 종왕격(從旺格)의 성격을 갖고 있으므로 남에게 잔소리 듣는 것 싫어한다. 본인도 잔소리하는 것을 별로 좋아하지 않는다.

✪ 직업적인 면을 살펴 볼 경우. ─────────────

기 예(技藝), 예능(藝能), 종교(宗敎), 철학(哲學), 도(道) 등과 연관 업종을 선택한다. 고질적 단점으로 지나친 편고(偏枯)와 아집(我執)으로 대인관계는 항상 문제점이 많다.

▢ 관(官)이 있으나 강 건너 등불이다.

○	丙	甲	癸
○	寅	寅	亥

↦ 인(寅)월의 병(丙)화 일간.

관(官)↦ 생(生)↦ 인(寅) ➡ 하여 그 기운(氣運)이 일간(日干)인 병(丙)화에게 모이고 있다.

⊙ 관(官)인 수(水)가 작용하려 해도 인수(印綬)인 목(木)이 그늘에 가려져 제대로 빛 보지 못하고 있다. 관(官)이 제 기능 못 하니 여자는 시집가기 어렵고, 남자는 관(官)인 직장을 구하기 어렵다.

☞ 인수가 득국(得局)하면 필체가 좋다.

여자가 글씨를 잘 쓰면 팔자가 사납기도 하고, 시집가기 어렵다. 그러나 요즈음은 골드미스의 길로. 이런 사람들은 대체로 지나치게 설치는 스타일을 싫어한다. 인성이 강하기 때문이다.

• 식상-기질이 강한 사람들은 학자-타입이나, 지적인 타입의 사람들에게 선천적으로 약하다.

• 인성(印星)과 식상(食傷)의 관계다.

◉ 궁합(宮合)을 볼 때, 서로의 기운(氣運)이 강(强)하다 보니 충돌(衝突)이 많이 생기는 인연(因緣)이다. 그러나 의외로 서로의 결점(缺點)을 보완(補完)하는 관계이면 금상첨화(錦上添花)다.

❏ 인수격이 식상을 겸비, 수입(收入), 지출(支出)이 균형 이루니 좋다.

▪ 인수(印綬)는 수입(收入)이요, 식상(食傷)은 지출(支出)이다. 균형이 이루어지면 좋은데 중화(中和)를 상실하면 문제다.

▪ 인수(印綬)가 많은 경우고, 식상(食傷)이 많은 경우를 보자.

◉ 수입(收入)은 적은데 지출(支出)만 많이 하니 적자는 당연. 적자(赤子)가 지나치면 신용불량보다 더한 상황으로 연결.

• 식상(食傷)은 도기(盜氣)나 마찬가지. 버리는 것, 배출(排出) 하는 것, 없애는 것이니 나에게는 도둑맞는 것이다.

❏ 정상적인 살림이 아니다. 적자가계 운영이다.

戊	丙	己	庚
戌	戌	卯	戌

⇨ 묘(卯)월의 병(丙)화 일간.
수입은 적은데 지출이 워낙 심하다.

⇨ 수입은 묘(卯)목이 하나요, 지출은 토(土)가 다섯이다. 정상적인 살림이 아

니다. 적자 가계 운영이다. 오지랖이 넓다 보니 그런 현상이다.

◻ 인수(印綬)가 많고, 식상(食傷)이 적은 상태.

丙	甲	壬	壬
寅	子	子	申

▷ 자(子)월의 갑(甲)목 일간이다.
인수(印綬)가 지나치게 태왕(太旺)하다.

▷ 일간(日干)인 갑(甲)목이 부목(浮木)이요, 동짓달의 물이라 차갑다.

✪ 날은 춥고 어두운데 어디 몸을 의지할 곳을 찾으니 먼 곳에 있다. 그나마 말년(末年)이라도 쉴 곳이 있으니 다행이다.
✪ 용신(用神)이 병(丙)화인데, 수(水)가 화(火)의 기운(氣運)을 꺾는다.

식상(食傷)은 밥그릇인데, 인성(印星)이 식상(食傷)을 쓰러트리니 완전한 도식(倒食)이다.

☞ 식상(食傷)은 활동력인데 능력을 발휘 못 하니 묶이는 형상. 손발이 잘린다. 사업(事業)은 부도(不到)요, 가정(家庭)으로는 아내와 결별(訣別), 자식이 아비를 잊는다.
☞ 상관상진(傷官傷盡), 파료상관(破了傷官) : 추후 추가 설명이 있음.

ᗧ 상관상진(傷官傷盡)

상 관은 본래 크게 환영을 받지 못하는 기운(氣運)이라 적당히 손 좀 봐서 인사 정도만 하라고 하였더니, 원래 그런 씨는 없애야 한다며 작살을 내버린다. 손을 보아도 크게 본 것이다.

➲ 파료상관(破了傷官).

신왕(身旺)한 사주가 상관에 설기(泄氣), 상관(傷官)을 필요로 하는데, 인수(印綬)-운이 온다면? 인수는 당연히 상관(傷官)을 파괴하려 할 것이다. 이때 이와 같은 상황이다. 중간에 간혹 설명이 비슷한 경우가 나올 때도 있는데 중요성(重要性)이라 여기면 될 것이다.

❑ 운(運)에서 오는 관계.

丁	甲	癸	癸
卯	子	亥	亥

⇨ 해(亥)월의 갑(甲)목 일간.
인수격(印綬格)인데 인수가 지나치게 왕(旺)하다.

⇨ 계유(癸酉)-운을 만난다면 어떻게 될 것인가?

⊙ 여기에서 용신(用神)은 정(丁)-화다. 천간(天干)에서 정(丁)-계(癸)➡충(沖)이요, 지지(地支)에서는 묘(卯)-유(酉)➡충(沖)이다. 완전히 용신(用神)인 정(丁)화 상관(傷官)을 죽인 것이다. 파료상관(破了傷官)이라 완전히 상관 용신(用神)을 죽인 것이다.

❑ 인수격(印綬格)이 신약(身弱)할 경우.

인수격(印綬格)이 신약(身弱)할 경우, 그 원인(原因)이 여러 가지로 나타난다. 이제 그 각각의 경우를 살펴보고, 그 해결(解決)점을 찾자.

❶. 관살(官殺)이 많아 신약(身弱)할 경우.

관살(官殺)이 지나치게 강(强)하면 일간(日干)은 약(弱)해진다. 그런데 인수격

(印綬格)이니 어찌 해결, 난국(難局)을 타개할 것인가? 인수는 일간(日干)과 관살(官殺) 사이에 있는 오행(五行)이다.

♣ 관(官)은 인수(印綬)를 거쳐 흐르는 물이다. 물의 양은 많은데 넘쳐서 둑을 무너뜨릴 기세다. 이때 인수(印綬)는 물의 양을 조절하는 또 하나의 둑을 중간에 자신이 만들어 물의 흐름을 억제해야 한다. 그러나 사주에 이와 같은 역할을 할 인수(印綬)가 없으면 참으로 고역(苦役)이다.

살 인상생(殺印相生)으로 관살(官殺)이 있어도, 인수(印綬)가 있으면 괜찮다. 그러나 항상 복병(伏兵)은 있다. 오행(五行)의 이치(理致)다. 인수(印綬)가 중간역할을 해도, 관(官)이란 원래 아(我)인 일간(日干)을 극 하는 기본적(基本的) 성향(性向)이 있다.

⊙ 정(正), 편관(偏官)이 혼잡(混雜)해 있는데 식—상관이 있다면, 아니 없어도 운(運)에서라도 당연히 들어온다. 정관(正官)은 상관(傷官)이, 편관(偏官)인 살(殺)은 식신(食神)이 억제하는 역할을 한다. 관성(官星)은 인성(印星)에게 협상을 요구한다.

내 가 아(我)인 일간(日干)을 극(剋) 하는 것을 멈출 것이니, "식상(食傷)인 저들을 인성인 당신이 막아준다면 내가 당신을 도울 것이요." 다른 경우도 이와 같다. 이것이 오행(五行)의 이치(理致)다. 각각을 기준, 전과 후를 살피고, 전전의 관계를 포함, 삼각관계가 엉킨다.

• 거기에 주인공이 나설 경우, 오행이 전부 나서게 된다. 그렇게 되면 오행(五行)이 전부 작용(作用)한다. 이것을 크게 둘로 나누어보면,

• 어느 육친(六親)을 보더라도 손쉽게 금방 그 복잡한 관계라도 알 수 있다.

⊙ 관(官)이 많으면 인수(印綬)는 물타기다. 농도가 떨어진다. 관(官)이 비대

(肥大)하다는 것은 일간(日干)이 약(弱)한 것, 인수가 있어도 힘을 못 쓴다. 관(官)이 혼잡할 경우, 거살유관(去殺留官)이나, 거관유살(去官留殺)로 자체정비가 된다.

❏ 인수가 중간에서 교량(橋梁) 역할을 잘 한다.

甲	丙	壬	壬
午	寅	子	申

⇨ 자월(子月) 병(丙)화 일간.
사주(四柱)에 관살(官殺)이 왕(旺) 하다.

⇨ 그러나 일간(日干)에게는 크게 두려운 존재가 못 된다. 물론 관살(官殺)이 왕(旺) 하니 일간(日干)에게 영향이 미친다. 여기에는 암장(暗葬) 되어있는 식신(食神), 상관(傷官)이 그 일부 역할을 한다.

❏ 파격(破格)에 살인상생(殺印相生) 안 된다.

甲	丙	壬	壬
卯	子	子	申

⇨ 자(子)월의 병(丙)화 일간.
상황이 비슷한 것 같아도 다르다.

⇨ 묘(卯)목이 목생화(木生火) 못 한다. 묘(卯)목은 풍파(風波), 황사현상의 대명사. 파격(破格)에 살인상생(殺印相生)이 불가. 추운 겨울 이불을 덮고 자는 격(格). 인수(印綬)는 집이요, 이불인데 자(子)-묘(卯) ➡형이니 자(子)수는 물이라, 물기 있는 이불이라 젖은 이불이다. 추운 겨울에 축축한 이불을 덮고 잠자는 서러운 생활이다.

일간(日干) 자체가 뿌리가 없는 경우, 나무가 뿌리가 없다면 죽은 것이다. 인수(印綬)가 생(生) 해도 살지 못하니 할 수 없다. 죽은 것이다.

癸	甲	○	○
酉	申	○	○

▪ 시간(時干)에서의 생(生)➡ 밑 빠진 독이다. 인수는 관(官)의 왕(旺)한 기운을 받지만 정작

▪ 일간(日干)은 인수(印綬)의 그 마음을 헤아리지 못한다.

▷ 일간(日干)➡갑(甲) 목이 뿌리가 없다. 나무가 뿌리가 없으니 허공(虛空)에 떠-있는 나무다. 아무리 옆에서 도와준다 한들 소용없다.

❷. 재성(財星)으로 인해 신약(身弱)할 경우.

인 수격(印綬格)인데 재성(財星)으로 인해 신약(身弱)하다 함은 재성(財星)이 그만큼 강(强)하다는 것. 재성(財星)이 강(强)하면,➡ 인성(印星)은 재성의 왕(旺) 한 기운을 제거하기 힘들어진다. 오히려 재성(財星)의 극(剋)을 받아 인수(印綬)도 도탄(塗炭)에 빠진다. 여

기서 재성(財星)은 인수(印綬) 자체를 없애지 못한다. 다른 오행(五行) 경우도 마찬가지. 그만큼 세상 사는 데 방해(妨害)와 고난(苦難)이다. 인수(印綬)는 재성(財星)을 제일 싫어한다. 고고한 선비나, 군자는 재물과 탐욕을 항상 멀리해야 하는 이유다.

◻ 무력과 막무가내식의 막가파 스타일이다.

○	丙	庚	○
酉	申	寅	酉

▷ 인(寅)월의 병(丙)화 일간. 지지(地支) 재성(財星), 금(金) 기운이 강하다.

▷ 월지(月支)에 인수(印綬)인 인(寅) 목이 있다. 시작은 인수격(印綬格)으로 시작. 주변이 재성(財星)인 금(金)으로 둘러있다.
▪ 편인격(偏印格)인데 재성(財星), 인수(印綬)가 투전(鬪戰)하는 형국, 파격(破

格)이다. 재성(財星)과 인성(印星)이 싸우고 있으니 부모(父母)가 항상 다투는 형상. 여기서 자손(子孫)인 병(丙)화는 누구 편을 들 것인가? 병(丙)화는 당연히 어머니 편을 든다. 금(金)이 백호대살(白虎大殺) 작용으로 지독스럽고, 융통성이 없는 아버지다.

☞ 여기에서 또 다른 경우를 가상해보자. 금(金)이 삼합(三合)을 이루었다면 어떤 아버지일까? 그렇다면 이야기가 달라진다. 똑똑한 아버지요, 넉넉한 아버지다. 삼합(三合)이라면 월지(月支)가 포함되는 경우다.

금 목상전(金木相戰)이요, 재인투쟁(財印鬪爭)인데 금(金)이 인(寅) 목을 아무리 극(剋) 한다 해도, 1월이라는 이른 봄의 계절은 바꿀 수 없다.
▪ 결국, 성향은 어쩔 수 없으며, 성향(性向)이 항상 잠재(潛在)되어 나타난다.

☐ 썩어도 준치다.

戊	己	丁	戊
辰	丑	巳	申

⇨ 사(巳)월의 기(己)토 일간.
편인격(偏印格)으로 사(巳)화가 시달린다.

⇨ 사(巳)화가 형(刑)도 되고, 합(合)도 되고 이리저리 당겨진다. 여기에서 핵심(核心)은 무엇이 될까? 인수(印綬)가 살아 있다.
• 병(病)이 되는 것은 무엇일까?
• 금(金)이 ➡ 병(病)이다.

✪ 직업이 의사(醫師)인 분의 사주다. 이 사주의 주인공에게 식상(食傷)은 손님이 된다. 손님이 많아야 돈이 되니까? 다른 직업도 마찬가지.
• 해석(解釋)만 약간의 차이가 있을 뿐, 다를 것은 없다.

⊙ 인수격(印綬格)인데 식상(食傷)이 태왕하면 인수가 맥을 못 춘다. 나의 기운을 앗아가는 것은 물론, 나를 도와주는 인수(印綬)의 기운까지 이차적(二次的)으로 소진(消盡)—시킨다.

⊙ 인수가 식상과 싸우는데 사(巳)—신(申)➡형(刑)이라 수술(手術)로도 연결. 식상(食傷)이 설치니 수술의 결과가 안 좋으면 환자나 그 가족인 식상(食傷)이 난리 친다. 각자의 입장에 따른 통변(通辯)이다.

❸. 식상(食傷)으로 인해 신약(身弱)할 경우.

■ 식상(食傷)으로 신약(身弱)하다는 것은, 인수격(印綬格)에서 식상(食傷)의 기운이 왕(旺)—하다는 것이다.
■ 인수격(印綬格)이니 사람이 점잖아 보이고, 틀도 범 틀처럼 좋아 보이는데, 하는 행동은 족제비다.
■ 덩치—값 못하고, 사람이 가볍고, 품위(品位)도 없고, 경망스럽다. 속이 찰수록 소리가 덜 나는데, 속이 비어있으니 소리가 요란한 것과는 경우가 다르다.

■ 속이 비어서 없는 경우는 워낙 없고, 모르는 것이다. 그에 반하여 속이 그런대로 차기는 찬 것이다. 그런데 틈이 많다. 부드러운 가루처럼 소음이 없는 것이 아니라, 깡통에 구슬을 넣어 흔드는 것처럼 소리가 요란하다.

무식하여 속이 빈 것과는 차원이 다르다.
• 아는 것이 어느 정도 있으므로 속이 그런대로 어느 정도는 차 있다.

그런데 전문성에서는 게임이 안 된다. 주워들은 것도 많고, 본 것도 많고, 다 써 먹을만한 것 같은데, 막상 써먹으려고 하면 엉망이다.

• 선무당이 사람을 잡는다는 것이나 같은 경우로 돌변. 일반상식(一般常識)은 많은데, 정작 조금만 더 들어가서 물으면 두 손을 든다. 전문성이 떨어진다.

⊙ 정곡(井谷)을 찌르면 횡설수설하는 사람들, 우물쭈물 변명하기 전전긍긍하

는 사람들, 등등의 부류의 사람들은 대략 이런 성향이 강한 사람이다.

◉ 적반하장(賊反荷杖)-식으로 화를 내거나, 억지를 부리면서 우기는 사람들은 사주 자체에 충(沖), 파(破)가 많거나, 비겁(比劫)이 많아 외골수적 성향이 강하고, 흉살(凶殺) 있는 사람이다.

◉ 월(月)에 인수(印綬)를 놓고 있으니, 처음에는 착한 줄 알았는데, 알고 보니 못된 사람이다.

• 흔히들 겉보기는 착하고, 순진하고, 유순한 사람인 줄 알았는데 나중에 보니 이중인격(二重人格)자요, 뱃속에는 구렁이가 몇 마리 있다.

속 다르고, 겉 다른 사람이다. 부부간에도 이래서 이혼(離婚)하는 경우가 많다. 보통 성격상의 차이라는 구실로 서로가 좋게는 이야기는 하지만 이런 성격으로 파탄이 생기는 경우다.

• 가랑비에 속옷이 젖는다고 누적되어, 서로의 길을 등도 안 돌리고 이별이다.

□ 인수격(印綬格)에 견겁(肩劫)이 태왕(太旺)한 경우는 어떨까?

인수격(印綬格)에 견겁(肩劫)이 태왕하다 함은, 인수(印綬)는 있어도 자연 기운(氣運)이 견겁(肩劫)만 못하다. 인수(印綬)의 기운(氣運)도 다 견겁(肩劫)의 몫이지만, 견겁(肩劫)이 많으니 작은 인수(印綬)라도 나누어야 한다. 견겁(肩劫)의 특성이다.

◉ 예를 든다면 하나뿐인 부모의 사랑을 여러 자식이 서로 자기가 많이 차지하고, 심하면 독차지하려 싸운다. 좋게 말하면 선의의 경쟁(競爭)이요, 자기 몫을 받아가는 것이다. 공경(恭敬)하고, 베풀고, 모시는 것과는 차원이 다르다.
자식이 서로 부모를 모시려고 쟁탈전(爭奪戰)을 벌인다면 그것은 칭찬받을 일이다. 그러나 견겁(肩劫)이 많다는 것은 지지고 볶는 형상이다.

❏ 누가 더 잘살까?

견겁(肩劫)이 많으니 형제(兄弟)가 많은 것인데 과연 누가 더 잘 살 것인가? 각자가 어디에 위치하여 있는가 보고 형과 동생을 구분. 다음은 지지(地支)를 보는 것이다.

❏ "룰루랄라 "하고 꽃놀이패 두는 사람의 차이다.

○	乙	甲	○
未	亥	申	○

▷ 신(申)월의 을(乙)목 일간(日干).
지지(地支)를 살펴보면 답이 나온다.

▷ 일간인 을(乙) 목은 지지에 해(亥)수를 놓고, 월간(月刊)의 갑(甲) 목은 형인데 지지에 신(申)-금을 놓고 있다. 지지고 볶이는 사람이고, 동생인 을(乙)-목은 세상 편하게 산다.

❏ 인수격(印綬格)의 전형적인 특징. ────────

○	丙	甲	○
○	○	寅	○

▷ 전형적(典型的)인 인수격(印綬格).
인성(印星)이 기운(氣運)이 확실하다.

▷ 전형적인 인수격의 특징은 무조건 부모덕이 있다. 인수격(印綬格)이라고 무조건 다 그런 것은 아니다. 인수격(印綬格)이라도 파격(破格)이 될 경우, 다시금 생각해야 한다. 보편적(普遍的)인 경우다. 인수(印綬)는 윗사람인데 아(我) 생(生) 하는 오행(五行)이라 ➡ 부모(父母)와 같은 존재요, 그런 역할을 한다. 위치로 본다면 월(月)은 직속-상관, 년(年)은 장(長)-급이다.

가정 교육이 올바르고, 심성이 착해 가는 곳마다 환영받는다. 학자풍의 교육자적인 기상을 갖추고 있다. 단점(短點)은 지나치게 원리-원칙에 입각, 융통성이 없어 주위의 시선을 받기도 한다. 고집도 무시 못 한다.

일을 추진하고 계획해도 항상 돌다리 두드리는 스타일이요, 투기(投機)라던가, 사행(邪行)성, 모험(冒險) 등은 피하기를 원칙으로 하는 고지식한 경향이 강하다. 돌다리도 지나치게 두드리면 깨진다.

⊙ 예외의 경우 ➡ 인수(印綬)가 지나치게 태왕(太旺)하여 소용 안 되는 경우, 지나치게 사주가 신약(身弱)한 경우, 패지(敗地), 목욕궁(沐浴宮)의 인수격(印綬格)은 예외(例外)다.

☞ 예외의 경우는자(子), 오(午), 묘(卯), 유(酉)를 보면 되는데, 각각의 일주(日柱)를 기준, 판단하는 법을 보자. (패지(敗地)요, 목욕궁(沐浴宮)이다.)

❖ 목(木) 일주일 경우--------자(子)
❖ 금(金) 일주일 경우.--------오(午)
❖ 화(火) 일주일 경우.--------묘(卯)
❖ 수(水) 일주일 경우.--------유(酉)

인 성(印星)은 기본적으로 총명(聰明)하고, 많은 재능(才能)을 갖고 있고, 성정(性情)은 자비(慈悲)로움이다. 인성은 대체로 병(病)이 적고, 흉사(凶事)를 만나는 것이 비교적 적은 편이다.

줄 사(出仕) 경우 문교(文教), 행정(行政)―쪽에 어울린다. 일반적으로 인수(印綬)―격 하면 정인(正印)―격을 말한다. 총명, 다능하고 타의 존경(尊敬)을 받는다. 장악능력도 탁월, 자기 분야에서는 전권(全權)을 장악(掌握)하나, 타와의 부조화(不調和)가 간혹 문제가 된다.

✪ 대체로 병(病)이 없는 편이며, 흉사(凶事)도 많이 만나지 않는 것이 인수―격의 특징(特徵). 설사만 난다 해도 크게 문제됨 없이 잘 처리하고 해결.

✪ 인수(印綬)―격에서 주의할 점은 신강(身强)일 경우, 신약(身弱)일 경우의 구별을 확실히 하고, 인수(印綬)와 아(我)인 일간(日干)을 차별화, 판단(判斷)한다.

다른 격(格)도 마찬가지. 항상 "아(我)는 별개(別個)." 라 생각한다. 연관관계의 설명. 주체(主體)는 아(我)―지만, 일단 격(格)의 존재(存在), 강약(强弱)을 파악하라.

❷. 편인격(偏印格).

편인격(偏印格)이란? ➡ 월지(月支)에 편인(偏印)을 놓고 있는 경우.

⊙ 편인(偏印)은 식신(食神)을 극(剋) 하는 작용(作用)을 하는데, 식신(食神)은 나의 귀중한 밥줄이라 도식(倒食)작용을 한다. 이럴 경우는 편인(偏印)을 극(剋) 하는 재성(財星)이 있어야 균형(均衡)이 갖추어진다.

⊙ 편인―격(偏印格)으로 신강(身强)하고, 재성(財星)이 갖추어져 있으면, 길격(吉格)으로 취급, 복된 삶을 누리는 팔자다. 어느 정도인가 보면 운에서 형(刑), 충(沖) 되어도 크게 영향을 안 받을 정도로 해로움이 미비하다. 그런데 문제는 여기서 용신(用神)인 재성(財星)을 극(剋) 하는 양인(羊刃)이 있을 경우, 길(吉)이 흉(凶)으로 변한다.

편인(偏印)―격에서 주된 관점은 재성(財星), 견겁(肩劫) 특히 양인(羊刃) 등과의 관계를 살펴야 한다.

❖ 도식(倒食)이 어떤 영향을 주는가?

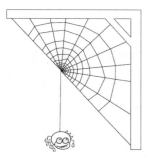

■ 도식(倒食)은 편인(偏印)을 말한다. 갑(甲) 목 일간 일 경우 편인은 임(壬) 수다. 식신(食神)은 병(丙)−화가 되는데 왜 도식(倒食)을 불편하게 보는가?

⊙ 식신(食神)인 병(丙)화는, 재(財)인 토(土)를 생(生)−해야 하는 데 편인(偏印)인 임(壬) 수의 극(剋)을 받아 상처를 입으니 자기 역량(力量)을 발휘 못 한다.

이렇게 되면 일간 갑(甲)−목의 입장에서 재성(財星)에 문제가 발생. 그렇다면 편인인 임(壬)−수를 다스릴 방법은 없을까?

상 관(傷官)인 정(丁)화를 생각해보자. 합(合)하여 다스린다. 그러나 문제는 또 발생한다. 갑(甲)−목의 정관(正官)인➡ 신(辛)−금을 정(丁)화가 극(剋)−한다. 진퇴−양란이 될 수도 있다.

□ **편인격(偏印格)의 특징(特徵)과 성정(性情).** ───────

사 물에 대한 관찰력(觀察力), 통찰(通察)력이 뛰어나다. 그러므로 자연 창조력(創造力)이 발생한다. 규칙적(規則的)이고, 틀에 박힌 듯의 생활(生活), 업무(業務)를 싫어하고 자유분방한 분위기를 선호한다. 억압(抑壓)받는 것을 싫어한다.

❖ 정상적(正常的)인 흐름보다 약간은 광기(狂氣)가 있는, 편협(偏狹)된 분야에 종사하기를 원한다. 두뇌는 총명하고, 영리하나 지나치게 편인(偏印)이 많으면 잔 수에 능하여 큰일을 도모하기 어렵다.

장 인(丈人)−기질이 다분한데 예를 들어 화가(畵家)라 면 잔 수에 능한 이는 소품이나, 모조−그림을 잘 그리고, 적당한 경우는 대작(大作)을 완성 주변을 놀라게 한다.

□ 편인격(偏印格)이 파격(破格)이 되는 경우. ────────────

☞ 신약(身弱)일 경우.

편인격(偏印格)이 신약(身弱)일 경우인데, 일간(日干)이 자기 역할 못 한다. 인수(印綬)의 도움을 활용(活用) 못 한다.

☞ 편인(偏印)이 많을 경우.
일간(日干)이 너무 게으르고, 자립(自立)정신이 없어진다. 주체의식을 잃어버린다. 재난(災難)이 자주 발생, 부모(父母)와 일찍 이별, 배우자(配偶者) 궁(宮)과 자녀(子女)-궁이 부실(不實)해진다. 명예(名譽)를 손상(損傷), 질병(疾病)으로 자주 고생(苦生)한다.

인 수는 월(月)에 있으면 가장 좋고, 다음 일(日)과 시(時)다.
　❋ 년(年)에 ➡ 인수(印綬)가 있고, 그것이 밖으로 노출(露出)되어있으면, 월(月), 일(日), 시(時)에 있는 것은 쓰지 못한다 하는 데 그것은 왜일까?
❋ 사주 원국(源局)에 관성(官星)이 있으면 인성(印星)을 생(生)-하니 이롭다.

자 손(子孫)이 적거나, 혹 무자(無子)는 식상(食傷)이 부족(不足)하다.
　이때 인성이 많으면 청빈(淸貧)하고, 고독(孤獨)한 팔자(八字)다.

❋ 인수(印綬)란 천월덕귀인(天月德貴人)을 만나는 것을 가장 좋아한다.
❋ 인성이 재성(財星)을 중복(重複)하여 만나면 흉(凶)함에 이른다.
❋ 인수가 무근(無根)하면 생(生)을 얻어야 제 역할을 한다. 발복(發福)하는데 지나치게 뿌리가 많으면 제대로 성장이

이루어지지 않아 제 기능을 발휘하기 어렵고, 관(官)이 많은 것이므로 ➡ 운(運)이 견겁 운(運)으로 흘러야 좋다.

✪ 인수(印綬)가 제 역할을 하는데 견겁(肩劫)이 약할 경우, 재성(財星)이 활동하는 것을 두려워한다. 재성(財星)을 통제하는 견겁(肩劫)이 없으므로, 인성은 재성에 의해 극(尅), 파(破) 당한다.

일
간(日干)이 신강하고, 인수가 약(弱)한데, 관살(官殺)을 만난다면 ? 관살(官殺)은 자연 인수(印綬) 쪽으로 기운다.➡ 인수-격(格)을 형성하는 기력을 갖춘다. 일간(日干)의 입장에서는 크게 해로울 것 없다.

✪ 신왕하고, 거기에 인성이 강(强)하다. 여기에서 식상(食傷)을 만난다면?

• 인성(印星)이 식상에 대한 영향력(影響力)을 행사. 일간의 입장에서는 원청기업에서 하청기업에 도급(都給) 주는 것이다.

일
간(日干)이 약(弱)할 경우, 인수(印綬)도 약(弱)한데, 재성(財星)을 만날 경우. 도무지 답이 안 나오는 경우다.

• 힘에 겨운 재운(財運)이다. 재개발로 보상금을 받는데 턱없이 부족하다.

✪ 일간(日干)이 강(强)하고, 인성(印星)도 강하고, 또 인성 운이 오면?

• 인성은 재성(財星)을 극(尅)−한다. 부실채권(不實債權)을 떠안는 격.

❸. **식신격(食神格).** ─────────────────

식신격(食神格)은 식신(食神)이 월지(月支)의 장간(藏干) 본기(本氣)일 때, 사주(四柱)에서 식신이 기운(氣運)이 있어 쓸모 있을 때, 식신(食神)이 용신(用神)일 경우, 식신격(食神格)을 채용(採用).

◉ 식신(食神)이란? 나의 밥그릇이요, 나의 몸을 추위로, 더위로부터 보호해 주는 옷이요, 먹는 밥이다.

• 사람이란 머리가 잘 돌아가고, 손발이 부지런해야 몸이 고달프지 않다.

• 식신(食神)은 귀물(貴物)로 취급하는데, 이 또한 지나치게 많으면 상관(傷官)과 같아 공연한 문제를 야기.

• 머리가 지나치게 좋아도, 남보다 지나치게 앞서도 이상한 취급을 받는다.

☐ 식신(食神)이란?

❶ 문창귀인(文昌貴人)이요, ❷ 수성(壽星)이요, ❸ 천주귀인(天廚貴人)이요, ❹ 학당귀인(學堂貴人).

❶. 문창귀인(文昌貴人)은 문장에 능한 명필이요, 달필이요, 문장가고,

❷. 수성(壽星)—이라 함은 식신(食神)은 칠살(七殺)을 극(剋)—하므로 염라대왕의 사자도 물리친다. 하여 명(命)을 길게 하는 귀한 존재로 보고, 그것이 일간인 나를 보호해 주는 것이요, 재(財)를 생(生)—하니 나의 식록(食祿)을 만들어주는 귀한 존재(存在)다.

❸. 천주귀인(天廚貴人)은 하늘에서 식복(食福)은 주었고,

❹. 학당귀인(學堂貴人)은 유림과 연관된 것으로 공부하고, 학문 연구하고, 제자를 양성하니 교단에 서고, 교수를 한다.

☐ 식신(食神)도 음(陰), 양(陽) 차이가 있다.

☞ 양(陽)—일주의 식신(食神)은 대단히 좋은데, 해주면 해줄수록 그에 대한 반응이 대단히 좋고, 음(陰)—일주의 식신(食神)은 백날 해주어도 고마운 줄 모르고 그 대가(代價) 또한 없다. 흔히 하는 말이 "머리 검은 짐승은 거두지 말라"고 하지 않던가?

☐ 가능성(可能性)을 판단해야 한다.

癸	乙	○	○
○	卯	○	○

▷ 묘(卯)월의 을(乙)목 일간.
계(癸)수가 수생목(水生木)을 해주어도 소용없다.

▷ 습(濕)-목이 되어 목생화(木生火)를 못 한다. 물이 흐르지도 못하고 엉뚱한 곳에 있으면서 이끼와 놀고 있다. 순진한 사람인 계(癸)수가 습목(濕木)인 탕녀의 꼬임에 빠져 세월 가는 줄 모르는 형상. 이 춘풍전이다.

☐ 식신(食神)은 편관(偏官), 즉 칠살(七殺)을 제어(制御).

丙	甲	庚	○
○	○	○	○

▷ 경(庚)금이 갑(甲)목 일간에게 편관,
칠살(七殺)이다.
경(庚)금은 병(丙)화가 무서워 행동을 못 한다.

▷ 식신(食神)인 병(丙)화가 편관(偏官)인 경(庚)금을 극(剋) 한다.

☐ 식신(食神)은 언제든지 정재(正財)를 생(生)한다.

식상(食傷)은 재성(財星)을 생(生) 하는데 식상인 식신(食神), 상관(上官)에 따라 재성도 정재(正財), 편재(偏財)로 편이 갈린다.

❖ 식신격(食神格) : 정재(正財)를 생(生)하고,
❖ 상관격(傷官格) : 편재(偏財)를 생(生)한다.

상관격(傷官格)은 편재(偏財)를 추구하므로 일확천금을 노리고, 남의 여자를 보고, 나의 여자인 줄 알고 군침 흘리며 착각한다.

☐ 갑(甲)목이 중도(中度)에서 선택(選擇)의 길을 간다. 정편(正編) 구별.

↗ ❶ 식신(食神) → 정도(正道) → 정재(正財) → 정관(正官)

갑(甲)

↘ ❷ 상관(傷官) → 편도(偏道) → 편재(偏財) → 편관(偏官)

❶ : 식신(食神)의 길을 가면 항상 끝이 길(吉)한 것이요, 결과(結果)가 좋다.

❷ : 상관(傷官)의 길을 가면 ➠ 불안, 결과(結果)가 좋지 않아 흉(凶) 작용.

☐ 식신유기(食神有氣)면 승재관(勝財官)이라 하였는데, 식신(食神)의 중요성을 그대로 나타낸 말이다. 일단 사주가 강(强)해야 하고, 식신(食神)이 용신(用神)이거나, 희신(喜神)—정도는 되어야 한다. 식신(食神) 자체도 튼튼해야 한다.

☐ 일주(日主)가 신약(身弱)하여 다 그림의 떡이다.

○	戊	庚	○
巳	子	申	○

⇨ 신(申)월의 무(戊)토 일간(日干).
식신격(食神格)이 성립. 신약(身弱)이 단점.

☐ 기운(氣運)을 적당히 설기(泄氣), 활용(活用)해야 한다.

戊	壬	甲	○
申	子	寅	○

⇨ 인(寅)월의 임(壬)수 일간.
일간(日干)이 신강(身强). 신강(身强)이 장점.

사 주가 신강(身强), 기운을 적당히 설기(泄氣), 활용(活用)해야 한다. 그런데 식신(食神)이 용신(用神)이라, 든든하니 그렇게 좋을 수 없다.

☞ 신강(身强)과 신약(身弱)의 차이다.

□ 식신(食神)의 성정(性情)과 특징(特徵).

❶. 식신(食神)은 재능(才能)이라, 다재다능(多才多能)이 장점(長點).

대표적인 능력(能力)이 발표(發表)력이다. 표현력(表現力)이 좋다. 글을 써도 감칠맛 나고, 운치(韻致)가 느껴진다. 같은 말을 해도 공감(共感) 가고, 더욱 친밀(親密)감이 느껴진다. 언어의 구사력 또한 탁월(卓越)

하다. 추리력(推理力), 응용력(應用力), 예지(銳智)력 등이 월등하다.

식 신격(食神格)을 놓고 있는 사람 가운데 박사(博士)가 많은 이유도 다 이러한 연유다. 요즈음은 박사가 많다 보니? 그러나, 진짜 능력 있는 사람은 결코 그런 소리 듣지 않는다.

❷. 희생(犧牲)이 갱생(更生)이라는 말을 명심하고 살아야 한다.

• 내가 먼저 희생(犧牲)하는 것이 내가 진정(眞正)으로 사는 길이다.
"베푸는 것이 곧 나를 위하는 것"이라는 말과도 어느 정도 통(通)한다.
• 아무리 부자(富者)라 해도, 자기 욕심(慾心)만 부리면 결코, 그것이 오래 못 간다. 예전의 경우를 보면 많은 토지를 가진 부자(富者)가, 영세 소작인에게 땅을 대신 경작하게 하고, 그 대가(代價)로 얼마씩의 수확물을 대신 받는 것이 땅을 활용하는 것이다.

어 려운 사람에게 자비(慈悲)를 베푸는 것이요, 그것이 곧 자기를 살찌우고 부(富)를 축적하는 수단이다. 상생(相生)이라는 결과다. 그러나 간혹 욕심이 지나쳐 남에게 지탄(指彈)받는 경우도 허다하다. 그 결과 그런 소리를 듣던 사람들은 그 부(富)를 오래 간직하지 못하고 파탄에 직면(直面)하였다.

◉ 예전에는 부자 망해도 삼년(三年)은 간다 했는데, 요즈음은 부자 망해도 삼대(三代)는 간다고 할 정도로 치밀하고, 부(富)를 감추고, 축적(蓄積)하는 수단

이 많이 등장, 세간의 관심을 끌고 있다.

그러나 그런 사람들은 운명학적인 면으로 본다면 참으로 불쌍한 사람들이다.

이미 재물의 노예가 되어 보이는 것이, 생각하는 것이 무조건 돈, 돈, 돈이다. 재(財)를 신봉하는 광신도(狂信徒)다.

그러니 자연 건강(健康)이 나빠지는 것이요, 명예(名譽)는 이미 예전에 도둑놈이란 소리를 듣고 사라진 것이요, 자손 역시 부모인 자신에게 결국에는 등 돌리는 불상사가 생기는 것이요, 많은 여인(女人)을 거쳐야 하니 세상의 망나니 아닌 망나니다.

재 성(財星)은 관(官)을 생−하니 대(代)를 따진다면 자기의 손자(孫子)−대(代)에 자신과 같은 불행한 길을 걷는 운명(運命)이다. 그리고 다시, 다음 대(代)에서 새로운 업(業)으로 인생(人生)을 다시 시작한다. 업(業)이다.

❸. 심광체반(心廣體胖)이다. ─────────────────

마음이 중후(重厚)하고, 몸에 살이 붙어 보기만 해도 듬직하고, 배부르다.(이유는 간단하다, 세상을 낙천적(樂天的)으로 산다. 세상사 살아가는데 걱정 없는 사람이다.)

❹. 식신(食神)은 칠살(七殺)을 극(剋)−하므로 무서운 것이 없는 사람.

원래 무서운 것이 없는 사람은 상관(傷官)인데, 상관(傷官)은 똥배짱이다.

억지요, 공포−분위기 조성 잘하지만, 진짜 용기(勇氣), 담력(膽力)은 식신(食神)이다. 상관(傷官)은 상관격(傷官格)에서 좀 더 자세히 다루자.

□ 겉만 보고 판단하는 것이 아니다. ─────────────

丁	乙	丙	丁
丑	酉	午	未

▷ 오(午)월의 을(乙)목 일간.
일, 시지(時支)에 관(官)이 국(局)을 형성.

▷ 을(乙) 목에게 관(官)은 나를 억압하는 무서운 존재다. 가뜩이나 신약(身弱)하고, 허약(虛弱)한 을(乙)−목에게는 공포의 존재(存在)다.

• 그런데 이렇게 약(弱)한 줄만 알았더니 그것이 아니다. 오히려 겁(劫) 없고, 마치 심장에 털 난 사람 같다. 식신(食神)이 강(强)하기 때문이다.
• 겉−보기에는 순해도 강단(剛斷)이 보통이 아니다. 식신(食神)이 강(强)하면 상관(傷官)의 기질(氣質)이 더 추가. 묻지 마 살인(殺人) 이라든가,

절도(竊盜)사건, 성−추행범 등 각종 흉악범(凶惡犯)을 보라 약간은 마르고, 왜소한 듯하고, 약해 보이지가 않는가? 시대가 바뀌면서 범법자(犯法者)들도 그 형태가 바뀌고 있다. 약해 보이는 것 같으면서도 강하고, 인물도 다 괜찮은 편이다. 순수한 인상마저 풍긴다.

반대로 관살(官殺)이 많은 사람은 어떨까?
　　기죽어 사는 사람이라 말할 필요가 없다. 겁쟁이다.

❺.식신(食神)과 상관(傷官)의 차이.
어차피 상관(傷官)에 대한 설명이 나오지만, 식신(食神)을 위주로 한 설명에서 그래도 필요한 부분. 식신(食神)은 깨달음이 있어 수양(修養) 되어있는 상태고, 상관(傷官)은 그 깨달음이 부족(不足)하다. 부족이란? 지나친 편견도 부족이다.

☞ 식신(食神)은 약자(弱者) 편에서 보살핌을 위주로 하고, 항상 아랫사람들을

잘 챙긴다. 사랑의 발로(發露)다. 식신(食神)이 용신(用神)일 경우, 더욱 그렇다. 이런 사람을 잘 다스리려면 무조건 억압해서는 안 된다.

• 공연히 속으로 꽁하고 있다가, 언제 무슨 일을 저지를지 알 수 없는 사람이다. 대화(對話)로 설득(說得)하고 잘 타이르면, 순한 양과도 같다. 단점(短點)은 정(精)에 약하고, 조금만 인정(仁情)을 베풀어도 거기에 홀딱 넘어간다.

막 말로 자기가 죽는 줄 알면서도 간이고, 쓸개고, 다 빼주는 사람이다. 여기서도 신강(身強), 신약(身弱)일 경우 차이가 또 나타난다.

❻. 식신(食神)이 용신(用神)일 경우는 어떤 직업이 좋을까?

• 직업(職業)으로는 사회사업 관련−분야가 어울린다. 육영(育英), 기예(技藝), 생산(生産)직, 홍보(弘報), 교육(教育), 영업 분야 관련 부서 등이 적합하다.
• 연예인 쪽으로 진출도 많다. 얼마 전에 자살한 연예인들의 경우 그들의 성격을 보면, 혼자 속앓이 결국, 잘못된 선택이다. 물론 그들 나름대로 많은 사연과 아픔이 있었겠지만 그만큼 식신(食神)−성의 기운이 강(強)하다. 활달한 것 같아도 의외로 내성적인 면을 많이 갖고 있다.

▢ 베푸는 것도 팔자다.

戊	壬	甲	○
申	子	寅	○

▷ 인(寅)월의 임(壬)수 일간.
일간(日干)이 신강(身強)하다.

내 가 생(生)−하는 것이므로 사회사업(社會事業), 육영사업(育英事業) 분야가 어울린다. • 흐름의 기운이 나무를 성장시키고, 꽃을 피운다. 물이란 흐르고 나면 되돌아오지 않는다. • 베푸는 그 자체로 자기의 역할이라 생각한다. • 받을 복은 기대하지 않는 자에게 오는 것이다.

❼. 식신(食神)과 가정(家庭)과의 관계.

가끔 주부들이 하는 불평 가운데 하나는, "밖에서 하는 것 반만 집에서 해도 좋으련만" 하면서 남편에 대한 불만을 터트린다. 그것은 왜일까? 밖에 나가면 남들한테는 그렇게 싹싹하고, 친절하고, 너그러우면서 집에만 들어오면 사람이 완전히 다른 사람으로 돌변한다.

오히려 속 모르는 남들은 부러워할 정도이니 이것이 어떻게 된 일인가?

• 다 식신(食神)의 작용이요, 음(陰), 양(陽)의 원리다. 가정과 집에서 충실한 사람은 밖에 나가면 그리 환영 못 받는다.

• 밖의 일도 열심이지만 비중이 가정 쪽에 더 크기 때문에 모든 판단의 기준은 가정(家庭)을 우선으로 한다.

반면에 밖의 일에 더 치중하는 사람은 가정에서 환영 못 받는다. 밖의 일도 집으로 갖고 와 하는 정도니 누가 좋아하겠는가? 양쪽을 다 어우를 수는 없다. 식신(食神)은 남의 자손(子孫)에게는 관대(寬待)하고, 아량(雅量)을 베풀어도 자기 자식에게는 엄격(嚴格)하다.

▢ 남의 자손(子孫) 기운(氣運)이, 나의 자손(子孫) 기운보다 월등하다.

丙	甲	○	○
寅	子	寅	○

▷ 인(寅)월의 갑(甲)목 일간.
여기에서 남의 자손(子孫)은 병(丙)화다.

▷ 그렇다면 나의 자손(子孫)은 무엇이 될까? 금(金)이다.

남의 자손인 화(火)는 잘 보이는데, 나의 자손인 금(金)은 잘 보이지 않는다. 견물생심(見物生心)이라 하였던가? 남의 자식에게는 잘하면서 내 자식에게는 냉랭한 것이다. • 툭하면 남들과 비교를 잘한다. "허! 저런 자식 둔 부모는 얼마나 좋을까?" 자식의 기(氣)를 팍팍 꺾는다.

☐ 여성의 경우, 남편(男便)-궁(宮)이 나쁘다.

식

상(食傷)-격은 남편(男便)-궁이 나쁘다. 관인 남편을 극(剋)-하니 그럴 수밖에 없다. 식상(食傷)-격은 거의 예, 체능계로 연결되는데, 격 자체가 부궁(夫宮)이 부실하다.

❖ 자손(子孫)과 재복(財福)은 좋다.

◉ 식상(食傷)은 재(財)를 생(生) 하니 재성(財星)은 좋을 수밖에, 식상(食傷)은 자손(子孫)이라 좋다.

• 모든 것의 기준은, 자손(子孫)에 달려 있다. 그것이 실질적인 본인이기 때문이다. 간혹 가정사에서 이혼(離婚)으로 가는 과정에서 자녀의 양육권 문제로 심한 다툼을 많이 보는데, 그것이 바로 이런 연유다.

◉ 자녀를 가르치려면 금전적인 문제, 환경도 중요하지만 일단 부모가 활발하고, 표현력이 좋은 사람이 자녀에게 좋다. 유아-시절에는 활달한 사람이 자녀교육에는 아주 적합하다. 물론 커서도 마찬가지이지만 내성적이고, 표현력(表現力)이 부족(不足)한 부모는 실질적인 교육에 있어서 적합하지 않다.

식

상(食傷)은 자신을 상징하는 것이므로 자손(子孫)에 모든 것을 다 건다. 자녀와의 대화, 의논, 행동 등 모든 것을 하면서 스스로 자신의 기운도 발산한다. 그래서 이런 사람들은 자녀가 자기 곁을 떠나면 오래지 않아 망가지는 이유다. 이런 기운(氣運)이 없는 사람은 자녀와의 관계에서도 냉정하다. 오직 남자나, 일이나, 외적인 사항에 더 관심이 많다.

◉ 자식 버리고 사랑 찾아간다며 주접떨다 결국, 거기서도 버림받아 다시 자식과 남편을 찾아오는 못난 여자들, 이런 사람들은 식상(食傷)의 기운(氣運)이 약(弱)하다. 오로지 관(官)이 용신(用神)이요, 등대요, 나의 모든 것이다.

◉ 자녀들은 어떤 부모를 더 원할까? 자녀와 접촉하는 시간이 많은 부모를 원

한다. 지지고 볶아도 같이 있는 부모를 원한다. 그렇다고 지나치게 볶으면 또한 말이 안 되고. 정(精)도 미운 정 고운-정이 든다 않던가? 불화(不和)가 있을 때 그것은 충(沖)이지만, 충이라고 무조건 나쁜 것은 아니다.

육

기(六氣)란 충(沖)을 하는 것 같아도, 서로가 밀고 당기면서 무엇인가 만들어낸다. 물론 충(沖)의 작용이 없어지는 것은 아니지만, 다른 면으로 형성(形成)되고, 생성(生成)되는 기운도 있다.

□ 식신격(食神格)의 신약(身弱), 신강(身强)의 판단(判斷).

식신격(食神格)이라도 일주(日主)의 강(强), 약(弱)에 따라 길흉(吉凶)의 차(差)가 생긴다.
• 사주란 일단 일주(日主) 즉 일간(日干)이 강하고 볼 것이다.

□ 식신격(食神格) 일주가 약(弱)하고, 식상이 강(强)한 경우.

식신이 강(强)할 경우 ➡ 식신(食神)은 상관(傷官)과 같은 역할을 한다.

□ 자왕모쇠(子旺母衰)다.

○	己	辛	癸
午	丑	酉	丑

↪ 유(酉)월의 기(己)토 일간.
식신(食神)이 국(局)을 형성.

↪ 식신(食神)이 유(酉)-축(丑)으로 국(局)의 형태를 갖추어도 내 것이 아니다. 항상 많으면 많은 것이 아니다.

다

자무자(多者無者)의 원리(原理)다. 식상(食傷)은 장모(丈母)요, 할머니다. 많으니 항상 업(業)이 존재한다. 업(業)으로 보는 경우는 할머니로 보는 경우도 많다.

❏ 제살태과(制殺太過)일 경우,

진법무민(盡法無民)이 되어 북망산에 가는 길이 험난하다. 사람이란 임종(臨終)을 맞이해도 순탄하게 맞는 것도 복(福)이다. 가까운 사람이 옆에서 지켜보는 것도 복(福)이다.

❏ 누구에게나 다 부모(父母)는 있다.

○	乙	丙	丁
酉	未	午	未

⇨ 오(午)월의 을(乙)목 일간.

제살태과격(制殺太過格)이다.

⇨ 을(乙)-목이 관살(官殺)인 유(酉)-금을 유명무실(有名無實)하게 만드니 법(法)도 인정(仁情)도 의리(義理)도 필요 없다. 진법무민(盡法無民)이다. 식상(食傷)이 많으면 항상 남 밑에서 일하는 사람이다. 잘나간다 해도 참모요, 모사꾼이다. 상황에 따라서 주인을 배신하고, 등 돌리는 사람이다.

요즘 외국에 기업기밀을 유출하면서도, 양심(良心)의 가책을 느끼지 못하는 사람들의 행태를 보면 돈이라는 최종적인 목표물을 향해 배신(背信)이라는 어뢰를 발사한다. 이것이 다 식상(食傷)의 기운(氣運)이 지나치게 강(强)한 것이다. 관인 법이 허(虛)하다 보니 자꾸 발생한다. 시범 케이스가 필요하다. 포청천!

❏ 식상(食傷)이 지나치게 많으니 잡놈이다.

❖ 식상(食傷)은 재(財)를 생(生)-한다. 재(財)는 여자(女子)인데 여기저기서 사연을 만드니 천하잡놈이다. 많은 여자를 만나는데 깨끗한 여자를 만나기 힘

들다. 지저분한 여자를 만나는 것이다. 홍등가도 자주 들락거린다.

성병(性病) 또한 자주 걸리는 것이 당연한 사연이고, 이런 사람의 말은 "콩으로 메주를 쑨다." 해도 못 믿을 정도다. 뻥튀기 도사다. 사기꾼, 공갈의 대명사다.

글을 써도 진실성이 결여, 필화사건(筆禍事件)을 야기. 어떤 이는 진정서를 쓰는 것이 업인 사람이 있다. 일종의 공명심도 되지만, 더럽게 이윤을 취하고자 하는 목적이 있는 경우가 대부분이다.

실로 진정을 위한 진정서를 올리는 사람들을 욕되게 하는 경우인데, 다 식상(食傷)이 지나친 경우다. 손가락을 잘리는 형벌을 받는다. (지옥에서)

❖ 요즈음 등장하는 파파라치의 경우 식상(食傷)의 과다(過多)가 주원인이다.

남의 뒤에서 남의 약점(弱點)이나 들추어내는 그런 경향이 강하다. 흥신소, 심부름 등이 다 이런 유형에 속한다.

❖ 실속도 없이 평생 남을 위하여 희생(犧牲)하는 희생양이 된다.

죽 쒀서 개-주는 것이다. 인신매매, 몸을 밑천 삼아 삶을 이어나가는 것도 이런 경우다. 나름대로 다 연유야 있게지만 결론은 거시기다.

• 자세히 자신을 살펴보라. 중요한 것은 일시적인 순간, 당분간 어려움을 헤쳐나가는 것이 아니다. 긴 미래를 보라.

◻ 일간(日干)이 신약(身弱)한 식신격(食神格)의 경우, 주의사항.

사주(四柱)가 신약(身弱)하면, 식신(食神)에 의해 일간이 좌지우지 부하나, 자손, 후배 등에 휘둘리어 맥을 못 춘다. 대체로 신약(身弱)이므로 박력이 없거나, 계획성의 부족, 의지력, 인내력 등의 부족으로 본인 스스로가 화를 자초(自招)하고, 속내를 쉬 드러낸다. 많은 약점(弱點)이 노출, 스스로 발등을 찍어 올가미에 걸린 야생동물이 된다.

꼴에 성깔은 있어, 발버둥 친다. 식신(食神) 기운(氣運)이 발동(發動)할 때마다 흉(凶)이 더욱 춤추게 된다.

☞ 식신격(食神格)은 그 자체(自體)가 신약(身弱)이다. 그러나 이건 아니잖아! 식신격(食神格)은 일단 일주(日主)가 설기(泄氣) 하는 것이 기본, 당연히 신약한 것이다. 조화(造化)는 많아도 신약(身弱)하므로 그 조화(造化)를 다 부리지 못한다. 신약(身弱)이 아니고, 신강(身强)일 경우 그 조화는 다양하다.

월 (月)의 절기(節氣)와 밀접한 관계가 있으니, 세심한 주의가 필요. 여기에서 경험과 연륜의 차이가 드러난다. 이차적(二次的)인 면을 보느냐? 단순히 일차적(一次的)인 면만을 보는가 차이다.

☞ 신약(身弱)인 것 같아도 반대(反對)일 경우, 생기는 건 겉만 보고 판단하다 실수한다.

◻ 출생(出生) 일(日)과 절기(節氣)의 관계를 살펴본다.

○	壬	○	○
○	○	寅	○

⇨ 인(寅)월의 임(壬)수 일간.
인(寅)월은 냉기(冷氣)가 가시지 않은 달.

⇨ 입춘(立春)이 지났다면, 무조건 신약(身弱)으로 보면 안 된다. 겉으로는 인(寅)-월이지만, 아직 무엇인가 있다. 아직은 냉기(冷氣)가 존재(存在)해 있다.

❏ 입추(立秋)를 살핀다.

○	戊	○	○
○	○	申	○

⇨ 신(申)월의 무(戊)토 일간.
신(申)월은 입추(立秋)를 보아야 한다.

⇨ 입추(立秋)가 지나도 날이 더운 경우가 많다.

지금은 지구 온난화 현상으로 더더욱 그것이 그렇다. 아직 더위가 가시지 않은 것이다. 가을이라도 여름이 아직 남아 있다. 인성(印星)과 식상(食傷)으로 갈라진다. 그러다 보면 격(格)이 엉뚱한 방향으로 진행.

❏ 봄, 여름의 문제다.

○	丙	○	○
○	○	辰	○

⇨ 진(辰)월의 병(丙)화 일간.
진(辰)월은 입하(立夏)를 보아야 한다.

⇨ 진(辰)-토는 병(丙)화 일간에게 식신(食神)이다. 봄이라도 곧 닥칠 입하(立夏)를 생각해야 한다. 봄이라 해도 여름에 가깝다.

❏ 식신격(食神格)에서 식신(食神)과 편인(偏印)과의 관계.

신 왕(身旺)한 사주에 식신(食神)이 있는데, 만약 거기에 편인(偏印)이 있다면?

⊙ 편인이란? 식신(食神)을 극(克) 하니 도식(倒食)이라 하여 아주 흉(凶)한 역할을 하는 존재(存在)다. 이처럼 도식(倒食)-운(運)이 오면 진행 중이던 일이 부도(不渡)다. 밥그릇을 뒤엎으니 공든 탑이 무너진다. 허탈하여 심리적 공

황상태가 발생 우울증에, 정신적인 질환까지 겹쳐 급기야는 자살도 감행하고, 밖으로는 생명에 영향을 주는 흉한 일이 생긴다.

⊙ 요즈음에는 인터넷에 의한 무차별적인 불법 메일, 전송 및 인신공격, 전화 공포, 빚 독촉으로 전화, 사소한 것 같아도 이동통신이나, 전화료 미납요금 독촉 전화도 사실상 이와 같은 행위다.

▭ 불난 집은 다 타는 것이 오히려 편하다.

○	壬	甲	○
○	子	寅	○

↳ 인(寅)월의 임(壬)수 일간.
식신(食神) 인(寅)목이 용신(用神)이 된다.

↳ 인(寅)목과의 관계를 살펴보자. (편인(偏印)-운을 보는 것이다.)

❖ 운(運)에서 신(申)년이 온다면? ↳ (지지(地支)를 볼 경우.)
  인(寅)-신(申)➡충(沖)으로 용신(用神)을 충(沖) 한다.

❖ 경(庚)-년이 온다면? ➡ (천간(天干)을 볼 경우.)
  이것 역시, 도식(倒食)이다.

▭ 파문이 가라앉지 않은 연못에, 또다시 파문이 생긴다.

○	甲	丙	壬
亥	子	寅	○

↳ 인(寅)월의 갑(甲)목 일간.
년(年)간 임(壬)수가
월(月)간의 병(丙)화를 죽인다.

↳ 일간(日干)인 갑(甲)-목에게 임(壬)-수는 편인(偏印).

그런데 도식(倒食) 작용을 하고 있다. 만약 여기서 임신(壬申)-운(運)이 온다면 어떨까? 갑(甲) 목에게 지금 필요한 것은 목(木), 화(火)인 양(陽)의 기운(氣運)인데 천간(天干)으로 병(丙)-임(壬)➡충(沖)이요, 지지(地

- 146 -

支)로 인(寅)-신(申)➡충(沖)이 발생, 학수고대 (鶴首苦待)하던 나의 희망(希望)이 물거품이 되 고 만다. 거기에 일간(日干)은 필요 없는 생(生) 을 받아 비만(肥滿)으로 스스로 고혈압에 당뇨에 합병증으로 쓰러진다.

원 명(原命)에서도 임(壬)-수가 작용, 운(運)에서 임(壬) 수가 또다시 들 이닥치니 도식(倒食)이 가중되어 두 손을 든다.

☞ 어떤 사주이던, 식신(食神)이 용신(用神)인데 인수(印綬)가 많으면, 처한 자 체가 바로 도식(倒食)이다.

❂ 인수(印綬)가 많아 사주가 신왕(身旺)하면, 자연 식상 (食傷)이 용신(用神)이 되는 경우가 많다.
• 인수(印綬)의 기운은 일간(日干)에 다 가는 것이지만, 일간 자체가 견겁(肩劫)이 없이 인수(印綬)의 기운만으로 왕(旺)-해 질 때는 여러 경우가 나온다.

❑ 식상격(食傷格)에서의 제살태과(制殺太過).

☞ 사주에 일주(日主) 강약(强弱)에 상관없이 관살(官殺)과 식상(食傷)의 상관 관계를 살펴, ⊙ 관살이 많고 식상이 부족하면, 식신제살격(食神制殺格)이 되어 식상(食傷)이 용신(用神) 되고, ⊙ 관살(官殺)이 적고, 식상(食傷)이 많으면 제 살태과격(制殺太過格)이 되어 관성(官星)이 용신(用神)이 되는데,
⊙ 식신격(食神格)을 보면 식신(食神)이 월지(月支)에 자리하므로 자연 식거선 (食居先) 살거후(殺居後)-격이다.
❋ 중요한 것은 관살(官殺), 식신(食神)이 균형(均衡)을 이루어야 한다는 전제 조건이다. 실제로 식신과 관살이 균형을 이룰 경우가 있는데 서로가 힘이 팽팽,

서로 견제가 기가 막히게 된다. 오히려 귀격이 되어 부귀(富貴)하는 사주로 판단. 이름하여 식살양정격(食殺兩停格)이라 한다.

• 식신(食神)과 관살(官殺)이 서로 태클을 거는 것을 중단(中斷)한다. 각자 서로의 길을 갈 수 있도록 방해(妨害)하지 않는다. 상생(相生)하는 형태(形態)다.

일 반적으로 일주가 신약(身弱), 강(强)해지도록 도와주거나, 일주(日主)인 일간의 기운을 억압하는 세력을 응징하는 것이 당연한 귀결인데, 관살(官殺)이 용신(用神)이 된다는 것은 선뜻 이해가

안 되나, 관성(官星)과 식신(食神)이 균형을 이룰 때 즉, 대치하고 있을 때는 자연 어느 한쪽이 기울기 마련인데, 상황에 따라 식신(食神)이 용신(用神)이 되기도 하고, 관살(官殺)이 용신(用神)이 되기도 한다.

팔 이 안으로 굽는다고 나에게 위해를 가하는 쪽보다, 내가 아끼고 보살피는 쪽 에 더 신경이 쓰인다.

• 극단적(極端的)으로 서로 대립(對立)한다면, 자기를 아끼고 위하는 쪽에 붙는다. 일간(日干)과 식상(食傷)이 같은 편이 되고, 관살(官殺)은 그에 대항(對抗)하는 세력(勢力)으로 구분.

❏ 식거선(食居先) 살거후(殺居後)격이 성립.

甲	戊	庚	癸
寅	辰	申	酉

⇨ 신(申)월의 무(戊)토 일간.
식신(食神)이 먼저, 칠살(七殺)이 나중.

⇨ 금(金)이 많고 목(木)이 적어 금극목(金克木) 받으니 제살태과(制殺太過).
• 금(金), 수(水)인 음(陰)이 많고, 목(木), 화(火)인 양(陽)이 적으니, 양(陽)이 더 필요하다. 양과 음의 배치를 살피자.

☐ 균형(均衡)이 이루어지면 일간(日干)이 즐겁다.

丙	庚	壬	壬
戌	寅	子	申

➼ 식거선(食居先) 살거후(殺居後) 격(格)이다.
인(寅)-술(戌)화국(火局)으로 균형이 아름답다.

➼ 금(金)-수(水) 상관(傷官)에 ➡요견관(要見官)이다.

• 견겁(肩劫)이나 인수(印綬)가 없는 상황으로만 본다면, 경(庚)-금 일간이 신약으로도 보인다.

• 식상(食傷)과 관(官)이 균형(均衡)을 이룰 경우, 식상(食傷)이 일간의 손을 들어주므로, 일간(日干)은 식상(食傷)과 함께 국(局)을 이루는 형국이 되는 격(格)이다.

• 간접적인 득국(得局)이다.

☐ 제살태과(制殺太過)의 경우다.

丙	庚	壬	壬
戌	子	子	申

➼ 자(子)월의 경(庚)금 일간.
식상(食傷) 수(水)의 기운(氣運)이 강(强)하다.

➼ 식상(食傷)이 지나치게 강(强)하니 관살(官殺)이 맥을 못 춘다. 병(丙)화는 지지(地支)에 입묘(入墓)되어있고, 식상(食傷)➡수(水)가 많아서 제살태과(制殺太過)다. ☞ 신왕관쇠(身旺官衰)다.

☐ 반대의 경우를 살펴보자.

乙	乙	○	○
酉	酉	午	酉

➼ 오(午)월의 을(乙)목 일간.
금극목(金克木)의 기운(氣運)이 강(强)하다.

▷ 금(金)이 목(木)을 극(剋)—하니 이를 해결하려면 화(火)가 있어야 하는데, 화(火)의 기력(氣力)이 약하다.

• 식거선(食居先)—살거후(殺居後)인데 식상(食傷)이 필요. 정관(正官)인 경(庚)—금이 많고 합(合)이 다(多)하니 기생팔자다.

❋ 합(合)하여 자신을 바꾸니, 성(性)도 바꾼다. 개명(改名)해야 한다.

• 항상 눈치 보면서 사니, 자식을 낳아도 그 자식 역시 기죽어 산다.

• 이런 경우 3대(代)를 간다. 자신이 어렵고, 불우하게 살았으면 자기 자식에게는 그것을 물려주지는 말아야 하는데 알면서도 잘 자제가 되지 않는다.

자 신도 모르게 당한 그대로 어떨 때는 더 지나치게 그런 행위(行爲)를 하게 된다. 다 인간(人間)이 수양(修養)이 부족(不足)한 탓이다. 간혹 그런 역경(逆境)을 멋지게 이겨내고 혼자의 고통(苦痛)으로 끝을 내는 사람도 간혹 있어 세상이 아름다운 것이다. 자손(子孫)에게만은 그런 전철(轉轍)을 밟지 않도록 해야 한다. 그것이 업(業)을 소멸(消滅)하는 방법.

□ 식신(食神)-격(格)의 분류(分類).

• 식신(食神)의 작용. 재(財)를 생(生)—하는➡식신생재격(食神生財格)이요, 편관(偏官)인 칠살(七殺)을 제거(除去)하는➡식신제살격(食神制殺格)이요, 그 외에 식신건록격(食神建祿格), 식신전록격(食神傳祿格) 등이 있다.

❹. 상관격(傷官格)

상관(傷官)이란 무엇인가? 기본적(基本的)으로 알고 있는 상관(傷官), 실질적으로 격국(格局)에 응용될 때. 상관(傷官)은 정관(正官)을 극(剋)하고, 편재를 생(生) 하는 것이 기본적 생리다. 인수(印綬)에게 극(剋)을 받고, 견겁(肩劫)으로 부터 생(生)을 받는다.

☐ 월(月)에 상관(傷官)이 있을 경우의 판단.

☞ 월(月)에 상관(傷官)이 있다는 것은 부모(父母) 자리에 상관이 있다는 것이다. 부모(父母)의 상황(狀況)을 파악한다.

☞ 정관(正官)을 극(剋)하고, 인수(印綬)에게 극(剋)을 받아 파괴된 상황이니 부모(父母) 대에서 파산(破産)하였다.

☞ 출생할 경우는➡해석하는 각도가 다르다.

할 소리 다 하고, 배짱 좋고, 담력(膽力)도 좋고, 하극상(下剋上)의 기질(氣質)이 강하고, 위법, 불법행위에 대한 도덕적인 기준(基準)가치가 약(弱)하다. 지나치게 헤픈 경우도 된다.

남 자의 경우는 관살(官殺)인 자손(子孫)을 극(剋) 하니 자손-궁(宮)이 절로 나쁘고, 여자의 경우는 관살(官殺)인 남편(男便)을 극(剋)-하니 남편 궁(宮)이 허약하다.

☞ 흐름을 살펴보자. 월(月)에 상관(傷官)이므로 일(日)에서 월(月)을 생(生)-하는 형국이니, 흐름이 역(逆)이다. 역(逆)이라 해도 음(陰)과 양(陽)의 성격에 따라 해석이 다르다.

☐ 풍파(風波)도 풍파 나름이다.

○	壬	○	○
○	○	卯	○

↳ 임(壬)수 일간이 월(月)에 상관(傷官).
습(濕)목이니 바람이라, 풍파(風波)로 연결.

○	癸	○	○
○	○	寅	○

▷ 계(癸)수 일간이 월(月)에 상관인
인(寅)목을 놓고 있다.
이 경우 화(火)를 생하니 훈풍(薰風)이다.

□ 상관격(傷官格)의 구성(構成)과 특징(特徵). ─────────────

❶. 월지(月支) 장간(藏干)의 본기(本氣)가 상관(傷官)일 때 성립.

입절(入節)−일과 태어난 날을 비교, 장간의 어디에 해당하는가? 살핀다.

❷. 주중(柱中)에 상관(傷官)이 있거나, 상관(傷官)이 용신(用神)일 경우.

□ 천간(天干)의 기운(氣運)도 살핀다.

○	乙	丙	○
○	○	寅	○

▷ 인(寅)월의 을(乙)목 일간(日干)이다.
비겁(比劫)으로 볼 것인가?
상관(傷官)으로 볼 것인가?

▷ 목(木)의 기운(氣運)이 병(丙)화로 집중이 된다.

☞ 천간(天干)을 위주로 정격(定格)을 하는 경우를 살펴보자.

丙	丁	癸	壬
午	巳	亥	子

▷ 천간이 지지의 응원을 받고 대표자가 된다.
완전한 수화상전(水火相戰)이다.

❸. 상관(傷官)은 아(我)인 내가 생(生) 해주어야 하는 존재(存在)다. 나의 기운을 앗아가는 존재(存在)이니 도기(盜氣)다. 식신(食神)보다 강도가 강하다.

□ 자식(子息)이 아니라 원수(怨讐)다.

○	癸	○	○
○	○	寅	○

▷ 인(寅)목의 계(癸)수 일간.
계(癸)수는 적은 물이다.

인 (寅)목은 바짝 마른 나무다. 적은 물을 인(寅)-목이 완전히 흡수(吸水)하고 있는 형상. 흔적이 묘연하다. 여자의 사주라 보자. 자식이 부모의 자리에 있으니 자식이 아니라 완전 상전이다. 학원에 다닌다고 졸라, 어학

연수 간다고 졸라, 결혼한다고 한밑천 달라고 졸라. 사업한다고 밀어달라고 졸라, 이이 들 가르치기 힘들다고 보태 달라 졸라, 부동산 구매로 졸라, 평생을 조르는 인생이다. 그것도 부모의 숨통을 확확 조인다.

기둥뿌리가 흔들흔들.

❹. 식신(食神)은 관살(官殺)과 비교대응 하지만, 상관(傷官)은 인수(印綬)가 대응하는 역할을 한다.

• 물론 상관(傷官)과 관살(官殺)과 관계도 있지만, 여기서는 인수(印綬)를 논한다.

☞ 상관(傷官)과 인수(印綬)가 균형(均衡)을 이룬다면 어떨까?

상관(傷官)과 인수(印綬)가 균형(均衡)을 이룬다면 상관(傷官)이 마치 식신(食神)과 같은 역할을 한다.

• 길(吉)의 작용. 귀인(貴人)이다.

❏ 상관(傷官)의 인상(印象)은 어쩔 수 없는 것인가?

○	癸	甲	○
○	○	寅	○

➦ 인(寅)목의 계(癸)수 일간.
계(癸)수는 적은 물이다. 너무 휘둘린다.

➦ 상관(傷官)이 지나치게 강(强)하니 첫인상부터 고약하다. • 성깔이 줄줄 흐른다. • 순 악질에 동네 양아치다. 관상(觀相) 보지 않아도 답이 나온다. • 잘생겼다면 사기꾼이다. • 인물값도 못 하는 위인이다.

❏ 인수(印綬)가 귀인(貴人)의 역할(役割)을 톡톡히 한다.

○	癸	甲	○
酉	丑	寅	○

⇨ 인(寅)목의 계(癸)수 일간.
일지(日支)와 시지(時支)에 금국(金局)을 형성.

⇨ 인수(印綬)-국(局)이 형성, 상관인 목을 극(克) 한다.

갑(甲), 인(寅)-목이 계(癸)수에게 돈을 빼앗으려 하자, 이를 알아차린 인수

(印綬)인 선생님이 계(癸)수를 불러 단단히 혼찌검을 낸다.

● 작살 내면서 하는 말이 추후(推後)로 이런 일이 또 생긴다면, 그때는 퇴학(退學)시키겠다고. 갑, 인(甲, 寅)-목(木)은 꼬랑지 내리고 열심히 학교에 다닌다.

상 관(傷官)은 정관(正官)을 극(剋) 한다. 상관(傷官)이 강(强)하다는 것 또한, 신약(身弱)을 의미한다. 정도를 무시한다.

위계질서(位階秩序) 따위는 신경 쓰지 않는다. 입바른 소리 잘한다는 표현은 의미가 다르다. 상관격(傷官格)을 갖춘 자는 겁이 없고, 상사에게도 불만표출을 스스럼없이 하며 자기의 느낌 그대로 여과없이 나타내는 경향이 강하다.

❏ 입이 거칠면 행동 또한 마찬가지다.

○	乙	丙	丁
○	○	午	未

⇨ 오(午)월의 을(乙)목 일간.
화(火)인 식상(食傷)이 강(强)하다.

⇨ 을(乙)목 일간에게 관(官)은 금(金)인데 화(火)인 식상(食傷)이 지나치게 강(强)하니 금(金)이 녹아 버린다. 직장에 오래 있지 못한다. 직장에 근무해도

승진 누락은 정해진 수순. 항시 불평, 불만이 많아 기피인물, 요주의 인물로 취급. 특징을 살펴본다면 뒤에서 남의 험담을 잘하고, 남의 뒤통수치는 일에는 선수요, 겉으로는 아량이 많은 사람 같아도 알고 보면 밴댕이 속이요, 무엇이든 공짜가 없는 사람, 항상 그에 대한 대가(代價)를 요구하는 사람이다.

□ 상관격(傷官格)의 변화(變化)와 응용(應用).

☞ 식상(食傷)은 재주인데 재주는 많아도 정관(正官)을 극(剋) 하므로 올바른 직장(職場)을 구하지 못 한다.

☞ 깊지는 않아도 아는 것이 많으니, 자만심(自慢心)이 무척 강하다. 남에게 고개 숙이려 하지 않는다.

☞ 남과의 융화가 잘 되는 것 같아도, 실제로는 물 위에 기름 떠다니는 식.

☞ 언어가 수위조절이 안 된다. 일단은 내뱉고 보자는 식이다. 돌아서서 후회해도 상대방은 이미 큰 충격으로 그를 상대 안 한다.

☞ 말이 많아 진실(眞實)된 이야기를 해도 상대방이 믿어주지 않는다. 양치기 소년이다.

☞ 한두 번 만나도 오래 전 부터 만난 사람처럼 반말을 금방 쉽게 한다.

☞ 실천보다 말이 앞선다. 대포를 잘 쏜다.

☞ 자기 앞가림도 못 하면서, 남의 일에 앞장 선다.

□ 일간(日干)이 신약(身弱) 하니 갖다 주어도, 취하지 못한다.

庚	己	庚	癸
午	酉	申	丑

⇨ 신(申)월의 기(己)-토 일간.
식상(食傷)의 기운(氣運)이 강(强)하다.

▷ 모든 일은 아무런 조건(條件)이 없을 수 없다. 자기의 진을 다 빼가며 생(生)을 해주었을 때는 무엇인가 돌아오는 것이 있어야 한다. 일간(日干)이 식상(食傷)을 생(生) 할 때는, 식상(食傷)에게 재(財)를 생(生) 해 오라는 것이다. 그것이 흘러가는 흐름이다.

식 상(食傷)이 많을 경우는 여기저기서 재(財)를 생(生) 하니 크던, 작던, 깨끗하던, 더럽던 재(財)를 생(生) 하기 마련이다. 그런데 쓸모 있는 것이 없다는 것이다. 오합지졸(烏合之卒)이다. 기(己)-토 일간이 남자라 해보자. 식상이 많으니 여자는 많이 만난다. 그것을 평점을 매긴다면 평균점수 이하다. 식상이 많으니 남의 자식을 키워 주어야 한다. 내 자식(子息)과는 연(緣)이 박하다.

☞ 여자가 식상이 많으면 매 맞는 경우가 많다. 남편을 무시한다고, 입이 싸다

고, 경솔하고, 푼수라고 말이다. 애인(愛人)도 많이 두게 되는데 연하(年下)의 경우 종래는 배신 당한다. 왜일까? 항상 주는 것을 좋아하니 정(精)도 주면서 사는 그 자체로 만족(滿足)하는 것이다. 남편이 불쌍해서 살아 주는 경우도 있다.

☞ 직업(職業)관계.
기예(技藝)에 능(能)하니까 예, 체능 계통 즉 미술, 음악, 운동 등 기술직 등을 들 수가 있다. 식상(食傷)이 기술이니까.

☞ 식상(食傷)이 많은 사주는 남편에게 편안히 앉아서 밥 얻어먹기가 힘든 팔자(八字)다. • 관식투전(官食鬪戰)이 두렵다.

☐ 편안한 날이 없는 사주.

○	乙	○	○
巳	巳	申	寅

▷ 신(申)월의 을(乙)목 일간.
　사(巳)-신(申)➡형(刑),
　인(寅)-신(申)➡충(沖)이다.

↓ 기회주의자(機會主義者)의 근성(根性)이 보인다.

○	乙	○	○
酉	未	午	○

⇨ 오(午)월의 을(乙)목 일간.
화금상전(火金相戰)인 사주다.

⇨ 식상(食傷)과 관(官)이 누구를 위해 싸우는 것일까?

결론은 을(乙)－목 인데, 서로 차지하기 위해 싸우고 있다. 이때 을(乙)－목은 어느 한쪽의 손을 들어 주어야 하는데, 중간에서 방관자(傍觀者) 입장이다. 상관격(傷官格)을 갖춘 사람 가운데 이런 사람들이 많다.

◻ 상관상진(傷官傷盡)이 되면 되는 일이 하나도 없다.

丁	甲	壬	壬
卯	子	子	申

⇨ 자(子)－월의 갑(甲)목 일간.
인성(印星)이 지나치게 강(强)하다.

⇨ 식상(食傷)인 정(丁)화가 갑(甲)－목의 설기(泄氣)처 인데 정(丁)화가 맥을 못 쓰고 죽어버리는 환경이다. 인수(印綬)가 지나치게 강(强)한 것이 흠이다.

자 (子)－묘(卯)➡형(刑)이라 한풍(寒風), 강풍(强風)이 몰아치고 있다. 일이 꼬이고, 풀릴 기미가 보이지 않는다. 파도(波濤)가 너무 심하다.

◻ 선천적(先天的)으로 잘못된 것을 후천적(後天的)으로 고친다.

辛	癸	甲	戌
酉	丑	寅	午

⇨ 인(寅)월의 계(癸)수 일간.
지지(地支)에 화(火), 금(金)이
국(局)을 형성하고 있다.

 ⇨ 상관격(傷官格)인데, 유(酉)-축(丑)으로 금국(金局)을 형성, 목(木), 화(火)의 기운이 강(强)한 흐름이다. 선천적(先天的)인 흐름이 바람직하지 못하다. 그런데 후천적(後天的)으로 사주가 그 잘못을 교정(校訂)해주고, 본인도 노력하여 좋은 결과를 만들어낸다.
• 사주가 결국 균형(均衡)을 이루어 기울어졌던 흐름을 바로 잡는다. 흉(凶)이 길(吉)로 전환.

□ 사주가 강(强)해 상관(傷官)이 용신(用神)이 될 경우.

사주가 지나치게 강(强)하면 그 기운을 설기(泄氣) 해야 하는데, 식상(食傷)의 역할이 필요하다. 상관(傷官)도 많으면 식신(食神)과 같은 역할을 하는데, 상관  이라 처음에는 별로 탐탁치 않았는데, 미운 정(精)도 정(精)이라고 볼수록 차곡차곡 정(精)이 드는 것이다.
• 상관(傷官)을 용신(用神)으로 할 경우는, 항상 재성(財星)을 생(生) 할 수 있는 조건이 붙는다.
관살과 식상(食傷)이 균형(均衡)을 이룰 경우는 얼마든지 출세(出世), 부(富)와 귀(貴)를 겸할 수 있다.

여 기서도 상관(傷官)이 용신(用神)일 경우 주의할 사항은, 상관(傷官)은 언제인가 상관(傷官)의 값어치를 한다. 중상(中傷), 모략(謀略)이라던가, 관재수(官災數) 등에 대가(代價)를 치를까 염려가 있다.

□ 상관격(傷官格)은 변화(變化)가 무쌍하다.

상관격(傷官格)에서는 많은 변화(變化)와 더불어 다양한 형태가 있다.
상관격(傷官格)에 응용되는 많은 경우를 보자.

❶. 식거선(食居先) 살거후(殺居後)격. ─────────

년(年), 월(月)에 식상(食傷)이 있고, 일(日)과 시(時)에 관(官)이 있는 경우를 말한다. 사주의 전반부에 식상(食傷)이 있고, 후반부에 관(官)이 있는 것. 정상적인 흐름인가? 중요한 사항.

☐ 조화(調和)란 상부상조(相扶相助)인 것이요, 균형(均衡)을 이루는 것이다.

丙	庚	壬	壬
戌	寅	子	申

⇨ 자(子)월의 경(庚)금 일간.
전반➡ 금(金), 수(水), 후반➡목(木), 화(火)다.

⇨ 경(庚)금 일간(日干)에게 수(水)는 식상(食傷)이다.

목 (木), 화(火)는 재(財), 관(官)인데, 지지(地支)가 화(火)로 화(化)하여 관(官)으로 변한다. 관(官)과 식상(食傷)이 균형(均衡)을 잘 이루고 있다.

❷.식신제살격(食神制殺格).

관살(官殺)이 왕(旺), 식상(食傷)으로 관살(官殺)을 억제하여야 하는 경우. 식상(食傷)이 용신(用神). 식신(食神)이 관살(官殺)을 억제(抑制)하는 격(格)이다.

☐ 식신제살격(食神制殺格)의 형태(形態).

○	甲	庚	○
申	申	午	申

⇨ 오(午)월의 갑(甲)목 일간.
상관격(傷官格)인데 관(官)이 넘친다.

⇨ 갑(甲)목 일간에 관(官)인 금(金)이 지나치게 강(强)하다. 한시라도 빨리 관(官)의 기운(氣運)을 억제(抑制)해야 한다. 관(官) 기운(氣運)이 강(强)하다.

❸. 제살태과격(制殺太過格).

식상(食傷)의 기운이 지나쳐, 즉 태과(太過)하여 관살(官殺)로 억제(抑制)를 하여야 하는 격이다. 결론은 충성(忠誠)−경쟁(競爭)을 시키는 것이다. 한글 맞춤법상 본단면 주어가 앞에 나오는 것은 이해가 가는데, 여기에서는 동사가 앞에 나왔다. 잘못 이해를 하기가 쉬운 부분이다. 억제하여야 하는 관살(官殺)이 태과(太過) 즉, 지나치게 많은 격(格)은? 관살(官殺)이 지나치게 많아 억제해야 하는 격(格) 등으로 풀이하기가 쉽다.

여기에서의 제살(制殺)의 의미는 관살(官殺)을 억제하는 것을 말한다. 즉 그것이 식상(食傷)이다. 그런데 그것이 태과(太過) 즉 너무 많은 격(格)이라고 풀이한다면 이해가 갈 것이다.

문 제는 식신제살격(食神制殺格)의 식신(食神)이 관살을 억제해야 한다는 주어(主語), 동사(動詞) 식의 연결인데 쉬운 의미전달과 달리, 제살−태과 격(制殺太過格)의 의미전달의 방법이 주어, 형용사 형태로 약간 상이하니, 이것에 대한 통일적인 간편한 서술방법이 있었으면 더 좋을 것 같다. 그 의미(意味)를 혼동하지 말아야 할 것이다. 어느 정도 되신 분들도 처음에는 이것으로 많은 혼동을 느낀다고 했다.

☐ 제살태과격(制殺太過格)의 형태(形態).

丙	庚	壬	壬
戌	子	子	申

⇨ 자(子)월의 경(庚)금 일간.
전체적으로 금(金)수(水) 기운(氣運)이 지배.

⇨ 식상(食傷)이 지나치게 강(强)하니, 관살(官殺)이 맥을 못 추는 형상이다. 식상(食傷)의 기운(氣運)을 잠재워야 한다. 관(官)이 용신(用神)이 된다. 쉽게 생각을 한다면, 식상(食傷)의 기운(氣運)이 강(强)하다.

❹.진법무민(盡法無民).─────────

진(盡)이란 한계(限界)에 다다른 것이요, 몰락(沒落)하는 것을 의미한다.

법(法)이 몰락하여 한계(限界)에 다다른 상태이다. 법(法)이란 여러 의미가 담겨 있는데 일반적으로 법률적인 법(法)에 대한 해석, 규칙, 순서, 요령, 기준적인 모델 등 여러 가지로 해석하는데, 사주 추명(推命)에 있어서 일반적으로 규범, 도덕, 법률적인 해석으로 들어간다. 실질적인 면으로 본다면 그것보다 일에 대한 기능적(機能的)인 면, 심성(心性)적인 면으로 보는 것이 합당 함이다.

☞ 식상(食傷)을 기능적(機能的)인 면으로 볼 때는 일에 대한 법(法)이다.

일에 두서(頭序)가 없고, 미래에 대한 희망(希望)도 없고, 긍지(肯志)와 심오한 철학도 없는 것이며, 가치관(價値觀) 자체가 상실된 상태다.

심 성(心性)적인 면으로 본다면, 일종의 심리적인 공황상태이다.
일이 손에 잡히지 않고, 침착성과 차분함이 없이 허공에 붕 떠 있는 듯의 상태. 진(眞), 가(假)를 구분하지 못하고, 판단력 자체를 상실한 것이다.

□ 화극금(火克金)으로, 금(金)을 극(剋)하니 쇠똥도 구경하기 힘들다.

○	乙	丙	丁
酉	未	午	未

↪ 오(午)월의 을(乙)목 일간.
전체적으로 화(火)의 기운(氣運)이 지배한다.

↪ 5월의 을(乙) 목이니 꽃을 피워서 유(酉) 금인 열매를 맺는 것인데, 화극금(火克金)으로 열매가 열리기도 전에 곯아서 없어지는 것이다. 다른 면으로 본다면, 을(乙) 목인 풀에 꽃만 잔뜩 핀 상태다. 더 이상의 성장(成長)이 어렵다.

❺. 상관상진(傷官傷盡). ────────────

상관상진(傷官傷盡)이란 글자 그대로 상관(傷官)이 지나치게 상(傷)하고, 몰락 (沒落)한 상태를 말한다.

● 상관(傷官)이 망가졌다는 표현(表現) 도 가능할 것이다.

● 상관(傷官)이란 정관(正官)을 극(剋)- 하는 존재인데, 정관(正官)을 보호하기 위하여 상관을 극(剋)-하거나, 억제(抑 制)하는 것은 당연한 일이지만, 이 상관을 지나치게 억제하여 상관(傷官)이 그 존재(存在)에 대한 회의(懷疑)를 느끼는 상황이다.

주 로 사주를 추리(推理)할 때, 傷官(상관)으로 身弱(신약) 사주는 그 상 관(傷官)을 좀 억제하고, 약한 일간을 보강(補强)한다.

☞ 상관상진(傷官傷盡)은 상관(傷官)이 용신(用神)일 경우에 쓰이는 말이다.

⬜ 가망성(可望性)이 사라진다.

丁	甲	癸	癸
卯	子	亥	亥

⇨ 해(亥)월의 갑(甲)목 일간. 전체적으로 수(水)의 기운(氣運)이 지배.

⇨ 여기에서 상관(傷官)은 무엇일까?

인 수(印綬)인 수(水)에 의하여 지나치게 극(剋)을 당하여 상관(傷官)인 정(丁)화가 꺼져가고 있는 형국이다. 불씨를 살려야 한다.

● 갑(甲) 목 일간이 수목응결(水木凝結)이다.

● 정(丁)화는 언어-구사의 핵심(核心)인 혀인데 꺼져가니 혀가 짧은 것이요, 목(木)은 정신(精神)인데 응결(凝結)이라 제정신이 아니다. 약간 모자라는 사 람이다. 여자(女子)로 본다면 식상(食傷)이 꺼져가고 있으니, 생식기(生殖器)에 문제가 심각하다. ☞ 여기까지가 상관상진이다.

☞ 여기에서 계(癸)-운(運)이 온다면 어떨까?

원명(原命)에서도 정(丁)-계(癸)➡충(沖)이 존재하고 있는데, 설상가상으로

운(運)에서 또 계(癸)수가 정(丁)화를 충(沖) 하니, 심심해하던 원명의 계(癸), 해(亥)-수(水)들이 신바람 난다면 같이 난리가 난다.

• 가뜩이나 신약한 사주인데 이럴 경우, 아차 하면 북망산(北邙山)으로 가는 것이다.

• 상관상진(傷官傷盡)에 한술 더 뜨니, 파료상관(破了傷官)이다.

❻.파료상관(破了傷官). ─────────────────

상관(傷官)이 용신(用神)인데, 운(運)에서 인수(印綬)-운이 도래(到來)하여

상관-용신을 박살을 낼 때, 이때를 말한다. 원명(原命)의 사주에서 상관상진(傷官傷盡)이 되어있는 사주가 운(運)에서 또다시 상관을 죽여 버리는 경우, 이런 경우를 파료상관(破了傷官)이라 한다.

파료상관(破了傷官)이란 신왕(身旺)한 사주가 상관(傷官)에 설기(泄氣)를 하여 상관을 필요로 하고 있는데, 인수(印綬)-운이 온다면 인수(印綬)는 당연히 상관(傷官)을 파괴(破壞)하려 할 것이다. 이와 같은 상황을 말한다.

❺ 의 상관상진(傷官傷盡)은 원명(原命)의 사주-구성 여건 자체를 논하는 것이고, ❻ 의 파료상관(破了傷官)은 운(運)에서 쓰이어지는 용어(用語)다.

❼.진상관격(眞傷官格). ─────────────────

이것은 신약(身弱)-사주에서 나타난다. 식상(食傷)이 태왕(太旺)-하면 사주는 신약(身弱)으로 흐르게 된다. 자왕모쇠(子旺母衰) 현상(現象)이다. 흔히들 말하

는 "진상처리반"을 생각하면 연상이 쉬울 것이다. 고문관(顧問官)도 일맥상통(一脈相通)한다.

□ 월(月)에 상관(傷官)이고, 진상관(眞傷官)이다.

○	乙	丙	丁
○	○	午	未

⇨ 오(午)월의 을(乙)목 일간.
전체적으로 화(火)의 기운(氣運)이 지배.
전형적(典型的)인 진상관격(眞傷官格)의 모양이다.

❽.가상관격(假傷官格).

☞ 가상관격(假傷官格)과 진상관격(眞傷官格)의 흐름.

진(辰), 가(假)의 상관격(傷官格)에서 진상관(眞傷官)이 가상관격(假傷官格)으로 변하고, 가상관격(假傷官格)이 진상관격(眞傷官格)으로 변화가 일어나는 경우다. 가상관격(假傷官格)은 가짜 상관격(傷官格)이라는 말인데, 식상(食傷)이 용신(用神)일 때 이것이 해당.

□ 가상관격(假傷官格)인데 진상관격(眞傷官格)으로 변한 것이다.

辛	戊	○	○
酉	辰	午	戌

⇨ 오(午)월의 무(戊)토 일간.
시(時)에 상관(傷官)이니 가상관격(假傷官格).

□ 진상관격(眞傷官格)에서 가상관격(假傷官格)으로 변한 경우.

○	甲	○	○
酉	子	午	亥

⇨ 오(午)월의 갑(甲)목.
월(月)에 상관(傷官)이니 진상관격(眞傷官格).

⇨ 일간(日干)인 갑(甲)목이 신강(身强)하다. 식상(食傷)이 용신(用神)이다.

☞ 간편한 진상관(眞傷官)과 가상관(假傷官)의 판단법.

❖ 상관(傷官)이 많으면 진짜.

❖ 상관(傷官)이 부족하면 가짜.

❺. 정재격(正財格).

정재(正財)란 내가 노력(努力)을 하고, 정당(正當)하게 일을 하여서 취득(取得)한 재물(財物)이다. 정재(正財)에 해당하는 여러 사항에 대한 것도 마찬가지로 추명(推命) 하면 된다.

재성(財星)이란 원래 나의 밥줄이요, 나의 식솔(食率)이다. 내가 활동(活動)하는 데 있어서 있어야 할 귀하고, 편한 존재이다. 여기에는 일단 정(正), 편(偏)이 상관이 없다. 여기에서도 문제가 되는 것은 내가 기운(氣運)이 강(强)하면 나의 것으로 소유(所有), 운용(運用)을 할 수 있지만, 신약(身弱)일 경우는 나의 곁을 떠나고, 먼발치에서 강 건너 불구경하듯 방관자(傍觀者)의 입장을 면할 수 없다. 여기에 그나마 있던 인성(印星)마저 파괴(破壞)한다면 참으로 난감한 것이다.

☐ 정재격(正財格)의 성립(成立) 요건(要件)과, 구성(構成).

☞ 정재격(正財格)이란?

❖ 월지(月支)의 장간(藏干) 본기(本氣)가 정재(正財)일 때.

❖ 주중(柱中)에 정재(正財)가 유기(有氣)할 때

❖ 정재(正財)가 용신(用神)일 경우.

☞ 정재격(正財格)은 일단 일주(日主)가 기운(氣運)을 상실(喪失)하는 것이니 실령(失令)으로, 신약(身弱) 취급을 한다. 고로 신강(身强)을 요(要) 한다. 격(格)으로써 득령(得令)해 있는 사주는 정인(正印), 편인(偏印), 비겁(比劫)이 될 경우다.

❏ 바람직한 정재격(正財格)은 어떤 경우일까?

❖ 일간(日干)이 일단 강(强) 해야 한다.

재성(財星)이 강하고, 정관(正官)이 있을 경우는 일간이 자연 약해져 뜻을 이

루기 어려워진다. 일간은 항상 강(强)한 것이 그래서 좋다. 그렇다고 지나치면 이 또한 문제다. 일간(日干)이 약(弱)할 경우는 어떨까?

⊙ 일간(日干)이 약(弱)하므로 인성(印星)이 일간을 생조(生助) 하는 것이 필요하다. 이 경우 재성(財星)이 강해야 한다.

❖ 재성(財星)이 약(弱)할 경우.

재성(財星)이 약(弱)하므로 재성이 강화되어야 한다. 그러기 위해서는 식상(食傷)의 도움이 필요하다. 재(財)를 생(生) 해야 한다. 일간이 약(弱)하다면 소용없고, 일간(日干)이 강(强)할 경우다.

☞ 파격(破格)이 될 경우는?

파격(破格)이란? 격(格)이 파괴(破壞)되어 정상적인 흐름을 이어가지 못하는 경우다. 성격(成格)과는 반대의 의미(意味).

❖ 일간(日干)이 강(强)하고, 재(財)가 약(弱)하다, 그런데 비견(比肩)과 비겁(比劫)이 또 들이닥친다면 재(財)가 다시 사분오열(四分五列)된다. 견겁(肩劫)의 등쌀에 견디지 못한다.

❖ 관(官)과 재성(財星)의 연관이 이루어질 때. 일간에 미치는 영향이 지대하므로 항상 이의 변화(變化)와 상응(相應)—관계(關係)를 살펴야 한다.

❑ 장간(藏干)의 본기가 투출(投出) 하였다.

○	丙	辛	○
○	○	酉	○

⇨ 유(酉)월의 병(丙)화 일간.
천간(天干)에 정재(正財)가 투출(透出).

⇨ 병(丙)-신(辛) ➡ 합(合)으로 서로의 기(氣)가 통한다. 병(丙)화 일간(日干), 정재(正財)가 합(合)을 이룬다.

❑ 정재격(正財格)

현세(現世)에는 재(財)의 중요성이 매우 커지고 있다. 정재(正財)란? 내가 피와 땀으로 이루어 놓은 정당하고, 보람찬 존재(存在)다. 재(財)란 관(官)을 생(生) 하므로, 관(官) 또한 재(財)의 조력(助力)이 없이는 기반(基盤)이 흔들리는 상황이 벌어질 수 있다. 그래서 정경-유착(政經癒着)은 떨어질 수 없는 상호 공생관계(共生關係)로 나타난다. 재(財)는 육친(六親)관계로도 핵심적(核心的)인 사안의 요소를 많이 갖고 있다.

재 (財)가 뿌리가 강(强)하다는 것은, 월(月)-지(支) 장간(藏干)의 정기(精氣)를 받고 있음이다. 천간(天干)이 지지(地支)의 생조(生助)를 받고 있음을 말할 때, 록(祿)을 깔고 있을 때나, 인수(印綬)를 놓고 있거나, 이와 유사한 경우도 같은 맥락으로 보는 경우가 많으나, 진정한 경우를 판단하라.

☞ 정재격(正財格)의 바람직한 구성.

격(格)이란, 이름에 맞는 형태로 이루어지는 것이 가장 단순한 것 같으면서도 가장 아름다운 것이다. 그렇다면 정재격(正財格)은 어떤 모습이 가장 보기가 좋을까? 길(吉)로 작용.

❶.일단 국(局)이 형성-되어야 한다.

어느 격(格)이든 그에 해당하는 국(局)이 성립(成立)되면, 진가를 발휘한다. 그러므로 첫째는 일단 덩어리가 되어 큰 힘을 발휘할 준비가 되어있고, 항상 타의 간섭(干涉)이나, 견제(牽制)로 부터 자유로울 수 있다. 큰일을 도모할 준비, 능력을 갖추었다.

❷.건강(健康)하고, 튼튼해야 한다.

진수성찬을 차려 놓아도 소화 기능에 이상이 있으면 그림의 떡이다. 배우자가 일등감이어도 성(性) 기능(機能)에 이상이 있다면 이 또한 망연자실(茫然自失)이다. 재성(財星)은 정력(精力)이다.

• 일에 대한 의욕(意慾)이요, 식욕(食慾)이다. 영양가 있는 맛있는 국이 있어도, 수저가 없으면 한심한 일, 아무리 리무진이 있다 해도 운전을 못 한다면 소용없다.

일 단 사주가 강(强)하고, 능력이 있고, 희망(希望)이 있어야 한다. 일주(日主)가 지나치게 약(弱)하면 손도 못 대는 것이요, 그저 바라만 볼 뿐. 설상가상으로 거기에 침만 질질 흘린다면 이는 거의 올 때까지 다 왔다는 설명. 그다음은 냄새만 맡고, 그다음은 소리만 듣고, 그다음은 아무것도 보이지도, 들리지도, 느끼지도 못하는 것이다. 으 --- 으 하다 끝난다.

사 주의 기운(氣運)도 이렇게 여러 단계로 하강(下降)하면서 마지막 순간을 다한다. 갑작스런 상태로 임종을 맞는 경우도 있지만, 흐름은 일단 흐름이다. 모든 것은 내가 기운(氣運)이 있고, 기능(機能)에 이상이 없어야 운용(運用), 그에 대한 득(得)을 취할 수 있다.

❸.풍파(風波)가 없어야 한다.

풍파(風波)는 보통 형(刑), 충(沖), 파(波), 해(亥)나 기타 불미스런 상황을 설명. 세상을 해쳐가다 보면 때로는 험한 파고(波高), 격랑(激浪)에 휘말리는 것은 당연하다. 그것이 능히 감당할 정도로 잔잔하다면 간단한 것이나, 견디기 힘들 정도로 버겁고, 불가능(不可能)하다면 두 손을 높이 들어야 할 것이다.

❹. 천간(天干)으로 투출(透出) 되어야 한다.

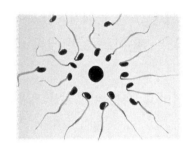

진열되어있는 상품은 디자인, 성능, 품질, 모든 면에서 우수한 제품만을 내어놓는다. 하자가 있는 상품은 절대 내어놓지 않는다. 그러나 사주에서는 4명이 나온다.

• 그것은 잘났던 못났던 공통이다.

• 같은 것이 중복될 수도 있고, 같은 집안일 수도 있고, 불편한 관계일 수도 있다. 결론은 4명 이상은 없다. 과연 그중 어느 것이 제 역할을 다하는가가 문제다. 영양가 있고, 튼튼한 물건을 골라야 한다. 일간(日干)은 여기에서 예외의 수(數)로 들어간다. 주인공이므로, 물론 당연히 경우에 따라 본인이 직접 움직이는 경우도 있지만, 이것은 환경(環境)과 변화(變化)에 따른 수순(手順)이다.

보 기 좋은 떡이 먹기도 좋다고 일단 눈에 잘 띄어야 손길이 갈 것이고, 시선이 집중된다. 아무리 좋은 상품도 창고에서 빛을 보지 못한다면 소용 없다. 천간(天干)으로 나와야 보인다. 지지(地支)도 보이기는 하지만 어디 천간만 하리요?

⊙ 문제는 천간으로 나와도 외양만 화려한 것인지? 문제다. 뿌리가 썩었는지? 잘렸는지 떠 있는 상태이니 항상 확인해야 한다. 그리고 난 후, 그 취용(取用)을 결정하는 것이요, 평가(平價)를 내린다. 실세인지, 허세인지? 농담인지, 진담인지, 허풍인지 알아야 한다.

❺. 운(運)이 좋아야 한다.

선천적(先天的)인 사주가 아무리 좋아도, 운(運)이 나쁘면 후천적(後天的)인 사주는 엉망이다. 계란을 들고 비포장 길로 달려 보라 다 깨어질 것이다.

• 상품이 아무리 좋아도 관리(管理)가 제대로 이루어지지 않고, 유통과정(流通過程)에서 문제가 생긴다면 제대로 소비자에게 전달되지도 못하고 사장(死藏)되고 말 것이다.

• 보관—상태, 유통기한 또한 문제가 될 것이다. 멀쩡한 상품이 불량상품으로 둔갑 한다. 사주에서 운(運)이 중요한 것이 바로 이러한 연유(緣由)다.

• 그러나 후천(後天)운이 좋으면 다 소화하고, 발전적이고, 희망적인 삶을 영위할 수 있다. 장미 빛 인생이다.

☐ 재(財)는 관(官)이나, 식상(食傷)을 동반하는 것이 안전하다.

○	丙	○	○
寅	午	酉	丑

↦ 유(酉)월의 병(丙)화 일간.
식상(食傷)을 동반(同伴)하고 있다.

↦ 식상(食傷)을 동반하고 있는데 재(財)와 합(合)하여 재(財)를 형성하니, 재(財)가 바닥이 나면 식상(食傷)이 움직여서 또 재(財)를 생(生) 하는 것이다.
↦ 만약 수(水)인 관(官)을 동반(同伴)하고 있으면 어떨까?

관(官)인 수(水)가 수극화(水剋火)하니, 화극금(火克金)을 못 한다. 이런 경우는 재(財)와 관(官)을 동반하고 있으므로, 한 가정(家庭)을 이루고 있는 것이나 같다. 재(財)는 아내요, 관(官)은 자식(子息)이라, 서로가 아끼며 존중하는 환경(環境)이 이루어진다.

지는 것이 이기는 것, 서로가 눈치 보며 사는 것이 서로를 헤아려주는 것이다.

식 상(食傷)을 동반하고 있으면 식상(食傷)은 재(財)의 근원(根源)이 되어주고, 뿌리가 되어준다. 이런 경우 식신생재(食神生財)라 한다.

❏ 신왕재왕(身旺財旺)의 경우.

신왕재왕(身旺財旺)은 일주(日主)가 강(強)하고, 재성(財星) 또한 강(強)한 것이라 부귀(富貴)가 겸전(兼全), 현모양처(賢母良妻)를 맞이한다.

• 재격(財格)의 사주에서 바람직하다.

❏ 양인(羊刃)의 작용(作用)은 일단 보류된다.

○	丙	○	○
寅	午	酉	丑

⇨ 오(午)화는 병(丙)화의 양인(羊刃).
시지(時支)의 인(寅)목과 합(合)작용 한다.

⇨ 양인(羊刃)이 합(合)해 작용(作用). 양인(羊刃)의 작용(作用)은 일단 보류가 된다.

❖ 인(寅)목을 살펴보자.

인(寅) 목은 병(丙)화에게는 인수(印綬)요, 유(酉) 금에게는 ➡ 재(財)가 된다.

☞ 월(月)에 정재(正財)가 있으면 어떤가?

월에 정재(正財) ➡ 부모(父母) 덕(德)이 있고, 가정이 궁핍(窮乏)하지 않다.

☞ **용신(用神)일 경우.**

월(月)에 정재(正財)가 있으면서 그것이 용신(用神)일 경우는, 학업에도 좋은 결과를 낳는데 주로 경제, 수학 면에 우수한 면을 보인다. 학과 선택이나, 진로 상담 시 응용(應用).

☞ 일주(日主)가 강(强)할 경우?

재 (財)란 내가 통솔(統率), 관리(管理)하는 존재(存在)다. 자립(紫笠)하는 정신(精神)이 강하고, 개척정신이나, 리더-십을 발휘.

☞ 재성(財星)과 인성(印星)의 괴인(壞印) 관계.

재성(財星)은 인성(印星)을 극(剋)-하므로 보통 괴인(壞印)이라 부른다. 인성

(印星)만이 학업(學業)과 연관이 아니다.
● 재성(財星) 역시 학업과 연관. 재성(財星)이 희신(喜神)이나, 용신(用神)이 될 경우는 상관없다.
☞ 중화(中和)의 역할(役割)을 한다.
일간이 강(强)할 경우 식상(食傷)으로
그 기운을 억제(抑制)하여야 하는데, 여기서 재성(財星)이 있을 경우와 없을 경우의 차이다.

❖ 재성(財星)이 있는 경우 ➡ 식상(食傷)으로부터 생(生)을 받으므로 식상이 자기 역량을 최대한 발휘.

❖ 재성(財星)이 없는 경우.

식상이 설기(泄氣)-처가 없으므로 순환(循環)이 둔화(鈍化)되어 흐름이 늦어진다.
● 기운(氣運)이 엉뚱한 곳으로 흘러버린다. 이정표가 없다. 그러니 괜스레 관(官)을 극(剋)-하는 우(愚)를 범하고 만다. 아(我)인 일간(日干) 에게 아직도 배가 고프다면서 트집을 부린다.

☞ 재성(財星)은 직접으로 일주(日主)의 기운을 설기(泄氣) 하도록 하기도 하는데 (극(克) 하므로) 식상(食傷)이 또한 일주(日主)로부터 생(生)을 받으니, 일주의 기운을 양쪽에서 빼앗는다.❖ 항상 뒤가 든든한 것과, 않은 것과 차이다.

식 상(食傷)은 재성(財星)을 후견(後見)자로 마음껏 어질러도 재성인 후원자가 다 청소한다. 항상 막히지 않도록 순환(循環)의 기틀을 마련.

❏ 주중(柱中)에서 재성(財星)이 강(强)할 경우는 어떨까?

재성(財星)은 주인(主人)인 일주(日主)의 극(剋)을 받는 존재인데, 오히려 일주보다 기운(氣運)이 강(强)하면 객(客)이 주인을 내쫓는 경우다.

☞ 재성(財星)이 강(强)하면 또 어떤 문제가 생길까?

일주(日主)가 약하니 재성(財星)을 통제하지 못한다. 천방지축(天方地軸)으로 설치는 재(財)를 그저 바라만 볼 뿐. 설상가상(雪上加霜)으로 재생살(財生殺)이 되어 한없이 괴로움을 당한다.

❖ 괴인(壞印)이 성립, 이 또한 피곤한 일이다.

❖ 다자무자(多者無者)의 원리에 다재무재(多財無財)가 되어 돈복도, 처복(妻福)도 없고, 자의든 타의든 객지 생활도 해보고,

많은 여성도 거치게 되고, 아무 곳이나 머리만 눕히면 편안히 잠을 자는 낙천적인 면도 나타난다. 여자의 경우, 아재생부(我財生夫)에 반성기욕(反成其辱)이다. 내 것 주고 배신당하는 것이다. 뭐 주고 뺨 맞는 격이다.

❏ "가는 방망이에, 돌아오는 홍두깨다."

○	丙	○	○
寅	申	酉	丑

↳ 재(財)의 기운(氣運)이 강(强)하다.
일지(日支)를 잘 보아야 한다.

↳ 화극금(火克金)으로 당차게 나갔다가, 오히려 내가 당하는 형상이 된다.
"가는 방망이에 돌아오는 홍두깨다."

❖ 다재무재(多財無財)의 원리로 소유한 것 같아도 다 처(妻)의 명의요, 자식도 아내와 합하여 따돌리고, 결국은 허울뿐이라 항상 주머니가 가벼운 사람이 된다.

주머니에 돈이 있으면 어떻게 알았는지 못 내놓고는 못 버틴다.

☞ 재생살(財生殺)이라 학업(學業)과도 인연(因緣)이 없다. ☞ 파격(破格)으로 탁격(濁格).

☞ 꿈속에서 돈을 번다.(몽중득금(夢中得金)) 중개업을 해도 큰 건만을 노린다. 빌딩을 소개하면 수수료만 해도 엄청난데 ――작은 물건은 눈에 보이지도 않는다.

☞ 임기응변(臨機應變)이나 순간적인 위기를 모면하기 위해 거짓말도 불사. 재치(才致)는 번뜩이나 제대로 활용 못 한다.

☞ 처(妻)의 신세를 지는 경우가 많다.

❖ 자기 딴에는 번다고 해도 다 개살구다. 실속은 여자가 다 챙긴다.

❖ 여자가 버는 돈이, 남자보다 더 많다.

☞ 여자를 만나 사랑에 빠지면 앞이 안 보인다. 남들이 말려도 들리지 않는다. 철이 너무 늦게 된다. 항상 인성(印星)을 극(剋) 하니 그럴 수밖에 없다.

여자에게 이용을 당하는 사랑을 많이 한다. 아내는 순 악질을 만난다. 모두가 내 마음이려니 하고 생각하는 것이 큰 문제다. 상대방들은 항상 나를 우습게 본다는 사실을 알아야 벗어난다. 착하기만 한 것이 단점(短點).

☐ 사주(四柱)에서 재(財)가 충(沖)을 만나면?

• 재(財)란 살림살이다. 충(沖)을 만나니 뒤엎는다. 가정(家庭)이 개판이 되는 것이다.

• 서로 갈 길을 달리하고 찢어진다.

☞ 일지(日支)에 겁살(劫煞)을 놓고 있는 사람도 살림을 엎는다.

☞ 비견과 비겁이 많은 사람도 살림을 뒤집는 경우가 많다.

❏ 재성(財星)인 묘(卯)가 묘(卯)-유(酉)충➡(沖)을 당하고 있다.

○	辛	辛	○
丑	酉	卯	○

⇨ 묘(卯)월의 신(辛)금 일간.

⇨ 지지(地支) 재성(財星)이 충(沖)을 만난다.

⇨ 묘(卯)는 목(木)으로 3.8이다. 어떻게?

뒤 엎는 횟수로 활용하자. 살림을 뒤엎는다는 것은 가정파탄(家庭破綻)으로 볼 수 있다. 정재격(正財格) 자체가 형(刑), 충(沖)을 만나도 살림을 한 번은 뒤집는다.

❏ 정재격(正財格)일 경우의 추명(推命).

월(月)에 정재(正財)를 놓고 있으면 정재격(正財格)에 해당.

일주(日主)가 지나치게 신약(身弱)하면 돈, 돈 하다 인생(人生) 다 보낸다.

❏ 당신의 희망(希望)은 무엇입니까?

○	丙	癸	○
寅	午	酉	○

⇨ 묘(卯)월의 신(辛)금 일간.

지지(地支)에서 재성(財星)이 충(沖)을 만난다.

⇨ 월(月)에 정재(正財)를 놓고 있으니 정재격(正財格)에 해당.

❑ 정재격(正財格)의 특징을 살펴보자. ─────────────

➊. 출생(出生)-시의 환경(環境)이다.

선친(先親)이 경제적(經濟的)으로 안정(安定)된 시기(時期)에 태어난 것이다.

경제와 연관된 직종에 종사하는 시기에 출생. 무슨 직종이든 간 경제적인 활동의 목표는 재물을 얻기 위한 행위인데 그중 직접적 연관된 업종을 말한다. 세무직, 재정-직, 금융, 자금 관련직, 주식 및 유가증권 관련직, 펀드-관련, 보험업무 등 일차적인 업종.

➋. 두뇌(頭腦)가 명석하여 계산이 남보다 항상 앞선다. 계산능력이 탁월하다. 숫자의 개념이 확실하다. 매사 이해타산으로 가끔 오해를 받기도 한다.

➌. 편재(偏財)와 다른 점이다. 정재(正財)는 일확천금(一攫千金)을 모른다. 그

렇다고 싫어하는 것은 아니지만 기회(機會)가 별로 주어지지 않고, 무리하여 일을 추진(推進)하지 않는다. 항상 안정적(安定的)인 일을 도모한다. 자기 자신이 노력하여 얻는 것을 원칙(原則)으로 생활한다. 부정행위(不正行爲)를 거부한다. 큰 부자는 안 나온다. 정(正)이란 많으면 편(偏) 역할도 하는데 여기서 설명은 그 정도는 아니다.

➍. 자신, 타인 재산관리나 행정적인 업무에 두각을 나타낸다. 금전, 재산, 기타 유사한 사항에 대한 부문에서 남들로부터 신임(信任)을 얻어 인정받는다. 청렴(淸廉)하다.

➎. 이성(異性)과의 인연(因緣).

남성의 경우 여성과 관련 사항인데, 년(年), 월(月)에 있으면 연상(年上)의 여

인(女人)과 인연(因緣)이 있고, 일찍 이성에 눈을 뜨는 경우라 본다. 조혼(早婚)을 감행하는 경우가 생긴다.

• 학교도 남녀공학을 다니고, 직업을 택해도 꽃밭에 있는 직종을 택한다. 재(財)가 용신(用神)이 될 경우는 더더욱 그러하다. 부모 말은 잘 안 들어도 여자 친구 말은 잘 듣는다.

• 결혼하여 자기 처(妻)밖에 모르는 사람들은 대다수가 정재격(正財格)이라 보면 된다. 편재격(偏財格)은 또 약간 다르다.

□ 재성(財星)에 관한 추명(推命)-시 주의사항.

❶. 신왕재왕(身旺財旺)의 경우.

여성의 경우 관성(官星)이 보이지 않을 경우, 남편(男便)과 인연(因緣)이 없다는 식으로 해석하면 안 된다. 이 경우, 재생관(財生官)이 이루어지므로 관성(官星)이 살아난다. 단정적인 판단은 금물. 성립-여부를 확인해야 한다.

❷. 신왕관왕(身旺官旺)의 경우.

• 남성의 경우인데, 신왕(身旺)하고 관왕(官旺)한데 재성(財星)이 안 보일 경우, 처복(妻福)이 없다고 판단하면 안 된다.

• 관(官)은 자손(子孫)이라 어머니가 자손을 낳았으니 자손이 건강하다.아내의 보이지 않는 내조가 크다. 현처(賢妻)를 얻는다고 본다. 전면(前面)으로 나타나지 않았을 뿐이다.

❸. 여자가 신왕재왕(身旺財旺)할 경우.

여성에게 재성은 시댁이다. 이런 며느리가 들어오면 시집은 잘 된다. 반대로 친정(親庭)은 힘들어진다. 복덩어리가 나가니까, 그리고 시댁(媤宅)은 복덩이가 들어오니 잘 된다. 재(財)는 재물이요, 창고요, 살림이다. 내가 간직하고 항상 취할 수가 있으므로 복이 굴러온다면 언제든지 받아먹을 여력이 충분하니, 흔한 말로 받을 복이 있다.

⊙ 재성(財星)은 또한 음식(飮食)이라, 음식 솜씨가 좋다. 식품(食品) 관련 업종이나. 요식업(料食業) 관련 사업도 좋다.

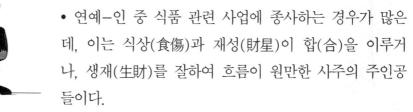

• 연예−인 중 식품 관련 사업에 종사하는 경우가 많은데, 이는 식상(食傷)과 재성(財星)이 합(合)을 이루거나, 생재(生財)를 잘하여 흐름이 원만한 사주의 주인공들이다.

⊙ 격(格)으로 본다면 식상(食傷)→생재격(生財格)에 해당.

• 여기서 흐름을 보면 식상(食傷)→ 재성(財星)→ 관성(官星)의 흐름으로 이어진다. 인성(印星)까지의 흐름은 힘들다.

• 간혹 그런 경우가 없는 것은 아니지만, 사주가 천간(天干)과 지지(地支)의 흐름이 원을 이루면서 돌아야 하는 경우다.

☞ 주의할 점.

재(財)라고 하여 무조건 다 재생관(財生官)이 되는 것이 아니다. 항상 재생관(財生官)의 여부를 확인할 필요가 거듭 요구된다. 같은 재(財)라도 다르다. 다른 육친(六親)의 경우도 마찬가지. 생(生)을 못하는 경우도 있으나, 무조건은 아니다.

❖ 목(木)의 경우는 습(濕)−목 인가 확인(確認).

❖ 화(火)의 경우는 지나치게 강(强)하면 화생토(火生土)하여 조토(操土)가 되므로, 확인.

❖ 토(土)의 경우는 조토(操土)인가 확인.

❖ 금(金)의 경우는 흙 속에 매몰되지 않는가 확인.

❖ 수(水)의 경우는 금생수(金生水)가 지나쳐 탁수(濁水)가 되거나, 철분이 지나친 물이 되어 쓸모없는 물이 되는가 확인.

☞ 이 같은 경우는 조화(造化)를 이루지 못한다. 재물(財物)에만 집착, 남편(男便) 궁(宮)이 부실(不實)하다. 겉으로 보기에는 남편에게 잘할 것 같아도 실제상황은 아니다.

☞ 실례를 들어보자.

그야말로 잉꼬부부 같던 커플이 갑자기 이혼(離婚)을 발표한다면?
재격(財格)을 기준으로 보자. 여자의 경우 재성(財星)이 강(强)하기는 한데 재생관(財生官)이 이루어지지 않는다.

• 남편을 성심, 성의로 존중하는 것이 아니다. 재성(財星)까지 그녀에게 주어진 것이다.

• 여성에게 재성(財星)은 시댁(媤宅)도 성립된다. 시댁의 기운이 지나치게 강(强)한 것이고, 또한 시어머니도 된다.

시어머니가 많으니 결혼(結婚)을 여러 번 한다는 설명. 남자관계가 복잡한 여성이다. 여기에서도 신약(身弱)과 신강(身强)이 나온다.

• 신강(身强) 하여 어느 정도 재성(財星)을 관리하면 되는데 그것이 안 되는 것이다. 재성(財星)보다 기운(氣運)이 기울어 처진다.

• 여기에서는 운(運)에서 오는 경우고, 여러 정황을 살펴야 한다.

□ 재(財)의 기운이 강(强)한데 자중지란(自中之亂)이다.

○	甲	○	○
○	戌	未	丑

⇨ 미(未)월의 갑(甲)목 일간. 지지(地支)에서 재성(財星)이 복잡.

⇨ 갑(甲)목 일간에게 재(財)는 충분히 있다. 재복(財福)은 있다. 그러나 남편(男便)복은 약(弱)하다. 남자라 친다면 돈복이나 처복(妻福)은 있지만, 자식(子息)−복은 없다.

☞ 재성(財星)은 인수(印綬)를 극(剋)한다.

재복(財福)이 강(强)한 사람은 학업(學業)의 연(緣)이 길지 못하다. 재(財)가 많으면 암기력(暗記力)이 뛰어나 계산기 두들기지도 않고 암산으로 물건값을 계산하는 데 선수다. 기억력(記憶力) 또한 좋아서 누구누구에게 돈 빌려준 것 언제인가? 얼마인가도 정확히 기억. 이런 사람 돈 절대로 못 떼어먹는다.

☞ 육친(六親) 중에서 왜 재성(財星)이 중요한 것일까?

재 성(財星)은 식상(食傷)과 관살(官殺)을 통관(通關)을 시키고, 사람에 있어서 중요한 삼대-요소 중의 하나인 식(食)에 해당한다.

• 화폐가 있어야 모든 경제활동을 원활히 할 수 있고, 경제의 중요성이 갈수록 심화(深化)되기 때문이다.

• 재(財)가 용신(用神)이면, 식상(食傷)과 관운(官運)도 다 좋기 마련.

❻.편재격(偏財格).

편재(偏財)란 정재(正財)와 상관되는 말로 나만의 소유가 아니다. 기회(機會)가 누구에게나 주어지는 그러한 재물(財物)이다.

• 대중(大衆)의 것이요, 크기로 본다면 큰 것이요, 시기(時機)로 본다면 정해지지 않은 것이요, 길 수도 있고, 순식간일 수도 있다.

• 소유자(所有者)를 본다면 먼저 갖는 사람이 임자요, 생각 외의 재물이요, 기대하지 않았던 의외의 것이다. 금방의 가락지다. 계단의 손잡이다.

□ 편재격(偏財格)의 구성(構成).

❶. 월지(月支)의 지장간(支藏干) 중 본기(本氣)가 편재(偏財)일 경우.

❷. 사주에서 편재가 기운이 있어 자기 본분(本分)을 다할 때.

❸. 편재(偏財)가 용신(用神)일 경우.

❹. 정재(正財)도 지나치게 왕(旺)-하면 편재(偏財)의 역할을 한다.

정 재(正財)가 지나치게 태왕(太旺)할 경우. 자연 일주(日主)는 신약(身弱)으로 흐른다. 이런 경우도 편재격(偏財格)이 성립.

□ 편재격(偏財格)의 특성(特性).

편 재격(偏財格)이라는 자체는 월령(月令)에서 이미 실령(失令)을 한 것이므로, 일단 신약(身弱)으로 보는 것이므로 신강(身强)을 필요로 한다. 일주가 신약(身弱) 하면 재(財)를 다스리기 어려우므로 신강(身强)이 필요. 신약(身弱)하고 재(財)가 많을 경우, 재다신약(財多身弱)이라 오히려 재(財)의 다스림을 받는 경우로 돌변(突變)한다.

• 여기에 관살(官殺)까지 합해진다면 문제가 커진다. 설상가상 재생살(財生殺)이 되어 더더욱 기승을 부린다.

⊙ 금전(金錢)에 시달리는데 돈인 재가 재생살(財生殺) 하여 살(殺)을 만들어 내니 공갈, 협박에 또 시달린다.

심 할 경우 스스로 견디지 못하고, 시달림에 지쳐 세상을 하직하기도 한다. 전화 요금이나, 이동통신비를 연체하여 보라 그러면 어떤 일이 생기는가?

• 전화 요금이나, 이동통신비는 재성(財星)이다. 재생살(財生殺)로 무엇이 만들어지는가? 독촉 전화다. 바로 살(殺)이다.

⊙ 사주가 신강(身强) 하면 재(財)를 능히 감당.

금전적(金錢的)으로 쪼들리지 않는다. 내가 능히 치고 넘어가니까 그러나 신약(身弱)의 경우, 특히 재다신약(財多身弱)의 경우는 재(財)에 치인다. 오나가나 돈타령에 신물이 난다. "아, 돈 걱정 없는 세상에 살고 싶다!"

□ 신약재왕(身弱財旺)한 경우.

일간(日干) 자체가 신약(身弱) 하면 편재(偏財)든, 정재(正財)든 다 나의 관리에서 멀어지고, 사용한다는 것은 그림의 떡이다.
• 운(運)에서나 기운(氣運)이 왕(旺) 하도록 도와주지 않는 한 방법은 없는 것인가?

다자무자(多者無者)라 옆에 있을 때는 걷어차고, 없으면 찾아 헤매는 것이 재다신약(財多身弱)의 특징이다.
• 재(財)에 휘둘리는 것이요, 큰소리쳐도 실속이 없다. 치마만 보면 정신이 없어지는 사람이다. 심사숙고하는 면이 부족하다. 그래서 여성을 선별하는데 문제가 생긴다. 몰라서가 아니다. 순간적으로 맛이 간다.
• 금전(金錢)도 마찬가지. 지갑에 돈이 남아나지 않는다. 있으면 써야 직성이 풀리는 사람. 그리고 곧 후회(後悔)하는 형이다.
❈ 재(財)에 종(從), 오히려 편안(便安)하나, 이론상 종(從)-하는 것이지 실제로 오히려 역(逆)으로 처(妻)를 다스리거나, 가장(家長)의 우월권(優越權)을 지나치게 강조하는 경우를 종종 본다.

재(財)가 강(强)하다는 것은, 반대로 보면 인수(印綬)가 약하다. 물론 재인-투쟁의 경우도 있지만 여기서는 인수(印綬)가 제 역할을 못 할 경우다. 어린 시절 일찍 어머니와 이별하는 운(運)이다. 인수(印綬) 자체로 본다면 묘(墓)에 있는 경우, 또한 마찬가지다.

⊙ 재(財)에 휘둘리는 것이요, 큰소리는 쳐도 실속이 없다.

• 치마만 보면 정신이 없어지는 사람이다.

• 심사숙고하는 면이 부족하다. 그래서 여성을 선별하는데 문제가 생긴다. 몰라서가 아니다.
• 순간적으로 맛이 간다. 금전도 마찬가지이다.
• 지갑에 돈이 남아나지 않는다. 있으면 써야 직성이 풀리는 사람이다. 그리고 곧 후회(後悔)하는 형이다.

❖ 재계(財界)에 몸을 담고 있으면 권력(權力)의 아쉬움으로, 권력(權力)을 탐하게 되고 정계(政界)에 발을 디딘다. 이는 재생관(財生官)과는 거리가 있다.

• 재(財)가 관(官)으로 변하는 것이다. 어찌 보면 일단 승진하는 것 같아도 질적(質的)으로 성격이 다르다.
• 정통적(正統的)인 관(官)이 아니다. 자연 부작용(副作用)이 발생. 요즈음 세상이 하도 다변화(多變化) 되다 보니 그것이 가능하기도 하지만, 결코 권력(權力)이란 것이 돈 만지듯 늘어나고, 줄어드는 것이 아니다.
• 요즈음 하도 경제 대통령 하지만 경제-논리로 세상을 다스리는 것은 아니다. 타당성은 분명히 있어도, 결코 그 논리(論理)는 아니다. 재(財)가 관(官)으로 변하는 경우다.

❖ 학계(學界)에서 관(官)으로 내려가는 경우다.

이 경우의 대표적인 것이 학자(學者) 중에서 정(政), 관계(官界)로 가는 것이다. 물론 여기서 성공하는 예도 있지만 대체로 실패, 다시 학계로 유턴을 하는 경우가 많다. 한 급수 아래인 환경에서 접목(接木)을 시도해 보지만, 결국은 결국(結局)이다. 흙탕물에서 옷만 버리고 빨래할 것만 쌓인다.

☞ 토(土)➔ 금(金) 변(變)하는 경우. 인수(印綬)가 관(官)으로 변(變)한다.

❒ 천장이 내려앉으니, 집이 무너진다. ─────────────────

丁	癸	辛	乙
巳	巳	巳	未

➪ 사(巳)월의 계(癸)수 일간(日干).
　재(財)의 기운(氣運)이 강하다.

➪ 우선 월간(月干)의 신(辛) 금이 화기(火氣)에 녹아 없어지니 어머니와 인연이 박하다. 재(財)인 화(火)의 기운(氣運)이 강(强)하니, 재물(財物) 욕심(慾心)은 많으나 뜻만큼 성취하기 힘들다.

• 지지(地支)가 화국(火局)을 형성,

▪ 천간(天干)으로 정(丁)화가 투출(透出) ➡ 말년(末年)에나 해당하는 사항이다. 오히려 아내를 쥐잡듯하고 사는 사람이다.

　　▪ 금전(金錢)은 여유 있는 편은 아니고 보통 수준. 문제는 천간(天干)이 양분(兩分), 서로가 충(沖)하고 있으니 지지(地支)의 재(財)가 어지럽다.

❒ 일간(日干)이 신약(身弱), 재다신약(財多身弱)이다.

戊	丁	乙	庚
申	巳	酉	戌

　➪ 유(酉)월의 정(丁)화 일간.
지지(地支) 전체가 금국(金局)을 형성.

➪ 2008년 39세이다. 아직 결혼을 안 한 싱글.

▪ 재다신약(財多身弱)의 경우, 대체로 아버지의 그늘에서 벗어나려 안간힘을 쓴다.

• 여의치 않은 것은 금전적(金錢的) 자립(自立) 정도가 약(弱)하기 때문.

• 급한 일이 생기면 항상 아버지의 도움을 받으면서 말이다. 따로 분가(分家)해도 암암리에 신세를 진다. 완고(頑固)하신 아버님이나 그래도 자식 사랑하는 그 속뜻을 알아야 한다. 종재격(從財格)일 경우, 그 상황(狀況)이 달라진다.

□ 겉만 화려(華麗)한 사람이다. 실속(實速)이 없다.

庚	丙	丁	丙
寅	申	酉	申

⊩ 유(酉)월의 병(丙)화 일간.
지나치게 재성(財星)이 왕(旺)하다.

⊩ 겉으로 보기에는 있어 보이지만 알고 보면 완전 개털.

- 돈 냄새 맡는 데는 일등이나, 내 것으로 축재 (蓄財)하지 못한다.
- 여자를 보면 작업(作業)은 잘 들어가나, 결국 망신만 당하고 두 손을 든다.

□ 신강재약(身强財弱)한 경우.

겹 겹(肩劫)이 많아서 일주(日主)가 신강(身强) 경우인데, 다른 문제가 생긴다.

- 군겹쟁재(群劫爭財)다. 군겹쟁재(群劫爭財)가 되면 재성(財星) 파괴(破壞)다.

- 재성(財星)이 못 견디고, 심한 타격으로 회생(回生) 하기 어려워 줄행랑친다.사는 방도(方道)다.
- 재다신약(財多身弱)격과 상반(相反)된 경우다.

□ 밥그릇이 씻은 듯 깨끗하다.

甲	丙	丙	丙
午	寅	申	午

⊩ 신(申)월의 병(丙)화 일간.
지나치게 견겹(肩劫)이 왕(旺).

⊩ 흥부네 집이다. 재성(財星)은 신(申)금. 일간(日干)을 포함, 견겹(肩劫)까지 전부 여섯. 밥은 한 그릇인데 여섯 명이 수저를 들고 덤벼든다. 여기서도 두 가지의 경우가 나타난다. 사이좋게 한 수저라도 나누어서 사이좋게 나누어 먹

는 것이요, 서로 자기가 더 먹으려 다툼이다.

- 서로 사이좋게 먹는 경우, 순식간에 담긴 밥이 비워지고, 깨끗해지는 것이요, 그릇 자체도 상(傷)하거나, 형체(形體)에 이상이 생기지 않아 또 활용(活用)할 수 있다.

- 반면 서로 먼저 차지하여 자기의 굶주린 배를 먼저 채우려 한다면 다툼이 생겨, 결국 밥그릇이 엎어지고, 아수라장이 되고 만다.

모 두가 굶주린 늑대와 같다. 얼마 전에 뉴스에도 나온 이야기지만 정신적으로 미진한 여성을 동네에서 못된 남정네들이 돌아가면서 성폭행을 하였다는 뉴스를 접하면서 "어찌 저런 일이!" 개탄한 적도 있다.

- 재(財)란 원래 일간(日干)이나 견겁(肩劫)이 관리하고, 다스리려고 하는 성향이 강(强)한 존재다.

- 특히 소유(所有)라는 개념에서도 독특한 존재다. 사용(使用)이라는 면에서 살펴보아야 한다.

☞ 군겁쟁재(群劫爭財) 격의 사주(四柱)는 그 강(强)한 기운(氣運)을 관살(官殺)로 견겁(肩劫)을 제거(除去), 억제(抑制)해야 한다.

☞ 신약(身弱)의 경우는 인수(印綬)나 견겁(肩劫)으로 세력(勢力)을 강화(强化), 능(能)히 재(財)를 다스리도록 해야 하나, 재성(財星)은 인수(印綬)를 극(剋) 하므로 인수(印綬)가 파괴(破壞)되는 경우, 즉 괴인(壞印) 현상이다. 인수(印綬)는 사용 불가(不可).

☐ 꿩 대신 닭이라, 그마저도 없으면 낭패(狼狽)다.

庚	丙	壬	己
寅	申	申	丑

▷ 신(申)월의 병(丙)화 일간.
지나치게 일주가 허약(虛弱)하다.

▷ 인(寅)목이 과연 자기 역할(役割)을 할 것인가?

인(寅)-목이 인수(印綬)인데, 울며 겨자 먹기로 여기에서 할 수 없다. 쓸모 없

는 것이지만 그래도 쓸 수밖에 없다. 눈을 뒤집고 보아도 없다. 이런 경우, 어떻게 되나?

• 산속에서 주행 중 벨트가 끊어졌다.
 어찌하겠는가? 급한 대로 스타킹이라도 대용(代用)으로 해야 할 것이 아닌가?

• 인(寅)-목이 두들겨 맞고, 치이고, 난리다. 기력(氣力)도 없고, 가망성(可望性)도 없어 보인다. 그래도 없는 것보다 나은 것이다.

 • 다만 격(格)이 점점 낮아진다. 모진 목숨이라, 그래도 다 살아간다. 삶이 힘들어도 다 살아가게끔 이어지는 것 인생(人生)이다.

 ☞ 편재(偏財)란 횡재(橫財)고, 스케일 면에서는 압도적으로 큰 것이 좋다.

• 속도 면에서도 신속한 것이 좋다. 사주가 신왕(身旺)하고, 편재(偏財)가 왕(旺) 하면 큰손이다. 요즈음으로 치면 그룹으로 볼 수 있고, 일국(一國)의 재상(宰相)이다.

☞ 편재(偏財)가 길(吉)의 작용을 할 때 선택은?

편 재(偏財)가 길(吉)의 작용에 있어 다음의 선택을 본다. 재생관(財生官)이라 관(官)으로 흐를 것인가?

 ■ 아니면 그냥 재(財)에서 머무를 것인가 본다. 이때는 어린 시절을 살피고, 부모 관계를 보아야 한다. 부모가 잘살았다면 금전적인 면보다는 공직으로 눈을 돌릴 것이고, 어려웠다면 경제적인 면으로 하여 사업 쪽을 택할 것이다. 실질적(實質的)으로 재물이라는 단순한

면으로 볼 때는 편재(偏財)가 정재(正財)보다 훨씬 크고, 강력하고, 신속하여 더 좋다 볼 수 있다. 편(偏)이라는 고정관념에 의한 사항이다. 재성(財星)에 있어 도덕적(道德的)인 면이 강조(强調)되므로, 그에 대한 판단 기준이 필요하다.

☞ 재성(財星)이 강(强)해 신약(身弱)할 경우.

재 다신약격(財多身弱格)이나, 제살태왕격(制殺太旺格)이 대표적이다. 생활면에서 어려움을 면하기 힘들다. 가난한 생활을 한다. 부분적인 면으로는 재물(財物)을 만지고, 거들먹거리는 것 같기도 하지만 실속 없고 항상 쪼들린다.

• 권리, 소유 면에서도 항상 나의 것이라 주장할 만한 것이 없다. 다 속 빈 강정이다. 편재격(偏財格)에서 신약(身弱)은 더욱 어려운 상황으로 나타난다.

▢ 신왕재왕격(身旺財旺格)은 어떨까?

• 사주가 신강(身强)하고, 재성(財星) 또한 왕(旺) 하다면 참으로 귀격(貴格)에 들어가는데, 재성(財星)이 왕(旺) 하려면 어떤 조건(條件)이 알기 쉬울까?
• 일단 덩어리가 형성(形成)되어야 한다. 육합(六合)이나, 삼합(三合)이면 좋다.
• 재(財)를 다스리면 식상(食傷)과 관(官)까지 아우르는 연관(聯關)성이 생기므로 환경(環境)을 지배하는 것이다. 세상 살아가기 불편함이 없다.

• 결국, 만인 위에 군림(君臨)하는 위치다. 부귀(富貴)가 겸존(兼存) 이다.

☞ 재(財)가 어떻게 관(官)과 식상(食傷)까지 아우르는 힘이 생길까?

• 재물(財物)이 많으면 즉, 재성(財星)이 강하다는 것인데 현세로 비교하자. 사주가 신강(身强) 하다는 전제다.

⊙ 모든 것이 그러하듯 자기의 기운이 넘치면 반드시 담을 넘보게 되어있다. 담이란 무엇인가? 기운을 쓸 곳을 찾는 것이다.

• 이것은 비유가 적당할지 몰라도 마치 발정(發情)한 수캐와 같다. 재(財)는 관(官)을 생(生) 하는 것이 본능(本能)이다.

재 벌(財閥)로 비교해보자. 식상(食傷)은 능력 있는 인재(人才)들이다. 취업(就業)해도 대기업에 하려 노력한다. 안정적이고, 대우도 좋고 여러 면에서 타(他)의 추종을 불허하니 그렇다. 요즈음 공무원(公務員)이 인기라니, 이것은 관(官)이라는 또 다른 차원의 관점에서 보아야 한다.

⊙ 재(財)란 항상 안정적(安定的)인 것을 추구하는 면이 있다.

정재, 편재던 일단 손해(損害) 보는 것을, 불안하다고 생각되는 것을 싫어한다. 확신(確信)이 안 서는 것은 손을 잘 안 잡는다.

⊙ 관(官)이란 정치(政治)도 되고, 행정업무, 기타 여러 면이다.

그중 정치(政治)를 보자. 정치하려면 자금(資金)이 있어야 한다.

• 그래서 정경(政經)-유착(癒着)이 있다.

• 서로가 서로를 필요로 한다. 보살펴주거나, 기득권(既得權)을 인정하거나, 편의(便宜)를 제공하거나, 정보(情報)를 주어 많은 득(得)을 얻도록 해주거나 그에 상응하는 대가(代價)를 받는다. 이것은 편(偏)이 강한 부정적인 면이지만, 정당한 방법의 정(正)을 통한 합리적인 방법도 사용되는 것이다.

☞ 관(官)이 재(財)를 보호하는 제일 좋은 방법은?

견겁(肩劫)을 억제하여 재를 극(剋) 하지 못하도록 하는 것이다. 그러면 재(財)는 마음 놓고 재생관(財生官)을 할 수 있다. 각자가 자기 할 일을 하면서 서로가 공생(共生)한다.

☐ 재생관(財生官)의 여부가 관건(關鍵)이다.

庚	丙	庚	戊
寅	午	申	子

▷ 신(辛)월의 병(丙)화 일간.
지지(地支)로는 수화상전(水火相戰).

▷ 금수(金水), 목화(木火)하여 음(陰)과 양(陽)이 고루 갖추어지고, 신왕(身旺)하고 재왕(財旺)한 사주. 신왕재왕(身旺財旺)의 특성은 관(官)이 없더라도 재생관(財生官) 하므로 귀(貴)까지 겸한다.

• 여기서도 조건이 생기는데 그것은 재(財)가 관(官)을 생(生) 할 능력(能力)이 있어야 한다.

• 조토(操土), 냉수(冷水), 습목(濕木) 등으로 재(財)가 구성되어 있다면 관(官)을 생(生) 하기 어려우므로 재생관(財生官)이 이루어지지 않는다.

여기에서 추명은 재물(財物)복까지는 주어졌어도, 귀(貴)까지는 아니다. 재(財)란 내가 수족(手足)처럼 마음대로 사용, 부릴 수 있는 것인데, 재(財)가 관(官)까지 동원한다면 견겁(肩劫)이 마음대로 부리려 해도 관(官)의 제약이 생겨 호락호락 재(財)를 사용하기 쉽지 않다. ➡️재(財)는 편안하다.

☞ 여자(女子)가 신왕재왕(身旺財旺)할 경우는?

• 여장부다. 여성 사업가(事業家)다. 돈과 연애 하다 보니 혼기를 놓치는 경우가 많다.

• 요즈음 회자 되는 골드 미스도 한시적으로 이에 해당. 월(月)에 재(財)를 놓고 태어나면 부자인데, 재물에 집착하다 보니 이러지도, 저러지도 못하고 망설이다 혼기(婚期)를 놓치고 만다.

• 반대로 여자가 재다신약(財多身弱)으로 신약(身弱)한

사주일 경우, 천격(賤格), 하격(下格)으로 가치 주가가 하락(下落)한다. 삶이 고생스러운 것이다.

재 (財)는 음식이라 그 속에 묻혀 사니 식구가 많은 집으로 시집가서 쉴 틈도 없이 일하다 보면 하루가 다 간다. 따로 나와 산다면 식당에서 각종 힘든 일에 손을 담그는 것이다.

- 팔자가 사납다 본다면 재성(財星)은 시집이요, 시어머니라 시댁(媤宅) 식구 많은 집이요, 시댁(媤宅) 수(數)가 많으니 파란만장 인생이다.

☐ 편재격(偏財格)에서의 파격(破格)은?

☞ 다른 격(格)도 마찬가지 충(沖), 형(刑)이 된다면 일단 파격(破格)이다. 포장된 상품을 일단 개봉하면, 손을 탄 것이라 100% 신상품으로 보지 않는다.

☞ 진(辰), 술(戌), 축(丑), 미(未) 월일 경우는 어떤가?

진술축미(辰戌丑未)는 사고지국(四庫之局)이다. 또한 고장(庫藏)—이다.

고 (庫)일 경우, 무조건 충(沖)을 반겨라. 반대로 충(沖)을 만나지 말아야 한다. 하기도 하는데 아무리 귀한 보물이요, 지식이라도 밖에 나와 올바르게 활용 안 된다면 간직하고 있는 그 자체로 끝이다.

- 그것이 길(吉)로 작용하는지, 흉(凶)으로 작용하는가 에 따라 파격(破格)?, 아닌가가 판가름 난다. 일단 뚜껑이 열리고, 그에 대한 움직임을 주시해야 한다. 한번 파격(破格)은 영원한 파격(破格)이 아니다.

⊙ 다만 충격으로 회복되려면 많은 시간이 걸리므로, 그 존재에 잊고 지내는 것이다. 개똥도 약에 쓸 데가 있다 하지 않던가?

사주 추명(推命) 시 실수(失手)하는 이유다. 낙관(樂觀)도, 비관(悲觀)도 항상 금물(禁物)이요, 그것이 빛을 발할 때가 있다. 그것을 찾는 여하에 따라 실수(失手)를 줄인다. 중요한 것은 일단 파격(破格)이라는 사실은 인정하는 것이다.

☞ 재(財)를 다스리는 면에서 보면, 재(財)라는 낮은 존재가 있어 자신이 높은 위치에 존재한다. • 기준은 재(財)가 된다. 재(財)의 존재가 높은 위치로 격(格)이 올라간다면, 일간 자체는 그만큼 격이 낮아진다. 그 높이는 기운의 강(强)함, 약(弱)함으로 구분, 강할 경우는 건드리면 그 기운을 감당하지 못하고 오히려 피해를 본다. 그 대표적인 예가 재다신약(財多身弱)이다.

❑ 화약고(火藥庫)를 건드린다.

丁	甲	○	○
卯	戌	戌	戌

➪ 술(戌)월의 갑(甲)목 일간.
재다신약(財多身弱)인 사주.

➪ 지지(地支)에 고(庫)를 놓고 있는데, 아직은 열리지 않은 상태다.

언 제인가 열리면 어떤 결과가 나올까? 안 나오면 처들어간다! 하면서 충(沖)이나, 형(刑) 한다면 결과는?

▪ 엎드려 자는 개를 발로 툭 건드리니 개가 으르렁거리며 겁을 준다. 요놈 봐라! 감히 개인 주제에 어딜 건방지게 하면서 또 건드리니, 이번에는 개가 악을 쓰면서 물려 덤벼든다. 깜짝 놀라 뒤로 물러선다.

• 차라리 건드리지나 말았으면 아무 일도 없을 것을 공연히 건드려 일을 만든 꼴이다. 개 목에 줄이 묶여 있으니 다행이지, 그렇지 않다면 무슨 봉변이라도 당할 형상이다. 고(庫)가 열려 낭패(狼狽)를 보는 경우다.

❑ 열려라 참깨!

庚	壬	○	○
戌	戌	子	申

➪ 자(子)월의 임(壬)수 일간.
금수(金水)의 기운(氣運)이 강(强)하다.

▷ 기운(氣運)이 강(强)한 일간(日干)의 기운(氣運)에 비해, 고(庫)의 기세(氣勢)가 강력하지 않다.

- 군사력(軍事力)은 막강한데 보급품(補給品)이 부족하다. 이럴 때는 창고(倉庫)의 문을 열어 각종 보급품을 지급해야 한다. 파격(破格)이 되어도, 실질적(實質的)인 면에서는 좋아진다.

❼. 정관격(正官格).

- 정관격(正官格)은 월지(月支)에 정관(正官)을 놓고, 천간(天干)으로 정관(正官)이 나타나 있는 것이 확실하다.
- 정관격(正官格)은 반드시 일주(日主)가 신왕(身旺)해야 이름값을 한다.

신 약(身弱)할 경우, 대운(大運)의 기운(氣運)이 일주가 신왕(身旺)방향(方向)흐름이고, 운(運)도 받쳐주는 흐름이 이어져야 한다.

- 모름지기 앞에서 끌어주고, 뒤에서 밀어주는 서로가 상생(相生)하며 공존(共存)하는 모습이 아름다운 풍경(風景)이다.
- 특히 정관격(正官格)은 귀기(貴氣)가 서린 격(格)이라, 만인의 표상(表象)이 되는 공인(公人)이다.

❑ 정관격(正官格)의 구성(構成).

- ❖ 월지(月支) 장간(藏干)의 본기(本氣)가 정관(正官)일 경우,
- ❖ 주중(柱中)의 정관(正官)이 유기(有氣)할 경우,
- ❖ 정관(正官)이 용신(用神)일 경우.

❖ 월(月)에 위치한 정관(正官)을 중심으로 논(論)한다.

□ 정관격(正官格)의 특성(特性).

정 관격(正官格)이라면, 일간(日干)이 정관(正官)의 규제(規制)를 받는다. 극(剋)을 받으면 자연 허약(虛弱)하다.

☞ 일단 일간(日干)이 신강(身強), 관(官)의 규제를 능히 감내.

☞ 사주가 지나치게 신약(身弱)하면 아무리 좋은 정관(正官)이라도 내가 소유

하거나, 사용할 수 없다.

오히려 정관(正官)이 칠살(七殺)로 변(變)하여 일간(日干)을 괴롭히게 된다.

☞ 또한 일간(日干)이 지나치게 강(強)해도, 관(官)이 허약(虛弱)해지므로 이 또한 바람직한 일이 아니다.

☞ 관성(官星)과 인성(印星)이 서로 상생(相生)되는 것이 바람직하고, 재성(財星) 또한, 관성(官星)의 튼튼한 원류(原流)가 되어야 정관격(正官格)이 빛난다.

☞ 정관격(正官格)에 충(沖), 형(刑)이 임하면 파격(破格), 흉(凶) 취급.

□ 파격(破格)을 면(免)하는 경우.

○	甲	○	○
○	卯	酉	辰

⇨ 유(酉)월의 갑(甲)목 일간.
일(日), 월(月)에서 묘-유(卯酉)➡충(沖)이 있다.

⇨ 충(沖)이 이루어지고, 합(合)도 이루어지고 있다.

• 서로 상쇄(相殺), 그래도 강약(強弱)이 있다. 진(辰)-유(酉) ➡ 합(合) 금(金)으로 묘(卯)목이 오히려 당하는 형국.

• 충(沖)이라 도 금극목(金克木)이라 묘(卯)목이 어려운 형상.

• 충(沖)이 되어도 결국 유(酉) 금은 상(傷)하지 않는다.

□ 정관(正官)이 태왕(太旺)한 경우.

- 정관(正官)이 태왕(太旺)하면 편관(偏官)과 같은 역할을 한다. 관살(官殺)이 태왕(太旺)한 사주는 이 역시 다자무자(多者無者)의 원리다.
- 결국, 불행한 결과를 초래한다.

□ 남의 눈에 눈물나게 하면, 나에게는 피눈물이 된다.

辛	甲	辛	戌
未	辰	酉	辰

▷ 유(酉)월의 갑(甲)목 일간(日干).
　정관(正官)이 있지만 과연 나는?

▷ 일간(日干)인 갑(甲)목이 신약(身弱)하다.

정　관(正官)이 양쪽에 나타나 있고, 관(官)이 지나치게 왕(旺)-하니 정관(正官)이 또한 편관(偏官)이다.

- 관(官)은 산(山)의 정상(頂上)에 올라 야호! 를 외치며 소리를 드높이는데, 정작 아내인 갑(甲)목은 아직도 산 중간에도 못 올라가고 있다.

- 남편과의 격차(格差)를 실감한다. 평상시에도 기운이 약하다 항상 무시하더니 결국 아내인 갑(甲)-목이 이제 더 못 살겠다며, 우리 인연은 여기에서 끝내자며, 각자의 길을 간다.

- 항상 갑(甲)-목의 가슴에 못 박는 소리만 하더니 결국, 헤어진다.

- 이별(離別)인지?, 사별(死別)인지?

  - 아내인 갑(甲)-목의 입장에서는 다자무자(多者無者)의 원리(原理)에 의해 있으나 마나다. 심하게 작용한다면 남편(男便)을 여의고 홀로 사는 아낙이요, 재혼(再婚)하는 것이요, 뭇 남성을 두루 섭렵.

☞ 다자무자(多者無者)의 격(格)? ────────────────────

많 다는 것은 있는 것인데, 도(度)에 지나친 것이요, 분수에 어울리지 않는다. 지나치다 함은 기준(基準)치보다 많아서 넘치는 것인데, 정확히 살피지 않고 대충 훑어본다는 의미다.

• 글자 그대로 넘치던, 스쳐 지나던 지나치니 남는 것이 흔적 외는 없다.

• 애초부터 없었다면 아예 모르고 지나갈 것이고, 체념하며 생각도 않을 것인데 쓴맛, 단맛 다 보이면서 사라지고 없어지니 그 아쉬움이란 더한다. 없어도 원래 없던 것,

• 있다, 없는 것, 그것도 많이 있다가 줄어들면서 없는 것이다. 늦게 배운 도둑질에 날 새는 줄 모르는 것, 도둑질도 해 본 놈이 한다는 이야기다.

• 그러나 이것도 사주 추명(推命)에 있어서 풍기는 뉘앙스는 많은 차이를 남긴다. 다자무자(多者無者)란 무격(無格)이다.

☞ 다자무자격(多者無者格)의 분석(分析).

❖ 양인(羊刃)이 많을 경우 ➤ 양인(羊刃)➡무격이라 ➤ 신강(身强)

형제(兄弟)간 덕(德)이 없고, 제풀에 지친다. 돌성을 쌓는다.

❖ 식상(食傷)이 많을 경우 ➤ 상관➡무격(傷官無格) ➤ 신약(身弱)

가진 것은 입뿐이라 실속이 없다. 써먹을 재주가 없다.

❖ 재(財)가 많은 경우 ➤ 다재➡무재(多財無財)격 ➤ 재다신약(財多身弱) 돈 떨어져, 여자 복 없어 악처(惡妻)에 셔터-맨 이다.

❖ 관살(官殺)이 많은 경우 ➤ 관살무격(官殺無格) ➤ 신약(身弱)

직장 없어, 남편 복 없어, 매 맞고 산다. 손발을 다 잘라라.(업무)

❖ 인성(印星)이 많을 경우 ➔ 인수무격(印綬無格) ➔ 신강(身强)

공부하기 싫어, 움직이기 싫어, 개 팔자가 좋단다.

☐ 정관(正官)과 재(財)의 동반관계(同伴關係). ─────────

• 관(官)은 항상 재(財)가 옆에서 보좌(補佐)
역할을 하고, 재(財) 역시 식상(食傷)이 항상
옆에서 보좌역할을 해야 유사시(有事時) 다시
기운을 차리거나, 재기(再起)하여 다시 일어설
수 있다.

• 그 역할(役割)을 하는 보좌관(輔佐官)이 없
다면 일을 처리하더라도 항시 혼자 처리해야 하고, 아차 잘못할까 걱정스러우
며 일에 대한 소신(所信)이 없어진다.

• 상관의 기운이 강(强)해 정관(正官)을 극(剋)−할 경우, 인성(印星)으로
억제하는 경우도 있지만, 재성(財星)으로 하여 상관(傷官)의 넘치는 기운을
발산(發散)하도록 하여, 재성에서 기운을 받아 그것을 관(官)으로 이송(移
送)한다. 그러면 전체적으로 원만한 흐름이 이어진다.

☐ 원류(原流)가 살아야 흐름이 이루어진다.

구　조조정에서 나는 살아남을 수가 있을까? 재결합은? 공기업(公企業)이
　　던, 사기업(私企業)이던 구조(構造)−조정(調整)을 한다 보자.

• 과연 어떤 이가 살아남을 것이고? 어떤 이가 도퇴 되는 것일까?

• 그 판단 기준(基準)은 무엇인가? 아내와 헤어졌다 다시 재결합(再結合) 할
수 있을까? 무엇을 보고 판단(判斷)할까?

⊙ 재생관(財生官)이 이루어져야 한다. 즉 원류(源流)가 살아있어야 한다. 재
(財)가 관(官)을 생(生) 하는 기운(氣運)이 없다면, 관(官)이 추락(墜落)한다
면 그것으로 끝이다. 재기(再起), 재결합(再結合), 재생산(再生産)이 이루어지

지 않으니 안 된다.

• 이와 같은 원리(原理)로 각각의 육친(六親)을 살펴보자.

❖ 식상(食傷)이 시원치 않으면, 재성(財星)의 회복(回復)이 불가능한 것이요,

❖ 재성(財星)이 시원치 않으면, 관성(官星) 또한 재기불능이요,

❖ 관성(官星)이 없으면, 인성(印星) 또한 이룰 수 없고,

❖ 인성(印星)이 없다면, 일간(日干) 자체가 힘들어진다.

□ 이덕(二德)과 삼기(三奇).

☞ 이덕(二德)이란?

❶. 재(財)와 관(官)이 잘 구비(具備)되어 있는 경우.

❷. 관(官)과 인(印)이 잘 구비(具備)되어 있는 경우.

☞ 삼기(三奇)란?

❖ 신왕(身旺)으로 재(財), 관(官), 인(印)을 모두 갖추고 있을 경우.

⊙ 이런 경우 삼기(三奇), 삼반물(三般物)이라 하여 귀격(貴格)으로 본다. 여기에서 흐름의 순서가 나온다.

역 (逆)인가? 순(順)인가 판단해야 한다.

• 즉 재생관(財生官) ➔ 관생인(官生印) ➔ 인생아(印生我)➡ 연결되어야 한다. 이와 같은 흐름이 이어지면 일주의 근원이 깊고, 멀게 재성까지 뻗치게 되고, 재인투전(財印鬪戰)과 관식투전(官食鬪戰) 등이 자동적(自動的)으로 해소, 의식주(衣食住)가 자동으로 해결, 생활 자체가 편안해진다.

◉ 순(順), 역(逆)으로 흐름이 이어진다 해도 년(年), 월(月), 일(日), 시(時)

혹은 년(年), 월(月), 일(日) 또는 시(時), 일(日), 월(月) 등으로 순차적(順次的)인 흐름이 이어져야 한다.

• 이러한 순서(順序)가 진행되면 길(吉)한 것으로 판단(判斷).

삼 기(三奇)가 잘 갖추어지면 상격(上格) 사주로 장, 차관급 반열(班列) 사주다. 본인은 물론 자손(子孫)까지 그 영화(榮華)를 누릴 수 있다.

❑ 정관격(正官格)의 여러 경우의 예.

☞ 정관격(正官格)이 정관(正官)을 만난 경우.

정관(正官)이 정관(正官)을 만나면 국(局)을 이루는 것인데, 당연히 좋은 것 같으나 나쁘게 작용도 한다.

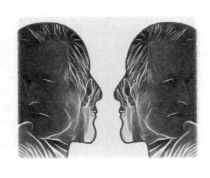

❖ 일주(日主) 기준, 양쪽으로 둘이 있을 경우. 좌우 분열이 형성된다.

❖ 천간(天干)으로 2개가 투출(透出)되어 있는 경우. 참모가 양립.

❖ 관살(官殺) 혼잡(混雜), 재살(殺) 혼잡(混雜)한 경우.

사 공이 많으면 배가 산으로 간다지만, 이 경우는 배가 중심이 흔들려 엎어진다. 선상 반란도 발생.

□ 신왕관왕(身旺官旺), 신약관왕(身弱官旺).
신왕관약(身旺官弱)의 경우.

□ 남성(男性)의 경우.

❶. 신왕관왕(身旺官旺)의 경우.

중앙(中央)으로 진출, 자신의 입지를 강화, 명성을 높일 수 있다. 관(官)을 부리면서, 치외법권(治外法權)의 형태를 유지.(법을 집행한다.)

• 단점 : 안하무인이 많다.

❷. 신약관왕(身弱官旺)의 경우.

사주가 신약(身弱), 관(官)의 지배를 받는다. 억압으로 항상 불만 표출.

❸. 신왕관약(身旺官弱)의 경우.

• 일주는 강한데 관(官)이 약(弱)한 경우. 직장(職場)이 별로 마음에 드는 것이 아니다. 혼자서 똑똑하다.

• 세상이 나를 알아주지 않는다고 항상 불만(不滿) 가득한 사람이다.

■자신은 신강(身强), 기운(氣運)도 많고, 능력(能力)도 있고, 총명하여 하나도 나무랄 데가 없다.

■ 자신의 역량을 맘껏 발휘할 만한 곳이 없다.

■ 여자라면 남편이 흡족하지 않다.

☞ **❷**, **❸** 처럼 나타나 있는 약(弱)한 부분을 운(運)에서 도와 균형(均衡)을 이룬다면, 신왕관왕(身旺官旺)의 경우처럼 득세(得勢), 뜻을 펼칠 수 있다.

■ 정도(正道)를 가는 격(格)은 편법(便法)을 금(禁)−한다.

정 격(定格)중의 정격(正格). 정인격(正印格), 건록격(建祿格), 식신격(食神格), 정재격(正財格), 정관격(正官格)은 세상 살아가는데 항상 정공법(正攻法)을 사용해야 한다. 편법(便法)을 사용하면 항상 부작용(副作用)이 따른다.

❖ 요사이 세계적으로 경제가 심상치 않은데, 한동안 편법(便法)을 사용하여

소위 재미 좀 보았다는 사람들이 많은 애를 먹고 있는 것을 본다. 편법을 사용한 결과 다.

■ 일찌감치 자리 잡고 언제 내가 그랬느냐는 식으로 지내는 사람도 있겠지만, 정도(正道)를 택해야 하는 사람이 편법을 택하다 보면 항상 막차 타고, 짚어도 헛짚는다.

편 법이 몸에 배지 않은 사람은 순간적(瞬間的)인 판단(判斷)도 자기도 모르게 기회를 놓치는 경우가 많다. 기본적인 감각이 예민하지 못하다.

■ 설사 운(運)이 좋아 어느 기간 재미를 본다 해도 설마 하다 두 손 든다.
■ 미국의 바이든을 보라 자멸이다. 생긴 그데로 얍삽함이다.

☐ 여성(女性)의 경우. ─────────────────

❶. 신왕관왕(身旺官旺)한 경우.
전형적(典型的)인 귀부인(貴婦人) 사주. 대체로 남편(男便) 사주 성향도 비슷하다.

❷. 신쇠관왕(身衰官旺)한 경우.
뜻이 원대, 꿈은 현실적이고 크나, 무엇이든 마음먹은 대로 이루어지지 않고, 생각이 앞서고, 몸이 따라주지 않는다.

■ 좋은 옷에 값비싼 장신구도 어울리지 않는다. 빛 좋은 개살구요, 아무리 좋은 재료를 갖고 음식을 해도 맛이 나지 않는다.

모 든 것이 자신의 능력 부족함이다. 남편이 의젓하고, 번듯해도, 아내가 뒤따르지 못한다. 아무리 감싸주고, 보살펴도, 본인이 그 뜻을 모른다.

■ 자의든, 타의든 내침을 당하고, 항상 주변을 배회.

❸. 신왕관쇠(身旺官衰)한 경우.

⊙ 본인은 능력(能力)이 출중한데 인연이 항상 외로운 인연(因緣)이다. 집이 좁으니 밖으로만 나돌게 된다.

- 장소는 넓은 것 같아도 정작 내 엉덩이 붙일 곳 없는 격(格)이다.
- 본인이 좋은 배필(配匹)을 고른다 해도 결국 고르는 것은 똥자루다.
- 안에서 불만족으로 밖에서 인연을 만나는데 대체로 연하(年下) 쪽을 만나는 경우가 많다. 기운이 왕성하므로 자연 받아줄 곳을 선택.

관 (官)과 연관(聯關)이 있으므로 직장(職場), 업무(業務)로 인연(因緣)이 맺어진다.

- 재(財)인 상업(商業), 경제(經濟), 금융(金融) 등 영리와 회계 분야와는 연(緣)이 박(薄)하다.

☐ 기운이 강하여 통제가 안 되면 엉뚱한 방향으로 흐른다.

癸	壬	甲	壬
卯	寅	辰	辰

⇨ 진(辰)월의 임(壬)수 일간.
관(官)이 식상(食傷)으로 변한다.

⇨ 관(官)이 식상(食傷)으로 변(變)한다. ➡ 관(官)이 일간을 제대로 관리(管理) 못한다.

- 식상(食傷)으로 변하니 수하(手下)다.
- ✪ 여자(女子)의 사주니 ➡ 연하(年下)의 남성이다.
- ✪ 갑진(甲辰)➡ 백호(白虎)요, 임진(壬辰)➡ 괴강(魁罡)이다.

✪ 인성(印星)이 약하고, 식상(食傷)이 강(强)하니 자연 남편(男便)과 거리가

멀어진다.

■ 게다가 관(官)의 기운(氣運)이 약(弱)하니 엉뚱한 곳에서 자기만족을 찾는다.

식 상(食傷)의 기운(氣運)이 지나치게 강(强)하니 자식(子息)과의 연(緣)이 박하다. 식상(食傷)이 관(官)을 흡수, 관(官)은 오갈 곳이 없다.

❂ 본래 남편(男便)을 버리고, 연하(年下)의 남성(男性)과 생활 하는 사람이다.

❏ 사랑에 울고, 건강에 지치고.

庚	乙	辛	丙
辰	亥	卯	寅

⇨ 묘(卯)월의 을(乙)목 일간.
을(乙)목 일간, 지지 목국(木局)을 이룬다.

⇨ 화기격(化氣格)에 대한 사항은 뒤로. 일간(日干)과 관(官)과의 관계(關係)를 보자. 일간이 지나치게 강(强)한데, 관(官)과 관계가 복잡하다.

■ 양쪽이 다 합을 이룬다. 한쪽은 병화와 병신(丙辛)−합(合)을 이루고, 한쪽은 일간인 본인과 을, 경(乙庚)−합(合)을 이룬다.

■ 하늘이 둘로 갈라진다. 음(陰), 양(陽)으로 보자. 목(木), 화(火)인 양(陽)이, 음(陰)인 금(金)을 코너로 몰고 있다.

■ 위로 띄우고, 그리고 합(合)을 한다. 한 마디로 갖고 논다. 아직 나이가 있으니 전반 부 인생을 보자.

천 간(天干)으로 을(乙)−신(辛) 충(沖)이니 편관(偏官)이라 사랑의 아픔이다. 을(乙)−목의 입장에서는 견겁(肩劫)이 왕(旺)➡관(官)과 사랑이 이어지지 않는다.

▪ 병(丙)화가 신(辛) 금과 ➡ 합(合) 되어버리니 정신이 가끔은 몽롱하다. 우울증(憂鬱症)에 정신적(精神的)인 질환(疾患)을 앓고 있다.

□ 정관(正官)격에서 생겨나는 여러 형태의 격.

◎ 관살혼잡격(官殺混雜格).

정관 격으로 편관(偏官)이 나타나 있는 형태. 정관과 편관이 서로 각자 자리를 차지, 자기 영역(領域)을 주장.

◎ 관인격(官印格).

정관(正官)-격에 인수(印綬)가 투출(投出)하여 있는 경우.(편의상)

◎ 재관쌍미격(財官雙美格).

재(財)와 관(官)이 동시에 갖추어진 경우, 잡격(雜格) 참조.

⑧. 편관격(偏官格).

⊙ 편관(偏官)은 칠살(七殺)이요, 귀(鬼)라 한다. 편관(偏官)이라도 사주의 주인공인 일주가 편관을 어떻게 사용하느냐에 따라 편관(偏官)의 가치(價値)가 달라진다.

⊙ 기운이 왕(旺) 하여 정관(正官)의 그릇을 넘어 권(權)으로, 그 권위(權威)를 나타낼 때는 편관(偏官)이 되고, 기운이 약해 편관(偏官)을 감당하지 못할 경우는 칠살(七殺)이 되고, 병(病)이 되고, 지나치면 귀(鬼)가 된다.

귀 신(鬼神)은 몸이 허(虛)하거나, 정신(精神)이 약(弱)하거나, 의지(意志)력과 판단력(判斷力)이 쉽게 흔들리거나, 지나치게 편협(偏狹)된 성격의 소유자, 어디인가 허점(虛點) 많은 사람을 노린다.

- 지나치게 심신(心身)이 맑기만 한 사람에게도 잘 접신(接神)이 된다.
- 탁(濁)하고, 맑음의 구분을 잘못하기 때문이다.

□ 편관격(偏官格)의 구성. ─────────────────────

❶.편관격(偏官格)➠월지(月支)장간(藏干)본기(本氣)가 편관(偏官)일 때 성립.

❷. 사주(四柱)-중 편관(偏官)이 자기 역할(役割)을 충실(充實)히 할 때, 편관이 편관(偏官) 다울 때.

❸. 편관(偏官)이 용신(用神)일 경우, 편관격(偏官格)으로 취용(取用).

정 관(正官)이 왕(旺)하고, 일간(日干)이 신약(身弱) 할 경우, 정관(正官)도 많으면 편관(偏官) 역할을 하므로, 편관으로 취급, 편관격(偏官格)으로 한다.

☞ 정관격(正官格), 편관격(偏官格)이든 일단 일주(日主)가 강해야 편관(偏官)을 사용, 의논할 수 있다.

✪ 신약(身弱) 하면 대화(對話)의 상대가 될 수 없으므로, 운(運)에서 도움을 받아 자체정비를 한 후 대화(對話)의 장에 서야 비로써 대접받는다. 그리고 나면 길(吉)로 작용. 성과(成果)를 얻는다.

☞ 세상사 이치(理致)가 그러하듯, 기본적(基本的)인 요건(要件)을 갖추지 못하면 자격(資格) 자체가 주어지지 않으므로 주어진 복(福)도 챙길 수 없다.

- 흔히들 나는 복(福)이 이것뿐인 모양이야! 하면서 탄식하는 경우를 보는데, 그것이 틀린 말은 아니다.

맞다. 그러나 문제는 그것을 알고 그것을 극복(克復), 자기의 잃어버린 복(福)을 찾기 위해 몇 배 노력하면 된다.

☞ 나는 사주(四柱)도 좋고, 운(運)도 좋으니, 될 것이다.

물 론 되기는 된다. 그러나 자기가 찾을 만큼의 일부분 밖에는 못 갖는다. 많은 부분을 복(福)이 없어도 노력하는 사람에게 빼앗긴다.

• 그리하여 공평(公評)하게 분배(分配)된다. 이것이 사주(四柱), 운(運), 알고 노력하고 알고 미리 준비하고 타개하여 나가는 사람 차이다.

• 바둑도 수를 알면 상대의 착점(着点)만 보아도 그다음을 읽는다.

• 사람의 인생(人生)도 그러한 원리(原理)다. 자기의 운명(運命)을 미리 정확하게 안다는 것이 이리 무서운 것이다.

❑ 일간(日干)의 강(强)함과 약(弱)함이 관건(關鍵).

○	丙	壬	○
○	○	子	○

▷ 자(子)월의 병(丙)화 일간.
임(壬)-수가 천간(天干)에 있다.

▷ 문제는 여기서 병(丙)화 일간이 신강(身强)? 신약(身弱)? 이 문제다. 신강(身强) 하다면 임(壬) 수를 감당할 수 있으므로, 편관(偏官)이 되어 큰 권력(權力), 힘이 되어 위상(位相)을 높일 수 있다.

그 러나 신약(身弱)이 되어 힘이 부족하다면, 임(壬)-수는 칠살(七殺)이요, 거기에 허(虛)하다면, 귀(鬼)가 되어 괴롭다.

❑ 편관격(偏官格)이라도, 신약(身弱)의 원인(原因)을 분석(分析).

癸	戊	壬	壬
丑	子	寅	子

▷ 인(寅)월 무(戊)토 일간.
편관격(偏官格)인데,
오히려 재성(財星)이 강(强)하다.

▷ 편관격(偏官格)이라 관살(官殺)이 강(强)해 신약(身弱)일 줄 알았는데, 오히려 재성(財星)이 강해 속을 썩인다. 재성(財星)이 관(官)을 생(生) 하니 관(官)도 합세, 일간(日干)을 괴롭힌다. 이런 경우들이 의외로 많다.

⊙ 재자약살격(財滋弱殺格).

⊙ 일간(日干)이 강(強)할 경우, 편관이 약(弱)해서는 역할을 못 한다. 편관(偏官)인 칠살(七殺)이 약하면 생조(生助)를 받아야 하는데, 재성으로 도움을 받아야 한다. 재성(財星)이 편관(偏官)을 생(生) 해야 하는 경우.

⊙ 관합유살격(官合留殺格)

편관격에 있어 정관(正官)이 같이 있는 경우, 정관이 간합(干合) 할 경우다.

⊙ 살중용인격(殺重用印格).

편관(偏官)-칠살(七殺)이 태왕(太旺), 일간(日干)이 극(極) 신약(身弱) 할 때

중간에 인수(印綬)가 왕(旺) 한 편관의 기운을 중간에서 흡수(吸收), 칠살(七殺) 기운(氣運)을 완화 시키면서 일간(日干) 에게 기운(氣運)을 보탠다.

◻ 일간(日干)이 약(弱)하면 편관(偏官)이 칠살(七殺)이 되고, 귀(貴)가 되고, 충(沖)도 가해진다. 여기서 음(陰)과 양(陽)이 판이하게 구별된다. 양(陽)의 천간(天干)은 충(沖)이 성립(成立), 음(陰) 천간(天干)은 충(沖)이 불(不)−성립

갑(甲) ↔ 경(庚)　　　↘

을(乙) ↔ 신(辛)　　≫→→　☞ 편관(偏官), 칠살(七殺)이면서 충(沖)이 걸린다.

병(丙) ↔ 임(壬)　　≫→→

정(丁) ↔ 계(癸)　　　↗

무(戊) ↔ 갑(甲)　　↘

기(己) ↔ 을(乙)　　>-»

경(庚) ↔ 병(丙)　　>-»　　☞ 편관(偏官)이고, 칠살(七殺)이지만

신(辛) ↔ 정(丁)　　>-»　　　　충(沖)이 성립(成立) 안 된다.

임(壬) ↔ 무(戊)　　>-»　　　　극(剋)으로 해석(解析).

계(癸) ↔ 기(己)　　↗

❑ 충(沖)도 되고, 극(剋)도 성립되면 양수겸장(兩手兼掌) 으로 충격(衝擊)이 더 한다. 부부관계 사이가 좋지 않아 냉전 중인데, 이혼(離婚) 소리까지 돌출.

❑ 충(沖)의 진정한 의미(意味). ────────────

⊙ 충(沖)은 서로가 정면(正面)으로 대립(對立), 부딪히는 것이다.
• 정방(正方)을 이루는 경우. 동서남북(東西南北)의 대립, 춘하추동(春夏秋冬) 사계절(四季節)의 대립.

⊙ 180도의 방향에서 서로가 부딪힌다. 사각(斜角)인 경우는 정방(正方)이 아니므로 인정 안 한다. 무(戊), 기(己)-토의 경우는 중앙(中央)이므로 충(沖)이 성립되지 않는다. 자체에서 사계절(四季節)로 충(沖)이 발생(發生.

　　　　병(丙)-여름　　　　　　　　　　　축(丑)-겨울
갑(甲)-봄　 ↰ ↕ 경(庚)-가을　　술(戌)-가을 ↕ ↰ 　진(辰)-봄
　　　　임(壬)-겨울　　　　，　　　　미(未)-여름

☞ 충(沖)에서 비켜서면, 곧바로 합(合)으로 연결. 합(合)을 한 후에는 버림받는다. 여왕벌과 같다.

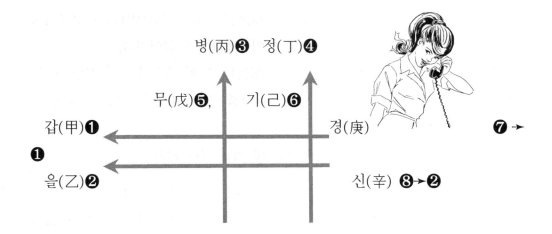

병(丙)❸ 정(丁)❹

무(戊)❺, 기(己)❻

갑(甲)❶ 경(庚)

❶

을(乙)❷ 신(辛)❽➔❷

❼➔

임(壬)❾➔❸계(癸) ❿➔❹

음 (陰)이 양(陽)을 극(剋), 충(沖)하고 있다. 목(木), 화(火) ➡ 양(陽)
이 금(金), 수(水) ➡ 음(陰)과 천간(天干)에서 관계다.

❖ ❶ 과 ❼ 은 갑(甲)−경(庚)➡충(沖)이다.

여기에서 ❷ 로 방향이 바뀌면 을(乙)−경(庚) ➡ 합
(合)으로 변(變) 한다.

다시 ❸ 으로 방향이 바뀌면, 이번에는 ❼ 인 경(庚)
금이 병(丙)화의 극(剋)을 받는다. 처음에는 내가 극
(剋)하고 충(沖) 하지만, 잠시 후 마음이 변해 합(合)
하고 놀더니만, 다음에는 극(剋)을 당하는 처참한 신

⊙ 세로 타락. 모든 오행(五行)이 다 같은 원리(原理)다.

❶ 과 ❷ 는 갑(甲)과 을(乙)로써 목(木)에 속하는 천간(天干)이지만 경(庚)
금에서 본다면, 사랑과 미움이 공존(共存)한다. 결국 합(合) 속 충(沖)이 있
고, 충(沖 속에 합(合)이 있다.

편 (偏)자가 들어가는 격(格)에 해당하는 사람들은 모두 성격(成格)이 급
하다. 일을 처리하는 것이 정도(正道)로 행(行)하는 것이 아니라 빨리,
빨리 이다. 한국인의 냄비 근성 일부분을 나타내는 것이다.

▪ 때로는 그것이 필요악(必要惡)의 기능(機能)을 하여 곤란(困難)을 당하기도 한다. 말 역시 빨라진다. 진중(鎭重)함과 여유(餘裕)가 없어진다.

말 이 많으면 상대방의 신뢰를 얻기 힘들다. 말이 많으면 자연 실언(失言)이요, 그것은 주워 담을 수 없다. 편(偏)의 전형적인 특색 중 하나.

□ 정(正)과 편(偏)을, 음(陰)과 양(陽)으로 비교, 살펴보자.

❖ 긍정(肯定)을 표시하는 머리의 움직임.
머리를 위, 아래로 하여 반복해 흔들어보라. 긍정(肯定)하는 것이요, 인정(認定)하는 것이다. 당신이 뜻에 동조(同調)한다는 표시(標示)다. 반드시 위에서 아래로 향한다. 머리를 아래에서 위로 흔들어보라, 어디 목 아파? 하고 되물을 것이다.

양 (陽)과 음(陰)의 반복(反復)이다. 순행(順行)이요, 순리(順理)다.
☞ 정도(正道)는 순리(順理)요, 순행(順行)이다. 편도(偏道)는 파행(跛行)이요, 역순(逆順)이다.
☞ 편(偏)은 편도, 편법이다. 자연스럽지 못하고 오히려 역효과를 보는 경우다.

❖ 상대방(相對方)과의 대화(對話)를 생각하자.
☞ 여기에서도 음(陰), 양(陽). ❂ 상대방의 대화(對話)를 들어주는 것이 음(陰)이요, 내가 설명을 하는 것은 양(陽)이다.

▪ 들어주는 경우가 음(陰)인데, 음(陰)은 숙이는 것이라, 읍소(泣訴)하며 들어야 상대방이 경청(敬聽)하는 것으로 생각, 속에 담은 뜻을 비치고 진지한 대화(對話)를 한다. 편의 방법으로 고개를 들고 뻣뻣이 하고 있다면 오히려 불쾌감으로 들을 이야기도 못 듣고 중단하는 경우가 나올 것이다.

❂ 내가 말을 하고 상대방을 설득(說得)시키는 것은 양(陽)이다.

◉ 양(陽)은 올라가는 기운(氣運)이라 대화(對話)할 때 얼굴을 들고, 고개를 세워 상대방을 보면서 한다. 그래야 상대방이 따르고 믿음을 갖는다.

◉ 죄지은 사람처럼 고개를 숙이고, 우물쭈물하듯 말을 해 보라 상대방이 어찌 생각하겠는가? 떳떳이 행함이 양(陽)이요, 약간 숙이며, 기는 형태가 음(陰)이다. 정격(正格)과 편격(偏格)의 차이.

☐ 편관격(偏官格)에서의 신왕(身旺)과 신약(身弱).

❂ 신왕(身旺)한 경우.

壬	壬	戊	○
子	申	戌	午

⇨ 술(戌)월의 임(壬)수 일간.
지지(地支)는 수화상전(水火相戰)인데

⇨ 일간(日干)인 임(壬)—수 ➡ 기운(氣運)이 왕(旺) 하다.
화(火)➔토(土)➔금(金)➔수(水)➡지지(地支)에서 순행(順行)이 아름답다.

❂ 구월(九月)의 물이라 냉기(冷氣)가 지배. 신왕관왕(身旺官旺)으로 사주가 잘 구성. 월(月)의 관(官)이 뿌리가 든든해 부모대(父母代)에 영화(榮華)다. 관(官)의 기운(氣運)이 그대로 일간(日干)으로 집결(集結). 요즈음으로 치면 한자리할 사주다.

■ 그런데 현세는 이런 사주의 경향을 간혹 벗어나 떵떵거리는 사람도 가끔 보인다.

그런데 결과(結果)는 결국 그대로 가더라. 어떻게? 자기 사주대로 별 볼일 없이 손가락질받고, 불명예제대다. 생활편의는 어렵지 않게 한밑천 잡아 살기는 잘산다.

❂ 그래도 어느 정도 관운(官運)의 기운(氣運)은 있다.

　칠살(七殺)이 약하고, 억제하는 식상(食傷)이 많아 기운(氣運)이 지나칠 경우, 법(法)과 규칙(規則)을 우습게 알고 마치 성난 산돼지가 농작물을 망가뜨리듯 그 난폭(亂暴)함이 심하다.

☞　사주가 신약(身弱)할 경우.

❂ 관살혼잡(官殺混雜), 재살태왕(財殺太旺), 관식투전(官食鬪戰) 등 관살(官殺)―격에서 흔히 나타나는 신약(身弱)의 경우.

❂ 일간(日干)이 약하고 편관(偏官)이 중첩(重疊)되어 있다면, 재화(災禍)가 많이 발생.

❑ 꽃이 피어도 홑꽃이다. 향기(香氣) 없는 꽃이다.

丁	甲	庚	戊
卯	申	申	戌

　▷ 신(申)월의 갑(甲)목 일간.
재(財), 관(官)이 왕(旺) ➡ 재살태왕(財殺太旺)격.
　▷ 갑(甲)목 일주(日主)가 심하게 압박받고 있다.

❂ 귀문(鬼門), 나무의 뿌리까지 날짐승이 다 갉아먹고 있다.

▪ 살(殺)이요, 귀(鬼)요, 한(恨) 많은 사람이다. ▪ 이리 차이고, 저리 차이고 하루도 성할 날이 없는 사주다. 그나마 말년(末年)에 의지할 곳 있으니 다행이다.

❂ 편관(偏官)도 용신(用神)이 된다면 관(官)으로 호칭(呼稱)되며, 그것이 권(權)으로 연결된다.

◉ 편관(偏官)도 많으면 정관(正官)의 역할을 한다.

　편관(偏官)이 칠살(七殺)의 작용을 하여 전체적으로 부담을 주거나, 걸림돌 역할을 할 때, 장애물을 제거해야 하는데 살살 달래는가? 아니면 강압적(强壓的)인 방법을 취하는가? 제삼자(第三者)를 내세워 조용히 처리하는가? 그에는 여러 방법이 있을 것이다.

❶. 살인상생(殺印相生)법. ─────────────────────

• 관살(官殺)이 지나치게 강(强)해 일주(日主)를 압박한다. 관(官)은 직접 일간(日干)을 압박한다.

• 제일 차로 극(剋) 한다. 충격(衝擊)이 직접으로 오기 때문에 그 여파(餘波)가 크다.

◉ 일종의 지진(地震)이다. 아파트 인근이나, 학교 근처를 가면 도로에 과속방지턱을 많이 볼 것이다. 속도를 줄이라는 의미지만 탄력(彈力)을 완화(緩和), 가속(加速)을 방지하는 것이다.

만 일 이것을 무시하고 달린다면, 그 충격(衝擊)을 먼저 받는다. 그로 인한 충격은 잠시 방심(放心)-운전(運轉)을 겪어본 사람은 알 것이다. 어린이 보호 구역이라 속도제한 역시 마찬가지.

◉ 관(官)이 인(印)을 생 하는데 이 과정을 무시, 곧바로 아(我)를 극(剋) 할 경우, 아(我)는 인수(印綬)의 도움을 받아 기력을 다해 관에 저항한다.

• 아(我)가 혼자인 줄 알고 무작정 돌진하던 관(官)은 생각 외 저항(抵抗)에 적지 않게 당황하는 것은 당연하다.

이 러한 방법은 관(官) 에게도 손해(損害)다. 인수(印綬)가 없을 경우는 가능하나 인수(印綬)가 있을 경우는 협상(協商)하는 것이 좋다.

◉ 사주 판단의 가장 중요한 핵심은, 흐름을 원활히 하는 것이다.

그 흐름에 있어서 급하다고 건너뛰거나, 지나치게 흐름을 빨리하다 보면 부작용(副作用)이 생기기 마련. 항상 순리(順理)대로 완급(緩急)을 조절하여 간다면 편안한 흐름을 이어갈 것이다.

◉ 관(官)이 직접으로 인수(印綬)를 무시하고 건너뛴다면 그것은 화(禍)를 자초한다. 인수(印綬)가 없다면 건너뛰는 것은 당연한 것.

- 문제는 인수(印綬)가 있음에도 불구 건너뛸 경우, 피차간에 화(禍)를 입는다.
- 물가를 계속 걷다 보면 바짓가랑이는 절로 젖는다.

사 주 추명 시 관운이 올 경우, 직접 올 것인가? 아니면 인수를 통해 오는가? 를 판단하는데, 일반적(一般的)으로 관운(官運)이 오면 그 자체로 작용을 읽어버리는 것이 실상이다. 그 원인은? 빨리 맞추어보고 싶은 마음이 앞서기 때문이다. 흐름을 판단하는 데 있어서 가장 조심해야 할 사항 중 하나.

□ 서로, 서로가 좋다.

甲	丙	壬	壬
午	寅	子	申

▷ 자(子)월의 병(丙)화 일간.
지지(地支)로는 수화상전(水火相戰)이다.

▷ 병(丙)화 일간(日干)을 관(官)의 기운이 강(强)하게 압박. 관(官)의 입장에서도 일간(日干)인 병(丙)화를 직접 공격해도, 할 만하게 느껴진다.

- 그러나 내면을 보니 만만치 않다. 목(木), 화(火)의 기운(氣運)을 다 합하니 관(官)의 기운과 비슷하다. 섣불리 공격할 수 없다.
- 뜨거운 물을 식히는데 미지근하게 유지되며 물이 차지지 않는다. 식힐 방법을 찾자. 개울물이 흐르는데 나무가 막고 있어 물이 고인다. 물이란 고이면 썩는다.

☞ 인(寅)-목이 중간에서 중재(仲裁)의 역할을 한다.

- 서로가 원만한 타협을 보자는 것이다. 서로가 흐르면서 자기의 존재를 지키자는 설명. 상생(相生)하자. 관(官)인 수(水)는 흘러야 썩지 않는다.
- 왕(旺) 한 기운을 어디엔가 발산(發散)해야 한다.

✪ 목(木)으로 흐름을 만든다. 생(生) 해주면서 정체(停滯)−현상을 완화, 남을 도와주니 좋다.

✪ 관(官)은 인수(印綬)를 생(生) 하다 보니 일간(日干)을 직접 극(尅)−하는 것을 잠시 잊어버린다. 남을 괴롭히는 것보다 남에게 도움을 주며 다 같이 공생(共生)하니 얼마나 좋은가?

이 것이 탐생망극(貪生忘尅)이다. 원만한 타협(妥協)점을 찾아 상생하는 협상(協商)법이다.

❷.양인합살법(羊刃合殺法).

☐ 제삼자(第三者)를 이용(利用)하는 방법.

▪ 내가 기운(氣運)이 강(強)하면 굳이 남을 시킬 필요가 없다. 인건비도 비싼데 직접 나서서 처리하면 될 것이다.

그 러나 상황이란 항상 나의 편이 되는 것은 아니다.
기운(氣運)이 강(強)하다 해도 남을 필요로 하는 경우, 기운(氣運)이 약(弱)해도 남을 필요 않는 경우가 있다.

⊙ 그러나 그런 경우는 흔치 않은 경우고, 내가 기운이 약하다.
귀찮게 하는 존재를 직접 처리하지 못한다. 방법을 찾는데 어떻게 해야 할 것인가? 흐르기는 해야 하는데 길목을 막고 버티고 있다. 당근을 사용한다.

⊙ 양인(羊刃)을 앞세워서 살(殺)과 협상, 같은 편이 되도록 한다.
양인(羊刃)은 깡다구가 많으니 살(殺)과 맞장−뜨도록 한다. 결국 양인(羊刃)은 살(殺)과 의기투합(意氣投合), 살림을 차린다. 어찌 보면 비굴한 방법이다. 일종의 미인계(美人計)다. 자기의 여동생을 앞장세워 살(殺)−에게 시집 보내는 것이요, 정략(政略)−결혼(結婚)이다.

돈 있는 사람은 권력이 필요, 권력이 있는 사람은 재물이 필요하다. 서로 간의 자녀(子女)를 혼인(婚姻)하도록 한다. 실제로 다들 잘 배우고, 훌륭하게 성장한 자녀들이 대부분이다. 넉넉한 환경(環境), 조건(條件)에서 자랐으니 서로 조건이 맞는다. 귀공자, 귀–공녀. 꼭 나쁜 쪽으로만 볼 것도 아닌 면도 있다.

❑ 사주(四柱)가 지나치게 신강(身强)할 경우의 처리방법.

사 주가 지나치게 강(强)하면 있는 것이 남아나지 않는다. 식구가 많은 집에서는 빨리빨리 자녀들을 분가시키는 것이 최고의 방법.

입 하나라도 줄여야 한다. 입처럼 무서운 것도 없다 하지 않던가?

• 사주가 지나치게 강(强)하다는 것은 ❶ 인수(印綬)가 왕(旺)–하던가. ❷ 견겁(肩劫)이 많아서 이루어지는 현상이다. 가정(家庭)의 예를 보자.

❶.의 경우는 어머니로 보자.

어머니의 입김이 지나치게 강(强)하니 아버지가 맥을 못 춘다. 아들이던, 딸이

던 아버지가 있어야 터프–한 맛이 나오는데 그 맛이 사라진다.

• 나름대로 터프–한 맛이 나온다 해도 이상한 방향으로 사건이 전개된다. 안에서의 터프–한 맛이 나온다. 밖에서의 활약이 아니다. 내적인 불만이 쌓여 폭발하는 터프함이다. 스케일이 작고, 내향적인 성향이다.

• 안 좋은 쪽으로 본다면 사고를 저질러도 방화라든가, 게임으로 인한 사건, 조용히 저지르는 사고다.

• 정신적(精神的)인 문제(問題)가 많이 동반.❷.의 경우는 주변(周邊)의 세력(勢力)을 믿고 설치는 형상(形象)이다.

⊙ 형제(兄弟)가 많은 아이들은 별로 맞지 않는다.

그의 주변에는 형제들이 항상 일사–분란하게 팀을 이루어 집단적(集團的) 행

동(行動)을 하니까. 다른 면으로 살펴보자. 옷을 입어도 형이 입던 것을 동생이 입는 경우다. 형제 간의 알력이 생긴다.

• 자중지란(自中之亂)이 발생. 여럿이 나누어야 하니 항상 불평(不平)과 불만(不滿)이 팽배하다. 쓸데없는 고집이 늘어난다. 양보하다 보면 자기 몫은 없어지므로, 일단 우기고 자기의 영역(領域)을 확보한 후 판단한다.

• 매사를 합리적(合理的)인 안목이 아니다.

□. 양인합살법(羊刃合殺法)의 다른 경우는?

주 변의 같은 세력을 감소하기 위해 일종의 청소하는 의미요, 제거하기 위 한 편법. 내가 편하고, 살기-위한 방법이다.

▪ 산에 낙엽이 지나치게 많이 쌓이면 나무의 성장에도 큰 도움이 못 된다.

▪ 밑에 쌓인 낙엽들을 어느 정도 제거, 치워야 숨쉬기가 편해진다.

▪ 내가 편히 사는 방법이다.

◉ 구실을 만들어야 한다.

• 그 제일 좋은 구실이 짝을 만들어 내보내는 것이다.

▪ 일반적인 생각은 신약(身弱)의 경우만 생각하는데, 정작 중요한 것은 신강(身强)의 경우 이 방법을 동원 해야 한다.

▪ 있어도, 없어도 다 사용해야 한다. 기준은 도(度)를 지나칠 경우다.

❸. 식신제살법(食神制殺法).

❖ 식신(食神)을 이용, 살(殺)을 제거(除去)하는 방법.

진 정한 제3 자를 이용하여 보내는 방법. 식신(食神)이란 진정한 나의 노력이요, 산물(産物)이다. 여기에는 음덕(蔭德), 보시(普施)도 포함된다. 가정(家庭)으로 친다면 아버지의 잘못됨을 자식을 앞세워 고치도록 하는 것, 남편(男便)을 방어하기 위한 수단으로, 자식(子息)을 구실로 한다.

• 부부싸움을 하는데 아이가 운다면 싸움을 계속할 수 없다. 우리는 보통 엄마가 자식(子息)을 나무라면 설사 그것이 심하게 느껴져도 당연한 것이요, 아버지가 자식을 심하게 나무라면, 약간은 걱정스러운 듯 쳐다본다.

물론 아주 폭력적인 그런 경우는 제외하고 말이다. 아비가 자식을 나무라면 "이제 그만해요! 저도 알아듣겠지요," 하며 엄마는 자식을 감싸지만, 어미가 자식을 나무라면 아비는 "그놈의 자식 더 혼이 나야 해 !" 하면서 부추기는 형상을 취한다.

사 주(四柱)에서 식상(食傷)과 관(官)이 대립(代立)할 때, 일주(日主)는 식상(食傷)의 편에 선다.

• 관(官)이 있을 때 식상(食傷)은 당연히 나의 편을 든다. 편관(偏官)인 칠살(七殺), 귀신(鬼神)인데 이를 물리칠 때는 음덕(蔭德)으로, 기도로 심오한 능력으로 물리친다.

• 흔히들 입에서 나오는 말 "어이구! 할머니 나 좀 살려줘요! " 식상(食傷)이다. 격퇴(擊退)법이다.

□ 중화(中和)를 이루면 매사가 편해진다.

戊	丙	壬	壬
戊	戌	子	申

⇨ 자(子)월의 병(丙)화 일간.
식신제살(食神制殺)로
어느 정도 균형(均衡)을 이룬다.

⇨ 식신제살(食神制殺)이 이루어지는 경우.

• 서로 간의 균형을 이루니 섣불리 상대에게 행동 못한다. 힘의 차가 많을 경우,
• 항상 강(强)한 쪽에서 약한 쪽을 얕보게 되고, 업신여기기 마련. 그러다 보면 억울하다는 소리가 나오는데 약육강식(弱肉强食)이다.

☞ 관식투전(官食鬪戰)이 나타나면? (여성(女性)의 입장에서 본 것이다.)

❶.아들과 아비가 싸우는 형상이다. 집구석이 온전할 리가 있는가?
• 각각 찢어지고 난리다. 자식(子息)이 부모(父母)와 싸우는데 잘잘못을 떠나서 아래위를 모르는 것이다.
• 밖에 나가면 어떨까? 더하면 더하지 덜하지는 않다.

⊙ 부모 말도 안 듣고 우기는데 무조건 자기 말이 법(法)이요, 옳다고 우기는 인간이다. 설득(說得)할 줄도 모르고, 목소리 크면 이기는 줄 아는 사람이다.

특히 관살(官殺)인 아버지가 기운(氣運)이 약하면, 자식과 아내가 더욱 기승이다.
• 식상(食傷)의 기운(氣運)이 강(强)하면, 어미도 아들의 뜻을 무조건 따르는 경우가 된다. 자식-입장에서는 무서울 것이 없다.

❷. 관살(官殺)의 기운(氣運)이 강(强)해 식상(食傷)이 관살(官殺)을 제어하는 힘이 부족(不足)할 경우. 자식이 아비의 비위를 건드리는 것이다.

자식은 아직 나이가 어린데 아비한테 따지고 대드는 것이다.

아비 하는 말 " 머리에 피도 안 마른 자식이 아비한테 벌써 이 모양이니 이다음에 뭐가 되려고?" 하면서 혼을 낸다.

학교고 뭐고 다 때려치워 이놈아!

극한 소리까지 나온다.

혹 때려다 혹 붙이는 격이요, 숙호충비(宿虎沖鼻) : 잠자는 호랑이의 코를 건드리는 격(格)이다.

❑ 건드리는 것이 손해(損害)다.

戊	丙	壬	壬
戊	子	子	申

↦ 일지(日支)가 위의 사주와는 다르다.
　관(官)의 기운이 더 강(强)하다.

↦ 관식투전(官食鬪戰)은 항상 한 쪽이 기울어진다. 수적으로 보면 3 : 5.

병(丙)화는 ➡ 엄마고, 자식(子息)은 무(戊)−토. 수(水)인 아버지의 기운(氣運)이 워낙 강하다. 병(丙)화인 엄마는 기죽어 살고 있다.

• 무(戊)−토 자식이 아버지인 수(水)−에게 따지지만 물밀듯 밀어붙이는 아버지의 기세(氣勢)에 자식(子息)도 휩쓸려 떠밀려간다. 대책(對策)이 없다.

❑ 편관격(偏官格)인데, 지나치게 신약(身弱)한 경우.

가뜩이나 편관격(偏官格)인데 일주(日主)가 더욱 강(强)해져야 하는데, 오히려 일간이 지나치게 신약(身弱)하다. 아이가 기(氣)가 약한데 부모가 쥐 잡듯이 아이를 다그친다면 그 아이는 어떻게 될 것인가?

❶. 정신적(精神的)으로 위축(萎縮)이 되어 있다.

요사이 고시원 방화사건으로 세상이 시끄럽다. 사람들이 자기를 무시한다며 착각을 하면서 저지른 범행이다. 일종의 "싸이코−패스"다. 정신은 멀쩡한데 항상 위축되어 있으면서 기죽어 사는 사람이다. 조그마한 충격(衝擊)을 크게 받아들인다. 그냥 듣고 넘어갈 수도 있는 이야기를 가슴 깊숙이 새기고 사는 사람이다.

❷.스스로 열등감(劣等感)에 빠져 자학(自虐)하면서,세상(世上)을 원망한다.

나는 잘하고 있는데 남들은 나를 알아주지 못한다는 생각이 항상 머리에서 지워지지 않는다. 일이 잘못되어도 본인이 잘못 한 것이 아니라, 상대가, 세상이 잘못되어 그리 여긴다.

❸. 건강(健康)이 부실(不實)하다.

지나치게 신약(身弱)하므로 잔질(疾)에 약하고, 장기간 치료를 받아야 할 병을 앓는 경우가 많다. 대체로 살이 안 찌는 경향이 많다.

❹. 자손(子孫) 얻기가 힘들다.

결혼(結婚)이 그만큼 늦어진다는 이야기도 성립 된다. 어쩌다 자손이 생겨도 근심만 생긴다. 대인관계가 부실하고, 가까운 사람은 자기와 생각, 환경이 비슷한 일부에 지나지 않는다. 끼리끼리라고 합숙-생활도 마다하지 않는다.

❺.일복은 많으나 헛일이다.

남들이 우습게 생각하고, 일 취급도 안 하는 일을 자기는 좋다고 열심히 하

는 격이다. 스스로 울타리를 치며 지낸다. 좀 더 적극적(積極的)인 생활 방식이 아쉬운 사람. 게임에 한동안 미친 사람들이 많았는데 다 이런 유형의 사람이다. 힘든 일이나, 장기간 시간을 요(要)하며 완성이 되는 일에는 금방 실증, 견디지 못한다. 우물을 파도, 한 우물을 못 판다.

❻. 악처(惡妻)를 만나고, 배신(背信)을 많이 당한다.

자기 딴에는 똑똑하다고 생각하지만, 남이 볼 때는 멍청한 사람이다. 항상 남에게 뒤통수를 맞는다. 내 마음 같겠지 하고 매사 처리하는 것이 단점(短點)이요, 그것이 망(亡)하는 지름길이다. 본인은 그것을 깨우치지 못한다.

☞ 여자의 경우면 어떨까?

- 관(官)이 많으니, 일단 해로(偕老)하기 어렵다.
- 일찍 남자를 알게 된다. 자의든, 타의든 남자관계가 복잡한 경우다. 속도—위반, 혼전(婚前)—동거도 하고, 몸을 살림의 밑천으로 하는 경우다.
- 강제적인 관계도 경험하게 된다. 성폭행 및 강간, 윤간——.

❖ 특히 재살태왕(財殺太旺)인 경우, 내 것 주고 뺨 맞는 그런 경우로 연결.

재 왕관왕(財旺官旺)일 경우, 재혼(再婚), 이혼해도 항상 금전에는 궁핍(窮乏)함이 없다. 이혼(離婚)한다면 위자료(慰藉料)를 많이 받고, 재혼(再婚)한다면 돈 많은 남성과 연결.

◘ 편관격(偏官格)의 변화(變化).

⊙ 편관(偏官)의 변화다. 각 육친(六親)을 만날 때 변화다.

- 다른 경우도 마찬가지, 특히 편관(偏官)의 변화(變化)는 다양하고, 직접적인 영향이 있으므로 참고해야 한다.

❏ 편관(偏官)이 인수(印綬)를 만날 때.

⊙ 편관(偏官)이 인수(印綬)를 만난다면, 일단 살인상생(殺印相生)이 성립.
▪ 이덕(二德)이 겸비(兼備)한다.
▪ 문제는 인수(印綬)가 많으냐?, 적으냐? 차이다. 인수(印綬)가 많으면, 편관

(偏官)이 인수(印綬)에게 흡수 되므로, 편관(偏官)의 빛이 사라진다.

▪ 매몰(埋沒)된다. 앞차가 밀리면 뒤차는 못 나간다. 흐름이 그렇다. 뒤차가 아무리 리무진이라도 길이 막히면 방법이 없다.

☐ 인수(印綬)가 험한 길이라, 헤쳐 나가는 시간은?.

己	甲	庚	丙
巳	子	子	午

⇨ 자(子)월의 갑(甲)목 일간.
관(官)과 인수(印綬)의 관계를 보자.

⇨ 갑(甲)목 일간(日干)의 여성(女性) 사주.

관(官)을 찾는 것이 여자의 본능(本能). 기대고 의지하고 싶다. 월간(月干) 경(庚) 금이 있는데, 경(庚)-금의 원류(原流)가 보이지 않는다.

▪ 오히려 적군(敵軍)이 좌, 우에서 공격, 남편으로 아내를 보살피지 못하고, 자기의 자리도 지키지 못하고 도망치다 오히려 물속에 빠져 허우적거리는 상황(狀況)이다.

▪ 남편(男便)이 무능력(無能力)하다. 허우대만 근사하지 쓸모가 없다. 그래도 서방이라고, 아내만 보면 쥐 잡듯이 잡으려 한다.

◉ 일주(日主)인 아내 갑(甲)-목은 나름대로 제 역할(役割)을 하는데, 수목응결(水木凝結)이라 냉(冷)함이 풀려야 한다.

▪ 원류(原流)인 뿌리가 차가우니 아래가 허전하다. 한 번의 결혼(結婚) 실패를 한 후, 늦게 다시 좋은 배우자를 만난다.

□ 편관(偏官)격에서 견겁(肩劫)을 만날 경우. ────────────

⊙ 편관(偏官)이 있는데 견겁(肩劫)을 만나니, 일간(日干)에 커다란 힘이다.

약(弱)해질 가능성이 있는데 힘이 되고, 보호해 주니 얼마나 좋은가?

• 그러나 자칫 지나치게 강해 지면 편관(偏官)이 되어 관(官)의 역할을 상실, 일간(日干)의 눈치만 살피는 경우가 발생(發生). 감사원이 감사의 기능을 망각, 주변의 눈치만 살피는 상황이다.

• 설사 부정과 부패가 있다 해도 기능을 상실. 권위적(權威的)이고, 무소불위(無所不爲)의 권력을 휘두르는 기관장(機關長)의 눈치만 살핀다. 감독-기관으로서 기능(機能) 마비다.

□ 편관(偏官)도 기운(氣運)이 있어야 편관(偏官)이 된다.

癸	癸	己	癸
丑	亥	未	卯

↳ 사(巳)월의 계(癸)수 일간.
편관(偏官)이 천간(天干)에 나타나 있으나 힘이 약하다.

↳ 관(官)이 천간(天干)으로 투출(投出) 하였으나 매일 지지고 볶고 싸우고 난리다. 지지(地支)의 미(未)-토가 나의 우군인 줄 알았더니, 엉뚱하게 뒤통수다. 편관(偏官)이 외로워진다. 개천가의 흙.

□ 편관(偏官)이 식상(食傷)을 만나는 경우.

편 관(偏官)이 식상(食傷)을 만나면 관식투전(官食鬪戰)으로 이어진다. 편관(偏官)의 기운(氣運)이 강(强)하면 식신제살격(食神制殺格)이 되어 길(吉)로 작용하나, 식상(食傷)의 기운이 왕(旺) 하여 제살태과격(制殺太過格)이 된다면 골육상쟁(骨肉相爭)이라, 차마 눈 뜨고 못 볼일만 보게 된다.

ㅁ 자식(子息)으로써 부모(父母)도 몰라보는 안타까움이다.

庚	甲	丙	丙
午	午	申	午

▷ 신(辛)월의 갑(甲)목 일간.
관식투전(官食鬪戰),
제살태과격(制殺太過格)의 형상.

▷ 식상(食傷)이 지나치게 왕(旺) 하다. 아비가 아비 노릇 못하니 죽어나는 것은 어미다. 그러다 보니 아비, 어미 부모(父母)가 다 자식(子息)에게는 하찮은 존재로 부각(浮刻)된다. 아! 어쩌다 이리되었을꼬? 한숨이다.

ㅁ 편관(偏官)이 재성(財星)을 만나는 경우.

편관(偏官)이 재성(財星)을 만나는 것은 자기의 원류(原流)를 찾는 것이다. 재(財)와 관(官)이 다 나타나니, 재관이덕(財官二德)이 이루어진다. 그러나 여기에서도 조건(條件)이 붙는다. 신강(身强) 해야 한다.

ㅁ 편관(偏官)이 편관(偏官)을 만나는 경우.

• 편관(偏官)이 편관(偏官)을 만나니 관(官)의 기운(氣運)이 더 강(强)해진다.
• 일주(日主)의 입장에서 더욱 곤혹스러워지는 상황으로 전개.

여 기서도 사주가 신강(身强) 하다면 별문제가 없는데, 항상 문제는 신약(身弱)할 경우다.

☞ 신약(身弱)의 경우.

관(官)의 압박이 더욱 가중, 기진맥진(氣盡脈盡)이다. 관살(官殺)이 혼잡(混雜), 대책(對策)이 없다.

❖ 교통사고를 당하였는데, 사고 차량이 보험(保險)에 미가입.

❖ 자식이 폭행(暴行)하여 치료비를 물어주기도 바쁜데, 합의(合意)가 이루어지지 않아 형사(刑事)-건으로 고발(告發)되어 경찰서를 들락날락.

❖ 관살(官殺)이 많아도 거관유살(去官留殺), 거살유관(去殺留官)일 경우는 어느 정도 해소(解消)되므로 나은 편이다.

강 도를 당해도 상해를 입고 당하는 것이요, 취직이라 하였는데, 월급도 못 받고 회사가 부도(不渡)로 문을 닫는다.

❏ 맞고 사는 것도 억울한데 ──────

丙	庚	庚	乙
戌	午	巳	巳

⇨ 사(巳)월의 경(庚)금 일간(日干).
　　쇠가 불에 녹는 형국.

⇨ 여성(女性)의 사주(四柱). 남편(男便)에게 병(病)든 인생이다. 맞고 사는 것도 억울한데, 거기에 의심까지 받는다. 주변에서는 적반하장으로 자신을 욕하고, 오해하게 된다. 겉으로는 평온한 것 같아도 인생이, 병든 인생인 줄 누가 알아주나!

❏ 미혼(未婚)인 여성(女性)이다. (2007년 당시)

乙	乙	己	辛
酉	丑	亥	丑

⇨ 해(亥)월의 을(乙)목 일간(日干).
　　재살(財殺)이 왕(旺)한 사주.

⇨ 음팔통(陰八通)에 재살(財殺)이 왕(旺) 하니 결혼(結婚)이 늦어진다. 부친

(父親)이 일찍 사망하셨다. 해(亥) 중 ➠ 갑(甲) 목 오빠가 가장(家長)의 역할을 한다. 결혼(結婚)도 남편(男便)과는 뜻이 안 맞아 불화(不和)가 잦다.

✪ 일지(日支)의 남편은 축(丑) 중➠ 신(辛) 금. 을(乙)-신(辛) ➠ 충(沖)이다.

✪ 남의 남자와 눈이 맞아 이중생활(二重生活)을 하는 팔자(八字).

✪ 시지(時支) 유(酉) 중의 ➠ 경(庚) 금과 합(合)이 되니 눈이 맞아 불륜(不倫)을 저지른다. 이미 그 남자는 시간(時干)에 있는 을(乙) 목의 남자(男子)다.

✪ 절대로 그 남자는 아내와 이혼(離婚) 불가.

✪ 습목(濕木)에 냉(冷)한 사주라 성격(成格)을 맞추기도 힘들다.

9. 건록격(建祿格).

☐ 보통 록(祿), 귀록(歸錄), 건록(建祿), 전록(專祿) 등의 여러 명칭 사용되는데 근본 원리는 다 같다.

록(祿)이란? 보통 글자 그대로 행복(幸福)이요, 녹봉(祿俸)이요, 복록(福祿)이다. 건(建)이란? 세우는 것이요, 만드는 것이요, 기반(基盤)을 다지는 것이요, 자리를 찾는 것이다.

포 태법(胞胎法)으로 건록(建祿)은 관궁(官宮)이다. 관(官)이란 관직(官職), 벼슬, 내 맡은 바 직책(職責), 일이다.

그러므로 정당하게 일을 해서 자기 권리를 주장하고, 그에 합당한 대가(代價)를 받는 것 관(官)이다.

☐ 록(祿)이란 비겁(比劫)이다. ————————————

◉ 자연 신약(身弱)하면 나에게는 힘이 되어주니 길(吉)로 작용,

• 신강(身强) 할 경우는 겁재(劫財)의 작용을 하니, 나에게는 흉(凶)으로 작용.

☐ 건록(建祿)에도 양(陽)일주와, 음(陰)일주 간 차이가 있다.

✪ 양(陽)일주의 관계를 살펴보자.

양(陽)의 일간을 살펴보면 갑(甲), 병(丙), 무(戊), 경(庚), 임(壬)이 된다.

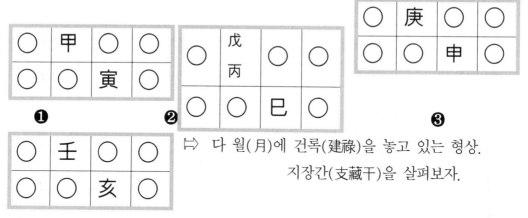

⇨ 다 월(月)에 건록(建祿)을 놓고 있는 형상.

지장간(支藏干)을 살펴보자.

❶. 갑(甲)목 일간(日干)의 경우.

지지(地支)인 인(寅)－목이 록(祿)인데 지장간이 ➡ 무(戊), 병(丙), 갑(甲)이다. 인(寅)중의 ➡ 병(丙)화가 있어 식신(食神) 역할을 한다. 일간이 다소 태강(太康)해도 병(丙)화 식신(食神)이 있으므로 자체적으로 조절할 능력이 된다. 기본적인 흐름은 이어진다.

❷. 병(丙)화와 무(戊)-토 일간(日干)이다.

화(火), 토(土)는 ➡ 동격(同格)이라 같이 취급.

⊙ 사(巳)화의 경우➡ 무(戊), 경(庚), 병(丙)이다. 병(丙)화의 경우는➡무(戊) 토가 있고, 무(戊) 토의 경우는➡ 경(庚) 금이 있다.

❸. 경(庚) 금의 경우.

신(申) 금이 건록(建祿)인데 신(申)-금은 무(戊), 임(壬), 경(庚)이다. 임(壬)수가 그 역할을 충실히 이행.

❹. 임(壬)-수의 경우.

해(亥)-수가 되는데, 해(亥)수는 지장간이 ➡ 무(戊), 갑(甲), 임(壬)이다. 이 경우는 ➡ 갑(甲)-목이 있어 식신(食神) 작용.

☞ 음(陰)일주의 관계를 살펴보자.

○	乙	○	○
○	○	卯	○

○	丁	○	○
○	○	午	○

○	己	○	○
○	○	午	○

○	辛	○	○
○	○	酉	○

○	癸	○	○
○	○	子	○

을 (乙) 목의 경우는 묘(卯)목이라, 묘(卯)는 ➡ 지장간이 갑(甲), 을(乙)이다. 나무가 빽빽하여 삼림이 우거져도 지나치다 보니 숨 쉴 공간(空間)이 없다.

낙엽이 나무뿌리를 덮고 있으니 공기의 유통(流通)이 원활하지 못하다. 이 경우 자체조절이 아니라, 숨이 막혀 죽을 맛이다. 정(丁)화, 기(己)토의 경우, 신(辛)-금과 계(癸)수의 경우도 마찬가지.

☞ 갑(甲)-목, 을(乙)-목을 비교하자.

갑 (甲)-목의 경우는 병(丙)화가 있어 양지 녘 나무가 병(丙)화로 꽃을 피우는 형상. 제대로 자라서 자기 기량을 맘껏 뽐내고, 꽃을 피우면서 자태를 자랑한다. 을(乙)-목의 경우는 화(火)가 없으니 꽃을 피우지 못한다.

◉ 음지(陰地)의 나무다. 음(陰)-일주는 자(子), 오(午), 묘(卯), 유(酉) 왕궁(旺宮)에 걸려 배출할 곳이 없다. 서로가 뒤엉켜 지지고 볶는 일뿐, 아무런 발전(發展)이 없다.

◻ 건록격(建祿格)의 구성(構成)요건(要件).

월 지(月支)에 정록(正祿)을 놓으면 성립. 그러나 형(刑), 충(沖)이 작용된다면 파격(破格)이 되는데 월지(月支)는 근본이며 뿌리인데, 이것이 상한다면 제대로 뜻을 이루기 어렵다.

◻ 뿌리가 흔들리고 있다.

〇	甲	〇	〇
〇	申	寅	〇

↳ 인(寅)월의 갑(甲)목 일간.
지지(地支) 일(日)과 월(月)이
인(寅)-신(申)➡충(沖).

↳ 정록(正祿)의 고귀하고 아름다움에 흠집이 생기고, 상처가 발생.
☞ 사주에 형(刑), 충(沖)이 있는 사람은 얼굴이 매끈하지 못하다. 수려(秀麗)한 맛이 없다. 어딘지 모르게 울퉁불퉁하다. 그렇지 않다면 어느 한구석에라도 흠이 있다.

□ 정록(正祿)의 많고, 적음의 차이.

☞ 정록(正祿)이란?

정 록(正祿)이란 건록(建祿)이라고도 한다.
- 사주에서 일지(日支)에 건록(建祿)이 있으면, 성공하고 부귀(富貴)해 일평생 호의호식한다. 물론 전체적인 상황을 살펴야 한다는 것을 전제로 함은 당연.
- 그만큼 복록(福祿)은 갖추어져 있다. 정록(正祿)도 많으면 골치다. 아무리 좋은 것도 많으면 탈이요, 문제를 야기.
- 정록(正祿)이 많으면 일간(日干)의 기운이 강(强)해져 태왕(太旺)한 사주로 변한다.

견 겁(肩劫)이 많아지므로 절로 재(財), 관(官), 인(印) 삼반물(三盤物)이 몰락하는 상황. 이것저것 다 필요 없다. 지가 다하는데, 가진 것도, 아는 것도, 하는 것도, 다 자기가 다 한다. 세상 사는 것 다 내 멋에 사는 것이니까 누가 무어라 할 것인가? 말도 안 듣는 것을. 고집불통(固執不通)이다.

□ 곰팡이 냄새가 코끝을 진동시킨다.

○	乙	○	○
卯	卯	卯	○

⇨ 묘(卯)월의 을(乙)목 일간.
완전히 음(陰)의 세상이다.

⇨ 너무 설쳐도 걱정이요, 지나치게 꽁해도 걱정이다. 음지(陰地)의 나무라 햇볕을 거부. 지나치게 습(濕)하니 옆에만 있어도 냉기(冷氣)가 감돌고, 바람이 획획 분다. 잘못 손을 대다가는 미끄러워 다치기 십상. 정록(正祿)도 많아도 탈이다. 양(陽)-목 경우도 마찬가지.

□ 고생 끝에 낙이 있다.

丁	乙	辛	戊
卯	未	酉	申

↳ 유(酉)월의 을(乙)목 일간.
선약후강(先弱後強)으로 바뀌는 사주.

재 살(財殺)이 태왕(太旺)한 사주가 정록(正祿)의 도움으로 의지처(依支處)를 확보, 안정(安定)을 찾는 형국. 신약(身弱)한 일주(日主)가 정록(正祿)의 도움으로 신약(身弱)의 신세를 면한다. 일주에게는 귀인(貴人).

⊙ 을(乙)-목 일간이 시(時)에 록(祿)을 놓으니 귀록격(貴祿格). 미(未)-토인 재(財)가 묘(卯)와 합하여 목국(木局)을 형성, 여간 고마울 수 없다.
▪ 힘들고 어려워도 참고 견디면, 하늘은 스스로 돕는 자를 돕는다.

□ 겉으로는 잘난 척을 해도 실속없는 사람이다.

○	丙	○	○
酉	申	巳	○

↳ 사(巳)월의 병(丙)화 일간.
정록(正祿)이 변화(變化).

↳ 병(丙)화 일간이 월(月)에 정록(正祿)을 놓고 있다.

⊙ 처음에는 좋았는데 지날수록 재(財)인 금(金)의 기운이 강(強)해진다. 갈수록 태산.
• 선강후약(先強後弱). 이런 사주의 주인공은 처음에는 큰 소리 뻥뻥-치다 조금 지나고 나면 꼬랑지를 내리는 사람. 매사 하는 일이 용두사미(龍頭蛇尾)-격. 잘못된 길로 빠지면 혼인빙자 사기 및 기타 범죄로 변질된다.

□ 건록격(建祿格)의 특성. ────────────────────

건록격(建祿格)을 갖춘 사람들은 대체로 착하다. 인수격(印綬格)을 놓은 사람도 그렇지만 정록(正祿)을 놓았으니 크게 욕심내지 않는다.

• 인수격(印綬格)은 이상적인 면이 강하지만 정록(正祿)-격은 현실적인 면이 강하다.
• 본인이 노력한 대가(代價) 이상은 바라지 않고 적정(適正)선에서 마무리 지으려는 사람이다.
• 나이가 들면 들수록 일에 대한 지나친 욕심은 많이 없어진다. 원인이 바로 체력(體力)인데 건강(健康)을 생각해 무리하지 않는다.

• 먹고 살 만하면 일하는 즐거움으로 일한다. 그것이 정신건강에도 커다란 도움이다. 그러나 형편이 어려운 경우에는 대게 무리를 하니 부작용이 생긴다.
• 그래서 나이 들 경우, 아프고, 일찍 명(命)줄을 거두는 경우, 이런 원인이 차지하는 경우다. 말년(末年)-운(運)이 안 좋은 경우도 마찬가지.

☞ 공직에 뜻을 두는 경우가 많다.

⊙ 자기의 맡은 바 일에 충실하고, 큰 욕심을 내지 않는다. 근본적으로 권모술수(權謀術數)와는 거리가 있다.
☞ 월(月)에 록(祿)을 놓고 있으므로 장남(長男)이나, 장녀(長女)가 많다.
☞ 일단 비견(比肩), 비겁(比劫)이니 사주가 강(强)한 편이 많다.
　신강(身强) 하다. 신강(身强) 사주의 소유자는 자기가 뜻을 한 번 정하면, 설사 그것이 잘못된 것인 줄 알면서도 밀어붙이는 경향이 있다. 한 번 정한 목표는 끝장을 본다.

☞ 월(月)에 견겁(肩劫) 이거나, 사주(四柱)에 많은 경우는?

◉ 월(月)은 부모(父母)의 자리.

◉ 그런데 견겁(肩劫)이 자리를 차지하고 있으므로 아버지 존재(存在)가 힘들

어진다. • 재(財)인 ➡️부친(父親)이 자리하기 힘든 것이다. 재(財)의 기운(氣運)이 견겁(肩劫)에 의하여 핍박(逼迫)받는다.

• 밖으로 나돌거나, 보이지 않거나, 심하면 일찍 세상을 떠난다.

◉ 가장(家長)이 먼저 돌아가시니 내가 그 역할을 해야 한다. 생활(生活)을 책

임져야 한다. 조달남아(早達男兒)다. 자연 홀로 독립해야 한다. 자수성가(自手成家)하는 인생(人生)이다. 일찍 가장(家長) 역할을 하니 가정과 형제, 식구들에 대한 고심(苦心)이 항상 많다. 한 자락 깔고 사는 운명.

득 령(得令), 가장 강(强)한 기운(氣運)을 갖고 태어난 것이다. 건강(健康)하다. 사주가 신강(身强) 하므로 잔병 없이 건강한 상태로 자란다.

☞ 견겁(肩劫)이 많으면 제일 먼저 생기는 것, 탈재(奪財)-현상.

◉ 금전(金錢), 여자(女子)-문제로 잡음(雜音)이 항상 끊이지 않는다.

출생 시부터 견겁(肩劫)이 왕-하면 관(官)이나, 재(財)가 힘을 못 쓴다. 자연 부모가 제대로 그 역할을 못 한다.

▪ 설사 부모의 유산(遺産)이 있어도 그것을 곧 탕진한다.

그것이 없어지고 난 후에 홀로서기를 한다.

▪ 일찍이 정신을 차린다면 자수성가(自手成家)가 성립.

늦게 철이 든다면 다 망가지고 난 후에 모진 세파(歲破)

를 겪고 나서야 정신 차린다. ☞ 사주가 태왕(太旺)하면 관살(官殺)도 맥을 못 춘다. 지나치게 강(强)한 기운(氣運)을 설기(泄氣)-하는 것이 최우선.

❏ 뒤집으나, 옆으나 마찬가지.

乙	丁	丁	癸
巳	巳	巳	丑

⇨ 사(巳)월의 정(丁)화 일간.
⇨지지(地支)가 양수(兩手)이다.

⇨ 지지(地支)에 화(火)가 많다.

천간(天干)에 비겁(比劫)인 정(丁)화가 월(月)에 또 있다. 지지는 사축(巳丑)하여, 금국(金局)의 요소가 늘 나타난다.

▪ 여기서 양수(兩手)라 함은 양쪽을 다 병행(竝行)한다는 설명. 그런데 공교롭게도 두 가지 다 공통점이 있다.

※ 재(財)와는 인연이 없다. 운(運)에서 한 번씩은 큰 변화(變化)가 있겠지만, 지나고 나면 다시 원위치, 참 답답한 일이다.

견 겁(肩劫)이 왕(旺)-한 것이요, 재(財)가 왕(旺)-한 것이다. ※ 재혼(再婚)하였으나, 또 이혼(離婚)하려 서류를 접수하였다.

❏ 겸손은 적을 만들지 않는다.

丙	甲	○	○
寅	子	寅	寅

⇨ 인(寅)월의 갑(甲)목 일간(日干).
견겁(肩劫)이 지나치게 왕(旺)하다.

⇨ 여기에는 관살(官殺)인 금(金)이 와도 맥을 못춘다.

견 겁(肩劫)이 많으니 재(財)가 항상 위험하다. 언제 어느 순간에 사라질지 모르는 형국이다.

얼마 전에 미국에서도 태풍과 해일로 도시 전체가 피난

가는 일이 있었다. 기운이 지나치게 강할 때는 피하는 것이 상책이다.

▪ 그리고 그 기운이 다하여 쇠할 때 들어가는 것이다. 사주도 마찬가지다.

▪ 지나치게 기운이 강(强)하여 근접하기 힘들 경우, 그 기운(氣運)을 빼는 것이 첫 번째 할 일이다.

▪ 목생화(木生火)하여 식상(食傷)으로 설기(泄氣)-시키는 것이 최선이다.

❏ 지나친 조바심은 오히려 해롭다.

甲	甲	丙	己
子	寅	寅	未

⇨ 인(寅)월의 갑(甲)목 일간.
건록격(建祿格)인데 지나치게 왕(旺)하다.

⇨ 여성의 사주이다.
- 직장생활을 하다 2008년 2월 직장을 그만 두었다.
- 흐름이 역행(逆行)하는 사주다.
- 아이가 없어, 걱정하는 사주다. 대운(大運)에서 남방 화(火)-운으로 기운(氣運)이 흐른다.

신 강(身强)하고, 식상(食傷)의 기운(氣運)도 만만치 않다. 지나친 겸손(謙遜)이 화근(禍根)이다. 일주(日主)가 강(强)하고, 식상(食傷)의 기운도 강(强)한 경우.

☞ 왕자의설(旺者宜泄) : 왕(旺) 한 자는 당연히 그 기운(氣運)을 빼야 중화(中和) 되는 것이고, 만사 해결이다. 설기(泄氣)-한다는 것은 사람이 겸손(謙遜) 하고, 도(道)를 지킨다는 것이다. 아는 것이 많다고 말을 많이 하다 보면 항상 밑천이 바닥나기 마련이다.

⊙ 진중(鎭重)하고, 경청(敬聽)하는 자세, 꼭 필요한 순 간에 필요한 말을 하는 것. 또한 처세(處世)의 방법.

⊙ 로또에 그것도 일등에 당첨이 되었으면 "나 공돈이 많 이 생겼습니다." 하고 떠들어야 할 터인데 왜 쉬쉬하고, 비밀리에 처리할까? 가르쳐 주지도 않아도 잘 아는 처세 (處世)다.

⊙ 설기(泄氣)도 설기(泄氣) 나름. 없든 사람이 갑자기 있으면, 없는 것이나 똑같이 해야 한다. 없던 사람이 있 어도 믿지 않는 것이요, 있던 사람이 나 없어요, 해도 상 대방이 믿지 않는다. 오히려 역(逆)효과가 난다. 주변(周

邊)의 상황(狀況)도 판단, 참고해야 한다. 일단 설기(泄氣)를 하지만 실속(實速) 없는 설기(泄氣)다.

일 주(日主)가 견겁(肩劫)으로 지나치게 강(强)할 경우, 설기(泄氣)도 크게 표 나지 않는다. 여기에서 곡직격(曲直格), 염상(炎上)격, 가색(稼穡)격, 종혁격(從革格), 윤하격(潤下格) 등을 구별해야 한다.

☞ 건록격(建祿格)은 대체로 신왕(身旺)한 사주가 되는데, 견겁(肩劫)이 왕(旺)−한 경우로 사주의 천간(天干)에 견겁(肩劫)이 투출(透出), 사주가 자연 흉(凶)할 수밖에 없다.

일 반적으로 건록격(建祿格)이라면, 일간(日干)이 강(强)해지므로 좋아하는데, 주의할 점이 견겁(肩劫)이 천간(天干)에 투출(透出)−하였나? 하는 것이다. 항상 분란(紛亂)의 씨앗을 제공.

☞ 록(祿)의 위치에 따른 구별.

	시지(時支)	일지(日支)	월지(月支)	년지(年支)
명칭(名稱)	귀록(歸錄)	전록(專祿)	건록(建祿)	세록(歲祿)

❖ 록(祿)이 자리한 위치에 따라, 각각의 명칭(名稱)도 다르다.

❏ 건록(建祿)과 양인(羊刃)은 비견(比肩)과 비겁(比劫)이 되는데, 이에 해당하지 않는 경우가 있을 때, 격(格)을 어떻게 정해야 하는가?

격 (格)이라는 것은 어디에나 평등(平等)하게 사용되는데, 소용(所用)없는 것이라 할 수도 없다. 사주에서 소용(所用)없는 육친(六親)이 어디 있는가? 갖다 붙이는데 돈 드는 것도 아닌데, 그래야 정확(正確)한 구별(區別)이 되는 것 아닌가?

□ 비견(比肩)·겁격(劫格)이라고 하는 주장을 살펴본다.

戊	乙	乙	癸
寅	巳	卯	丑

⇨ 묘(卯)월의 을(乙)목 일간.
　견겁(肩劫)이 왕(旺)한 사주.

⇨ 을(乙)목 일간(日干)이 월(月)에 건록(建祿)을 놓고 있
　다. 시지(時支)에 인(寅)목을 놓고 있는데 어떻게 격
　(格)을 정해야 할 것인가?

• 시지(時支)에 있으니 귀록(歸錄)이라고 한다면, 그것으로
　모든 것이 정리될 것인가?

• 록(祿)의 정의(正意)는 비견(比肩) 아닌가?
　을(乙)-목에게 인(寅)-목은 겁재(劫財)가 되는데 겁재
　(劫財)는 양인(羊刃)으로 취급,

◉ 음(陰)이라 양인(羊刃)으로 취급 않는다.
　그렇다면 인(寅)-목은 어떻게 정의를 내려야 할 것인가?

• 인(寅)-목은 을(乙)-목에게는 겁재(劫財)인데, 겁재(劫財)-격이라 하면
될 것인가? 그렇다면 무엇으로 정의를 내린단 말인가?

◉ 다른 오행(五行) 경우도 마찬가지.

문제는 정기(正氣)를 위주로 본다.
그리고 토(土) 경우는 화(火), 토(土)는 동격(同
格)이라 화(火)로 보는 것이 의견의 차이다.
이에 판단은 각자의 판단에 맡긴다.

ㅁ. 전록격(專祿格).

전 록격(專祿格)은 일지(日支)에 정록(正祿)을 놓고 있는 경우를 말하는데, 건록격(建祿格)의 설명이 있으면 같이 하는 것이 당연할 것 같아 설명.

❑ 전록격(專祿格)이란?

일지(日支)에 정록(正祿)을 놓은 것으로 육십갑자(六十甲子)를 살펴보면 전체 중에서 4개가 나온다. 일주(日柱) 자체(自體)로 구성(構成)되는 격(格)이다.

甲 - 庚 - 乙 - 辛 ＼   음양(陰陽)과 천간(天干), 지지(地支)가 같다.

寅 - 申 - 卯 - 酉 ／   ☞ 간여지동(干與支同) 이다.

⊙ 일간(日干)의 경우.   갑(甲)에서 인(寅)을 지지(地支)에 놓을 경우,
　　　　　　　　　　　을(乙)에서 묘(卯)를 지지(地支)에 놓을 경우,
　　　　　　　　　　　병(丙)에서 인(寅)을 지지(地支)에 놓을 경우,
　　　　　　　　　　　정(丁)에서 인(寅)을 지지(地支)에 놓을 경우,

✪ 갑인(甲寅), 을묘(乙卯), 경신(庚申), 신유(辛酉)의 4개 나온다.
　(목(木)과 금(金)을 생각하면 된다.)

✪ **간여지동(干與支同)이다.**

▪ 이러한 경우는 부부(夫婦)-궁(宮)이 좋지 않다. 서로 양보하면 되는 일도 내가 우겨 이겨야 한다는 습성(習性)이 나온다.

▪ 뿌리가 든든하니 만사 남에게 지기 싫어한다. 자연 고집(固執)이 세고, 남의 조언(助言)을 싫어한다. 잔소리가 심하면 전화를 통화하는 중에도 끊는다.

✪ 형(刑)이나, 충(沖)이 있다면?

전록(專祿)으로 가치가 떨어진다. 사주가 신왕(身旺)할 경우 오히려 해롭고, 신약(身弱)할 경우, 일간의 의지처(依支處)가 되어 좋다.

❶. 일주(日主)가 지나치게 강(强)해도 문제다.

辛	庚	乙	庚
巳	申	酉	子

⇨ 유(酉)월의 경(庚)금 일간.
일지(日支)에 신(申)금을 놓고 있다.

⇨ 여성(女性) 사주(四柱). 경신(庚申)−일주(日柱)라 일간(日干)인 경(庚) 금이 지지(地支)에 정록(正祿)을 놓고 있다.

■ 전록격(專祿格)이 성립. 사주−전체를 보면 견겁(肩劫)이 지나치게 왕(旺) 하다. 고집도 고집이지만, 견겁(肩劫) 폐해(弊害)가 항상 발생.

■ 시지(時支) ➡ 사(巳)화가 일지(日支)와 합(合)되어 식상(食傷)으로 변하니, 무엇인가 일을 해도 관재수(官災數)가 발생, 뒤가 항상 시끄럽다.

❷. 연상의 유부남과 열애(熱愛).

己	庚	己	壬
卯	申	酉	子

⇨ 유(酉)월의 경(庚)금 일간.
재(財)와 관(官)이 약(弱)한 사주다.

⇨ **전록격(專祿格)인데 재관(財官)이 빈약(貧弱).**

■ 자연 음탕한 부분이 강하고, 사생활이 문란.

전록격은 ❶, ❷의 사주의 실례를 들어보지만, 여자 경우는 팔자가 대체로 사납다.
■ 공통으로 통하는 말이 고집이 있네요, 인덕(人德)이 없네요, 크게 한 번 사고−수가 있거나, 몸에 칼을 한 번 대봐야겠네요. 등등—일차적(一次的)이다.
⊙ 대운(大運)을 살펴보라.

☞ 참고로 살펴보는 간여지동(干與支同). ——————————

간여지동(干與支同)은 결국 일주(日柱) 자체가 비견(比肩)이라는 설명. 여기서도 진정한 간여지동(干與支同) 논리가 나온다. 위의 설명을 참조.

甲	乙	丙	丁	戊	戊	己	己	庚	辛	壬	癸
寅	卯	午	巳	辰	戌	丑	未	申	酉	子	亥
①	②	③	④	⑤	⑥	⑦	⑧	⑨	⑩	⑪	⑫

☞ 여기에서 공통으로 사용되는 설명은 무엇일까?

❖ 지지(地支)에 비견(比肩)이니 고집불통이요, 웬만해서는 대화-불통.

❖ 비견(比肩)이 왕(旺) 하니, 인덕(人德)이 없다.

❖ 뿌리가 든든하니 건강하고, 똑똑하다.

❖ 신약(身弱)일 경우, 의지(依支)처가 되고 힘이 되니 좋으나, 신강(身强)일 경우, 오히려 흉(凶)으로 작용.

❖ 부부(夫婦)간이 똑같으니 사이가 좋을 수가 없다. 한 자락 깔고 산다.

❖ 나와 같은 사람인 형제가 안방을 차지하고 있다. 재산-분쟁 우려.

❖ 대체로 크게 이루어 놓은 것이 별로 없다.

❖ 전록격(專祿格)의 경우, 형(刑)이나, 충(沖)이 되면 전록(專祿)의 가치가 떨어진다.

□. 귀록격(歸錄格). ——————————

□ 귀록격(歸錄格)이란 ?

시지(時支)에 정록(正祿)을 놓고 있는 경우, 일주(日主)의 뿌리가 더해진다. 사주(四柱)가 신왕(身旺)할 때는 흉(凶), 신약(身弱)일 경우 길(吉)로 작용.

10. 양인격(羊刃格).

⊙ 양인(羊刃) 이란 무엇인가? 칼날과 같이 위험하고, 즉시 위해(危害)를 가
(加)할 수 있는, 살기(殺氣)가 느껴지는, 공포감마저
느껴지는 기운(氣運)이다. 항상 주변(周邊)을 배회(徘
徊)하며, 기회를 노리듯 감싸고 있는 항상 불안(不安),
언제 무슨 일이 벌어질 줄 절대절명(絶對絶命)의 순간
같은 상황의 연속이 잠재한 기운(氣運)이다.

⊙ 양인(羊刃)의 사용에 관한 설명이 많은데 그 중 편
안한 것을 말한다면 " 칼이란 좋은 쪽으로 잘 사용하면 이롭기 그지없는 이기
(利器)인데, 이것이 그릇된 방향으로 잘못 쓰인다면 인
명(人命)을 살상(殺傷), 많은 피해, 슬픔을 주는 흉기
(凶器)로 변한다. 재주나, 이와 유사한 경우도 마찬가
지. 잘못 사용된 경우를 보면 도박, 컴퓨터 해킹, 어음
위조 사기, 부동산 사기, 도적질, 서류위조 사기, 살인
및 폭행, 구타, 공갈, 협박 등등 많이 있다.

❑ 양인격(羊刃格)의 기본적인 사항(事項)과 특징(特徵).

☞ 양인격(羊刃格)은 양(陽)-일주(日主)에 적용 사용.

☞ 양인(羊刃)이 지나치게 많으면 제대로 그 기능(技能)을
발휘 못한다.
사나이 대장부가 칼을 한 번 뽑았으면 썩은 무라도 잘라야
할 것인데, 쓸 데 없는 곳에 모든 기력을 허비, 제 역할을
못 하고 한직(閑職)에 머무는 경우다. 남의 집 고용살이요,
백정이요, 칼 잘못 휘두르다 신세 망치는 사람이 된다.

❏ 전형적(典型的)인 특징(特徵).

양인(羊刃)이란 형벌(刑罰)을 담당, 그에 관련된 행위를 하는 살성(殺星)이다.

❖ 안대발광(眼大髮强) : 눈이 크고, 머리카락이 빳빳하여 거칠고 강하다. 마치 돼지 털과도 같은 형상. 곱슬머리일 경우는 지나치게 곱슬로 이어진다.

❖ 임전무퇴(臨戰無退) : 세속 오계 하나로, 전장(戰場)에 나아가 물러나지 않음.

❖ 전이불항(戰而不降) : 전투에 있어, 항복(降伏)이란 있을 수 없다.

▪ 양인(羊刃)은 포태법(胞胎法)으로 보면 왕궁(旺宮)에 해당한다. 왕(王)이 죽으면 나라가 망(亡)하는 것이요, 국가(國家)의 존립(存立)이 흔들린다.

▪ 항복(降伏)이란 곧 죽음이다.

후 퇴(後退)와 일시적인 굴복(屈伏)도 다 작전(作戰)에 해당할 수 있다. 이보(二步) 전진(前進)을 위한 일보(一步) 후퇴(後退), 전세(戰勢)를 만회하기 위한 일시적인 휴전(休戰) 등도 해당. ☞ 융통성이 없으니 병원에서 수술해야 한다 해도 자기가 의사다.

▪ 안 해도 치료가 가능하다 우기며 거부하는 경우의 극(剋)한 상황도 연출.

☞ 양인격(羊刃格)은 체격(體格)이 우람하다.

⊙ 기본골격(基本骨格)이 탄탄하다. 장사−체질이다. ▪ 소위 말하는 통뼈다. 작아도 둥글둥글 야무지다.

☞ 통상적인 직업을 보면 군인, 검찰, 법관, 정보 및 보안계통, 등등이 있는데 사주의 격(格)에 따라 그 높낮이가 정해진다. ▪ 누구는 장군인데, 영관급인데, 위관−급 인데, 누구는 하사관. 누구는 검사인데 누구는 교정직에 근무한다. 다 격(格)에 따른 차이다. 격이란 환경의 영향도 크다.

☞ 양인(羊刃)은 전형적인 겁재(劫財)이다. 기본적으로 소유본능이 강하다.

흉(凶)으로 작용하면 뺏고, 빼앗기고, 때리고, 맞고 갖가지 경우가 발생(發生)한다. 대상(對象)은 ➡ 재성(財星)이다.

☞ 양인(羊刃)이 무기(武器)면, 편관(偏官)은 장수(將帥). 아무리 좋은 무기가 있더라도 그것을 능숙하게 다루는 사람이 없다면 소용없다. 큰 칼은 힘이 세고, 덩치가 큰 장수가 사용해야 제격. 관운장처럼 큰 칼을 휘두르며 그 위용(威容)을 나타내야 한다. 모든 것이 짝이 있듯 양인(羊刃)에는 필히 편관(偏官)이 있어야 제 기능을 발휘(發揮)하는

양면성(兩面性)이다. 전장(戰場)에 나서는 장수(將帥)에게는 붓이 필요 없다. 그에게는 무기(武器). 총칼이 필요. 양인(羊刃)에게 편관(偏官)이 있어야 하는 이유가 또 하나 있다. 둘이 합(合)이 된다. 때에 따라 귀찮은 존재로 작용할 경우, 짝지어 보내는 경우다. 눈에 가시같은 존재요, 이 사이에 끼인 음식물과 같다. 앙숙같은 사이지만 원만한 해결방법을 모색한다. 이것이 타협 안 되면 "등을 보이지 마라!"고 충고(忠告)한다.

❑ 양인(羊刃)과 편관(偏官)과의 관계.──천간(天干) 기준

오행(五行)일간	양인(羊刃)	편관(偏官)	합(合)의 형성
갑(甲)목	을(乙)목	경(庚)금	을-경(乙庚)합
병(丙)화	정(丁)화	임(壬)수	정-임(丁壬)합
무(戊)토	기(己)토	갑(甲)목	갑-기(甲己)합
경(庚)금	신(辛)금	병(丙)화	병-신(丙辛)합
임(壬)수	계(癸)수	무(戊)토	무-계(戊癸)합

❒ 모든 것을 힘으로만 밀어붙이려는 사고방식의 사람.

乙	甲	乙	戊
亥	子	卯	寅

⇨ 묘(卯)월의 갑(甲)목 일간.
양인(羊刃)이 판치는 사주.

⇨ 양인(羊刃)이 지나치게 많으니 속된 말로 겁대가리 없는 인간이다.

여기서 양인(羊刃)에 형(刑)-되는 것이 나타나는데, 그것이 바로 자(子)-묘(卯) 형(刑)이다.

⊙ 인수(印綬)인 ➡ 수(水)로 교육(敎育)을 받고, 충고(忠告)를 듣고, 매 맞는 형상이라 마른 날에 물벼락을 맞는 것이요, 매 맞는 것이다.

☞ 양인(羊刃)은 양(陽)-일주(日主)를 위주로 본다.

○	甲	○	○
○	○	卯	○

○	丙	○	○
○	○	午	○

○	戊	○	○
○	○	午	○

❸

○	庚	○	○
○	○	酉	○

○	壬	○	○
○	○	子	○

○	戊	○	○
○	○	未	○

❻

☞ ❸ 의 경우는 인수격(印綬格)으로 보아야 할 것이다.

❻ 의 경우가 양인격(羊刃格)이 성립(成立).

☞ 시지(時支)는 말년(末年)인데 양인(羊刃)이 있다면 어떻게 해석?

❖ 말년(末年)에 흉사(凶事)다.

❖ 내 것을 빼앗아가니 도둑놈을 만나는 꼴이다.

☞ 천간(天干)에 비겁(比劫)이 살아있어도, 양인격(羊刃格)의 작용이 나온다.

○	甲	乙	○
○	○	亥	○

❖ 비겁(比劫)이 뿌리가 든든하여 확실하다.

☞ 음(陰)−일주(日主) 양인(羊刃)은 적용 안 한다. 비겁(比劫)−격으로 판단.

❑ 양인(羊刃)의 특성은 어떤가?

❑ 재(財)를 상하게 한다. 극(剋)하므로

○	庚	○	○
○	○	酉	○

⇨ 유(酉)월의 경(庚)금 일간.
군겁쟁재(群劫爭財)가 성립.

⇨ 여기에서 각 육친(六親)을 추리하여보자.

❂ 재성(財星)은 목(木)이 되는데, 견겁(肩劫)이 왕(旺)−하니 자연 군겁쟁재(群劫爭財)라 도망 다니기 바쁘다. 우산 장사에게는 비 오는 날이 장사가 잘되는 날이다.

▪ 그런데 비가 계속 온다거나, 장마철이라 홍수(洪水)도 나고 한다면 어떨까? 일반적이고, 사실 그러하다. 무엇이 그렇단 말인가? 우산장사는 비가 오면 우산을 많이 팔게 되니, 자연 장사가 잘되는 것이 아닐까? 지극히 당연. 물론 잘 된다. 그러나 그것은 일차적인 추명(推命) 방법이요, 세심(細心)한 주의(注意)가 떨어지는 논리(論理)다.

◉ 양적(量的)인 면으로, 시간적(時間的)인 면으로 비 오는 날이 길어지면 우산을 찾아도 고급 우산은 안 찾는다. 그리고 구석구석 뒤져서 헌 우산이라도 다 끄집어낸다. 장사란 원리(原理)가 많은 이윤(利潤)을 남기는 것이다. 그런데 싸

구려 우산만 나간다면 물론 남기야 하지만 별로 효용─가치가 없다. 처음에는 한두 개 구입을 할지는 몰라도 점점 수요(需要)가 줄어든다. 아예 항상 몸에 가까이 갖고 다니니 말이다. 필수품(必需品)이 되니 생각만큼 판매가 안 된다. 오히려 비가 그쳤다가 오는 식으로 변덕을 부려야 장사가 된다. 그것도 아주 길지 않게 말이다. 소나기라도 퍼붓듯 말이다.

◉ 재(財)를 여자(女子)라고 보자. 견겁(肩劫)이 지나치게 많으면 재(財)의 입장에서는 흔한 것이 남자(男子)라, 남자의 고귀함, 고마움에 대해 크게 느끼지 못한다. 귀찮아 피한다.

▪ 사방에 남자니, 발에 걸리는 것이 남자라 지겹다.

또 다른 면으로 본다면 남자들이 몰려드니 감당 못 한다. 걸음아 나 살려라! 하

고서 도망 다닌다. 여성에게는 관살(官殺)이니 존립(存立)이 힘들어진다.

▪ 결국 이혼(離婚)하거나, 별거(別居), 심하면 혼자 산다. 차라리 그것이 낫다면서 말이다.

☞ 편관(偏官)과 암합(暗合)을 한다.

▯ 천간(天干)의 합을 살펴본다.

○	甲	乙	庚
○	○	○	○

같은 목(木)인데도 갑(甲), 을(乙)이 다르다.

▷ 목(木)은 금(金)의 극(剋)을 받는 것이 오행(五行)─상극(相剋)의 원리(原理)이다. 그런데 갑(甲)목은 극을 받고, 을(乙)─목은 오히려 좋아 난리다. ▪ 갑

(甲) 목은 사람이 고지식하고, 멋대가리 없어서 친근(親近)감이 덜 가는데, 을(乙) 목은 유(柔)하며, 부드러우니 차갑기만 한 경(庚)—금의 환심을 사고, 연약함을 보고 돌보아주고 싶은 충동(衝動)을 일으킨다. 합(合)이 형성. 을경(乙庚)➡합(合)을 하느라, 갑(甲)–경(庚)➡충(沖)을 망각.

❏ 지지(地支)와의 합(合)을 살펴야 한다.

○	甲	○	庚
○	○	卯	○

⇨ 갑(甲)목에 묘(卯)목은 양인(羊刃). 편관(偏官)은 경(庚)금이 된다.

⇨ 경(庚) 금인 편관(偏官), 묘(卯)—중 을(乙)—목이 을경(乙庚)➡합.

❏ 병신(丙辛)합의 경우.

○	庚	○	丙
○	○	酉	○

⇨ 경(庚)금에 유(酉)금은 양인(羊刃). 편관(偏官)은 병(丙)화가 된다.

⇨ 병(丙)과 유(酉)중➡신(辛) 금이 병신(丙辛)➡합을 한다.

❶ 똑같은 합(合)이라도 경우(境遇)가 다른 때가 있다.

丙	庚	○	○
戌	午	酉	○

⇨ 경(庚)금에 유(酉)금은 양인(羊刃). 편관(偏官)은 병(丙)화다.

⇨ 경(庚)금 입장에서는 병(丙)화가 무섭다. 화(火)의 기운이 강(强)하기 때문이다. 병(丙)화가 없어진다면 경(庚) 금은 날아갈 것이다. 그런데, 있는 것을 어떻게 없애는 수는 없다. 기능(機能)을 바꾸어야 한다.

그렇지 않으면 다른 힘을 빌려 맥을 못 추도록 해야 한다. 제일 좋은 방법은 원

-원 하는 방법이다. 합(合)을 시킨다.

그래야 내가 산다. 병(丙)화는 합(合)하여 살림을 차리니 좋고, 나는 장애물을 치우니 좋고 서로 흡족한 결과다. 병화를 자손으로 본다면 결혼하고 나니 인간이 달라진다. 철이 드는 것이다.

❷. 구조(構造) 조정(調整)이 필요한 경우.

丙	庚	癸	己
戌	午	酉	丑

↳ 경(庚)금에 유(酉)금은 양인(羊刃).
편관(偏官)은 병(丙)화다.

↳ 이 경우는 위의 경우와는 약간 다르다. 여기에서 병신(丙辛)➡합은 병(丙)화가 무서워 합(合)을 원하고, 시키는 것이 아니다. 화(火)의 기운보다 나의 기운이 더 강(强)하기 때문이다.

▪ 견겁(肩劫)이 많아서 기운이 강(强)해진 것이다.

⊙ 구조조정의 필요성이다. 그래서 관(官)인 병(丙)-화를 주어 구조(構造)-조정(調整)을 단행(端行)한다. 한직(閑職)으로 보낸다. 여기에서 본 바와 같이 ❶❷의 경우, 양인(羊刃)과 편인(偏印)이 합할 때 무조건 양인(羊刃)을 제거하는 쪽으로만 조명한다면 문제다.

양 인(羊刃)과 편관(偏官)이 같이 있으면, 양인(羊刃)은 편관(偏官)과 합(合)하느라 정신없어 자기 할 일을 망각, 그 결과 일간 본인에게 어떠한 득실(得失)이 있나 정확히 살펴보고 판단.

❑ 인수(印綬)는 양인(羊刃)에게 설기(泄氣)를 당한다.

❑ 견겁(肩劫)이 왕(旺) 하면, 탈선(脫線)하기 쉽다.

○	庚	○	○
戌	辰	酉	○

↳ 유(酉)월의 경(庚)금 일간.
인성(印星)인 토(土)를 살펴야 한다.

여 기에서 토(土)는 인성(印星)인데, 금(金)을 생(生)-하다 보니 감당 못한다. 자손은 많은데 부모 벌이가 시원치 않으니 뒷바라지를 못 한다.

■ 그러다 보니 자녀들이 엉뚱한 길로 나가는 것이고, 어쩌다 먹음직스러운 음식을 장만해도 워낙 식욕(食慾)들이 좋으니 부모는 냄새만 맡고, 설거지하기 바쁘다.

⊙ 열매가 지나치게 열리니 식탁에 오르지도 못하고, 그냥 땅에 떨어지고 만다. 썩어서 거름밖에 안 된다. 열매가 열리는 본연의 숭고(崇古)한 정신(精神)과는 거리가 멀다.

☞ 양인(羊刃)은 식상(食傷)을 생(生).

❑ 비만에는 운동이 최고다.

○	庚	○	○
○	辰	酉	○

⇨ 유(酉)월의 경(庚)금 일간.
경(庚)금 기운(氣運)이 지나치게 강(强)하다.

⇨ 수(水)는 식상(食傷)인데 금(金)의 기운이 강(强)하니 얼마나 좋은지 모르겠다며, 신나서 난리다. 무뚝뚝하기만 한 줄 알았는데 부드러운 면도 강하다.

☞ 관살(官殺)은 양인(羊刃)을 극(剋).

❑ 갈 길은 먼데 해는 저무는 격.

壬	庚	丁	丙
午	午	酉	寅

⇨ 유(酉)월의 경(庚)금 일간.
신강(身强)과 신약(身弱)을 살핀다.

⇨ 관성(官星)은 화(火)가 되는데 금(金)은 해가 넘어가고, 사라지는 시간(時間)이라 신강(身强)일 경우는 불이 꺼진다.

• 그러나 관(官)의 기운이 강(强)할 경우, 오히려 극(剋) 하는 경우다. 기운(氣運)을 무력화(無力化).

❒ 비인(飛刃)이 충(沖) 하는 경우.

인(飛刃)이라 하여 양인(羊刃)을 충(沖) 하는 기운(氣運)을 말한다. 양인(羊刃)이 비인(飛刃)을 만나 충(沖)을 당하면 양인(羊刃)의 위세(威勢)가 그만큼 감소(減少). 비인은 양인의 작용을 방해.

❒ 양인(羊刃)을 한 방에 날려 보낸다.

○	甲	○	○
○	○	卯	酉

▷ 갑(甲)목에 묘(卯)목은 양인(羊刃).
묘(卯)목에 유(酉)금은 편관(偏官).

▷ 일간(日干)인 갑(甲) 목이, 묘(卯)목인 양인(羊刃)을 믿고 하늘 무서운 줄 모르고 설친다. 이때 유(酉) 금이 묘(卯)목을 사정없이 충(沖), 제거한다. 양인(羊刃)은 칼이라,

• 그런데 유(酉) 금에게 나무칼이다. 진검(眞劍)에는 못 당한다. 매운맛을 보여주마! 하고 한 방 먹인다. 갑(甲) 목은 김빠진 맥주가 되어버린다.

• 유(酉) 금이 비인(飛刃)이다. 흔히들 "칼같이 날아온다."라는 표현을 하는데, 글자 그대로 한다면 비인(飛刃)을 설명. 양인(羊刃)을 한 방에 날려 보내는 것이다. 그래서 비인(飛刃)이라 한다.

❒ 양인(羊刃)과 비인(飛刃)과의 관계.

일간의 오행	양인(羊刃)	비인(飛刃)	충(沖)의 관계
갑(甲)목 일간	묘(卯)목	유(酉)금	묘-유(卯酉)충
병(丙)화 일간	오(午)화	자(子)수	자-오(子午)충
무(戊)토 일간	미(未)토	축(丑)토	축-미(丑未)충
경(庚)금 일간	유(酉)금	묘(卯)목	묘-유(卯酉)충
임(壬)수 일간	자(子)수	오(午)화	자-오(子午)충

□ 신약(身弱)사주, 신강(身强) 사주에서 비인(飛刃)의 차이.

⇨ 신약(身弱) 사주일 경우.

신약(身弱)의 경우는 양인(羊刃)을 충(沖) 하면, 마지막 방어선(防禦線)이 무너진다. 흉(凶)으로 작용.

신강(身强)의 경우, 병(病)을 제거(除去)하는 것이므로 길(吉)로 작용.

□ 신약(身弱), 양인(羊刃)인 유(酉)-금에 의존하고 있는 형국.

丙	庚	○	○
戌	午	酉	午

⇨ 경(庚)금에 유(酉)금은 양인(羊刃).
　관(官)의 기운(氣運)이 강(强)하다.

⇨ 여기서 묘(卯) 운이 온다면 어떤 결과가 나올까?

경(庚) 금의 구세주인 유(酉) 금을 묘(卯)가 와서 묘(卯)-유(酉)➡충(沖), 유(酉) 금을 날려 보낸다.

• 묘(卯)목은 경(庚) 금의 관(官)인 화(火)의 수발을 들어주니, 일간(日干)➡ 경(庚) 금은 더더욱 죽을 맛이다. 의지할 곳이 없어지니 길 잃은 천사고, 용신(用神)이 사라지니 희망(希望)이 없다.

□ 이런 경우는 어떨까? (신강(身强)의 경우.)

丙	庚	癸	己
戌	午	酉	丑

⇨ 경(庚)금에 유(酉)금은 양인(羊刃).
　견겁(肩劫)의 기운(氣運)이 강(强)하다.

⇨ 경(庚) 금 일간의 기운이 강(强)하다.

이번에는 견겁(肩劫)이 없는 것이 나은 편이다. 양인(羊刃)➡ 유(酉) 금이 견겁(肩劫)의 중앙에서 기운(氣運)을 진두지휘(陣頭指揮)하고 있으니, 지나치게 강(强)해 고민이다. 그러던 차에 비인(飛刃)이 나타나 양인(羊刃)을 충(沖) 하여 날려 보낸다면 그처럼 반가운 일은 없을 것이다.

⊙ 위에서처럼 묘(卯)-유(酉)➡충(沖) 하여 길(吉)로 변(變)하는 경우다. 이처럼 신강(身强)과 신약(身弱)은 그 차이가 있다. 똑같은 상황이라도, 그 차이는 엄연하다. 원명(原命)과 운(運)에서도 똑같은 작용(作用)을 한다.

신

약(身弱) 경우, 양인(羊刃)이 삼합(三合)을 형성한다면 더욱 고마운 일이지만, 신강(身强)의 경우, 가뜩이나 강(强)한 사주가 더욱 강해지니, 여러 가지 폐해(弊害)가 발생.

☐ 삼합(三合)도 운(運)이 따라야 한다.

○	庚	○	○
戌	午	酉	午

⇨ 경(庚)금에 유(酉)금은 양인(羊刃).
　　견겁(肩劫)의 기운(氣運)이 약(弱)하다.

⇨ 월지(月支)에 유(酉) 금인데 삼합(三合)을 이루려면? 사(巳)-유(酉)-축(丑)을 형성해야 하는데 사주가 신약(身弱), 그런 운(運)이 온다면 좋다.

⊙ 그런데 여기서는 물론 올 수도 있는데, 삼합(三合)보다는 방합(方合)이 더 빠르다. 대운(大運), 세운(歲運)을 만나도 그리 쉽지는 않다.

❑ 강(強)하면 쉬 부러지는 법이다.

丙	庚	癸	己
戌	午	酉	丑

▷ 경(庚)금에 유(酉)금은 양인(羊刃).
　견겁(肩劫)의 기운(氣運)이 강(強)하다.

▷ 일간(日干) 기운이 강(強)한데 더 강해지면 재성(財星), 관성(官星)이 맥을 못 춘다. 아무런 역할도 못 한다.

원래 양인격(羊刃格)은 명칭 자체가 살기(殺氣)를 띤 명칭이다. 고로 생각하기에는 별로 달갑지 않다. 막말로 자기가 좋아 봐야 얼마나 좋을까? 하고 생각하기 쉽다. 그러나 의외로 이 격(格)에서도 균형(均衡)만 잘 이룬다면 얼마든지 좋은 형상을 갖춘다. 길격(吉格)이 의외로 많다.

❂ 월(月)에 양인(羊刃)이므로 내가 부모(父母)를 꺾는 형상,
부모의 도움 없이 성장해야 하므로 일찍 사회생활이나, 모든 면에 조숙해야 한

다. 대기만성(大器晚成)과 반대의 형상을 유지. 일찍 철이 들고 성숙하는 것은 좋지만, 일생 그것이 몸에 젖어 허튼 생활방식은 적응 안 된다. 대체로 일생 큰 병고를 치르거나, 배우자의 복이 박한 것이 특징. 병고(病苦)에 있어서 암이나, 기타 생명이 오갈 정도로 심각한 병고를 경험.

초년이나, 중년에 고비를 잘 넘기면 말년 들면서부터 복(福)을 누리는 경우가 많다. 고비를 못 넘기면 일찍 북망산으로 가는 경우도 생기고, 그렇지 않을 경우 심한 병고(病苦)로 많은 사람에게 아픔을 남긴다.

❂ 양인(羊刃)으로 사주가 태왕(太旺) 할 경우, 다자무자(多者無者) 원리에 해당, 가축을 처리하는 업종(業種)에 종사하거나, 상업행위를 해도 연관된 행위를 하게 된다. 요즈음은 그것이 오히려 기업화(企業化)하여 기복(起伏)이 심하게 나타나기도 한다. 장례업종에 연관된 분야의 진출도 많이 본다. 흔히 상조회라고 하는 분야도

인기 업종으로 들어간다.

신 체적인 해(害)를 입어 불구(不具), 상지로 고통받는데, 양인(羊刃)에 견겁(肩劫)이 왕(旺) 하니 다자무자(多者無者)요, 태강즉절(太剛則折) 이라 ➡ 조후(調喉)가 이루어지지 않으니 부러지고, 꺾이고, 날아가고 한다. 보험재해 관련 업무도 해당.

⊙ 근본적으로 양인(羊刃)과 겁재(劫財)는 정(正)이 아닌 편(偏)이다.

- 자기의 자리가 불편. 정착(定着)하기 힘든 성향이다.
- 고향 떠나 타(他)향에서 자리 잡거나, 외근직, 해외부서 등 이동성(移動性)이 매우 강하다.
- 사원을 선발할 경우 개척하는 분야에는 이런 사람을 선택하는 것이 서로를 위하는 길이다.

✪ 양인(羊刃)이 중복(重複)해 있는 경우,

이를 억제(抑制), 통제(統制)하는 기능만 사주에서 갖추어진다면 좋은 사주로 보는데, 그렇지 못할 경우, 운(運)에서나 기대, 그것도 아닐 경우는 귀인(貴人)을 만나야 하는데 항상 옆에서 조언(助言)과 충언(忠言)이 필요.

좋 은 배우자를 만난다는 것은 좋은 사주보다 더 좋다. 요사이는 꽃미남을 많이 찾는데, 그것은 겉으로 드러난 단면이고 실질적(實質的)인 경우, 스포츠 스타와 미인(美人)과의 결합이 귀인(貴人)을 만나 이루는 결합(結合)으로 볼 수 있다.

✪ 사주에 형제(兄弟)가 많고, 양인(羊刃)이 있는 경우,

가정(家庭)에 문제가 많이 발생. 특히 부부간에는 다툼이 생기고, 금전 문제, 결혼(結婚)이 의외로 늦어 앞차가 밀리니 뒤차도 밀리는 경향도 나타난다.

⊙ 운(運)에서 양인(羊刃)이 도래(到來).

- 가뜩이나 시끄러운데 더 시끄러워 커다란 문제가 발생.
- 이 내용에 맞는 사주를 골라보았다. 접하기가 매우 힘든 사주.
- 실제로 사주와 팔자가 이렇구나 하고, 그대로 답이 나오는 사주.

❑ 신체적(身體的)인 결함이 있음에도 참으로 열심히 살아가시는 분.

丙	戊	壬	戊
辰	辰	戌	戌

➦ 술(戌)월의 무(戊)토 일간.
배움에 있어서 귀(貴)한 사주다.

➦ 지지(地支)가 진(辰)-술(戌) ➡ 충(沖)이다. 자형(自形)-살도 된다.

▪ 토(土)가 많은 부분을 지배하고 있다. 견겁(肩劫)이 왕(旺).

병 (丙)화와 임(壬)수가 시간(時干)과 월간(月干)에 있을 뿐, 나머지는 토(土)가 지배. 토(土)는 허리라 중간이요, 병(丙)화는 머리요, 임(壬)-수는 다리다. 여기서 팔은 금(金)이다. 팔이 없다.

▪ 진(辰)-술(戌)충➡(沖)이 두 번이라 양팔을 다 잃은 것이다. 임술(壬戌)이

백호(白虎), 괴강(魁罡)이라, 한창때 군대에서 군복무-중 양팔을 잃어버린 사람이다.

▪ 현재는 부동산-중계인 자격증을 따서 열심히 생활하고 있는 분이시다. 양팔을 잃은 상태에서 자격증(資格證)을 획득하신 분이다. 삶의 의지가 대단하신 분.

☞ 시지(時支)의 양인(羊刃)은 격(格)으로는 성립이 안 되는데 일반적(一般的)인 추명(推命) 한다면 말년(末年)에 수술 받아보고, 탈재(奪財)요, 배신(背信)이요, 이별(離別)-수요, 잘못하면 빈 털털이가 되는 수도 있다. 고생고생 모아놓았더니, 엉뚱한 놈이 다 탕진한다.

▪ 그것도 나이 들어 늦게 정신을 차리고, 일구어놓은 것을 아내에게 털리거나, 주변의 유혹(誘惑)에 넘어가 한방의 블루스로 날리거나, 자식 놈에게 맡겼더니 펀드며, 주식으로 한 방에 다 날리고 그야말로 길거리에 나가야 하는 형상이요,

▪ 말년에 이성(異性)을 잘못 만나 패가망신하는 것이니, 결론은 죽 쑤어 개 주는 형상이다. 사회가 점점 노령화되어 말년(末年)의 사주 변화에도 신경 쓰는 것이 추세다. 죽은 후의 사주가 좋다면 그것은 그 자손(子孫)에게 내물림 하는 것이니 그것 또한 좋은 일이 아니겠는가?

ㅁ. 일인격(日刃格).

양인격(羊刃格)하면 따라가는 격(格)이 있다. 그것이 일인격(日刃格)이다. 일지(日支)에 양인(羊刃) ➡ 일인격(日刃格)이라고 한다.

☞ 일인격(日刃格)의 예.

丙 - 戊 - 壬 ＼ 천간(天干)은 양(陽)이고,
午 - 午 - 子 ／ 지지(地支)는 음(陰)인 것이 특징.

❖ 천간(天干)인 겉은 양(陽), 지지(地支)인 속은 음(陰).
❖ 사람으로 친다면 겉 다르고, 속 다른 사람이다.
❖ 매사 모든 것이 이중적(二重的)인 의미로 접수, 집에서는 무뚝뚝한 사람이, 밖에 나가면 그렇게 친절하단다. 매너 좋고, 부드럽고, 얼마 전 이혼문제로 심각하였던 어느 부부의 실상처럼 남들 앞에서는 잉꼬부부요, 집에 들어가면 등 돌리고 쳐다보지도 않을 정도의 심각한 부부도 있다.

이중적인 문제에서 심각한 것은, 정신적인 문제로 비화될 경우, 그 심각성이 더해지는데 병오(丙午), 무오(戊午) 일주(日柱)는 탕화(湯火)를 갖고 있으니, 그 문제가 더하다.

ㅁ 임자(壬子) 일주(日柱)일 경우.
임(壬) ＼ 지지(地支)가 천간(天干)의 확실한 뿌리가 되어주니 건강하다.
자(子) ／ 수(水)이니 신장(腎臟), 방광(膀胱)이요, 스테미너와 연결된다.

바람둥이일 확률이 많다. 임(壬)수 일간이니, 처(妻)는 정(丁)화다. 정(丁)-계(癸)➡충(沖)이라, 처궁(妻宮)이 나쁠 수밖에. 큰물이라 강한 타입에 야욕(野慾)이 강하다. 한 번 화가 나면 물, 불 가리지 않는다.
• 물이 깊으니 속이 보이지 않는다. 깊은 심중을 쉽게 알 수 없다. 본인이 스스

로 말하도록 항상 유도해야 한다. 이중적(二重的)인 성격
이다. 여자는 정(丁)화와 합(合)이 드는데 재(財)라, 금전
(金錢)을 밝히는 여자다. 서방보다 돈이 좋다는 여자다.

▪ 지지(地支)가 양인(羊刃)이니 고독(孤獨)한 팔자. 한 지
붕 두 가족이요, 이혼(離婚)이요, 재혼(再婚) 가정에 문제
가 많이 생긴다. 심하면 상부(喪夫)-하는 팔자다.

▪ 지장간(支藏干)이 임(壬), 계(癸)라 견겁(肩劫)이 다 있
다. 사주가 강해 출세(出世)한다면, 안하무인(眼下無人)-
격이 되기 쉽다.

❑ 무오(戊午) 일주(日柱).

무(戊) ＼　지지(地支)의 오(午)화는 인수(印綬)? 양인(羊刃)?

오(午) ／　오(午)중의 기(己)토가 양인(羊刃)이다.

☞ 남자의 경우는 바람둥이다. 계(癸)수와 합이 되는데, 합(合)하여 화(火)를

만들고, 인수(印綬)니 내가 차지한다. 계(癸)수인 여자
(女子)를 화끈하게 달구어놓고, 내가 마음대로 요리. 지
지(地支)를 살펴보자. 지장간(支藏干)이 병(丙), 기
(己), 정(丁)이다. 인성(印星)이 매우 강한 사람이다.
있는 능력(能力)을 부지런히 발휘해야 한다. 사랑을 지
나치게 받다 보니 본인(本人) 위주로 모든 것을 생각,
처리하는 경향(傾向)이 강하다.

❑ 병오(丙午) 일주(日柱).

병(丙) ＼　오(午)화는 양인(羊刃)이 된다.

오(午) ／　오(午)화는 지장간(支藏干)이 병(丙), 기(己), 정(丁)이다.

☞ 비견(比肩)과 겁재(劫財)를 다 갖고 있다.

겁재(劫財)가 있음으로 탈재(奪財)와 연관된 사항이 자주 발생.

- 남자나 여자나 탈재(奪財)와 관련 있다면 요즈음 같으면 주식이 문제 되기도 한다.
- 유흥비로 탕진하거나, 이권(利權)에 관여하는 일이 발생. 화(火) 자체는 건조(乾燥)한 것이다.
- 열기가 왕성. 성격이 불. 조급, 침착성의 결여다.

- 견겁(肩劫)이 왕(旺) 하므로 다스릴 관성(官星)이 필요하다.

이 런 사람은 생활하면서도 규칙적이고, 예의 바른 생활, 정도(正道)를 지키는 자세로 임해야 한다.

- 화(火)-일주(日主)라 언변이 능하다. 술을 마시면, 정신이 사라진다. 테이프가 끊긴다. 술도 빨리 깨는데, 취하기 전(前)과 후(後)가 완전히 다르다. 닭 잡아먹고 오리발 내미는 사람.

□ 양인(羊刃)이 지나치면 흉사(凶事)가 생겨도 크게 생긴다.

壬	丙	甲	丙
辰	午	午	午

⇨ 오(午)월의 병(丙)화 일간(日干).
지지(地支)에 양인(羊刃)이 왕(旺)하다.

⇨ 양인(羊刃)이 많으면 신체적(身體的)인 상해(傷害)가 심해진다.

- 남자 사주인데 교통사고로 중환자실에서 치료를 받았던 사람이다.

제 ❹ 장

☐ 종격(從格)에 대하여 ──────────────

① 종아격(從兒格)
② 종재격(從財格)
③ 종살격(從殺格)
④ 종왕격(從旺格)
⑤ 종강격(從強格)
⑥ 종세격(從勢格)

일간(日干)과 주중(柱中) 전체를 비교, 또다시 전체적으로 비교하여 보는 것이다. 일간 자체를 볼 때는 1이지만, 전체를 본다면 8이다.

나머지 7의 역할에 따라 일간(日干)인 1의 격(格)이 정하여지는 것이다. 여기에서 나오는 것이 바로 종격(從格)이다. 나머지 7의 비중이 각각이 처한 위치에 따라 농도가 정해지는데 그중 월지(月支)의 비중이 제일 큰 것은 당연하다.

◻. 종(從)이란 무엇일까 ? —————————

⊙ 사람 인(人)자가 우측 상-변에 나란히 두 개가 있다.

- 좌-측에도 두 사람이 나란히 서 있는 형상이다. 왜 혼자가 아니고 둘 일까?
- 왼쪽에는 걸을 척(彳)자가 나타나 있다. 둘이 가니, 자연 나란히 가기도 하고, 뒤따라 가기도 한다.
- 둘이 나란히 갈 때는 사이가 좋은 것이요, 동지 (同志)의 개념이요, 상부상조(相扶相助)다.

⊙ 뒤를 따르는 것은, 앞선 사람에게 의지한다는 것이요, 믿는다는 것이다. 여기

에서 서로가 각자의 길을 간다면 방향이 달라지는 것이요, 서로가 그동안 협력(協力) 상태에서 와해(瓦解)되니 서로 간 혼동(混同)이 온다. 어제의 동지(同志)가 주변의 상황 변화로 오늘은 적(敵)으로 변한다.

여 기에서 다시 만날 수 있다는 가정도 가능. 영원한 상대방으로 변하기도 하는데 그 변화는 운(運)에서 오는 변화(變化)다. 항상 그러하듯 영원할 수도, 아닐 수도 있다는 것이 변화(變化)다. 종격(從格) 역시 마찬가지다.

◻ 종격(從格)의 의의(意義)와 종류(種類). —————————

☞ 종격(從格)의 의의(意義)

✪ 종격(從格)이란?
사주에서 오행(五行)의 기세가 지나치게 한 오행으로 치우치고, 일간이 신약 (身弱), 스스로 존립에 어려움이 있어 기운(氣運)이 왕(旺)한 오행의 기세에 따르게 되는 사주 형태다.

⊙ 일간(日干)이 주인 역할을 포기, 강한 대세의 흐름에 합류(合流)하는 것으로, 일간을 생(生) 해주는 인성(印星), 직접적 도움을 주는 견겁(肩劫)이 없을 때, 있다 해도 힘이 극히 미약(微弱), 제대로 기능을 발휘 못 해 용신(用神)으로 활용할 수 없을 때, 종격(從格)이 될 수밖에 없다.

- 부모와 연(緣)이 박해 남의 집에 입양되어 편안히 지내는 것과 같다.
- 비굴함이요, 살아남기 위한 한 방편이다.
- 또 다른 면으로 본다면, 전화위복(轉禍爲福).
- 여기서 변(變), 화(化)라는 용어가 나온다. 이것을 한마디로 변화(變化)라는 용어다.

변 (變)이란 바뀌는 과정, 종(從)하기 위한 진행(進行)과정(過程)이다. 그리고 완전한 종(從)이 이루어지면 화(化)하여 다른 오행(五行)의 성향을 나타내니 ➡ 변화(變化)다. 진실로 종(從)-한 것인가? 일시적으로 종(從)-한 것인가? 논란이 생기는데 이것을 진종(眞從), 가종(假從)으로 나눈다.

- 진종(眞從) : 왕(旺) 한 오행(五行)이 완벽,

일간(日干)을 확실하게 제압, 하자가 없는 경우. 완전한 확인 사살(射殺)이다.
- 가종(假從) : 왕(旺) 한 오행(五行)이 무엇인가 결점(缺點)을 갖고 있다.
- 일간(日干)의 입장에서는 일종의 궁여지책(窮餘之策)이다.

- 왕(旺) 한 오행의 입장에서는 겨우겨우 턱걸이한 형국. 예를 든다면 월지(月支)와 다르거나, 합(合)이나, 충(沖), 파(波) 등의 흠이 있는 경우다. 이 경우는 운(運)에서 변화(變化)가 많은 작용을 하는데 흥망성쇠(興亡盛衰), 희노애락(喜怒哀樂)이 교차한다. 이러한 사주가 의외로 많아 추명(推命) 시 어려움을 겪기도 한다. 이것 또한 인생 아니겠는가?

☞ 종격(從格)의 종류. —————————————————————

❑ 종격(從格)의 종류는 다음과 같이 분류.

① 종아격(從兒格) : 신약(身弱)한 종격(從格), 식상(食傷)에 종(從)하는 경우.
② 종재격(從財格) : 신약(身弱)한 종격(從格), 재성(財星)에 종(從)하는 경우.
③ 종살격(從殺格) : 신약(身弱)한 종격(從格), 관성(官星)에 종(從)하는 경우.
④ 종왕격(從旺格) : 신강(身强)한 종격(從格), 견겁(肩劫)에 종(從)하는 경우.
⑤ 종강격(從强格) : 신강(身强)한 종격(從格), 인성(印星)에 종(從)하는 경우.
⑥ 종세격(從勢格) : 신약(身弱)한 종격(從格), 세력(勢力)에 종(從)하는 경우.

☞ 여기에서 음(陰), 양(陽)의 성질에 대해, 종(從)-의 관계를 살펴보자.
앞에서 잠깐 언급을 하였으나 이제는 확실하게 짚고 넘어가야 할 것 같다. 천간
(天干)에 대한 사항. 양(陽)-천간(天干)과, 음(陰)-천간(天干)을 보자.

☞ 양(陽) 천간(天干)의 경우.

양 (陽) 천간(天干)은 그 자체가 생기(生氣)가 살아있는 기운(氣運)이라,
일간이 휴(休), 수(囚), 사(死), 절(絶)의 쇠약(衰弱)한 지지(地支)에
있더라도 인성(印星)의 도움이 있거나, 아
주 미약한 뿌리라도 있어 통근(通根) 된다
면 종(從)-하는 것을 거부한다. 비빌 언덕
만 있다면 무조건 사양.
 • 양간(陽干) 중에서 경(庚)-금 일간이 제
일 종(從)을 잘한다.

작은 톱으로는 나무도 제대로 못 자르고, 뜨거운 불에는 쇠똥도 흔적 없이 사라
진다. 물속에 빠진 쇳조각은 보이지도 않고, 결국 녹슬어 쓸모없는 쓰레기 취급
을 받는다. 아무리 금(金)의 순도(純度)가 높은 금광(金鑛)이라도, 폐광(廢鑛)
되면 소용(所用)없다.

☞ 음(陰) 천간(天干)의 경우.

음 (陰) 천간(天干)은 여린 기질이요, 유약(幼弱)함이라 항상 보살펴야 안심하는 성향(性向)이다. 근본인 월령(月令)을 득(得)해도, 다른 오행 세력이 워낙 강하면 자기 본연의 성향을 버리고, 왕(旺) 한 오행의 세력에 무릎을 꿇고 복종함을 약속하는 종(從)–하는 의식을 치른다. 군중심리(群衆心理)에 좌우되는 경향이 강하다. 종격(從格)은 음(陰)–일간이 종(從)–하는 것이 좋다. 양일간도 경우에 따라 종(從)–하는 형태를 취하지만 양(陽)의 기본 성향을 기억하자.

☐ 종격(從格)– 좋기만 한 것은 결코 아니다.

종 (從) 하는데, 당하는 처지에서는 최대한의 안정성(安定性)을 보장받아야 한다.

"배고픈 놈이 주는 대로 먹어야지 무슨 말이 많냐!" 고 할지 모르지만 당하는 입장 에서는 사활(死活)이 걸린 문제다. 그런데 어쩔 수 없다면 그것도 팔자다. 자기 복(福)이 그것뿐이니까, 실질적인 면으로 본다면 자신이 못난 것이요, 깨우침의 부족.

☐ 종(從)–하려 짐을 싸서 배에 올라타 보니 선장이 둘, 이상일 때.

⊙ (배가 산으로 가는 것이 아니라, 출발도 하기전에 난장판이 된다. 보따리를 챙겨 다시 내려올 수밖에 없다. 파격(破格)인생을 산다. 고난(苦難)이 많다.)

⊙ 배가 항해(航海)–중 일이 벌어지는 경우. 배가 중심을 잃고 가라앉는다. 기운(氣運)이 지나치게 강(强)해 선장이 너무 많아 쏠림 현상이 나올 수 있고, 자중지란(自中之亂)으로 불의(不義) 사고다. 심한 환경(環境)의 영향, 즉 폭풍우(暴風雨)라든가 예측하지 못한 기후(氣候)의 이상으로 항해(航海)를 못 한다. 이것 역시 다, 운(運)의 변화다.

❑ 수(水), 목(木)으로 양분되어도, 흐름에 모든 것은 목(木)으로 귀결.

乙	己	甲	癸
亥	卯	子	丑

자(子)월의 기(己)토 일간.
지지(地支)가 수(水), 목(木)으로 양분(兩分)

▷ 수(水), 목(木)으로 양분, 결국 흐름에 의해 모든 것은 목(木)으로 귀결된다. 수생목(水生木)하여 기운(氣運)이 목(木)으로 몰리지만, 그것은 일차적인 해법이요, 이차적인 해법을 보면 년(年), 월(月)에서 일(日), 시(時)로 흐름이 이어

지니 당연히 목(木)으로 이어진다. 또한 천간(天干)의 목(木)으로 기운(氣運)이 연결되니 목(木)의 기운으로 흡수(吸收) 된다. 중간에 갑(甲) 목이 천간(天干)에 나타나 제대로 목(木)의 역할을 하니 그것이 문제다. 시간(時干)에도 을(乙)-목이 나타나 있고, 집구석이 이상한 집

안이다. 들어가는 문, 나가는 문구별이 없다.

❑ 찾아오는 사람이 똥, 오줌 구분 못 한다.

천 간(天干)에 정관(正官), 편관(偏官)이 둘이나 떠-있으니 여자 팔자치고는 고상(高尚)한 팔자다. 종격(從格)은 종격(從格)이로되 어지러운 종격(從格)이다. 벗어날 수 없으니 이 또한 팔자(八字)다. 즐기며 살자는 것. 요즈음 이렇게 살아도 좋다는 정신 나간 여자들이 얼마나 많은가?

❑ 경(庚)금 일간은 종(從)을 잘-한다.

丙	庚	丙	丁
戌	午	午	巳

▷ 오(午)월의 경(庚)금 일간.
화기(火氣)가 왕(旺)-한 사주.

▷ 전체가 화기(火氣)로 그림이 둘러쳐져 있다. 그러나 자세히 살펴보니 오(午)화가 패지(敗地)인 목욕궁(沐浴宮)이다.

- 실질적인 힘을 못 쓴다. 뺑-쟁이다.
- 정(丁)화, 병(丙)화가 서로 난리다.
- 저 여자는 내가 아내로 삼아야 한다고. 경(庚) 금은 즐거운 비명을 지르지만, 자신을 두 번 죽이는 일이다.

❖주변의 남자들 모두 맛이 간 사람들이다.

❖경(庚) 금 일간도 똑같이 맛이 간다.

✸ 종격(從格)은 삼합(三合)국이 제일 좋은데, 그중에서도 금국(金局)이 최고.

✸ 육합(六合) 중에서는 진(辰)-유(酉)와 인(寅)-해(亥)가 제일 좋게 작용.

종 왕격(從旺格), 종강격(從强格)에 종격(從格)이 성립 안 되는 경우 종왕격(從旺格)이나, 종강격(從强格)은 자의(自意)든, 타의(他意)던 일간의 세력이 워낙 강(强)한 격이다.

❖ 종왕격(從旺格): 사주(四柱)가 견겁(肩劫)으로 구성 또한 식상(食傷), 재성(財星), 관성(官星)이 없는 경우. 형제는 용감했다.

❖ 종강격(從强格) : 인성(印星)이 많고 견겁(肩劫)이 섞여 있는 사주.

- 재(財), 관(官)이 없어야 한다.
- 인성(印星)이 지나치게 많을 경우, 인성(印星)에 종(從)-하는 것이 아닌가?
- 계산상으로 그리 볼 수 있다.

인 성(印星)이란 자체는 일간(日干)을 생(生) 하므로, 자기 자신을 더 강화하는 경우로, 약(弱)하다고 남을 따르는 경우와는 상황이 다르다.

- 그래서 종격(從格)에 종인격(從印格)이 없다. 뒷배경은 항상 든든한 것.

❑ **종왕격(從旺格), 종강격(從强格)에 종격(從格)이 성립 안 되는 경우.**

✪ 양(陽) 일간(日干)일 경우.

이때 양(陽)의 일간(日干) 사주에서 관살(官殺)에 뿌리가 있다 한다면, 관살(官 殺)은 왕(旺)하고, 강(强)한 세력을 견제할 수 있다. 그러므로 종(從)-하지 않는 다. 성립 안 된다.

월 령(月令)을 얻었거나 천간(天干)에 인성(印星)이 투출(投出) 되는 경우. 비록 신약(身弱)이지만 종격(從格)이 성립되지 않는다.

✪ 음(陰) 일간(日干)일 경우.

관 살(官殺)에 뿌리가 있으면서, 재성(財星) 또한 존재한다면 종강(從强), 종왕(從旺)이라도 종격(從格)은 성립되지 않는다. 인성(印星)이 천간(天干)과 지지(地支)의 한 기둥에 같이 있으면 종격(從格)이 성립(成立)되지 않는다.

☞ **종격(從格)의 특성.** ————————————————

❑ 종격(從格)이 성립된다는 것은 일단 분위기 파악을 잘한다. 사회생활의 적응(適應)도가 현저히 빠르고, 처세가 부드럽고, 민첩, 호감도가 강하다.
❑ 오행(五行)-중 어느 하나, 둘이 강(强)하므로 특이한 신체적인 특성이 나온다. 일반적으로 오장(五臟), 육부(六腑)중 강한 부분이 확연하므로, 강한 부분이 다른 역할까지 한다. 체질(體質)도 특이하다. (관식투전(官食鬪戰)이나 종격(從格)의 사주에 많다.)
❖ 모든 종격(從格)의 경우 왕(旺) 한 기운(氣運), 즉 접수한 기운(氣運)이 입묘(入墓) 할 때 가장 흉(凶)한 작용이 생기는데, 왕(旺) 한 오행(五行)이 모두

묘지(墓地)에 들어가는 것과 같은 형상이니 그 파급효과(波及效果)가 크다.

❖ 길(吉)과 흉(凶)이 일어날 경우.

그 정도가 다른 사주와 비교가 안 될 정도로 차이가 나는 것은 당연. 대성(大成)-대패(大敗)요, 도 아니면 모식으로의 상황이다. 종격을 주도하는 요소에 대해 형(刑), 충(沖), 파(破), 해(害), 공망(空亡) 등 기타 흉(凶)은 전체를 해롭게 한다.

종(從)을 당한 일간(日干)을 돕거나, 생조(生助) 하는 운(運)이 온다면 오히려 그것은 더 큰 재앙을 초래.

☞ 종격(從格)-사주(四柱)에 있어서 길(吉), 흉(凶)을 판단하는 법.

모든 것이 음양(陰陽)의 원리(原理)다.

▪ 길(吉)이 있으면 흉(凶)이 있고, 흉(凶)이 있으면 길(吉)이 있다

▪ 종격(從格)-사주는 종(從)을 주도(主導)하는 오행(五行)을 살피면서 길흉(吉凶)을 판단하는데 반드시 길(吉)이라 볼 수만 없다. 왜일까?
↳ 종격(從格)-사주의 중요한 요건은 천간(天干)을 살피는 것이다. 천간의 배합(配合) 관계를 보는 것이다. 흉(凶)하거나, 꺼리는 관계는--------

❖ 대체로 불편한 관계를 살펴보면

갑(甲)-신(辛), 을(乙)-신(辛),
기(己)-임(壬), 경(庚)-계(癸),
신(辛)-정(丁), 임(壬)-기(己),
계(癸)-을(乙)

✪ 일시적인 영화나 행복, 그것이 영원한 것 같아도 결과적으로 좋지 않다.

❏ 방합국(方合局), 삼합국(三合局)의 관계. ────────────

종(從)−하는 경우는 국(局)이 이루어지는 경우가 많은데, 방합(方合)이면 방합(方合), 삼합(三合)이면 삼합(三合) 순수하게 이루어지면 문제가 덜 생기는데, 이 방합(方合)이나, 삼합(三合)이 혼합(混合), 방합이나 삼합에 다른 요소가 섞이는 경우가 종종 발생.

▪ 다 같은 요소라 괜찮을 것 같아도 실제 작용에서 약간 문제가 발생.

▪ 순수한 기운(氣運)에 오물이 튀는 것이다.

❏ 큰 문제를 일으키지는 않는다.

○	○	○	○
戌	午	寅	巳

⇨ 지지(地支)에 화국(火局)이 형성.
삼합(三合)인데 거기에 사(巳)화가 첨가.

⇨ 인오술(寅午戌)하여 화국(火局)을 형성. 사(巳)화도, 화(火)이므로 상관없고, 다른 특별한 움직임이 없어 보인다. 이런 경우는 크게 문제없다.

❏ 결합(結合)을 와해(瓦解)시키는 결과가 나온다.

○	○	○	○
未	卯	亥	寅

⇨ 지지(地支)에 목국(局)이 형성.
삼합(三合)국인데 여기에 인(寅)목이 가세.

⇨ 해(亥)−묘(卯)−미(未)하여 ➡ 삼합(三合)국을 형성하는데, 인(寅) 목이 가세(加勢)하여 외형상 목(木)의 기운(氣運)을 형성. 그러니 문제가 생긴다.

인 (寅) 목이 가만히 있으면 상관없는데, 해(亥)수와 인(寅)−해(亥) 합(合)하여 삼합(三合) 관계를 와해.

• 결과적으로 인(寅)−해(亥) 합(合)➡ 목(木)이 되지만 전체적으로 기운이 약화(弱化)되는 결과다.

❖ 삼합(三合)보다도 육합(六合)이 우선. ─────────

결과적으로 남는 것은 목(木), 토(土)인데 목(木)이 양분된다. 같은 여당이라도

여당 속에 야당이 있다. 비밀투표 하면 항상 반란표다.

❑ 국(局)이 형성(形成)되어 있는데 그 오행(五行)을 극(剋) 하는 오행(五行)이 천간(天干)에 투출(投出)되는 경우.

• 분위기도 좋고 모든 것이 원만, 지지에서 국(局)을 이루고 있는데, 그것을 극(剋) 하는 오행(五行)이 천간(天干)에 투출 해 있다면 그것이 하나라도 문제다. 월(月)이든, 시(時)든 모두 작용하게 되는데 좋은 작용은 아니다. 잘 살펴야 하는 부분이다.

❶. 종아격(從兒格). ─────────

❑ 종아격(從兒格)이란?

아(兒)에 종(從)-하는 격(格)이란 말인데, 아(兒)? 아이란 뜻으로 식상(食傷)이다. 식상(食傷)이란 자손(子孫), 내가 생(生) 해주는 존재(存在)라 퍼주는 것이다. 지나치면 철이 없는 것, 경거망동, 신중함의 부족하다.

• 일종의 푼수다. 그러나 식상(食傷)에 종(從)-하는 경우는 다르다. 식상(食傷)을 따라가므로, 자신보다는 남에게 의존(依存)하는 형태인데, 주로 활동적(活動的)인 면이 강하고 재능(才能)을 발휘, 성공(成功)하는 경우다.

☞ 종아격(從兒格)의 용신(用神)은 재(財), 식상(食傷)이다. 비겁(比劫)이 용신(用神)이 될 때도 있다.

❐ 종아격(從兒格)의 구성(構成).

▷ 종아격(從兒格)은 사주(四柱) 강약(强弱)에 무관, 재성(財星)이 있어 형성되는 경우가 많은데, 식상(食傷)이 강하고 사주가 신약(身弱)하다.

▷ 식상(食傷)이 월령(月令)을 얻고, 그 기운(氣運)이 강(强)하며, 재성(財星)이 있을 경우, 일간(日干)이 신약(身弱) 않더라도 종아격(從兒格)이 형성.

종 격(從格) 중에서 종아격(從兒格)의 경우, 재성(財星)이 있을 경우 신약(身弱), 신강(身强) 구애받지 않고 종아격(從兒格)이 형성.

❐ 기능(機能)도 오행(五行)을 구별해야 한다.

○	己	○	○
酉	丑	酉	辰

▷ 유(酉)월의 기(己)토 일간(日干).
식상(食傷)-국이 형성.

▷ 식상(食傷)으로 잘 흐르니 재주가 많다. 금(金)으로 연결되니 자동차 디자인이나, 조선업 계통, 금속공학 계통에서 두각(頭角)을 나타낸다.

❐ 종아격(從兒格)의 분석,

❂ 재성(財星)이 없는 경우, 종아격(從兒格)이 성립 안 되는가?

단순판단으로 종아격(從兒格)이라 하였는데 재성이 없고, 만약 식상(食傷)이 가득한 사주라면 어떻게 추명(推命) 할 것인가? 일단 일간인 부모의 사랑을 받고 편안하게 잘 자란다. 그러나 문제는 시간이 갈수록 부모(父母)의 기력이 떨어지고, 받아먹을 양식이 동난다. 일간인 부모가 무엇을 해주려

해도 마음뿐 모든 것이 어지럽다. 결국, 부모도 일찍 손을 든다. 시간이 흐를수록 점점 관(官)만을 극(剋) 하니 정도(正道)라는 것이 없는 사람이다. 가난에 시달리고, 질병에 시달리고, 정신도 오락가락 결국, 요절(夭折)하는 명(命)이다. 흉격(凶格) 사주다.

❂ 종아격(從兒格)에서는 견겁(肩劫)-운도 꺼리지 않는데 이유는?

견겁(肩劫) 운을 꺼리지 않는 이유는 식상(食傷)이 많으니 그 기운(氣運)을 충분히 설기(泄氣) 할 수 있고, 재성(財星)이 있으니 식상(食傷)은 자연 재성(財星)으로 그 기운을 설기 할 수 있다. 통관(通關) 작용(作用)이 잘 이루어진다.

⇥ 종아격(從兒格)에서 인성(印星)-운은 어떤가?

인 성(印星)-운에는 대체로 흉(凶)으로 연결. 그것도 작은 것이 아니라 크게. 계란으로 바위를 치려니 사고가 날 수밖에 없다.

⇥ 관살(官殺)-운에는 어떠한 현상이 나타날까?

관살(官殺)-운은 식상(食傷)이 극(剋)-하므로 영락없이 파산(破産)이요, 부도(不渡)요, 퇴직(退職)이요, 관재수(官災數)에, 송사(訟事)에 지고, 등등 흉(凶)한 일이 연속으로 반복.

⇥ 병(丙), 정(丁) 일간은 견겁(肩劫)-운이 흉(凶)한데 이유는? ➡ 조후(調喉)-관계다.

갑 (甲), 을(乙) 일간은 오히려 인성(印星), 관살(官殺)−운이 길하다 왜? 이것 역시 조후(調喉) 관계인데, 목(木), 화(火)가 강해 화다목분(火多木焚) 현상이 나오므로 금(金), 수(水)가 조후(調喉)를 조절(調節)해야 한다.

❂ 여성의 경우 종아−격(從兒格)은? 결혼생활에 지장이 있는데 이유는?

▷ 관(官)이 식상(食傷)의 기운에 견디지 못하니, 남편의 존립(存立) 자체가 힘들어진다. 식상(食傷)의 극(剋)을 받는다.

❂ 남성의 경우는 자손이 관(官)이라 자손(子孫)이 귀하다.

자손이 있어도, 귀(貴)하게 되기 어렵다.

❂ 교육이나, 육영사업에 길(吉)하나, 자신의 지나친 일신상의 영화, 사회적인 출세 지상주의로 남을 희생 양으로 삼거나, 지지 않으려는 승부−욕이 강하다.

❂ 비겁(比劫)이 없으면 관직(官職)을 얻기 힘드나, 재(財)는 충분(充分)하다.

☞ 종격(從格)은 항상 신왕(身旺)으로 본다.

자신을 버리고 변화(變化)한 것이므로 자신이나 마찬가지인 인수(印綬)−운이나, 견겁(肩劫)−운에는 항상 흉(凶)으로 작용.

☞ 종아격(從兒格)은 식상(食傷)과 재운(財運)을 반기며 길(吉)로 작용.

❷. 종재격(從財格).

종 재격(從財格)이란? 일간(日干)이 신약(身弱), 식상(食傷), 재성(財星), 관살(官殺)에 의존(依存)해 그 세력을 따라가는 것을 말한다.(재성(財星)이 주(主)다.) 용신(用神)은 식상(食傷), 재성(財星), 관살(官殺)이다.

☞ 사주−원국에 관살(官殺)이 있고, 식상(食傷)이 없는 경우, 재성(財星)과 관살(官殺)이 용신(用神) 되고, 관살(官殺)이 없으면 식상(食傷)과 재성(財星)이 용신이다.

□ 종재격(從財格)의 구성(構成). ─────────────

일주(日主)가 신약(身弱), 재성(財星)이 국(局)을 이루는 경우.

⇨ 월지(月支)가 재성(財星)이어야 하고, 지지(地支)에 재성이 방합(方合)이나, 삼합(三合)국을 형성해야 한다.

⇨ 지지(地支)에 재성(財星)이 2개 이상, 재성(財星)이 강(强)하거나, 식상(食傷)이 천간(天干)에 투간(透干)해야 한다.

비 겁(比劫) 및 인성(印星)이 없으면서, 시지(時支)가 재성(財星)을 건드리지 않아야 한다.

□ 기명종재(棄命從財)격. ─────────────

기 명(棄命)-종격(從格)에는 여러 종류가 있다. 그중 하나를 살펴보는 것이다. 종재격(從財格) 하면 항상 따라다니는 용어(用語)다.

⊙ 기(棄) : 자신을 버리는 것, 스스로 멀리하는 것이다. 폐하는 것이요, 그만 접는 것이다. 완전한 굴복이다.

⊙ 명(命) ; 운(運), 운수(運數)다, 명(命)줄도 된다, 명령을 내리는 것이다.

⊙ 종(從) : 굴복(屈伏)이요, 자신의 의지(意志)와는 상관없이 길을 가는 것, 생존(生存)을 위한 방편으로 맹목적으로 따라가는 것, 순직이다.

⊙ 재(財) : 재물(財物)이요, 재성(財星)이다.

☞ 사주가 온통 재(財)로 도배, 재(財)와의 혼전(混戰)이다. 혼자서는 다스리고, 관리하고, 이끌며, 운영하며, 탐하고, 감당할 능력이 없는지라, 스스로 자신의 기력이 쇠하고, 미진하여 더는 견딜 수 없으니, 재(財)의 앞으로 나아가 굴복(屈伏)하고 따라가자며 스스로 자신에게 명령(命令)하는 것이다.

☐ 능수(能手)능란(能爛)한 사람이다.

○	丁	○	○
酉	丑	酉	辰

⇨ 지지(地支)에 재(財)의 기운이 왕(旺)하다. 일간 정(丁)화가 재(財)에 종(從)-하는 사주.

⇨ 여기에서 식상(食傷)의 관계를 살펴보자.

재(財)인 금(金)이 사라져도 토(土)인 식상(食傷)이 다시 재(財)를 생(生) 하는 일이 벌어진다. 재(財)인 돈을 쓰고 없어지면, 식상(食傷)인 능력이 있으니 또 버는 것이다.

• 그만큼 씀씀이도 여유가 있다. 여기에서 식상(食傷)이 없고, 재(財)만 있다면 어떻게 볼 것인가?

• 돈을 버는 능력(能力)이 약(弱)하므로 재(財)인 돈이 있어도 잘 쓰지 않는다. 버는 구멍이 없으므로 절약(節約)을 심하게 하니 구두쇠가 된다. 일간(日干)인 화(火)가 화생토(火生土)하여 토생금(土生金)으로 연결. 앞을 내다보는 관점으로 보자. 당장 눈앞만 보는 사람이 아니다.

• 흐름이 이어지므로 두 단계를 앞서 본다. 재(財)인 아내를 다루는 면을 본다면, 심하게 야단칠 때는 엄하게 하고, 즉 화극금(火克金)을 하고, 토생금(土生金)이 있으니 아내를 위하는 것, 또한 빠트리지 않는 사람이다.

• 금전(金錢), 대인(對人)관계도 원만하다. 둘러치고 메치는 재주다.

☐ 그릇의 차이(差異)를 구별.

○	丙	○	○
酉	申	酉	申

⇨ 지지(地支)가 합(合)인데 방합(方合)이다. 재(財)가 방합(方合) ➔ 회사는 아니고 대리점.
⇨ 지지(地支) 토(土)가 없다. 생산성(生産性)을 나타내는 식상(食傷)이 없다. 직접생산이 아닌 중간에서 물건을 받아 이윤(利潤)을 남긴다. 화금상전(火金相戰)이다.

중간에 중재(仲裁)하는 사람도 없으므로 싸우면 한쪽이 깨져야 답이 나온다. 아내를 다그쳐도 억누르기만 하지 부드러운 맛이 없다. 재(財)가 있는 사주, 재(財)가 없는 사주 차이다.

☞ **삼합(三合)-국에도 그 차이가 있다.**

금(金)→ 수(水)→ 목(木)→ 화(火)의 차례로 그 차이를 결정한다. 똑같은 종격(從格)이라도 급수(級數)가 있다. 오행(五行)에 따른 차이다.

◻ **종재격(從財格)의 특징(特徵).** ──────────────

✪ 종재격(從財格)의 사주(四柱)는 부귀(富貴)-집안에서 출생(出生).

✪ 종재격(從財格)의 사주(四柱)에서는 관살(官殺)이 중요한 역할을 한다.

◻ 관살(官殺)이 없는 경우, 부(富)는 누릴 수 있어도 관(官)까지는 못 간다. (대체로 돈이 많으면 벼슬을 사서라도 한자리하려는 것이 인간 마음이다.)

헌 금을 많이 내고 한자리하려 하는 것이 이런 심사다.

- 그만큼 부(富)는 즉, 재(財)는 관(官)을 생(生) 하므로 당연한 귀결.
- 그러나 관(官)이 없다면 힘들다.
- 억지로 하려 한다면 항상 구설(口舌), 관재수(官災數)다. ➡흉운(凶運)으로 연결된다면 돈 날리고, 망신당하고, 개꼴이다.

❏ 종재격(從財格)의 사주에서 관살(官殺)이 있으면 어떤 역할을 하는가?

관살(官殺)은 비겁(比劫)을 극(剋)−한다.
고로 극(剋) 하려는 재성(財星)을 보호하니 재(財)는 안전함을 누리는 것이다.
관(官)이 없으면 이 점이 불안하다.

☞ 칠살(七殺)운이 올 경우는 어떨까?

칠 살(七殺)−운이 올 경우, 종재격(從財格)의 사주는 사망(死亡), 부도(不到), 파산(破産), 질병(疾病) 등의 흉(凶)한 일이 연속으로 발생.

❏ 대체용법을 사용한다. 비겁(比劫)➡ 인(寅)➡ 목을 사용한다.

○	甲	○	○
○	子	丑	○

↳ 축(丑)월 출생한 갑(甲)목 일주(日主).
종재격(從財格)의 사주(四柱)라면 어떨까?

↳ 종재격(從財格)인데 겨울에 출생(出生).

일주(日主) : 일간. 일주(日柱) : 일(日)의 천간(天干), 지지(地支) 여기에서는 식상(食傷)인 화(火)의 기운이 필요하다. 조후가 필요. 그런데 화(火)가 없다면 어떻게 해야 할까?

▪ 운(運)에서 아직 화(火)−운(運)이 멀었다는 설명. 인(寅)중 병(丙)화가 있으므로, 비록 비겁(比劫)이지만 희신(喜神)−작용(作用)이다.

☞ 목(木) 일간이 축(丑)−월의 종재격(從財格)에서는 화(火)가 없으면 부귀(富貴)격 사주가 되지 못하고, 빈한(貧寒)한 팔자(八字)다. 인(寅), 술(戌) 없

으면 빈곤하고, 일찍 명(命)을 달리하는 팔자가 된다.

☞ 이때 운(運)에서 화(火)-운을 만난다면 대길(大吉)하고, 좋은데 일찍이 수
(水)운을 만난다면 요절(夭折)하는 수도 있다.

☞ 운(運)도 때가 맞아야 한다. 그래서 운(運)이다.

▢ 금(金), 수(水)운이 길(吉)하고, 목(木), 화(火)운이 흉(凶)하다.

辛	丁	壬	己
丑	酉	申	丑

⇨ 신(申)월의 정(丁)화 일간.
지지(地支)에 금(金)-기운이 강(强)하다.

⇨ 지지(地支)의 금(金)-기운이 강(强)하고, 시간(時干)에 신(申)금이 투출.
정(丁)화 에서 보면, 재(財)에 종(從)하는 종재격(從財格)을 택한다. 시지(時
支)의 축(丑)은 금(金)의 재고(財庫)이다. 거기에 신(辛) 금이 천간(天干)으로
나타나 있으니 금(金) 기운이 왕(旺)-하다.

종 재격(從財格)의 소유자(所有者)가 성공(成功)을 거둔다면 남의 힘으로
성공을 거두는 것이다. 귀인(貴人)의 도움을 받고 뜻을 이루는 것이며
자력에 의한 성공은 아니다. 물론 처세(處世)가 좋다던가, 본인의 노력도 있었
겠지만, 더 큰 힘은 주변의 도움이다.

☞ 식상(食傷)→생(生)→재(財)를 하며 토(土), 금(金)-운이 길(吉)하고, 수
(水)운도 괜찮다. 목(木), 화(火) 운(運)은 기신(忌神)다. 임(壬)수인 관(官)이
천간(天干)에 투출(投出),

관(官)으로 행로(行路)도 과정(過程)에 있으나 정
(丁)-임(壬)➡합(合)으로 도중하차다. 합화(合化)하
여 목(木)이 되니 기신(忌神)이다.

흐름을 살펴보면 천간(天干)에서 흐름이 갈라져서, 서
로가 극(剋)-하는 형상. 년(年)-월(月)이 그렇고, 일
(日)-시(時)가 그런 것이다.

☞ 기(己)-임(壬), 정(丁)-신(辛) ⇨ 천간의 관계가 서로가 흉(凶)한 관계다 위에서 아래로 흐르는 것이 당연하지만, 크게 전환점이 둘로 구분.

☞ 인생의 전반부에서는 관(官)에 머물다가 마는 것이요, 인생의 후반부는 재(財)에 종(從)하는 것이다.

그러나 천간(天干)의 그림처럼 항상 스스로 약(弱)하면서도 억지 부리다 항상 곤욕(困辱)을 치른다.

• 재(財)에 종(從)하여 삶을 유지하니 아쉬워하지는 않는다.

☞ 종재격(從財格)에 있어서 식상(食傷)이나, 관(官)은 재(財)의 원류(原流)와 흐름이 되어 방해(妨害)되지 않으나, 인수(印綬)-운과 견겁(肩劫)-운은 내가 직접 움직여 모든 것을 처리해야 하고, 극(剋)을 당하므로 아주 싫다. ☞ 종재격(從財格)은 신왕재왕격(身旺財旺格)으로 본다.

❸. 종살격(從殺格).

사주(四柱)에서 일간(日干)이 신약(身弱)하고, 관살(官殺)의 기운이 왕(旺)-하여 부득이 그에 따라감을 말하는 것인데, 종살(從殺)이란 것은 살(殺)에 종(從)-한다는 뜻으로 살(殺)이란 관살(官殺), 재살(財殺)을 포함한 의미다. 정관(正官)도 많으면, 살(殺)과 같다.

❏ 종살격(從殺格)의 구성(構成).

살(殺)에 종(從)-한다는 것은 관살(官殺)이나, 재살(財殺)로 사주가 이루어져 일주(日主) 자체가 의지(依支)처가 없어 허약(虛弱), 스스로 독립(獨立)하여 처신(處身)하고, 행동할 수 없다. 살(殺)이란 나를 극(剋)하고, 괴롭히고, 심할 경우는 존재(存在) 자체를 없앨 수도 있는 막강한 힘을 지닌 무서운 존재다.

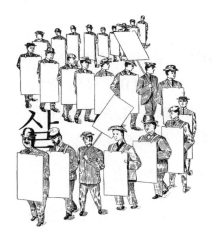

■ 그러므로 종살(從殺)이란 말 그 자체는 이와 같은 상황(狀況)에 굴복하여 모든 기득권(旣得權)이나, 심지어 자신마저 포기하고 따라간다.

(殺)도 많으면 관(官)으로 작용. 종(從)−하기 전까지는 살(殺)이었지만, 일단 종(從)하고 나서는 관(官)으로 변(變)한다.

결과적으로 종살격(從殺格)은 관(官)인 명예(名譽), 공명(功名)을 우선. 여기서도 삼합(三合)−국이라면 상격(上格)으로 본다.

✪ 일단 월지(月支)가 관살(官殺)이어야 한다.

✪ 지지(地支)가 관살(官殺)의 방합(方合)을 이루거나. 삼합(三合)을 형성.

✪ 월지(月支)가 관살(官殺)이 아닐 경우, 사주(四柱)−내에 3개 이상으로 관살(官殺)이 많으며 천간(天干)으로 관살(官殺)이 투출(透出)➡종살격(從殺格)이 성립.

▷ 이 경우 식상(食傷)이 있어서 관살(官殺)을 극(剋)−하면 안 된다.

▷ 시지(時支)에 식상이나, 비겁(比劫)이 있으면 관살(官殺)에 대항(對抗)한다. 기운(氣運)을 논할 때, 식상(食傷)과 비겁(比劫)은 한 편이고, 관살(官殺)은 따로 한 편이다.

□ 기명종살(棄命從殺).

사 주가 모두 관살(官殺)로 되어 있고, 일주(日主)가 뿌리가 없어서 자기를 버리고 관살(官殺)을 좇아간다.

• 격(格)이 이루어지면 대귀(大貴) 한다. 식상(食傷)이 있으면 칠살(七殺)이 극(剋)을 당하니 종살격(從殺格)이 이루어지지 않는다.

• 인수(印綬)가 있으면 종살격(從殺格)이 안 된다.

❑ 종살격(從殺格)의 특징(特徵).

종살격(從殺格)은 남(男), 녀(女) 모두 부귀(富貴)하는 사주(四柱)다. 남성(男性)은 출세(出世)-가도(街道)요, 여성(女性)은 귀부인(貴婦人) 명(命)이다.

❑ 종살격(從殺格)이라고 무조건 좋은 것은 아니다.

○	壬	○	○
○	○	丑	○

⇨ 임(壬)수 일주(日主)가 축(丑)월에 출생. 종살격(從殺格)이 구성된다면 어떨까?

⇨ 축(丑)월의 수(水)라 섣달의 얼어있는 물이다. 겨울이라 춥다. 조후(調喉)가 필요. 종살격(從殺格)에서 재(財), 관(官)이 용신(用神)이라 화(火)가 조후(調喉)에도 맞고, 안성맞춤이다. • 화(火)가 없다면 어떻게 할까? 화(火) 대신 쓸 수 있는 것을 찾아야 한다. • 무엇이 그 역할을 할 것인가? 인(寅) 목이다. 인(寅)중 병(丙)화를 사용.

⇨ 인(寅) 목이 없다면 어떻게?

운(運)에서 화(火)-운을 만나야 한다. 그도 안 된다면 어려운 삶이다.

❑ 소도 언덕이 있어야 비비는 것.

○	乙	○	○
酉	丑	酉	巳

⇨ 지지(地支)가 사(巳)-유(酉)-축(丑)으로 삼합. **국(局)으로 귀격(貴格)으로 간다.**

⇨ 관(官)으로만 구성, 재성(財星)이 약하다. 일을 해도 재정적인 뒷받침이 든든해야 무엇인가 큰일을 할 것인데, 뜻을 펼치기가 그리 쉽지는 않다. 확실하게 내질러본다는 것이 어렵다. 그렇다면 재(財)와 관(官)이 같이 간다면 어떨까?

❏ 돈이란 무서운 것이다.

○	乙	○	○
酉	丑	酉	辰

⇨ 여기에서 재성(財星)은 축(丑)토와 진(辰)토. 재성(財星)과 관(官)이 합(合)을 이루니

재(財)가 살신성인(殺身成仁)을 하는 형국이다. 일심동체(一心同體)가 되어 재(財)가 관(官)을 도우니 금전(金錢)도 명예(名譽)도 다 갖춘 것이다. 일해도 겁날 것이 없다. 박력(迫力)과 추진력(推進力)이 넘친다.

종 (從)하고 나면 하기 전(前)과는 완연한 차이가 난다. 귀격(貴格)이 된다는 이야기다. 천박(淺薄)하던 처지(處地)에서 고귀(高貴)한 신분으로 바뀐다. 개천에서 용(龍) 나는 격이다.

▪ 부잣집에 양자로 가는 것이다. 상속자가 된다.

☞ 종살격(從殺格)도 ➠ 갖추어진 경우, 운(運)에서도 형성.

갖추어진 경우는 타고난 것이요, 천기(天氣)를 받은 것이고, 운(運)에서 이루어

지는 것은 천기를 받는 것이다. 운에서 이루어지지 않는다면 자질(資質)과 실력(實力)은 갖추었어도 알아주는 놈이 없어 세상 탓하며 지내는 것이요, 용이 못된 이무기다. 오히려 세상 사는 것이 힘들어지는 상황으로 연결.

❏ 종살격(從殺格)에서의 관점은 무엇일까?

종살격(從殺格)에서는 재(財), 관(官)을 반가워한다. 주체(主體)는 재(財), 관(官)이다. 그러나 핵심은 항상 엉뚱한 곳에 있다. 아무리 좋은 직장, 능력을 갖추어 실력(實力)을 발휘해도, 또 한 가지 갖추어야 할 것이 있다. 관생인(官生

印)이 갖추어져야 한다. 어느 주체이든 형성되면 흘러야 하는 것이 중요한 핵심(核心)이다. 원류(原流)가 있어야 하고, 그것이 돌고 돌아 흘러나가는 곳이 있어야 한다.

• 예전의 청렴결백한 관리의 집에 비가 새는 경우가 있었듯, 그런 경우는 없어야 한다. 장관이 집이 없어 셋방을 산다면. 어떻겠는가?

♦ 수신제가(修身齊家)라 하였다. 결코 인정(認定)받지 못할 것이다.

외국에서 활동하던 어느 한 예술가는 전 세계적 명성을 얻고 전위예술의 한 획을 그은 분이었지만 죽을 때까지도 평생 항상 돈과 씨름 하였다고 그의 아내는 전한다. 만약에 금전에 대한 걱정이나 근심하는 시간이나, 좀 더 편안한 상태였다면 건강도 악화하지 않았을 것이다.

□ 예술(藝術)과 공적(公的)인 일과는 다른 면이 존재하는 것이지만, 세상을 사는 것은 나 혼자만 사는 것이 아니다. 도를 닦는 사람이라도 세상에 사는 동안은 세상의 흐름에 적응하며 살아가는 것이 삶이다. 이를 거부한다면 그는 사회생활이 아닌 다른 차원의 삶을 사는 것이다. 종격(從格)에서는 항상 종격(從格) 그 자체가 아니라, 흐름이 이어지는가 살펴야 한다.

□ 인수(印綬)운 이라고 무조건은 아니다.

壬	癸	壬	戊
戌	未	戌	戌

↳ 술(戌)월의 계(癸)수 일간.
사주가 수(水)와 토(土)로 이루어져있다.

↳ 관(官)인 토(土)의 기운이 왕(旺)-하다.

관(官)에 종(從)-하는 사주이나, 인성(印星)이 지지에 암장(暗藏) 되어 있으나, 암충(沖)으로 제대로 그 기능(機能)을 발휘 못 한다.

술술 풀리는 것 같더니만, 중-말년에 접어들면서부터 환경이 자꾸 꼬이기 시작

한다. 대운이 정사(丁巳)➡인수(印綬)–대운이라 좋을 것 같으나 오히려 나를 힘들게 한다. 인수(印綬) 운도 미치는 파급효과를 항상 점검하며 살펴야 한다. 현재 작은 슈퍼를 운영하고 있는데, 남편이 병마(病魔)와 싸우고 있다.

◻ 진위(眞僞)–판단(判斷)의 중요성(重要性). ─────────

양(陽)이 있으면 음(陰)이 있듯 항상 종격(從格)에는 가(假)라는 단어가 들어

간다. 사람이 자기 잘못을 인정(認定)하고 진정(眞情)으로 사과한다거나, 능력(能力)이나 모든 것이 부족(不足), 스스로 고개 숙일 때, 과연 상대방이 그것을 인정하는가? 본인 스스로도 "아!, 내가 참으로 보충하고, 반성하고, 숙여야 하는구나!"하고 진심으로 행하는가 보아야 하듯, 종(從)–한다 해도 운(運)에서 오는 변화(變化)에 따라 항상 변절(變節)될 가능성(可能性)이 있는가 판단하는 것이 중요.

머 리 검은 짐승은 거두지 말라고 사람이란 언제, 어느 때 항상 변(變)하게 되어있다. 그런다고 탓하거나, 흉볼 것이 아니다. 한 번 접고 이해(理解)하면 마음이 편하다. 추명(推命)도 마찬가지. 겉만 보고 판단하는 것이 아니라, 그 다음 도 보아야 한다.

☐ 가(假)종살격(從殺格).

▷ 종살격(從殺格)인데 항상 변할 수 있는 요소(要素)를 갖고 있다. 빗장이 항상 열려있는 종살격(從殺格)이다. 사람으로 친다면 항상 치마끈을 풀러 내릴 수 있는 아녀자요, 바지를 아무 장소에서나 벗을 수 있는 남정네다.

지 지(地支)에 관살(官殺)은 많은데, 천간(天干)에 투간(透干)된 관살(官殺)이 없고 재성(財星)만 투간(透干)하였을 때는, 종살격(從殺格)이라도 가(假)종살격(從殺格)이라 한다.

☞ 천간(天干)에 인성(印星)과 비견(比肩)이 있는데, 뿌리가 없어 통근(通根)을 못해 힘이 약할 때, 관살(官殺)이 왕(旺)하면 종살격(從殺格)이 되는데, 이때도 가(假) 종살격(從殺格)이 된다.

☐ 종살격(從殺格)에서의 용신(用神)은 관살(官殺), 재성(財星)이 된다.

기신(忌神)은 인성(印星)과 비겁(比劫)이다. 종(從)-하여 있는 일주(日主)를 자꾸 충동질하는 못된 행동을 하는 것이다.

◆ 결과적으로 이런 운(運)에는 흉(凶)한 일이 생긴다. 항상 겸손, 자중하는 것이 최고.

☞ 종살격(從殺格)에서는 재(財), 관(官)운이 길하고, 식상(食傷)과 인성(印星)운은 흉(凶)하다. 왜?

인 수(印綬)운, 견겁(肩劫)운, 식상(食傷)운을 꺼린다. 인수(印綬)운이나, 견겁(肩劫)운은 종(從)하여 가만히 잘 지내는 사람을 충동질하는 것이고, 식상(食傷)운은 왕(旺)한 관(官)의 기운을 건드리니, 긁어 부스럼이다.

☞ 종살격(從殺格)이 성립➡신왕관왕(身旺官旺)과 같다.

④. 종세격(從勢格).

사주가 신약(身弱)하다는 것은 일단 인성(印星)이나 비겁(比劫)인 자기의 세력이 타 육친의 세력보다 부족(不足)하다는 이야기다. 힘에서 딸린다. 더 추가한다면 나의 세력(勢力)이 약해 왕(旺)한 남의 세력(勢力)에 굴복하는 것.

• IMF니 스와프니 하는 것 자체도 왕한 세력에 결국은 종(從)하는 것이나 마찬가지. 일시적인 도움이나, 고개를 숙이는 자체가 다 힘이 센 세력(勢力)에 종(從)-하는 것이다. 나의 세력이 인성(印星)과 비겁(比劫)이니, 상대의 세력(勢力)은 자연 식상(食傷), 재성(財星), 관살(官殺)이 된다.

• 타 세력(勢力)에 종(從)하는 것이라, 종세격(從勢格)이라 한다.

◉ 이때 일주(日主)는 신약(身弱), 인성(印星)을 용신(用神)으로 삼아 자신의 힘을 키워 운용하는 사주와 흡사하므로, 여기서 실수하는 경우가 많다.

❋ 종세격(從勢格)은 그리 흔한 편이 아니다. 종세격의 사주에서는 식상(食傷), 재성(財星), 관살(官殺)등이 혼합되어 있으면, 재성(財星)이 용신(用神)이 되어 중간에서 통관(通關) 역할을 해야 길(吉)하다.

☐ 종세격(從勢格)의 특징(特徵).

종세격(從勢格)의 사주에서는 식상(食傷), 재성(財星), 관살(官殺)등이 혼합(混合)되어 있으면 재성(財星)이 용신(用神)이 되어 중간(中間)에서 통관(通關) 역할을 해야 길(吉)하다.

☞ 종세격(從勢格)에서는 세력이 판도를 좌우한다. 고로 용신(用神)도 세력(勢力)이 가장 강(强)한 육친(六親)이 용신(用神)이 된다.

☞ 종세격(從勢格)에서 월지(月支)가 용신(用神)일 경우, 월지를 충(沖)-하는 운(運)이 제일 흉(凶)하다. 물론 용신(用神)을 충(沖)하니 좋을 리야 없는 것이 당연한데, 더욱 그 피해가 강하다.

각종 질병, 주변의 생사(生死)가 오락가락하는 급박한 상황도 생기고, 사업할 경우 파산(破産)이요, 그로 인해 형사사건(刑事事件)으로 연결되는 경우까지 생긴다. 특히 기신(忌神)-운에서 월지(月支)를 충(沖)한다면, 심하면 사망(死亡)을 하는 경우도 생긴다.

☞ 종세격(從勢格)에서는 식상(食傷)이 의외로 커다란 비중(比重)을 차지한다.

　왜 그럴까?

▷ 식상(食傷)일 경우.

생(生)→재(財)하여 일단 부귀(富貴)는 누릴 수 있는 면에는 하자가 없다. 단점(短點)이라면 지위(地位)는 그다지 높지가 않다. ▷ 종세격(從勢格)에서는 상관이 2개 정도로 많이 투간(透干)하여 있다면 무관(武官)직에서 출세.

❺.종왕격(從旺格).

종왕격(從旺格)이란? 내가 왕이로소이다. 하면서 유아독존(唯我獨尊)의 형상을 한다. 사주가 인성, 비겁(比劫)으로 꽉 차고 재성(財星), 식상(食傷), 관살(官殺)이 없는 경우를 말한다. 사주에서 한 가지 오행으로 찬다는 것은 극히 드문 경우다. 종왕격(從旺格)의 경우는 인성(印星), 비겁(比劫) 중 비겁(比劫)이 차지하는 비중이 훨씬 강한 경우다. 종강격(從强格)의 경우는 인성(印星)의 비중(比重)이 월등한 경우다.

□ 종왕격(從旺格)의 특징(特徵).

⊙ 비견(比肩)과 겁재(劫財)가 많아서 신왕(身旺)한 경우인데, 왕(旺)-하다는 말은 곧 비겁(比劫)이 많다는 설명. 용신(用神)은 비겁(比劫)과 생(生)-해 주

는 인성(印星)만 용납(容納)할 뿐이다.

❉ 형제(兄弟)간이 많다 보면 남의 사정 보다는, 집안 사정 돌보기도 시간이 모자란다. 남의 일에 등한시하기보다는 시간(時間)이 없어서 간섭 못 한다.

❉ 옆에서 볼 적에는 아주 무관심하고, 자기들 식구 밖에 모르는 사람으로 자연 보여진다. 결과적(結果的)으로 그렇다.

▷ 일을 처리하는 것을 보면 매우 적극적이다. 일단 손을 대면 내일 같이 처리하는 것이 특징. 적극적이요, 항상 옆에는 핏줄이 있으니 부족하면 보태주고, 밀리면 당겨주는 주변이 있으니 그러한 사고방식이 몸에 배어 과감해질 수밖에 없다. 형제가 많은 아이는 매 맞고 다니지 않는다. 형, 동생들이 우르르 몰려가니 누가 감히 건드리겠는가?

◻ 뿌리가 흔들리면 항상 문제가 생긴다.

辛	庚	乙	庚
巳	申	酉	子

▷ 유(酉)월의 경(庚)금 일간(日干).
비견(比肩)과 비겁(比劫)이 왕(旺)한 사주.

▷ 지나친 고집(固執)으로 항상 손해 보는 사람이다.

2008년 무자(戊子)년을 맞아 식상(食傷)의 기운이 강(强)하여지고, 월지(月支) 양인(羊刃)이 흔들리고, 을(乙)-목인 재성(財星)이 흔들리니 금전(金錢)으로 인한 관재수에 곤욕(困辱)을 치르고 있는 상황. 사주가 지나치게 왕(旺)하니 견겁(肩劫)이 약간 흔들려도 걱정 없을 것 같아도 그렇지 않다. 식상(食傷)의 기운(氣運)이 왕(旺)-해지면서 일종의 지각변동(地殼變動)이 생긴다.

❻. 종강격(從强格).

사주(四柱)에서 강(强)하다 하는 것은 왕(旺)-
한 것과는 약간의 차이가 생긴다.

그러나 결론적(結論的)으로 본다면 일주(日主)인
아(我)가 힘이 매우 강(强)하고, 왕(王)처럼 군
림(君臨)하는 면에서는 일맥상통(一脈相通).

서 로가 인수(印綬)와 비겁(比劫)만을 용납(容納)하는 근본도 같아, 보통
종왕격(從旺格)과 종강격(從强格)을 합해 사주가 강(强)하다는 표현
(表現)을 많이 쓰기도 하는데 그래도 확실한 구별은 필요하다.

☐ 종강격(從强格)의 특징(特徵).

종강격(從强格)은 사주(四柱)에 인성(印星)
과 비겁(比劫)이 섞여 있는 사주. 재성(財星)
과 관살(官殺)이 없는 사주다. 용신(用神)은
인성(印星)과 비겁(比劫)이다. ※ 기신(忌神)
은 자연 재성(財星)과 관살(官殺), 식상(食傷)이다. 예외인 경우는 항상 있다.
그것이 어떤 경우인가? 는 다른 격에서도 마찬가지. 항상 그런 점을 잘 살피는
것이 추명을 잘하는 것이요, 이차방정식을 잘 푸는 것이다.

⇥ 여기서 주의하여야 할 점은 앞서 설명을 하였지
만, 인성(印星)이 많으므로 일간(日干)이 인성(印
星)에 종(從)-할 수 없다. 결국은 다 나의 것인데,
완전히 짜고 치는 고스톱이다. 종인격(從印格)이
없는 이유다.

종강격(從强格)에서 비겁(比劫)이 많아 거의 종왕격(從旺格)과 흡사할 경우는 왕(旺)한 비겁(比劫)의 기운을 설기(泄氣) 해주는 ➡ 식상(食傷)운이 좋고, 인성(印星)이 많을 경우는 식상(食傷)과 인성(印星)은 서로 상극(相剋)관계이므로 식 상(食傷)운이 흉(凶)하다.

↳ 재성(財星)으로 인성(印星)을 극(剋)−하면 구조대로 파견.

재성(財星)을 용신(用神)으로 쓸 경우는 재성(財星)과 식상(食傷)이 같이 있을 경우다.

※ 인성(印星)과 식상(食傷)은 서로가 상극(相剋) 관계이므로, 식상(食傷)이 있을 경우 ➡ 인성이 직접 극(剋)을 하는 것 보다 식상(食傷)을 설기(泄氣)시켜 기운을 앗아버리는 간접적(間接的)인 방법이 더 효과적이고, 더 편하다.

※ 재성(財星)이 있고 관살(官殺)도 있을 경우는, 재성(財星)이 관살(官殺)을

생(生)하므로 재성(財星)→관살(官殺)→ 인성(印星)으로 하여 통관(通關)작용이 되어 재성(財星)을 사용하기 어려워진다.

※ 종강격(從强格)인 경우, 식상(食傷), 재성(財星), 관성(官星)이 모두 있다면 정격(正格)으로 흐르기 쉽다. 그러므로 식상(食傷)과 재성(財星), 재성(財星)과 관살(官殺) 두 가지 정도씩 있는 것이 종강격(從强格)이라는 격(格)이 된다.

제 ❺ 장

☐ 그 외의 종격(從格)-----❶

❶. 화기격(化氣格).

❷. 합화격(合化格).

❸.종오행격(從五行格).

❶. 화기격(化氣格).

일간이 월간(月干), 또는 시간(時干)과 합(合)을 하여 자기 자신과는 다른 오행(五行)으로 변화(變化) 즉➡화(化)하는 경우.

일 주(日主) ➡일간(日干) 사주(四柱)의 장본인(張本人), 주인(主人)이다. 그런데 쉽게 변질(變質), 퇴색(退色)되면 사주 전체가 흔들린다.

사주란 주인(主人)이 한번 결정 내리면, 전체(全體)가 그 뜻을 따라 움직인다.

일간이 합화(合化)된다 는 것은, 자기 자신을 버리고 모든 것을 헌납(獻納)한다는 의미다. 기업을 하던 사람이 회사를 살리기 위해 인수합병을 감행하는 것이다. 자기도 살고 종업원도 살고 모두가 사는 길이다.

사 주에서의 주체(主體)는 일간(日干)인 자신이다. 개인의 사생활(私生活)이기 때문에, 책임감이 있는 공인(公人)이 아니기에, 일간(日干)인 ➡ 자기 자신만을 위주로 합병(合併)한다.

□ 진정한 화격(化格)의 구분(區分)

실질적으로 사주를 보면서 과연 화격(化格)이 되는가? 안 되는가? 하고 판단(判斷)할 때 혼동(混同)되는 경우가 참으로 많다.

※ 진짜 화(化)한 것인가? 아니면 거짓으로 화(化)한 것인가? 하는 의구(疑懼)심이 드는 사주도 많다.

운 (運)에서의 작용(作用)으로 진(眞), 가(假)가 일시적으로 혼동을 일으키기도 하지만 결국 그 원래의 그대로다.

❖ 특히 화격(化格)에는 일간(日干)이 너무 강(强)하여 종왕격(從旺格)의 성격을 나타내기도 하는데, 이런 경우 진화(眞化)라 하고, 일간이 평범하여 정격(定格)으로 된다면 가화(假化)로 판단한다.

가 화(假化)격이 될 경우는 사회생활에 있어서 항상 문제점을 내포하게 된다.

▪ 출생(出生) 자체도 그렇고, 가족(家族) 관계에 문제가 있고, 정상적인 생활에 향수를 느끼고, 삶의 애환(哀歡)이 많아 특이한 길을 걷게 된다.

▪ 서로 극(剋)-하는 간지(干支)가 있는 경우 ➡ 성격이 거만하고, 의심이 많고, 삶을 보게 되면 특히 초년고생이 많아도 좋은 운을 만나면 부귀와 공명을 누릴 수 있지만, 좋은 운을 못 만나면 평생 불운, 어려운 삶을 영위하게 된다.

❏ 화기격(化氣格)의 분류. ─────────────────

❶. 갑(甲)-기(己)   합화(合化) → 토(土)

❷. 을(乙)-경(庚)   합화(合化) → 금(金)

❸. 병(丙)-신(辛)   합화(合化) → 수(水)

❹. 정(丁)-임(壬)   합화(合化) → 목(木)

❺. 무(戊)-계(癸)   합화(合化) → 화(火)

❏ 화(化)라 하여 무조건 다 그리 변(變)하는 것일까?

모든 것이 그렇다. 편안(便安)하고, 순리적(順理的)인 것보다는 항상 문제가 되고, 골치가 아픈 부분을 잘 살펴야 진일보(進一步) 한다. 그것이 남보다 한 발 더 가까이 목표에 다가가는 지름길이다.

사업을 해도 잘 나가는 아름다운 청사진 보다, 어둡고 침울한 면부터 잘 살피는 사람이 안전하게 사업한다. 그래야 낭패가 적다.

❈ 사주도 그렇다. 명리학(命理學)을 논하면서 정상적(正常的)이고, 당연(當然)한 것들만 살피면 발전(發展)이 더디다.

▪ 상담(相談)할 때도 민초(民草)들의 사주를 잘 추명(推命)해야 실력이 는다. 잘 구성된 사주만 들여다보아서는 진전(進展)이 더디다. 화(化)라 하여 천간(天干)만 덜렁 살피면서 아! 이제는 화(化)구나 한다면, "나는 구렁으로 떨어집니다." 하면서 뒷걸음이요, 제자리걸음. 이제 안 되는 것부터 한 번 살펴보자.

처 종부화(妻從夫化)란? 단어가 나오는데 이는 처(妻)가 남편을 따라 화(化)하는 것인데, 화격(化格)에서 숙지해야 할 단어다. 화기격(化氣格)을 보면 오행(五行)의 음(陰), 양(陽)이 합(合)을 하여 어느 한쪽의 오행(五行)으로 변화하던가, 아니면 서로가 다른 오행(五行)으로 화(化)-하는 경우도 있다. 여기에서 음(陰)이 양(陽)을 따라가는 경우다.

▪ 부부(夫婦)간에 아내가 남편을 따를 경우다.

▪ 남편이 아내를 따라간다면 부종처화(夫從妻化)라는 단어가 성립.

❶. 갑기(甲己)➡합(合)의 경우.

갑기(甲己) 합(合)은 토(土)다. 그런데 갑(甲)-목이 기(己)-토를 따라가지 않고 기(己) 토가 오히려 갑(甲) 목을 따라온다. 상황이 바뀌는 것이다.

❈ 기(己)토가 목(木) 계절인, 묘(寅卯)월에 출생, 지지에 방합(方合)이나, 삼합(三合)을 이룰 경우. 기(己) 토는 목(木)의 기운에 종(從)-해야 한다. 기(己)토가 갑(甲)목을 따라 종(從)-하는 것이다.

己	甲	◯	◯
◯	◯	◯	◯

⇨ 갑일(甲日), 기시(己時)

◯	甲	己	◯
◯	◯	◯	◯

⇨ 갑일(甲日), 기월(己月)

甲	己	◯	◯
◯	◯	◯	◯

⇨ 기(己)일, 갑(甲)시

◯	己	甲	◯
◯	◯	◯	◯

⇨ 기(己)일, 갑(甲)월

✪ 특징(特徵) : 월지(月支)가 진술축미(辰戌丑未) 이다.

목(木)이 없으면 화(火), 토(土), 금(金)이 길(吉), 수(水), 목(木)이 흉(凶).

❷. 을경(乙庚)➡합(合)의 경우.

을경(乙庚)-합(合)을 하면 금(金)이 되나, 을(乙)목이 경(庚)금을 따라가지 않는 경우다.

⊙ 아내가 남편(男便)의 뜻을 거역하는 것이다. 남편이 무능(無能)하면 자연 아내가 생활을 책임지는 것이다.

⊙ 그것이 부부(夫婦)다. 경(庚)금 일간이 인, 묘(寅卯)월에 출생(出生)하고, 지지(地支)에 목(木)의 방합(方合)이나 삼합(三合)국을 형성한다면 경(庚)금은 목(木)의 기운에 종(從)하여➡을경(乙庚) 합(合)하여 금(金)이 아닌 목(木)으로 화(火)한다.

庚	乙	○	○
○	○	○	○

○	乙	庚	○
○	○	○	○

↦ 을일(甲日), 경시(庚時)
↦ 을일(甲日), 경월(庚月)

乙	庚	○	○
○	○	○	○

○	庚	乙	○
○	○	○	○

↦ 경일(庚日), 을시(乙時)
↦ 경일(庚日), 을월(乙月)

✪ 특징(特徵) : 월지(月支)가 신(申), 유(酉).

화(火)가 없으면 토(土), 금(金), 수(水)가 길(吉), 목(木), 화(火)가 흉(凶).

❸. 병신(丙辛)➡합(合)의 경우.

병신(丙辛)➡합(合)➡수(水)가 되는 것이 상식이나. 수(水)가 되지 않고 다른 오행(五行)으로 화(化)하는 것이다. 여기서는 아내도, 남편도 아닌 자식으로 화(化)하는 것인데 이를 거부한다. 어찌 집안을 자식에게만 맡기고, 후방(後房)으로 물러난단 말인가? 하며 거부(拒否)한다. 본인이 직접 챙긴다.

✳ 신(辛)금 일간(日干)이 사오(巳午)월에 출생, 지지에 방합(方合)이나, 삼합
(三合)을 형성한다면 신(辛)금은 화(火)에 종(從) 한다.
자연 병(丙)화는 화(化)를 하지 않고, 자기 본연의 화(火)의 기운을 유지.

辛	丙	○	○
○	○	○	○

○	丙	辛	○
○	○	○	○

丙	辛	○	○
○	○	○	○

○	辛	丙	○
○	○	○	○

✪ 특징(特徵) : 월지(月支)가 해(亥), 자(子).
토(土)가 없으면 금(金), 수(水), 목(木)이 길(吉), 화(火), 토(土)가 흉(凶).

❹. 정임(丁壬)➡합의 경우.

정임(丁壬) 합 경우인데 남편(男便)이 임(壬)수요, 아내가 정(丁)화다. 그런데
합하여 목(木)으로 화(化)하지 않는다. 남편의 뜻을 따르는 것이 아니라, 남편
이 너무 무능력하니 "친정으로 와 나와 같이 있자." 어머니가 딸을 권유하나 혼
자서 독립하겠다며 일선으로 나선다. 얼마든지 살 수가 있다는 것이다.

임 (壬) 수가 사오(巳午)월에 출생(出生), 지지(地支)에 방합(方合)이나
삼합(三合)으로 화국(火局)을 형성한다면 임(壬)수는 목(木)으로 화
(化)하는 것이 아니라 정(丁)화를 따라 화(火)에 종(從)하는 것이다.

壬	丁	○	○
○	○	○	○

○	丁	壬	○
○	○	○	○

丁	壬	○	○
○	○	○	○

○	壬	丁	○
○	○	○	○

✪ 특징(特徵) : 월지(月支)가 인(寅), 묘(卯)이다.
금(金)이 없으면 목(木), 수(水), 화(火)가 길(吉), 금(金), 토(土)가 흉(凶).

❺. 무계(戊癸) ➡ 합(合)의 경우.

무 계(戊癸)합의 경우➡ 화(火)로 화(化)하는 것인데, 화(火)로 변화(變化)하지 않는다. 계(癸)수 일간이 해(亥), 자(子) 월에 출생(出生), 지지(地支)에 방합(方合)이나 삼합(三合)을 형성(形成)한다면, 무(戊) 토는 자연 계(癸)수와 합(合)하여 화(火)로 변화(變化) 못 한다.

무(戊) 토는 오히려 수(水)에 종(從) 하는 형상(形象)이 된다. 무(戊) 토인 남편이 사업하다 부도(不到)가 나 길거리에 나앉게 되었다. 남편 왈(曰) "시어머니인 나의 어머니에게 부탁하여 집으로 들어가서 사는 것이 어떻겠는가?" 하고 권유하자, "차라리 내가 아이들 살피며 일을 할 터이니 당신 뜻대로 하시오!" 하면서 분가(分家)를 선언한다.

癸	戊	○	○
○	○	○	○

○	戊	癸	○
○	○	○	○

戊	癸	○	○
○	○	○	○

○	癸	戊	○
○	○	○	○

✪ 특징(特徵) : 월지(月支)가 사(巳), 오(午) 이다.
수(水)가 없으면 화(火), 목(木), 토(土)가 길(吉), 수(水), 금(金)이 흉(凶).

☐ 전체적으로 보는 화기격(化氣格)이 성립 안 되는 경우. ────────

합(合)이란 좋은 일이다.

⊙ 호사다마(好事多魔)라고 하면 어떨까?

⊙ 합(合)도 지나치면 그것이 화근(禍根)이 된다.

합(合)이 지나치게 되면 곤란한 것이다. 남녀 관계도 항상 양다리를 걸치다 보면 가랑이 찢어진다.

❖ 쟁합(爭合) : 경쟁(競爭)이 벌어지는 합(合)이다.

❖ 투합(妬合) : 투합(妬合) 역시 경쟁이라는 의미다.

⇨ 쟁합(爭合)이나 투합(妬合)이 이루어지면, 화(化)를 할 수가 없으므로 화기격(化氣格)이 될 수 없다.

화

(化)하는 두 개의 천간(天干) 중에서 어느 한쪽이라도 인수(印綬)를 만나면 그 천간(天干)에 힘이 생기니, 본래의 오행(五行)작용을 하려 하는 경우가 생긴다.

합을 하는 기본적인 이유는 내가 힘이 부족해서다. 내가 배부르고, 넉넉하면 남에게 아쉬운 소리를 할 필요가 없다. 합(合)도 마찬가지. 내가 뿌리가 있고 기운이 있다면 굳이 합(合)하려 하지 않는다.

또

는 칠살(七殺)을 만나 오행이 극(剋)을 받으면 합(合)이 깨어지는 경우로 뒤바뀐다.

서로가 정략적(政略的)으로 결혼하려 하는데 서로가 파산 일보(一步)직전(直前)이라 결혼(結婚)을 위기탈출의 기회로 삼고 있는데, 결국 둘 다 죽는 경우다. 어찌 결혼하겠는가? 각자가 다른 배우자를 찾아야 한다.

❑ 관살(官殺)운을 살핀다.

❶. 갑(甲)-기(己) 합화(合化) → 토(土)의 경우.
경(庚), 을(乙), 신(辛) 운(運)이 올 경우. ☞ 을경(乙庚) 금(金)이요

❷. 을(乙)-경(庚) 합화(合化) → 금(金)의 경우.
병(丙), 정(丁), 신(辛) 운(運)이 올 경우. ☞ 병신(丙辛) 수(水)요

❸. 병(丙)-신(辛) 합화(合化) → 수(水)의 경우.
임(壬), 계(癸), 정(丁) 운(運)이 올 경우. ☞ 정임(丁壬) 목(木)이요

❹. 정(丁)-임(壬) 합화(合化) → 목(木)의 경우.
무(戊), 기(己), 계(癸) 운(運)이 올 경우. ☞ 무계(戊癸) 화(火)요

❺. 무(戊)-계(癸) 합화(合化) → 화(火)의 경우.
갑(甲), 기(己), 을(乙) 운(運)이 올 경우. ☞ 갑기(甲己) 토(土)이다.

☞ 화기격(化氣格)을 방해(妨害)하는 관살(官殺)운은, 결국 합화(合化)하여 식상(食傷)운인데 열심히 합(合)하여 작품을 만들어도 결국 극(剋)하는 기운(氣運)의 작품(作品)으로 둔갑, 죽 쑤어 개 준다. 그런 운(運)에는 합(合)을 안 한다.

☞ 순서대로. 갑(甲), 을(乙), 병(丙), 정(丁), 무(戊)의 순서로 합(合)을 전개하면 된다. 갑기(甲己)➡합(合)을 방해하는 것은, 갑(甲) 다음이니 을(乙)이다. 을경(乙庚)인 것이다. 거기에 양간(陽干)의 음(陰)을 더하나 보태면 된다.

 양간(陽干)인 경(庚)금의 음(陰)은 신(辛)금이니, 신(辛)금을 추가하는 것이다. 다른 경우도 마찬가지.

◻ 화격(化格)의 운(運)을 판단하기. ──────────────

⇨ 화신(化神)이 극(剋)을 받는 운(運)에서는 관재수, 부도, 파산, 손해, 색난, 명퇴, 이직, 망신수, 패착 이별, 슬픔, 좌절감을 느낀다.

⇨ 화신(化神)을 돕는 용신(用神), 희신(喜神)운 이 오면 ➡ 귀인(貴人)을 만난다.

⇨ 화신(化神)이 왕(旺) 할 경우 ➡설기(泄氣) 시키는 운(運)이 오면 길(吉)하다.

⇨ 합하여 화(化)하지 못하고, 작용이 이루어지지 않을 경우, 특히 칠살(七殺)을 만나 극(剋)을 받을 경우➡그에 해당하는 흉사(凶事)가 생긴다.

투 합(妬合) 되는 운(運)에는 항상 재앙(災殃)이 따르기 마련➡요사스러운 일이 특히 많이 생긴다.

◻ 화기격(化氣格)의 특징(特徵).

화 기격(化氣格)이 성립되는 사주의 주인공은 부유한 집안에서 태어나고, 운(運)에서 화기격(化氣格)이 성립할 경우➡부귀(富貴)를 누린다.

⇨ 화기격(化氣格)에서 진(眞), 가(假)를 구별하는데 가화(假化)격일 경우, 이중성의 생활이라 유년 시절부터 어려움이 따라다닌다. 정서적인 면의 결핍으로 인한 고통이다. 일찍 깨달음을 얻으면 그 고통에서 벗어나 자기의 길을 개척한다. 운(運)이 좋을 경우, 가화(假化)격이지만 진짜로 화격(化格)을 만들어 진정한 화격(化格)을 이루면 의외의 복(福)을 누리나, 근본(根本)이 가화(假化)격이라, 운(運)의 기운(氣運)이 떨어지면 약발이 안 받는다.
▪ 결국 그 부귀(富貴)가 오래가지 못함이다.

▷ 화격(化格)은 조후(調喉)를 살핀다.

항상 극(極)을 치닫는 것은 결코 좋은 합(合)을 이루어낼 수 없다.

☐ 화염조토(火炎燥土)한 사주.

화염(火焰)(火焰)은, ➡ 불이 극(剋)에 달하는 상황(狀況)으로 산화(散火)다. 밤하늘 불꽃처럼. 조토(燥土)란 이미 흙으로서 기능을 상실한 흙이라 척박하여 아무 쓸모가 없다.

☐ 금수냉한(金水冷寒)한 사주.

금 수(金水)냉한(冷寒)이라 함은 금(金)은 찬 것이요, 수(水)는 얼음을 말하는 것인데, 쇠란 녹아서 없어지기 이전에는 그 자체의 형태는 변하지 않는다. 성정(性情)이 원래 차가워 얼음같이 차가울 수는 있어도 별다른 변화는 없다.

✻ 물이란 고이면 조용히, 때로는 격노(激怒)하여 흐르기도 하지만, 증발하여 없어지기 이전에는 특별한 변화가 없다.

■ 지나치게 추우면 자기 자신을 고체인 얼음으로, 형태를 이루며 그 차가움을 널리 알린다. 사주가 이처럼 강렬한 경우는 흉(凶)한 것이다.

▷ **월지(月支)**를 살펴보자.

☐ 월지(月支)는 기본 성향(性向)을 나타내는 모태(母胎)이다.

그런데 화격(化格)에서 월지(月支)가 아무런 상관이 없는 오행(五行)이라면 진정한 화격(化格)이 될 수가 없다. 파격(破格)으로 본다.

❏ 참고로 보는 합(合)에 대한 사항. ───────────────

☞ 합(合)에 대한 정의(正義)는 합화(合化) 여부를 넘어서 화격(化格)인지? 아닌지?

• 종격(從格)인지?

• 파격(破格)인지? 등을 자세히 살펴야 한다.

합 (合)도 일간(日干)의 합(合)이 있고, 일간을 제외한 합이 있으므로 구분을 정확히 해야 한다.

☞ 체(體)와 용(用)에 의한 합(合)의 관계도 살펴야 한다.

☞ 합(合)으로 인한 기반(羈絆)작용

• 화기격(化氣格)과의 관계도 살펴야 한다.

❷. 합화격(合化格).

❶.갑기(甲己)합화(合化)격

❷.을경(乙庚)합화(合化)격

❸.병신(丙辛)합화(合化)격

❹.정임(丁壬)합화(合化)격

❺.무계(戊癸)합화(合化)격

▢ 합화(合化)격의 분석.

서로 다른 오행(五行)이 합(合)을 하여, 하나의 오행(五行)을 이룬 것을 기준(基準), 격(格)으로 판단한다. 화기격(化氣格)에 대해 정리(整理)하는 면으로 본다.

합

화(合化)한 결과와는 무관한, 다른 경우에도 성립되는 것이 있으니 그 것 또한 신경 써야 하는 것이 함정(陷穽)에 빠지지 않고 실수(失手) 안 하는 지름길이다.

❶.갑기(甲己)합화(合化)토(土)----------화토격(化土格).

갑기(甲己)➡합(合)하고, 진(辰), 술(戌), 축(丑), 미(未) 월에 출생(出生)하고, 토(土)가 강(強)하고 관(官)인 목(木)이 무기력하면 화토격(化土格)이 된다.

▢ 합화(合化)하여 토(土)가 되는 다른 경우.

☞ 무계(戊癸)➡합(合)의 경우 무(戊)토가 연관, 설명이 나온다.
무(戊) 토와, 계(癸)수 일간이 합(合)을 이루고, 진(辰), 술(戌), 축(丑), 미(未)월에 출생(出生), 사주에 토(土)의 기운이 강(強)하다면 화(化)하여 화(火)가 되는 것이 아니라 토(土)가 될 수 있다. 이때 무(戊) 토는 계(癸)수와 합화(合化)하는 것과는 무관한 결과를 나타낸다.

❷. 을경(乙庚)합화(合化) 금(金)-------화금격(化金格).

을경(乙庚)➡합(合)하고, 사(巳), 유(酉), 축(丑), 신(申)월에 출생(出生)하고, 금(金)이 강(强)하고, 화(火)가 무력하면 화금격(化金格)이 성립(成立).

✽ 화금격(化金格)이 되는 다른 경우.

☞ 여기서 병신(丙辛)➡합(合)이 나온다. 신(辛)-금이 연관되어 설명.
병신(丙辛)합(合)이 되어있더라도 사(巳), 유(酉), 축(丑), 신(申)월에 출생(出生)하고, 사주에 금(金)기운이 강(强)하여 전체를 좌우할 때는, 병신(丙辛)➡합화(合化)격이 성립 안 되고, 금(金)으로 자신을 그대로 유지. 결과적으로 화금격(化金格)이 성립.

❸. 병신(丙辛)합화(合化) 수(水)———화수격(化水格).

병신(丙辛)➡합(合)을 하고, 해(亥), 자(子)월 또는 진(辰), 신(申), 축(丑)월에 출생(出生)하여 사주에 수(水)가 왕성(旺盛)하면서, 토(土)가 무력, 극(尅)을 할 능력이 안 될 경우, 화수격(化水格)이 성립.

❒ 화수격(化水格)이 되는 다른 경우. ─────────────────

☞ 정임(丁壬) 합(合).

천간(天干)으로 정임(丁壬) 합(合)이 되고, 월지(月支)에 진(辰), 해(亥), 자(子),신(申), 축(丑) 월에 출생(出生), 사주에 수(水) 기운(氣運)이 강(强)하면 화수격(化水格)이 성립.

☞ 무계(戊癸) 합(合)의 경우.

천 간(天干)으로 무계(戊癸) 합(合) 되고, 월지(月支)에 해(亥), 자(子), 축(丑), 진(辰)을 놓고 있고, 사주에 수(水)가 많으면 무계(戊癸) 합화(合化)➡수(水)가 되어 화수격(化水格)이 성립.

❹. 정임(丁壬) 합(合)의 경우.

정(丁)화 일간, 또는 임(壬) 수 일간이 정임(丁壬)➡합(合)이 되고, 해(亥), 묘(卯), 미(未), 인(寅) 월에 출생(出生)하고, 목(木) 기운이 강(强)할 때, 극(剋) 하는 금(金)의 기운(氣運)이 별 볼 일 없으면 화목격(化木格)이 된다.

❒ 화목격(化木格)이 되는 다른 경우.

☞ 갑기(甲己) 합(合).
갑(甲) 목 일간과 기(己) 토 일간이 갑기(甲己) 합이 형성(形成)되었는데, 해(亥), 묘(卯), 미(未), 인(寅) 월에 출생(出生)하고, 목(木)의 세력이 강(强)하면 갑기(甲己)➡화목(化木)으로 화목격(化木格)이 된다. 갑(甲) 목이 있기 때문.

☞ 을경(乙庚) 합(合). ─────────

을(乙) 목 일간, 경(庚) 금 일간이 해(亥), 묘(卯), 미(未) 인(寅)월에 출생(出生), 목(木)기운이 강(强)하면 을(乙) 목이 경(庚) 금과 합화(合化)하여 금(金)이 되는 것을 거부하고, 경(庚)금 마저 목(木)으로 변화(變化)하도록 한다. 을경(乙庚) 합화(合化) 목(木)으로 화목격(化木格)이 된다.

❺. 무계(戊癸) 합(合)의 경우.

무(戊)토, 계(癸)수 일간(日干)이 합화(合化)가 되고, 사(巳), 오(午), 인(寅), 술(戌)월에 출생(出生)하고, 화(火)기운이 강(强)하면 화화격(化火格)이 된다.

☐ 화화격(化火格)이 되는 다른 경우.

☞ 병(丙)화, 신(辛)금 일간이 병신(丙辛)➡합(合)을 이루고, 사(巳), 오(午), 인(寅), 술(戌)월에 출생(出生) 화기(火氣)가 왕성(旺盛)하고, 세력이 강(强)하여, 병(丙)화가 병신(丙辛)➡합수(合水)를 거부하고, 신(辛)금 마저 화(火)로 화(化)하도록 하는 경우.

☞ 정(丁)화, 임(壬)수 일간이 합화(合化)하여 목(木)으로 변화하지 않는 경우.
정(丁)화 일간이 임(壬)수와 합(合)하여 목(木)으로 변화를 해야 하는데 그것을 거부하고, 오히려 임(壬)수 마저 화(火)로 변화 시켜버린다.
정(丁)화 일간이 사(巳), 오(午), 인(寅), 술(戌)월에 출생(出生), 전체적으로 화(火)기운이 강(强)해 화화격(化火格)을 만든다.

정(丁)화 입장에서는 임(壬) 수가 남편이다. 남편인 임(壬) 수가 결혼하여 수(水)에서 목(木)으로 변하여 열심히 일하려 해도, 정(丁)화인 아내가 자기의 친구가 되어 달라며 강짜에 심술이다.

임 (壬) 수의 입장에서는 기운(氣運)이 달린다. 정(丁)화 입장에서는 관(官)의 기운이 미약하니 희롱하는 것이다.

☞ 일간(日干)이 재성(財星)으로 변화되는 사주의 주인공인 사람의 팔자.

일 간(日干)이 관성(官星)을 무력화하여 일간과 같은 오행으로 변화시키는 사주는 어떨까? 특히 관(官)이 화격(化格)으로 되는 여성들은 결혼 전에 남자들이 꼭 확인해야 한다. 피하는 것이 좋다.

※ 관(官)인 남편(男便)을 무력화(無力化)시키기 때문에 남자가 견디기 힘들다. 운(運)에서 조금 도움 된다면 모를까? 이런 사람들 보면 되는 일이 별로 시원치 않다. 욕심만 많아서 "죽 쑤어 개 주는 인생"이다.

※ 모든 면에서 남자를 종속(從屬)시키려 하는 아주 못된 근성(根性)을 갖고 있다. 아무리 뜯어고치려 해도 안 되는 것이다. 본인이 스스로 깨닫고 "아! 세상 이렇게 사는 것이 아닌데! 하고 느끼기 전

아 내가 관(官)인 남편(男便)을 무력화(無力化), 자기의 세력(勢力)만을 키우는 경우다. 관(官)인 남편이 운(運)에서라도 화격(化格)이 깨어지거나, 기운이 강(强)해지면 그것을 용납하지 않으려 한다. 배가 아프고 꼴 보기 싫어지는 것이다. 자기의 세력이 강(强)한데 감히 도전(挑戰)하다니 하는 그런

심보다. 상부상조(相扶相助)요, 상생(相生)이란 이런 사람에겐 어울리지 않는다. 유아독존(唯我獨尊)오직 이것뿐이다. 특히 음기(陰氣)가 강(强)한 사주는 이런 성향이 더욱 심하다.

⊙ 매 맞는 남성들이 요즈음 나오는 것이다. 구타를 당하는 것이 아니다. 정신적(精神的)으로 환장하는 것이다. 완전히 종(從)하거나, 진화(眞化)격이면 괜찮은데 자꾸 바뀌니 문제다. 남자가 여자 팰 줄 몰라서 안 때리겠는가? 참다 보니 그리되는 것 아닌가?

가장(家長)으로서의 능력이 부족, 기죽어 그리되는 것이요, 자식 때문에 참다 그리되는 것이요, 사람이 좋다 보니 그리되는 것이요, 어쩌면 맹한 사람인지도 모르고, 좌우지간 팔자(八字)는 팔자(八字)다.

❸. 종오행격(從五行格)

❶. 곡직격(曲直格)

❷. 염상격(炎上格)

❸. 가색격(稼穡格)

❹. 윤하격(潤下格)

❺. 종혁격(從革格)

☞ 일간(日干)과 같은 오행(五行)으로 구성(構成)이 되는 격.

일간(日干)과 같은 오행(五行)이 지지(地支) 전체를 장악, 그에 종(從)하는 것을 말하는데, 각 오행(五行)에 종(從)하므로, 종오행격(從五行格)이라고도 부른다.

사주의 구성이 일방적으로 한쪽으로 편중(偏重), 오행(五行) 중 한 오행이 편왕(偏旺)되어 사주 전체를 좌우하는 경우를 말하는데 일행득기격(一行得氣格), 또는 전왕격(傳旺格)이라는 표현(表現)을 하기도 한다.

한 가지 기운(氣運)이 전체를 좌우하여 형성(形成), 운영(運營)되는 것은 대체적으로 귀격(貴格), 부(富)한 팔자가 많다. 사주의 기운이 한쪽으로 전횡(專橫)하는 기운이라 변화(變化)에 맞추어 추명. 일반적인 처방법과는 다르다.

같은 격(格)이라도 월령(月令)을 얻은 것은 더욱 양호하다. 모든 것은 끝까지 가봐야 안다. 시(時)에서의 분석, 결과가 좋으면 더 좋은 것이다.

모든 것이 그러하듯 항상 방해(妨害)가 없고, 원만해야 좋은 팔자(八字)다.

1. 곡직격(曲直格)

나무란 곧게 쭉 뻗으며 자라는 것이 높고, 길게 그리고 웅장함을 나타낸다. 가지가 많은 나무는 바람 잘 날이 없다 하지만, 그만큼 커다란 줄기에서 가지를 많이 뻗으니 베풂이 많은 것이요, 잎사귀 또한 많으니 다복(多福)하고, 꽃을 피우니 화려함이요, 결실인 열매를 많이 열리도록 하니 무성(茂盛)함이다.

정 (情)이 많다. 아끼고, 감싸주고, 너그럽고, 이해심도 많다.
오행(五行) 상으로 목(木)이란 성정(性情)이다. 인정(仁情)이 많다.
그러므로 자연, 인(仁)이라는 표현(表現)을 한다. 어진 성정(性情), 인정(仁情)이 많고, 인내심 또한 많으니 오행(五行)을 두루 갖추고, 그것을 겉으로 다 나타내 보이는 미덕까지 갖추고 있다.

☐ 곡직격(曲直格)의 구성(構成).

※곡직격(曲直格)은 갑(甲), 을(乙) 목(木) 일간이 목(木)의 계절인 봄 ➡ 인(寅), 묘(卯)월에 출생(出生), 인(寅)-묘(卯)-진(辰) 방합(方合)을 이루거나, 해(亥)-묘(卯)-미(未) 삼합(三合)을 지지(地支)에서 형성(形成), 목(木)의 세력(勢力)이 왕(旺)하다.

관 살(官殺)인 금(金)이 없으면 곡직격(曲直格)이 성립(成立). 일반적으로 지지(地支) 전체(全體)가 목(木)으로 이루어지는 것을 원칙으로 하나, 지지에서 목국(木局-방합(方合), 삼합(三合)을 형성, 목(木) 일간일 경우, 관(官)의 방해(妨害)가 없으면 곡직격(曲直格)으로 본다. 여기에서 설명하는 방해(妨害)란? 관(官)이 유명무실(有名無實) 할 경우도 있다는 것.

❒ 곡직격(曲直格)의 특성(特性).────────────────────

곡직격(曲直格)은 목(木) 일간이 주변의 강(強)한 목(木) 기운의 도움을 받아 강(強)해진 상태. 일간 자체가 목(木)이지만 강한 목의 기운에 따른다. 만일 화(火)의 기운이 너무 강(強)할 경우, 목(木)은 화(火)의 기운(氣運)에 따를 것이다.

곡 직격은 목(木) 기운이 판치는 사주인데, "곡직격➡무조건 목(木)이다." 라는 개념을 떠나 일간인 목(木)이 주변 세력인 목의 기운에 따르는 것이라는 별개의 성격 같은 구분 해야 한다.

⊙ 똑같은 목(木)이므로 여기에서 아!, 다 같은 목(木)이니 똑같다는 생각은 버려야 한다. 목(木)이니 같은 집안은 당연하다. 한 가정(家庭)에서 형제(兄弟)가 여럿이라도 다 각각의 삶이 있다. 100% 같을 수 없다.

⊙ 보통 개념(概念)의 문제에서 여기에서 착각한다. 결코 100% 같은 것이 아니라는 것이다. 별개의 개체(個體)로 보는 안목(眼目)이 필요하다. 세밀한 부분으로 들어가면 여기에서 실수(失手)하는 것이다.

⊙ 실제로 그런가? 안 그런가? 는 독자들이 생각하는 시간을 가져본다면 어느 정도 인정(認定)할 것이다. 왜 이 설명을 하는가? 곧이어 등장할 용신(用神)에 관한 사항이 나오기 때문이다.

⊙ 대체적으로 큰 흐름에 따르는 것이므로 문제가 발생하는 빈도(頻度)는 적지만, 간혹 문제가 발생하는 경우가 생긴다. 이때 짚고 넘어가야 하는 일이다.

✪ 목(木)이 올 경우.

부자는 가난한 사람보다 돈을 더 밝힌다. 일반적으로 많이 있으니 욕심(慾心)이 덜 할 것이다? 하지만 그것은 성인군자(聖人君子)들이나 하는 행동.

⊙ 재(財)란 원래가 더러운 것이고, 추한 것이다.

옷이 깨끗하면 사람들은 의상에 신경을 쓰나, 차림새나 모든 것이 추한 상태거나, 지저분할 때는 크게 개의치 않는다.

그런 것이다. 돈이란 더러움이라 크게 의식하지 않는다. 아주 깨끗한 곳은 오물이 묻으려면 몇 번 지나야 자국이 앉기 시작, 때가 쌓인다. 돈도 있어야 돈이 불어난다. 목(木) 기운이 가장 강(强)하므로 목(木)이 대장. 자연 그를 따라야 한다.

노 숙자들도 그들의 대장이 있다. 오늘은 어디를 가야 밥을 먹고, 몇 시에는 어디를 가야 국물이 맛 있고, 모든 정보를 꿰뚫어 보는 그의 밑에 있어야 배부르게 지낸다. 목(木)이 용신(用神)이다.

✪ 화(火)인 식상(食傷)은 어떨까?

• 지나치게 많이 먹으면 반드시 화장실을 찾아 어느 정도는 배설해야 한다.
• 설기(泄氣)처인 식상(食傷)은 희신(喜神)이다.

✪ 토(土)인 재성(財星)은 어떤가?

토(土)는 재성(財星)이 되는데, 토(土)가 왕(旺) 하면 문제가 생긴다. 사주(四柱)에 목(木)이 왕(旺) 한데, 토(土)가 왕(旺) 할 요소(要素)가 그리 많지는 않다. 만약 토(土)도 왕(旺) 하다면 신왕재왕격(身旺財旺格)으로 변한다. 곡직격(曲直格)하고 거리가 멀어진다. 자연 재(財)가 약(弱)할 수밖에 없다. 이때 식상(食傷)이 있어 통관(通關)시키면 좋다. 식상(食傷)이 없을 경우, 밥그릇 싸움으로 시끄러워진다.

✪ 금(金)은 어떤가?

관살(官殺)? 제일 싫어하는 기신(忌神)인데, 이때 인수(印綬)인 수(水)가 있어 통관(通關)시키면 괜찮다. 원래 곡직격(曲直格)에서 관살(官殺)인 금(金)이 있으면 파격(破格)으로 보는 것이 상례다.

✪ 수(水)인 인성(印星)이 있으면 어떨까?

협력업체가 바로 옆에 입주(入住)한다. 마다할 이유(理由)가 없다.

☞ 강(强)한 목(木) 기운(氣運)에 순응(順應)하는 것이 특징.

돈, 힘없는 사람은 재물이나 권력 앞에서 평범한 사람이라면 누구나 다 고개를 숙이기 마련. 기죽고 들어가니 이미 게임은 끝이다. 정상적인 사고 방식을 가진 자라면 당연한 귀결.

☞ 비토 세력인 재성(財星), 관살(官殺)이 없어야 조용하다. 원래 곡직격(曲直格)에서 재(財)나, 관(官)이 있으면 시지(時支)가 목(木)을 거역하지 않아야 좋다.

시 지(時支)는 자손(子孫)의 자리, 말년(末年)이요, 미래(未來)에 대한 암시(暗示)다. 이곳은 항상 조용한 것이 좋다. 서로가 모든 것을 믿고, 의탁(依託)하는 분위기가 형성되는 것이 좋다.

❑ 목(木)이 갖고 있는 오행(五行)을 살펴보자.

✪ 목(木) : 뿌리요, 잎이요, 가지요, 줄기.

✪ 화(火) : 꽃

✪ 토(土) : 나뭇잎이 떨어져 썩으면 거름이 된다.

✪ 금(金) : 결실 열매가 열린다.

✪ 수(水) : 고로쇠나무처럼 물을 밖으로 내주고, 금인 과일에는 항상 수분이 그득하다.

❏ 곡직격(曲直格)을 인수(印綬)곡직격(曲直格)이라 하는 것도 이런 연유.

☞ 곡직(曲直)이란 단어로 보는 음(陰)과 양(陽).

목(木)은 갑(甲)목인➡ 양(陽), 을(乙)목인 ➡음(陰)으로 구분을 하는데, 곡(曲)이란 굽어짐이요, 휘어진 것이고, 직(直)이란 곧고 바름이다.

☞ 행위(行爲)로 본다면 곡(曲)은 그릇되고 잘못된 옳지 못한 행동이요, 직(直)은 옳고 바른 정당한 행위다. 음(陰)과 양(陽)이 다 내포된 단어이다.

☞ 형상(形象)으로 본다면 곡(曲)은 풀과 작은 나무요, 직(直)은 크고 곧은 커다란 나무다.

❏ 곡직격(曲直格)은 목(木)이 주체(主體)인데, 목(木)의 근원(根源)이 서로 모이면 그 복(福)을 서로 도와준다는데 이 뜻은 무엇일까?

목 (木)의 근원(根源)은 오행(五行) 상으로는 수(水)다.
그러나 목(木)인 풀, 나무의 근원은 무엇일까? 뿌리다. 그 뿌리가 풀이나, 나무 이상의 귀(貴)한 존재(存在)다.

❂ 뿌리에서 작품이 이루어지는 경우를 말하는 것이다. 뿌리에서 서로 합심하여 줄기를 이루고 가지를 형성, 열매를 맺는 것 못지않게, 원류요, 근원(根源) 뿌리에서 서로 엉키며 합심, 결실을 이룬다.

❉ 그 예를 든다면 감자, 고구마, 연뿌리, 땅콩 등등 많다. 뿌리에서 열매를 맺는 모든 식물을 들 수 있다. 그 중 대표적(代表的)으로 귀(貴)함을 인정받는 것은 산삼(山蔘)이요, 인삼(人蔘)이 아닌가? 그리고 산(山)에서 자라나는 귀한 약용식물(藥用植物)중 그 뿌리를 약재(藥材)로 사용하는 것이 얼마나 많은가?

❂ 일반적으로 목(木) 하면 그저 나무요, 넝쿨 식물이요, 하는 식으로 양(陽)인 면으로 겉으로 드러난 면(面)만을 생각하는데, 음(陰)으로 형성되는 목(木)의

부분도 참고해야 한다. 사주 추명(推命)에 있어서, 항상 우리가 실수하는 것이 바로 이러한 면이다. 평범한 것 같아도 우리는 나무인 목(木)에서 화(火)인 꽃이 피고, 금(金)인 결실(結實)인 열매가 열리는 것만을 생각한다.

❋ 음(陰)으로 땅속에서 열리는 열매는 생각하지 않는다. 그리고 목(木)에서도 수(水)가 생성된다. 다시 말하면 나무에서 물이 나온다. 사람의 인체도 70%가 수분이라 하듯 모든 만물(萬物)은 근원(根源)인 수(水)를 받아드리면서, 생성하고 있다는 것도 알아야 한다.

❋ 목생수(木生水)의 예를 든다면 고로쇠의 경우 물을 받는 것을 보면 안다.

첨언(添言)한다면, 목극토(木剋土)라 하여 항상 토(土)는 목(木)의 극(剋)을 받는 것으로만 안이하게 생각하는데, 토생목(土生木)이라는 것도 성립된다.

❋ 나무의 뿌리가 흙에서 자양분(滋養分)을 섭취하지 않는가! 그로 인해 나무가 자라는 것 아닌가? 그리 본다면 화생목(火生木)도 성립된다.

이 산화탄소작용을 해야 성장하니 말이다. 다른 오행(五行)의 경우도 있지만 너무 이상한 쪽으로 간다. 부분적이지만 한 번 생각해 볼 수 있다. 억지 주장이라 하지 말고 한 번 정도는 아! 그럴 수도---

❒ 관(官)이 둘이니, 괴롭다.

庚	乙	辛	丙
辰	亥	卯	寅

➯ 묘(卯)월의 을(乙)목 일간.
목(木) 일간, 지지 전체가 목국(木局)을 형성.

➯ 일지(日支)에 해(亥)수가 있으니 더더욱 좋다. 곡직격(曲直格)의 형태는 이룬 것이다. 그러나 천간(天干)으로 관(官)이 둘이나 투간(透干), 매우 곤혹스러

운 형태다. 이것은 파격(破格). 일간이 합(合), 충(沖)을 동시에 견뎌야 하니 참으로 괴로운 사주다. 양쪽의 관으로 인해 일간(日干)인 을(乙)목이 항상 괴롭다.
※ 년(年)과 월(月)이 병(丙)-신(辛)➡합(合)의 형태를 취하나 을(乙)-신(辛)충(沖)의 흔적은 남아 있다. 시련의 아픔으로 고통받고, 우울증(憂鬱症)으로 시달리고 있는 어느 젊은 여성의 사주.

◻ 곡직격(曲直格)도 순수함이 필요하다.

戊	甲	乙	甲
辰	亥	亥	寅

▷ 해(亥)월의 갑(甲)목 일간.
과연 곡직격(曲直格)이 성립 가능한가?

▷ 곡직격(曲直格)에서 지지(地支)에 해(亥)수가 있으면 귀격(貴格)이라 하였는데 과연 그럴까? 이 경우는 아니다.

인수격(印綬格)이요, 곡직격(曲直格)도 가능한 것 같아도 실제 본인의 상황은 "아니 옳습니다!"가 정답.
인수(印綬)와 재(財)가 흙탕물 되더니, 전부 죽도 밥도 아닌 상황으로 변한다.

◉ 이 사주는 **견겁(肩劫)태왕(太旺)**한 사주(四柱)로 보아야 한다.

깊은 산림에 나무가 울창하다 보니 개울을 나무가 쓰러지면서 덮쳐 완전히 가로막고 물도 흐르지 못하고, 개울도 나무로 꽉 찬 형상이다.

• 남성의 사주인데 현재 처가(妻家)살이 하고 있는데, 살길이 막막하다며 상담 온 사람의 사주다.

❑ 화(火)가 용신(用神)이 된다.

○	甲	○	○
寅	亥	寅	亥

⇨ 인(寅)월의 갑(甲)목 일간.
지지(地支)가 인(寅)해(亥)합 목국(木局) 형성.

❑ 무조건 목국(木局)을 형성하였다고 하여 섣부른 판단은 금물(禁物).

○	甲	○	○
寅	寅	亥	卯

⇨ 해(亥)월의 갑(甲)목 일간.
해(亥), 묘(卯), 인(寅) 목국(木局) 형성.

⇨ 공통점은 수(水), 목(木) 화(火)운이 길(吉)하고, 금(金), 수(水) 운이 흉(凶). 곡직격(曲直格)을 이루어도 순수(純粹)한가? 아닌가? 먼저 판단하는 것이 급선무. 무조건 목국(木局)을 형성했다고, 섣부른 판단은 금물(禁物)이다.

종 오행격(從五行格), 일행득기격(一行得氣格), 전왕격(專旺格)에서는 견겁(肩劫)과 인성(印星)을 희신(喜神)으로 한다.

제일 가까이 믿을 수 있고, 팔이란 안으로 굽는 것, 자연 신뢰하기 때문.
간혹 지나치게 왕(旺)해 싹쓸이하다시피 할 경우는 식상(食傷)도 희신(喜神)이 된다. 좌청룡(左靑龍), 우백호(右白虎)의 필요성에 자체(自體) 견제(牽制)가 이루어진다.

2. 염상격(炎上格).

✪ 염상격(炎上格)이란?

염 (炎)이란 불 화(火)자가 둘이 겹쳐져 있으니, 불길이 매우 강(强)하다. 하나만 있어도 뜨거운데, 둘이나 있으니 얼마나 뜨거울까?

불은 양의 기운이 극에 달한다.

하루 중 오시(午時)가 제일 가운데 있지 않은가? 그 여력(餘力)이 미시(未時)까지 퍼지면서 실질적으로 더 뜨거움을 나타내기도 한다.

양(陽)의 기운(氣運)은 위에 있는데, 또 다시 위로 상승(上昇)한다.

※ 기체(氣體)가 승화(昇化)하는 현상이라 기승(氣勝)을 부린다.

사주(四柱)에 화(火)가 많으면 일단 염(炎)자와 연관(聯關)해도 무리는 없다.

병명(病名)으로 연결한다면 어떤 병(病)이 있을까?

지랄 염병하고 있네! 욕이지만 이것은 욕이 아니다. 이것도 염(炎)자가 들어간다.

미 쳐 지랄한다. 맛이 갔다는 표현이다. 정신이 나간 것이다.

 ▪ 자제력이 없다. 혼백(魂魄)이 사라지는 것이다.

▪ 화(火)로 연결되니 강한 기운에 고통받는 것은 금(金)과 연결된다.

▪ 관절염, 맹장염, 골수염, 대장염, 등등이다.

❏ 염상격(炎上格)의 의미(意味)와 구성(構成). ─────────────

불 이란 자기가 스스로 자신을 태운다. 그리고 승화(昇化)한다. 재만 남든가, 아니면 사라져 없어져 버리는 것이다.

보통 옷에 불이 붙거나, 뜨거울 경우 사람들은 어떻게 행동할까?

팔짝팔짝 뛰고, 눈이 뒤집혀 지고, 정신이고 뭐고 없다. 모든 것을 망각하고, 죽는지 사는지 좌우지간 난리법석. 이러한 상황의 격국(格局)이다.

염상(炎上)이란 염(炎)이 위로 향(向)하는 형상(形象)이라 불길이, 불꽃이 위로 치솟는, 화기(火氣)가 상승(上昇)하는 기운(氣運)을 말한다.

산 불이 났을 때 그 근처에서 불 끄는 작업을 해 보신 적이 있거나, 주변 (周邊)에서 화재(火災)가 발생, 그런 상황에 직면 근처(近處)에서 움직여 본 사람들은, 그 주변에만 있어도 그 뜨거운 화기(火氣)로 후끈거림을 느껴보았을 것이다.

◉ 실질적으로 산에서 불이 났을 때, 야외나, 들판에서 불이 났을 때 끄는 방법으로, 물이 아닌 흙으로 덮어 끄는 것을 보았을 것이다.

❊ 물은 직접적이고, 신속한 방법이요, 흙은 물보다는 순간적인 소화 능력은 없어 보여도, 그 역시 직접적인 방법으로 물 못지않게 훌륭한 방법이다.

❏ 구성(構成)의 요건(要件).

화(火)인 병(丙), 정(丁)일주가 여름인 사(巳), 오(午) 화(火)월에 출생(出生), 지지에서 사(巳)-오(午)-미(未) 방합(方合)국(局)을 이루거나, 인(寅)-오(午)-술(戌)➡ 삼합(三合)국을 이루면 염상격(炎上格)이 성립(成立).

☞ 일단 화(火)의 세력(勢力)이 강(强)하고, 극(剋) 하는 관살(官殺)인 수(水)의 기운(氣運)이 없어야 편하다. 그러면 부귀(富貴)를 누리는 데는 큰 이상이 없다.

염 상격(炎上格)은 화(火)가 용신(用神)이고, 인성(印星)인 목(木)이 희신(喜神)이 되고, 화(火) 기운을 설기(泄氣) 하는 토(土)가 식상(食傷)으로 희신(喜神) 역할을 한다.

▪ 용신(用神)과 희신(喜神)이 부합(附合)하지 않을 경우, 염상격(炎上格)과는 거리가 멀다.

ㄇ. 염상격(炎上格)의 특징(特徵). ──────────────

염 상격은 일단 화기(火氣)가 강(强)하므로 매우 뜨겁고, 조열(燥熱)이 특징(特徵)이다. 불난 집에 부채질! 잘못 다루면 오히려 화(禍)를 자초(自招)하는 경우가 된다.

❂ 다른 오행(五行)도 마찬가지, 섣불리 건드려서는 안 된다. 약(弱)한 기운(氣運)으로는 제압(制壓)이 어렵다.

❂ 일거양득(一擧兩得)의 효과(效果)를 보는데, 바로 습토(濕土)다. 불의 기운을 잠재우는 특효약(特效藥), 물과 흙을 동시에 갖춘 것이다.

❂진(辰)-토, 축(丑)-토. 사주에 습토(濕土)가 있으면 불에 대한 염려는 별로 안 해도 된다.

❷. 불이란 오랜 세월(歲月)을 두고 타는 것이 아니다.
금방 타오르고, 오래지 않아 꺼지는 것, 불의 속성(俗性)이다.
❂ 사랑으로 친다면 하룻밤이 불장난이요, 풋사랑과도 같다.
❂ 수명(壽命)을 본다면 그리 길지 못하다. 유명세(有名稅) 타는 사람들의 인기(人氣)와도 같다. 반면에 그 여진(餘震)은 오래 가는 경우도 있다.
❂ 사람의 나이로 친다면 청소년 시절과 젊은 시절 뿐 이라는 설명.

물론 개중에는 불씨를 사르면서 꺼지는 사람도 있겠지만 그런 사람은 염상격(炎上格)과는 거리가 멀다. 추억 속의 한 페이지다.

보 인다 싶더니 안 보이는 것이요, 정상(頂上)에 오르자마자, 내리막길로 가는 것, 불타는가 싶더니 바로 꺼지는 것이다.

▪ 실질적(實質的)으로, 불이란 불씨가 생기면서 꺼지기까지 꽤 오랜 시간이다.

그리고 그 기운은 다른 잡다한 기운(氣運)을 용서하지 않는다.

모조리 흡수(吸收), 화(火)로 화(化)하여 버린다. 그 여운(餘韻) 또한 만만치 않다. 온돌의 그 뜨거움이다.

아궁이에 장작을 태울 때, 다 태우고 나도 어느 정도 달구어진 다음이 제일 뜨겁듯이 화(火)의 변화(變化)도 그와 같은 원리다.

❸. 불길은 자체(自體)로 조절(調節)할 수 있는 것을 좋아한다. 불길을 계속 유지할 수 있도록 원류(原流)와 땔감이 확보되어야 좋은 것이고, 땔감이 모자랄 때는 불길을 조절(調節)해주는 기능(機能)이 필요하다.

불 길인➟ 염상격(炎上格)은 인수(印綬)인 땔감, 조절할 수 있는 기능(機能)인 식상(食傷)을 선호한다.

❹. 염상격(炎上格)은 격(格)이 형성되도, 지속적(持續的)인 연결이 안 된다면

무용지물(無用之物). 불길을 계속 이어가지 못하므로 명줄이 끊어진다. 소용없다. 불에 타다 만 나무는 숯도 안 되고, 흉(凶)한 모습으로 나무로도 가치가 없다. 계륵(鷄肋)의 신세다.

※ 운(運)으로 연결된다면 목(木), 화(火) 운으로 연결

되어야 불길을 이어간다. 그렇다면 금(金), 수(水)-운(運)은 어떨까? 금수(金水)는 화(火)에게 재살(財殺)이 라 염상격(炎上格)에 있어서 금수(金水)-운(運)은 상극(相剋). 흉(凶)하게 작용한다. 잘못하면 뇌관을 건드리는 형상이 되어 생명을 앗아가는 심한 경우도 발생.

❺. 불길은 타오를수록 좋다. 태양열(太陽熱)도 강(强)할 때 그 작용이 확실하다. 이불을 말려도 뽀송뽀송해야지 대충 마른 상태로는 소독(消毒)작용이 안 된다. 빛이란 강렬해야 어필한다. 강렬함이 약하다면 빛으로서 기능을 상실. 같은 오행(五行)이라도 병(丙)화, 정(丁)화는 차이가 난다. 일간이 병(丙)화인가? 정(丁)화인가 구분 판단한다. 부귀(富貴)도 차이가 난다.

병(丙)화는 우승하여 우승컵을 차지하는 경우지만, 정화는 10위권 안에서 맴도는 것이다.

❻. 염상격(炎上格)은 상승(上昇)하는 기운(氣運)이라 훨훨 자유로이 날아가는 듯한 기상이다. 사회생활도 남에게 어필하는 것을 즐긴다.

직 업으로는 문화, 언론, 교육, 상담, 전자, 원자력계통, 예체능 계통 등 어울린다. 얼굴이 발그스레 홍조(紅潮)를 보이니 남의 시선이 항상 나에게로 쏠리고, 두각(頭角)을 나타내는 경향이 강(强)하다.

❑ 기본적(基本的)인 염상격(炎上格)의 형상.

❶ | ○ | 丙 | ○ | ○ |
|---|---|---|---|
| 戌 | 午 | 午 | 戌 |

,↦ 오(午)월의 병(丙)화 일간(日干).
　해가 중천에 떠서 기울기 시작.

❑ 월지(月支)의 중요성을 살펴라.

❷. | ○ | 丙 | ○ | ○ |
|---|---|---|---|
| 戌 | 午 | 寅 | 戌 |

↦ 인(寅)월의 병(丙)화 일간.
　1월이라 해가 뜨기 시작.

↦ 1월은 이제 여름이 다가올 것이요, 5월은 이제 여름이 점점 끝나가는 것.

시작하는 기운과 끝나가는 기운의 차이(差異).

✪ 같은 염상격(炎上格)이라도 차이가 생긴다.

☞ ❶ 은 5월이라 지금 당장은 좋다. 그러나 그 기운이 점점 식어간다.

　❷ 는 1월이라 지금은 그 기운이 그리 강열하지 않다. 그러나 점점 그 기운이 강왕(强旺)해진다.

☞ 사주 추명(推命)시 선택(選擇)하는 기준(基準)이다.

상담자가 지금 당장을 원하는가? 1회 용으로 필요로 하는가? 앞날을 보아야 할 것인가? 주식이나, 부동산 등 하루가 다르게 불안하고, 예측할 수 없는 시기(時機)라든가? 전망(前望)이 불투명(不透明)하다든가?

장 래성(將來性)이 보장(保障)되어있다든가? 등의 상황(狀況)에 따라서 언제가 좋은가? 아니면 늦었다든가, 등 등의 판단을 내릴 때 전체적인 상황을 보고, 적합한 기준을 제시할 때 그 기준이 되는 잣대가 바로 이러한 점을 파악해 설명.

☞ ❶ 은 견겁(肩劫)이요,
　❷ 는 인수(印綬)이다.

이것 역시 상황에 따라 결론을 내려주는 요소(要素)다. 인수(印綬) 다음에는 견겁(肩劫)이 온다. 견겁(肩劫)은 한 번 먹고 마는 것이요, 인수(印綬)는 두 번을 먹을 수 있다. 패를 선택하라면 어느 것을 택하겠는가? 당연히 두 번 가능한 것을 택할 것이다.

✪ 그러나 그것은 일차적이요, 이차적인 것을 본다면 상황에 따른 선택을 하는 것이 바로 진정한 추명(推命)이다.

◻ 갈림길에서 선택하는 방법. ─────────────────────

❖ 한판으로 끝내고 말 것이면 견겁(肩劫)을 택하는 것이요,

❖ 두 번을 할 것이면 인수(印綬)를 택하는 것이다.

❖ 세 번을 해야 할 경우? 어떻게 해야 할 것인가?

관(官)의 자리에 위치한 것이다.

▪ 일단 첫판은 잃어준다. 관(官)이니 딸 수가 없다.

▪ 둘째 판은 흡족하지는 않아도 내 것이다.

▪ 셋째 판은 싹쓸이하는 것이다.

▪ 그러면서 털고 일어나는 것이다.

❖ 넷째 판은 어떨까? 일단은 나가는 것이다. 별 볼일 없이 잃는다.

❖ 다섯째 판은 어떨까? 이것은 환장하는 순간이다.

내가 기운이 강(强)하면 먹는 것이요, 내가 기운이 약(弱)하면 잃는다. 여기서도 사안이 생긴다. 지나치게 기운이 강하면 열(熱)고! 하다 망신(亡身) 당한다.

☞ 가게를 해도 권리금(權利金)을 주고 갈 것인가? 아니면 말 것인가?

❂ 다른 곳을 더 볼 것인가? 여기서 계약(契約)을 할 것인가?

❂ 경매(競買)에서 여기서 배팅 할 것인가? 말 것인가?

❂ 기업을 인수(引受)를 할 것인가? 말 것인가?

❂ 부도(不渡)가 날 것인가? 아닌가?

❂ 물건을 살 것인가? 말 것인가? 다른 가게를 더 가? 안 가?

◻ 자빠져도 코가 깨진다.

庚	丁	丙	丁
戌	未	午	巳

⇨ 오(午)월의 정(丁)화 일간.
화기(火氣)가 지나치게 왕(旺)하다.

⇨ 염상격(炎上格)이라도 야리하게 흐름이 이어진다.

견 겁(肩劫)이 지나치게 많다. 이복(異腹) 형제(兄弟)가 많다.
둘이나 된단다. 계모(繼母)와 사이는 원만하다.
새로 재혼(再婚), 동생이 둘이나 생겼다.

자빠져도 코가 깨진다고 금(金)-기운이 워낙 약(弱)하
니 항상 문제가 생긴다. 지나치면 항상 부작용(副作用)
이다. 겨울에 상담을 온 청년인데, 날이 추워 코트에 손
을 넣고 걷다가 넘어지면서 안면을 긁은 사람이다. 덕분
에 이빨이 세대나 나갔단다. 저는 왜 자빠져도 부러지고,
넘어져도 이빨이 나갑니까?
아! 다 화(火)의 기운(氣運)이 강(強)한 탓입니다. 보험
을 꼭 들어놓으세요! 자신을 위하여 －－－!

3. 가색격(稼穡格)

◉ 가색격(稼穡格)이란?

우선 글자풀이를 해보자.

❖가(稼) : 농사를 말한다, 벼로 친다면 아직 수확하지 않은 벼다. 익은 벼. 심는다는 의미.

❖색(穡) : 농사, 결실(結實)을 맺는 것이요, 수확(收穫)이다. 거두고, 아낀다는 의미. 들어오는 것은 많고, 나가는 것은 적은 형상이니 항상 남는다. 저절로 모아두고, 아끼는 것이다.

☞ **가색(稼穡)**이란? 농사를 말하는데, 결실을 맛보기 위해 애쓰고 노력을 한 뒤 그에 대한 보답을 얻는다.

▪ 수확하기 전이요, 수확하는 것을 말한다. 누렇게 익은 가을 벌판을 바라보면서 만추(晩秋)의 의미를 되새기는 것이다.

황 금빛 벌판에서 농부가를 부르며 이마에 흐르는 땀방울을 손으로 씻어 내리며 수확(收穫)의 기쁨을 만끽하는 것이다.

☐ 가색격(稼穡格)의 구성(構成).

가 색격(稼穡格)은 사주(四柱)에 토(土)가 많을 때 가색격(稼穡格)의 성립(成立)이 가능해진다. 토(土)는 곤(坤)-이라 어머니의 품이요, 안아주고, 다듬어주고, 포용하는 기운을 근본으로 한다. 그렇다고 무조건은 아니다.

◉ 토(土)는 습토(濕土)가 되어야 성격(成格)이 된다. 조토(操土)일 경우는 성립(成立)이 불가(不可).

▪ 습토(濕土)는 수분(水分)을 함축(含蓄)하고 있어 농사를 지을 수 있으나, 조토(操土)는 마른 흙이라 농사를 지을 수 없다.

▪ 그래서 조토(操土)는 쓸모없는 흙으로 취급하는 것이다. 개똥도 약(藥)에 쓴다고, 그래도 다 쓸모 있는 구석은 다 있다.

❶

○	戊	○	○
未	辰	辰	未

❷

○	戊	○	○
未	戌	未	戌

⇨ 진(辰)월의 무(戊)토 일간.
진(辰)토가 재고(財庫). ⇨ 처(妻)가 아프다.

⇨ 미(未)월의 무(戊)토 일간.
⇨ 조토(燥土)요, 화토중탁(火土重濁)이다.

☞ ❶, ❷의 차이는 무엇일까?

❶ 은 가색격(稼穡格)으로 농사를 지을 수 있다.

❷ 는 화토중탁(火土重濁)으로 가색격(稼穡格)으로는 적합하지 않다.

▪ 습토(濕土)가 되어야 엉기는 맛이 있어 적응하기 수월한데, 조토(操土)라 만지면 부스러지고, 뭉치려 해도 흩어지니 쓸 곳이 마땅치 않다. 그저 혼자서 살아야 하고, 종교에 귀의(歸依), 독신생활 하는 것이 좋겠다.

☞ 가색격(稼穡格)은 오행(五行)으로 토(土)이므로 토(土)에 연관된 직업(職業)이나, 업무(業務)에 종사한다면 무난할 것이다.

☞ 화(火)인 인수(印綬)와 토(土)인 견겁(肩劫) 운에는 길(吉)하고, 재(財), 관

(官)인 ➡ 수(水), 목(木) 운에는 흉(凶)하나, 재(財)인 ➡ 수(水)의 경우는 반기는 경우가 많다.

濕 토(濕土)의 경우, 자체가 재(財)를 갖고 있으므로 재성(財星)−운을 꺼리지 않는다. 목(木)−운으로 흐른다면 흉(凶)함이 절로 발생한다.

☞ 여기에서 잠깐 **토(土)의 색다른 특성(特性)**을 알고 넘어가자.

토(土)는 국(局)이 성립 안 된다, 없으니까. 토(土)가 많아 그 자체가 덩어리가 되므로 국(局)이 형성(形成)된다. 토(土)는 흩어지면 쓸모없다. 뭉치면 살고 흩어지면 죽는다는 말 그대로다.

토 (土)는 중후(重厚)함과 중심(中心)이 잘 흐트러지지 않아 좋으나, 의외로 고집(固執)이 강(强)한 경우 주위의 충고(忠告), 조언(助言)에 귀 기울이지 않아 왕따를 자초(自招)하는 경우가 많다.

❏ 가색격(稼穡格)은 불가능(不可能)도 가능(可能)으로 만든다.

丙	戊	壬	戊
辰	辰	戌	戌

⇨ 술(戌)월의 무(戊)토 일간.
가색격(稼穡格)이나 문제가 있다.

⇨ 가색격(稼穡格)이나, 사주가 흉(凶)−흉(凶)하여 신변(身邊)에 변화(變化)가 많았다. 그러나 가색(稼穡)의 공(功)을 이루어 열심히 살아가는 경우다. 인성(印星)이 어우러지고, 재성(財星)이 균형(均衡)을 이룬다.

❏ 욕심이 지나치면 항상 화(禍)를 부른다.

戊	己	辛	己
辰	丑	未	未

⇨ 미(未)월의 기(己)토 일간.
어린이 집을 운영하시는 분의 사주.

⇨ 가색격(稼穡格)이나 기운(氣運)이 지나치다. 흐름에 있어서 큰 문제는 없는 사주이다. 순수(純粹)한 가색격(稼穡格)이 아님이 아쉬운 사주.

▪ 식상(食傷)의 기운이 왕(旺)-하여 육영사업을 하고 계시다.

▪ 축(丑)-미(未) 충(沖)이라 가끔 겪는 일은 어쩔 수가 없다.

▪ 충이라 하여 무조건 안 좋은 것은 아니다.

❏ 가색격(稼穡格)의 운용(運用).

가색격(稼穡格)을 추명(推命) 시 어떤 면(面)을 보는 것이 가장 근접(近接)하여 보는 것일까? 경우에 따른 다른 격(格)의 경우도 마찬가지.

⊙ 그 격(格)이 추구(追求)하는 것이 무엇일까? 원류(原流)는? 원류(原流)의 성격(性格)이나, 그 흐름은 어떻게 가는 것이 올바른 흐름일까? 판단한다.

토
(土)는 진(辰), 술(戌), 축(丑), 미(未) 인데 각각의 경우를 살펴보자. 같은 가색격(稼穡格), 토(土)라도 상대에 따라 반응이 다 다르다.

❖ 진(辰)

진(辰)월의 가색격(稼穡格)은 어떨까? 진(辰)은 을(乙), 계(癸), 무(戊)이다.

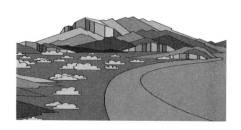

▪ 진(辰)은 수(水)의 고장(庫藏)이라 재(財)인 수(水)-운(運)이 온다 해도 크게 신경을 쓸 필요 없다.

▪ 문제는 진(辰)중의 을(乙)-목이 있으므로 관살(官殺)-운을 꺼린다.

❖ 술(戌)

술(戌)은 신(辛), 정(丁), 무(戊)이다. 우호적(友好的)인 관계가 지속.

❖ 축(丑)

▪ 축(丑)은 섣달이라 냉기(冷氣)가 강(强)하다. 계(癸), 신(辛), 기(己)이다.

▪ 조후관계상 온기가 필요. 여기에 수(水)-운이 온다면 냉기(冷氣)가 더욱 강(强)해져 귀찮은 존재(存在)가 된다.

토 (土)-운이 와도 습토(濕土)보다 조토(操土)가 더 좋다. 금(金)운은 왕(旺)한 토(土) 기운(氣運)을 설기(泄氣) 하므로 좋다.

❖ 미(未)

미(未)-토는 6월이라 건조(乾燥)하여 조토(操土). 건조하므로 시원한 것이 좋다. 재성(財星)인 수(水)가 온다면 반긴다. 가색격(稼穡格) 중에서 미(未)-토는 꺼리는 기피(忌避)-대상(對象)이다. 왜 그럴까?

⊙ 미(未)는 정(丁), 을(乙), 기(己)이다. 관고(官庫)를 갖고 있고, 조토(操土)라 가색(稼穡)의 공(功)을 이루기 힘이 들기 때문. 어떤 운(運)이좋을 것인가? 건조(乾燥)하므로 수(水)운이 좋고, 식상(食傷)인 금(金)-운이 좋다. 습토(濕土)인 진(辰), 축(丑) 운(運)도 좋다. 조토(操土)이므로 목(木), 화(火)운을 꺼린다.

가 색격(稼穡格)이라고 무조건 가색격(稼穡格)의 잣대로 판단하면 곤란. 화합(和合)을 유도(誘導)하는 것 같아도 분란(紛亂)을 유발도 한다.

▪ 지장(支障)을 초래할 것 같아도 보탬이 되어 오히려 길(吉)로 작용하는 경우도 있으니 운(運)의 흐름 방향을 살피고, 견겁(肩劫), 재(財)나 관(官)이 어떤 역할을 하는가? 분석해야 한다.

4. 윤하격(潤下格).

✪ 윤하격(潤下格)이란?

◎ 윤(潤) : 적시는 것이니 흐르는 것이다.
▪ 베이는 것이요, 스미는 것이다.
▪ 근본은 흐름을 전제로 한다.
◎ 하(下) : 아래쪽이요, 흐름을 받아들이는 곳이다.

▪ 물이란 항상 위에서 아래로 흐른다. 아래로 흐르면서 적시는 것은 물이 흐른다는 것이요, 수분(水分)이 이동하는 것이다.

순 리(順理)대로 가는 것이 흐르는 것이다. 무념(無念)이요, 무상(無想)이다. 흐름이요, 원류(原流)에서 나온다.

▪ 원류(原流)가 없다면 흐름이 이루어지지 않는다. 눈이란 녹아서 흐르면 물이되고, 얼어서 버티면 얼음이 된다.

❒ 윤하격(潤下格)의 구성(構成).

임(壬), 계(癸) 수(水)일간이 물인 겨울 즉 해(亥), 자(子)-월에 출생(出生), 지지(地支)에 수국(水局)을 형성, 수기(水氣)가 왕(旺)-하면서 천간(天干)에 견겁(肩劫)이 투출(透出)하면 윤하격(潤下格)이 성립.

❏ 호사다마(好事多魔)라 항상 문제점은 있다.

甲	壬	甲	庚
申	辰	子	辰

▷ 자(子)월의 임(壬)수 일간.
지지(地支)-수국(水國)을 형성하고 있다.

▷ 모 언론기관의 임원을 지내신 분 부인의 사주다.
- 한평생을 남부러울 것 없이 사신 분이다.
- 자손(子孫)의 문제로 노후에 신경 쓰시는 분이다.
- 부모로 자식 걱정 안 하는 사람이 어디 있겠는가? 수(水)인 견겁(肩劫) 대신 인수(印綬)인 경(庚)금이 투출(透出)한 경우.

지 지(地支)에서 순수(純粹)한 수국(水局)을 형성(形成), 견겁(肩劫)인 수(水)가 천간(天干)에 투출(透出) 않으면 어떨까?
- 이럴 경우 금(金)인 인성(印星)이 투출(透出)하면, 윤하격(潤下格)으로 본다.

❏ 방합(方合)은 아무리 해도 안 된다.

丁	癸	己	庚
巳	亥	丑	子

▷ 축(丑)월의 계(癸)수 일간(日干).
지지(地支)에 수국(水國)을 형성.

▷ 축(丑)월에 출생(出生)하였으나, 지지(地支)에 수국(水局)을 형성. 순수한 윤하격(潤下格)은 월지(月支)에 해(亥), 자(子)를 놓아야 하는데, 축(丑)-토인 관(官)을 놓고도 윤하격(潤下格)의 형태(形態)를 갖추었다.

- 윤하격(潤下格)에서는 재(財)와 관(官)을 싫다 하였는데, 재(財)와 관(官)이 나름대로 뿌리를 갖추고 있다.
- 관(官)인 기(己)토가 천간(天干)에 투출(透出), 지지에서 물로 변하니 기(己)-토가 맥을 못 춘다. 남편으로 인한 고심(苦心)이 많은 사주다.

- 일(日)과 시(時)에서 천간(天干)끼리 충(沖)을 하고, 지지(地支)가 심상치 않다. 화(火)인 재(財)가 또 계속 속을 썩이고 있다.
- 윤하격(潤下格) 자체도 순수하지 못해 써줄까? 말까인데, 재(財)와 관(官)이 속을 썩이고 있다.
- 인수(印綬)인 경(庚)금이 투출(透出)한 것이다.

⊙ 제일 좋지 않은 상황이 연출이 된 사주. 중년(中年)부터 꼬이는 사주다. 방합(方合)이라 기운(氣運)이 미약(微弱)하고, 순수하지 못해 이무기格) 형태다.

임 (壬), 계(癸)─ 간이 수(水)인 해(亥), 자(子) 월이 아닌 진(辰)─ 이나, 신(申)월에 출생, 천간(天干)으로 수(水)가 투출(透出) 한다면 윤하격(潤下格)으로 본다. 예를 든 사주처럼 축(丑) 월도 가능하다.

⊙ 윤하격(潤下格)은 물로 이루어진 격(格)이다.
- 눈도 물로 보는 것이다. 영하(零下)의 기온(氣溫)으로 내려가면 얼음이 되는 것이요, 영상(零上)의 기온이라면 녹아 물로 변화한다.
- 윤하격(潤下格)은 오로지 금(金), 수(水)만 찾는다.

☐ 윤하격(潤下格)의 특성(特性).

❶. 사주 원국에 재성(財星)인 화(火)나 관살(官殺)인 토(土)가 없어야 한다.
- (火)란 원래 수기(水氣)인 물을 증발시키는 성정(性情)이라, 수(水)와 사이가 좋지 않다. 서로가 강(強)하면 상대방을 죽이는 불가분(不可分)의 관계다.
- 윤하격(潤下格)은 수기(水氣)가 강(強)하므로 화기(火氣)는 맥을 못 춘다.

그러나 윤하격(潤下格)의 단점(短點)은 지나치게 냉(冷)하다는 것.

• 조후(調候) 상으로 보면 당연 화기(火氣)가 필요하다. 화기(火氣)가 왕(旺)하다면 항상 응징받는 것이 당연하다.

다만 수기(水氣)를 건드리지 않고 적당한 기운(氣運)을 유지한다면 오히려 귀물(貴物)로 취급.

❷. "왼손이 하는 일을 오른손이 모르게!" 하였다.

■ 하물며 기운(氣運)이 왕(旺), 천하를 호령하는 이에게 직접 나서서 "내가 당신의 약한 곳을 감싸드리리다." 해보라.

■ 뜻이야 가상하나 괘씸죄로 당하는 수가 많다.

❊ 사주가 지나치게 냉(冷)해도 그것을 간접적으로 치유하는 것이 최선의 방법. 왕(旺)한 기운(氣運)을 조절, 따스함을 느끼도록 하는 인재(人才)는? 그가 바로 인(寅)-목이다.

인 (寅)-목은 자체로 따스함이다. 수기(水氣)를 흡수, 조절, 그 기운(氣運)의 장단점(長短點)을 파악(把握)하고 있다.

■ 왕(旺)한 수(水)가 반발하지 않으면서, 자연스레 접하는 존재(存在)다.

■ 윤하격(潤下格)에 인(寅)-목이 있으면 귀격(貴格)이라는 이유다.

■ 조후(調候)가 아름답다.

❸. 윤하격(潤下格)에서는 수(水) 용신(用神)에, 인성(印星)인 금(金)과 식상(食傷)인 목(木)이 희신(喜神), 관살(官殺)인 토(土)가 기신(忌神).

❑ 윤하격(潤下格)의 운용(運用).

❶.격국(格局)의 순수성(純粹性)을 살핀다.

- 순수(純粹)한 윤하격(潤下格)인가 살피고, 거추장스러운 존재(存在)의 유무(有 無)를 판단해야 한다.
- 금수(金水)가 순수(純粹)하게 구성(構成)되고, 흠이 없는가 살핀다. 흠은 흉신(凶神), 기타 기신(忌神)의 역할이다. 불순물이 많이 섞여 있는가 판단.

❷. 토(土)는 관살(官殺)이라 윤하격(潤下格)에서 기신(忌神)으로 보는데, 토(土) 자체도 조토(燥土), 습토(濕土)로 구분, 그 성분(成分)을 분석해야 한다.

⊙ 습토(濕土)는 진(辰)토, 축(丑)토인데 각각 계(癸)-수를 갖고 있고, 인성(印星)인 신(辛)금도 있어 환영하나, 조토(燥土)인 술(戌)-토, 미(未)-토는 정(丁)-화를 갖고 있어, 수(水)는 재(財), 관(官)이라 싫어한다.

❸.조후(調喉)로 본다면 윤하격(潤下格)은 냉(冷)하므로, 당연히 화(火)를 좋아 한다. 그러나 계(癸)수의 경우, 정(丁)화와 충(沖)하는 관계다. 임(壬)수의 경우, 병(丙)-임(壬)➡ 충(沖)이므로 각각 상반(相反)된 입장도 계산해야 한다.

❹. 천간(天干)으로 관(官)이 투출(透出) 할 경우, 수(水)는 지하로 흐르는 물로 바람직한 것이 못 된다.

❑ 윤하격(潤下格)이 잘못 흐르면 낭패.

○	壬	庚	庚
○	申	辰	子

⇨ 진(辰)월의 임(壬)수 일간(日干). 시(時)를 정확히 모르는 관계로 생략.

▷ 시(時)를 정확히 모르는 관계로 년, 월, 일만 적었다.

지 지(地支)에 수국(水局)을 형성(形成), 천간(天干)에 인수(印綬)인 경(庚)-금이 투출(透出). 현재 외국(外國)에 거주하고 있는 여성(女性).

• 알코올 중독(中毒)으로 가정에 문제가 많다.

▪ 큰 문제는 자손이 없는 것이고, 술로 많은 피해를 가정에 끼치고 있다.
▪ 음주운전(飮酒運轉)으로 벌금————
• 남편이 이혼(離婚)하려 준비하는 중이다.
▪ 윤하격(潤下格)의 순수함이 변질(變質)된 사주다.
▪ 월(月)에 관(官)이 있을 경우 나타나는 폐해(弊害).
▪ 윤하격(潤下格)은 수(水)가 주체(主體)가 되어야 하는데, 혼동(混同) 사주다.

◻ 물이 가득해도 식수(食水)로 사용 안 된다.

癸	癸	癸	癸
亥	亥	亥	卯

▷ 해(亥)월의 계(癸)수 일간.
지지(地支)로 목국(木局)이 형성.

▷ 습목(濕木)인데 물속에 잠기니 더 쓸모가 없다.

• 물이 지나치게 많아도 부유(浮游)물이 너무 많은 물이다.
• 나무가 썩어서 가라앉은 물이다. 조금만 건드려도 금방 탁수(濁水)가 된다.
• 윤하격(潤下格)과는 거리가 멀다. 오래 걷지도 못하는 사람이다.

□ 건강(健康)이 악화(惡化), 모든 것을 잃어버린 사람이다.

癸	癸	辛	壬
亥	丑	亥	子

▷ 해(亥)월의 계(界)수 일간.
지지(地支)에 수국(水局)을 형성.

▷ 윤하격(潤下格)의 요건을 잘 갖추고 있다. 그럼 귀격(貴格)이 아닐까?

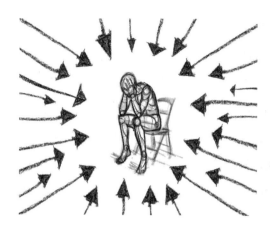

천만의 말씀이다.

■ 아킬레스건염으로 보행(步行)조차 불편한 사람이다.

■ 급각(急刻)–살은 동(冬)생(生)에 축(丑), 진(辰)이라 일지(日支)에 놓고 있으니 이에 해당.

● 윤하격(潤下格)이라도 대체로 하체 쪽에 건강에 이상이 있는 사람이 많다.

5. 종혁격(從革格).

■ 종혁격(從革格)은 진보(進步)성향이 강하다.

■ 보수(保守)와 진보(進步)의 그런 진보(進步)가 아니다. 지금 현재 상황을 항상 보수(保守)로 보는 것이다.

■ 지금 현재 상황이 진보형태이면, 그 자체를 보수로 바꾸는 진보이며, 현재 상황이 보수이면, 진보로 바꾸는 진보 그 자체가 진보다.

■ 무조건 혁신이며, 개혁이다. 어찌 보면 무모하고, 황당한 면도 있다.

■ 바꾸는 것인데, 혁명(革命)으로 혁신(革新).

❏ 종혁격(從革格)의 구성(構成).

종혁격(從革格)은 금(金)이 주체(主體)가 된다.

▪ 개혁(改革)이 주된 목적인데 개혁(改革) 그 자체로 이루어지면 그것으로 끝나는 것이 종혁격(從革格)이다.

여 기서 한 걸음 더 나아간다면 일시적(一時的)인 목적(目的)은 이룰 수 있어도 두고두고 후회(後悔), 회한(悔恨)의 눈물 흘리는 일이 생긴다.

• 개혁(改革)은 개혁, 변혁(變革) 그 자체로 끝나는 것이 개혁(改革)이지, 재물(財物), 권력(權力)에 탐닉하면 허물어지고, 망가진다.

❏ 많기는 많은데

辛	庚	乙	庚
巳	申	酉	子

▷ 유(酉)월의 경(庚)금 일간.
과연 종혁격(從革格)이 성립될까?

▷ 지지(地支)에서 순수(純粹)한 종혁격(從革格)을 형성(形成)하지 못한다. 금(金)이 많다 보니 견겁(肩劫)이 왕(旺)하다. 잡-철이 되면 쓸모가 없다.

• 2008년 경진(庚辰) 대운(大運)에 무자(戊子)년이라, 관재수(官災數)로 소송(訴訟)에 휘말렸다. 남성(男性)이 아닌 여성(女性)의 사주다.
• 자손이 멀리 있으니 나와의 연(緣)이 박하다.
▪ 일지(日支)와 합(合)을 이루니 어미보다는 아비와 더 가깝다.

사 (巳)중 병(丙)화가 애인인데, 아내가 있는 남자라 본인보다 자기 처(妻)를 더 생각하는 사람이다. 보탬이 되는 구석이 없다.

❏ 순수한 종혁격(從革格)을 보자.

乙	庚	戊	辛
酉	申	戌	酉

⇨ 술(戌)월의 경(庚)금 일간.
순수(純粹)한 종혁격(從革格)이다.

⇨ 종혁격(從革格)이라도 지장간(支藏干)에 감추어 두고 갖출 것은 다 갖고 있다. 금(金) 기운(氣運)이 강(强)해도, 약(弱)하나마 오행(五行)을 고루 간직하고 있다.

❏ 종혁격(從革格)의 특성(特性). ─────────────

종혁격(從革格)은 금수(金水)-운이 자연 좋을 수밖에 없다. 목(木), 화(火) 운(運)은 흉(凶)으로 작용(作用).

☞ 목(木)과 화(火)는 재성(財星)과 관성(官星)이다.

▪ 흉(凶)으로 작용(作用)하는 이유가 나온다. 재물(財物)과 권력(權力)에는 관심을 갖지 말아야 한다.

❖ 군(軍)이 혁명(革命)을 주도(主導)하였으면, 혁명 그 자체로 끝나야 하는 것이지, 부(富)와 권력(權力)의 시녀가 된다면 그 종말(終末)은 비참한 것이다.

• 관(官)이 인성인 명예(名譽), 덕망(德望)을 얻으려면 살을 깎는 인내와 노력이 필요하다.

▪ 관(官)에 젖은 사람은 자기보다 윗사람이 아니면 고개를 잘 숙이지 않는다.

▪ 항상 다스리려는 습관(習慣)이 가득 차 힘든 것이다. 아기는 달랠 줄도 알고, 논리적(論理的)인 설명도 해야 하고, 모르면 알 때까지 가르치고,

기다려야 하는데 그것을 못 한다. 완력(腕力)으로 밀어붙이려 한다.

• 그래서 관(官)은, 관(官)으로 끝이 난다는 것이다. 힘으로 이겼으면 힘으로 밀려 지는 것. 힘으로 이길 경우는 많은 희생(犧牲)을 강요한다.

▪ 항상 그 대가(代價)는 치러야 한다. 견겁(肩劫)이 관(官)으로 변하는 경우인데, 그 기간이 끝나고 나면 본연(本然)의 견겁(肩劫)으로 되돌아오므로 그리된다.

❖ 학계(學界)에서 관(官)으로 내려가는 경우다.

▪ 이 경우의 대표적인 것이 학자(學者) 중에서 정(政), 관계(官界)로 가는 것이다.
▪ 물론 여기에서 성공도 있지만, 대체로 실패, 다시 학계로 유턴하는 경우가 많다.

▪ 한 급수 아래인 환경에서 접목(椄木)을 시도해 보지만, 결국은 결국(結局)이다. 흙탕물에서 옷만 버리고 빨래할 것 만 늘어난다.

인

성(印星)에서 관성(官星)으로의 변화(變化)를 꾀하는 것이다.
▪ 종혁격(從革格)은 변혁(變革)이라, 관(官)과 연관(聯關)이 많다.

□ 삼합(三合)의 변화(變化)에 대한 해석(解析).

삼합(三合)에도 음(陰), 양(陽)이 있다.

❖ 양(陽)의 삼합(三合).

양(陽)으로 구성(構成) 되는 삼합(三合).
인(寅)-오(午)-술(戌) ＼ 각각의
구성(構成) 지지(地支)가
신(申)-자(子)-진(辰) ／ 양(陽)으로
형성(形成) 된다.

☞ 이럴 경우는 양(陽)의 일간(日干)이 좋다.

❖ 음(陰)의 삼합(三合).

음(陰)의 지지(地支)로 형성(形成)되는 삼합(三合).
사(巳)-유(酉)-축(丑) ＼ 지지(地支)가 음(陰)으로 이루어진다.
해(亥)-묘(卯)-미(未) ／ 음(陰)의 합(合)이다.

☞ 삼합(三合)의 격(格)이 떨어지면 ➡ 방합(方合)으로 본다.

삼 합(三合) 보다는 ➡ 육합이 더 가깝고, 좋다. 남녀가 만나서 이루어지는 합이요, 부부(夫婦)의 합(合)이니까. 음(陰)과 양(陽)의 이상적(理想的)인 합(合)이다.

제 ❻ 장 ─────────────

☐ 잡격(雜格) ─────────────

- 잡격(雜格)이란? 월령(月令)에서 쓸 것을 찾지 않고, 외격(外格)에서 찾는다.
- 잡격(雜格)은 한결같지 않은데, 대체로 기세(氣勢)가 편왕(偏旺), 오행의 상리(常理)를 벗어난 것들이 많다.
- 잡격(雜格)은 종류가 아주 많다. 그러므로 잡격(雜格)이라 부른다.
- 암충(暗冲), 암합(暗合)으로 이루어지는 격(格)도 같이 포함하였다.

□ 잡격(雜格)의 특징(特徵).

❖ 천간(天干)에 관살(官殺)이 없어야 비로소 성격이 된다.

관살이 있다면 관살(官殺) 자체를 쓰고, 외격(外格)을 찾을 필요가 없다.

❖ 재(財)가 투출(透出)해도 격을 취할 수 있다.

그런데 재성(財星)이 뿌리가 깊거나 재성이 두 개 이상 투출 하면 재(財)가 중(重)한 것이므로 외격(外格)을 찾지 않는다.

❖ 각각의 격국(格局)마다 용신(用神)이 다르니 재(財), 관살(官殺)에만 얽매이면 안 된다. 용신(用神)을 정하는 데 있어서 억부(抑扶)가 일반적인 방법.

❖ 사주에 억부(抑扶)하는 것이 없다면, 그 기세(氣勢)가 한쪽으로 치우치기 마련이다.

잡 격(雜格)이라 하여 글자 그대로 무질서하게 아무런 근거도 없이, 잡다(雜多)하게 이것저것 짜 맞추기 막무가내식의 격(格)은 아니다.

▪ 거기에도 다 나름대로 격식(格式)과 규칙(規則)이 있다. 물론 100% 그렇다고 자신 있게 이야기를 할 형편도 못된다.

▪ 그만큼 난해(難解)하고, 나 자신이 아직은 그에 대한 확실한 답을 얻지 못하였기 때문이다.

하 도 종류(種類)도 많고, 같은 종류인데도 부분적으로는 설명되는데, 나머지 부분에서는 부적절한 것도 있고, 무능하여 아직 해답을 얻지 못하는 것도 있다. 하여튼 공부한다는 것은 즐거운 것이요, 행복(幸福)한 것이다.

• 제일 근본(根本)은 일단 생극제화(生剋制化)를 원칙(原則)으로 해야 함을 강조.

1. 복덕격(福德格).

금(金)은 쇠라 돈인 전(錢)이라 하고, 금(金)은 금(金)인데 누런 황금(黃金), 하얀 백금(白金)을 말한다. 그러니 어느 누가 마다할 것인가? 다 좋아서 눈이 뒤집힌다. 복덕수기격(福德秀氣格)이라고도 한다.

삼 합국(三合局)중에서 사(巳)-유(酉)-축(丑) 금국(金局)만을 복덕격(福德格)이라 하는 이유는? 금(金)이니 결실(結實), 유종(有終)의 미(美)요. 견고(堅固)하고, 나누어짐이 없고, 제일 강(强)하기 때문이다.

◻ 복덕격(福德格)의 구성(構成).

금국(金局)은 복주머니인데, 철가방과 같다. 주머니 안에 항상 금은보화(金銀寶貨)가 그득하다.

▪ 복덕(福德)격은 음(陰)-일주(日主)를 지칭(指稱)한 것이다.

▪ 음(陰)-일주는 종(從)을 잘하기 때문. 음(陰)은 을(乙), 정(丁), 기(己), 신(辛), 계(癸)인데, 일간(日干)을 포함, 천간(天干)에 셋은 되어야 그 진면목(眞面目)을 인정하는 견해(見解)도 있다.

❖ 을(乙)목

을 (乙) 일주가 지지(地支)에 사유축(巳酉丑) 금국(金局)을 놓고 있다면 어떻게 해석 할까? 금(金)은 관살(官殺)이니 종살격(從殺格)이다.

❏ 종살격(從殺格)의 사주.

辛	乙	乙	戊
巳	酉	丑	申

⇨ 축(丑)월의 을(乙)목 일간.
전형적(典型的)인 종살격(從殺格)의 사주.

⇨ 대운(大運)➡ 금(金)운으로 흐르니 아쉬움 없이 복(福)을 누리는 사주다.
복(福)을 하늘 높은 줄 모르고 받고 있다.

❖ 정(丁)화

정 (丁)화가 지지(地支)에 사유축(巳酉丑) 금국(金局)을 놓으면 ➡ 금
(金)은 재(財)가 되니 종재격(從財格).

❏ 재(財)의 기운을 살핀다.

辛	丁	辛	庚
丑	酉	巳	戌

⇨ 사(巳)월의 정(丁)화 일간.
⇨ 지지(地支) 금국(金局)을 형성,
　　금 기운이 강하다.

❏ 눈 가리고 아웅.

乙	丁	丁	癸
巳	巳	巳	丑

⇨ 사(巳)월의 정(丁)화 일간.
⇨ 지지(地支)에 금(金)을 형성할까?

⇨ 지지(地支)에서 금국(金局)을 형성(形成)하긴 해도 별 볼 일 없다.

사 (巳)화가 셋이라, 화국(火局)을 형성하는 기운(氣運)이 더 강(强)하다.
• 견겁(肩劫)이 왕(旺)한 사주(四柱)로도 볼 수 있다.
겉으로는 금국(金局)이 형성된 것 같지만 실속은 아니
다. 금을 녹이니 욕심만 가득. 자린고비다. 헛물 인생
• 사람이 허우대는 멀쩡해도 실속이 없다. 남자의 사주
지만 참고로 볼 만 하여 적어본 것이다.
• 아내와 현재 이혼서류 접수, 별거(別居) 중이다.

❏ 그래도 타고난 부유(富裕)함은 있다.

甲	丁	乙	己
辰	酉	丑	未

↳ 축(丑)월의 정(丁)화 일간.
어느 정도 구색(具色)은 보인다.

↳ 사(巳)화가 빠진 지지(地支)의 금국(金局)이다.

• 왕(旺)한 토(土) 기운이 재(財)를 밀어주고, 식상(食傷)이 재(財)로 화(化)한다.
인성(印星) 또한 살아있어 나름 명망은 얻는다.
• 아직 미혼인데, 여기저기서 혼담이 오가는 중. 부(富)를 간직한 사주.

❖ 기(己)토

기 (己)토가 지지(地支)에 사유축(巳酉丑) 금국(金局)을 놓으면,➡ 금(金)은 식상(食傷)이니➡종아격(從兒格)이 성립된다.

❏ 흐름에 종(從)한다.

癸	己	乙	乙
酉	丑	酉	巳

↳ 유(酉)월의 기(己)토 일간.
↳지지(地支)에 금국(金局)을 형성(形成).

❖ 신(辛)금

❏ 신(辛)금이 지지(地支)에 금국(金局)을 갖추면 종혁격(從革格)이 성립.

己	辛	辛	癸
丑	巳	酉	巳

↳ 유(酉)월의 신(辛)금 일간.
종혁격(從革格)이면서, 부유(富裕)한 사주.

재물을 잘 활용, 이득을 취한다. 수단도 능수능란.

❖ 계(癸)수

❑ 계(癸)수에게 ➡ 금(金)은 인수(印綬)다.

丁	癸	辛	癸
巳	酉	酉	丑

인수(印綬)에 종(從) 하니 종인격(從印格).

⇨ 유(酉)월의 계(癸)수 일간.

금(金)인 인수(印綬)가 왕(旺)하여 종인격(從印格)이다.

❑ 큰 복은 아니라도, 다복(多福)함이 복이다.

乙	壬	癸	丁
巳	子	酉	丑

⇨ 유(酉)월의 임(壬)수 일간.

음(陰)－일간이 아닌 경우도 살펴보자.

⇨ 지지(地支)에 사유축(巳酉丑) ➡ 금국(金局)이 형성.

• 일간(日干) 또한 자체로도 약(弱)하지 않다. 슬기롭게 살아간다.

• 양(陽)일간의 경우다.

• 종인격(從印格)으로 보기에 약간의 무리가 따른다. 고루 갖추어진 환경을 잘 활용한다.

🗖 복덕격(福德格)의 특징(特徵). ──────────────

• 복덕격(福德格)은 종격(從格)에 속하는데, 대체로 부귀(富貴)와 인연(因緣)이 깊은 팔자(八字)다.
• 거의 흡사하긴 하나 무엇인가가 빠진 사주는 어떨까?

🗖 쥐구멍에도 볕들 날이 있다.

| 辛 | 戊 | 癸 | 辛 |
| 酉 | 申 | 巳 | 酉 |

⇨ 사(巳)월의 무(戊)토 일간.
지지 금국(金局), 식상(食傷) 기운이 강하다.

무 (戊)토 일간이니 종격(從格)이 성립(成立)된다면, 복덕격(福德格)에 해당 되는데, 그렇지 못하다.

• 아직 나이가 있으니 본인이 노력하면 또 팔자라는 것이 달라질 수 있다.
• 유년기(幼年期)부터 경제적 어려움으로 고생이 많았던 사주. 지금은 조금 나아졌다고 하나 크게 달라진 것은 별로 느껴지지 않는 사주다. 본인도 금전적(金錢的)인 면으로 고민이 많은 사주다.

• 본인이 스스로로 개척(開拓)해 나가려는 의지(意志)가 대견하다. 조금 더 지나서 기축(己丑)-대운(大運)을 맞으면, 지지(地支)에서 사유축(巳酉丑) 하여 ➡ 좋은 기회(機會)가 온다. 아마 놓치지 않을 것으로 생각.

운 (運)에서 기회(機會)가 오는 경우도 있지만, 안 오는 경우도 있다. 반대로 좋았던 팔자가 운에서 흉운(凶運)으로 변화, 자칫 추락하는 경우도 생긴다. 그래서 팔자(八字)란 돌고 도는 것이다.

2. 현무당권격(玄武當權格).

• 현무(玄武)인 임(壬), 계(癸) ➡ 수(水)가 권력(權力)을 장악, 사주(四柱)의 판도(版圖)를 좌지우지(左之右之)한다.

☞ 현무(玄武)는 수(水)를 일컫는 말인데, 비밀(秘密), 걱정, 사색(思索), 고민(苦悶), 심각(深刻)함, 신음(呻吟) 등을 나타낸다.

• 대표적(代表的)인 경우가, 러시아 예전의 소련을 생각하라.
• 항상 속으로 끙끙 앓으니 근심, 걱정이 태산.
• 생각이 깊다 보니 아는 것도 많고, 할 일도 많다.
• 내일의 일은 내일 해도 될 것인데, 그것이 어찌 될 것인가? 하고 그것까지도 걱정한다. 걱정도 팔자다.

□ 현무당권격(玄武當權格)의 구성(構成)과 특성(特性).

• 임(壬), 계(癸) 수(水) 일주가 지지에 화국(火局)을 형성하거나, 토(土)가 많을 때를 말하는데 종재격(從財格), 종살격(從殺格)이 된다.

☞ 종재격(從財格)은 ➡ 사주가 대부분 재성(財星)으로 구성(構成)되어 있다.

• 대부분이라는 한계(限界)가 과연 어느 정도 되어야 대부분이라는 뜻에 적합할까? 일단 과반수(過半數)를 넘어야 한다.

사주(四柱)가 8개의 간지(干支)로 구성(構成)되므로 최소한(最小限) 반인 4개는 넘어야 한다. 그러므로 5개 이상이다.

• 8개일 경우 성립(成立) 안 되고, 최대한(最大限) 7개가 이루어진다. 5-7개.

❖ 재성(財星)을 기준 전(前), 후(後)인 식상(食傷), 관성(官星)만이 용납. 식상(食傷), 재성(財星), 관성(官星)이 용신(用神)이 된다.

❖ 인성(印星) 비겁(比劫)은 기신(忌神)이 된다.

재(財)에 종(從)-하는데 장애(障碍)가 되는 요소(要素)다.

❖ 종(從)-하는 성향이다.

순응(順應)하는 면이 강(强)해 대체로 선량(善良) 한 측에 들어간다.

❖ 식상(食傷)의 역할이 강조되는 면이 강(强)하다.

식상이 있으면 매사 막힘이 없고, 식상(食傷)이 없으면 견겁(肩劫)-운에 흉(凶)으로 작용.

☞ **종살격(從殺格)은 사주가 대부분 관성(官星)으로 구성되어 있다.**

재 성과 관성이 용신(用神)과 희신(喜神)의 역할을 하고, 인성, 비겁, 식상이 기신(忌神) 역할을 하는 것이 특징(特徵).

• 종격(從格)이란 자기 스스로 일어서기를 못하고, 남의 힘에 의존(依存), 기대어 공명(功名)을 누린다. 바지사장이다.

• 실질적인 사장은 따로 있다. 종격(從格)은 항상 이러한 위험성(危險性)을 내포하고 있다.

• 사람이란 항상 편안, 조용할 때는 사안(司案)의 심각성을 느끼지 못한다. 꼭 무엇인가 일이 벌어지고, 터져야 그때서야 움직이고, 생각한다.

☆ 오행(五行)-상으로 이와 같은 형태의 격(格)을 살펴보자.

❶. 청룡복형격(靑龍伏刑格).

✪ 청룡(靑龍)은 목(木) 기운(氣運)을 말한다.

✪ 갑신(甲申), 갑술(甲戌), 을사(乙巳), 을유(乙酉), 을축(乙丑) 일주(日柱)가 해당. 월지(月支)에 인수(印綬), 편인(偏印)이 혹은 춘월(春月)에 생(生) 한 사주로 상관(傷官)이 없는 경우.

• 일간(日干)이 왕(旺)하고, 재(財), 관(官)이 지지(地支)에서 득세(得勢)하는 경우다.

을 사(乙巳) 일주(日柱)의 경우는 사(巳)중 병(丙)화가 상관(傷官)이 되어 꺼리는 경우가 된다.

❷. 주작승풍격(朱雀乘風格).

화 기(火氣)로 주작(朱雀)을 말한다. 불의 화신(化神)이다.

✪ 구성(構成)

• 병자(丙子), 병진(丙辰), 병신(丙申), 정사(丁巳), 정유(丁酉), 정축(丁丑)의 일주(日柱)를 말하는데, 재성(財星)인 금국(金局)과 관성(官星)인 수국(水局)이 지지에 형성. 국(局) 형성(形成)이 아니라도 재관(財官)이 지지(地支)에 득세(得勢)하는 것.

재 성(財星)은 금(金)이니 사(巳), 유(酉), 축(丑)이요, 관성(官星)이니 신자진(申子辰)이다. 이 역시 전체적으로 지지에서 완전한 국(局)이 형성 안 되더라도 재관(財官)이 득세(得勢)하는 경우다.

✪ 특징(特徵)

- 월지(月支)가 하(夏)-월을 이루고 재성(財星)과 관성(官星)이 건장함을 요(要)한다.
- 일주(日柱) 천간(天干), 지지(地支)를 살펴보면, 천간(天干)은 병(丙), 정(丁)화(火)요, 지지(地支)는 재성(財星)과 관성(官星)이다.
- 전체적으로는 완전한 국(局)이 형성 안 되더라도 재관(財官)이 득세(得勢)하는 경우다.

지 지(地支)가 수(水)인 관성(官星)일 경우, 균형(均衡)을 이루어 수화기제(水火旣濟)를 이루는 묘(妙)를 발휘하고 있다.

❸. 구진득위격(勾陳得位格).

✪ 토(土)의 기운(氣運)을 말하는데, 구진(勾 陳)이라 칭(稱)한다.

✪ 구성(構成).

- 무신(戊申), 무자(戊子), 무진(戊辰), 기해(己亥), 기묘(己卯), 기미(己未)의 여섯 일주(日柱)가 해당.

  - 일지(日支)에 재성(財星)인 ➡ 수국(水局) 신자진(申子辰), 관성(官星)인 ➡ 목국(木局) 해묘미(亥卯未)가 성립.
  - 전체적으로는 완전한 국(局)이 형성 안 되더라도 재관(財官)이 득세(得勢)하는 경우다.

✪ 특징(特徵).

일간(日干)의 세력(勢力)이 강(强)하고, 상관(傷官), 겁재(劫財), 살성(殺星)이 왕(旺)하고, 형, 충, 파, 해(刑 沖 破 害)가 없어야 한다.

❹. 백호시세격(白虎恃勢格).───────────────

✪ 백호지세격(白虎持勢格)이라고도 한다.
✪ 백호(白虎)는 금(金)의 세력(勢力)을 칭(稱)한다.

✪ **구성(構成).**

• 경인(庚寅), 경오(庚午), 경술(庚戌), 신해(辛亥), 신묘(辛卯), 신미(辛未). 금(金)일간(日干) 경(庚)금, 신(辛)금을 하여, 일지(日支)에 ➡ 재성(財星)인 목국(木局) 해묘미(亥卯未)와
• 관성(官星)인 화국(火局) 인오술(寅午戌)을 갖추는 것.
• 전체로 완전한 국(局)이 형성 안되도 재관(財官)이 득세(得勢)하는 경우다.

3.천원일기격(天元一氣格). ──────────────

❐ 천원(天元)은 천간(天干)을 말하는데, 천간(天干)이 모두 같은 기운(氣運)으로 동일(同一)한 것을 말한다.

❐ 길(吉), 흉(凶)의 작용은 지지(地支)에 의해 좌우된다.

庚	庚	庚	庚
○	○	○	○

↦ 천간(天干)이 경(庚)금으로 전부 동일. 지지(地支)의 변화를 살펴야한다.

□ 견겁(肩劫)이 태왕(太旺)하니 그 특징(特徵)이 그대로 나타난다.

辛	辛	辛	辛
○	○	○	○

⇨ 비견(比肩), 비겁(比劫)이 태왕(太旺).
특징(特徵)은 무엇일까?

⇨ 의처증(疑妻症), 의부증, 인덕(人德)이 없다. 일에 항상 방해자가 나타나고, 탈재(奪財)가 심하고, 버는 사람, 쓰는 사람이 다 따로 있다.

4. 지지일기격(地支 一氣格).

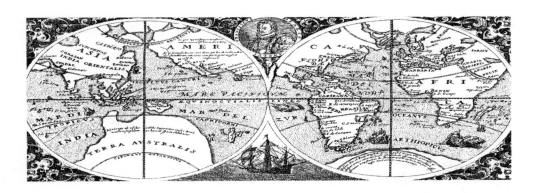

⊙ 지지(地支)가 모두 같은 경우인데, 즉 일기(一氣)로 동일(同一)하다.

☞ 지지(地支)가 전부 같은 경우, 가능한 것은?

종 (從)-오행격으로 곡직(曲直), 염상(炎上), 가색(稼穡), 종혁, 윤하격의 성립이 이루어진다. 종재격(從財格), 종살격(從殺格), 종아격(從兒格) 등의 성립이 가능하다.

❑ 왕(旺)한 기운(氣運)을 따라간다.

己	丁	癸	己
酉	酉	酉	酉

⇨ 유(酉)월의 정(丁)화 일간.
재(財)인 금(金)의 기운이 왕(旺)하여
종격(從格)이 된다.

⇨ 동합(同合)으로 방합(方合)이다.

❑ 동합(同合)도 동합(同合)나름이다.

戊	庚	壬	壬
寅	寅	寅	寅

⇨ 인(寅)월의 경(庚)금 일간(日干).
천간(天干)의 흐름이 원만하다.

지 (地支)에 재(財)와 관(官)을 겸비. 재(財)에 종(從) 한다. 일단 편안
하게 재(財)로 보자. 목(木)의 국(局)인데 삼합(三合) 작용을 한다.

❑ 이 경우 역시 해(亥)수가 삼합(三合) 작용.

丁	辛	乙	己
亥	亥	亥	亥

⇨ 해(亥)월의 신(辛)금 일간.
해(亥)수가 삼합(三合)의 작용을 한다.

⇨ 삼합(三合) 작용을 하는 것, 방합(方合)
작용을 하는 것이 있다. 이의 구분도 필요.
다른 경우는 방합(方合)의 작용을 한다. 지
장간(支藏干)을 살펴서 각각 판단해보자.

5. 간지동체격(干支同體格).

천 간(天干)과 지지(地支)가 각각 같은 일기(一氣)로 구성이 되는 경우인
데, 사주(四柱)에서 10개밖에 없다. 종격(從格)으로 판단(判斷) 한다.
• 엄밀히 분석하면 천원일기격(天元一氣格), 지지일기격(地支一氣格)이다.
두 가지의 합체(合體)다.

❏ 각각을 살펴보고, 그 특징(特徵)을 알아보자.

❶. 갑(甲)목일 경우.

甲	甲	甲	甲
戌	戌	戌	戌

▷ 술(戌)월의 갑(甲)목 일간.
지지(地支)의 변화(變化)에 의해 움직인다.

▷ 술(戌)토가 재(財)이므로 재(財)에 종(從)-하는 것으로 본다.
• 재(財)에 종(從)-한다는 것은 재(財)에 굴복하는 것인데, 갑(甲)목의 기운도
만만치 않다. 언제인가 도움을 받아 기력(氣力)을 회복(回復), 왕, 강 하여지면
재(財)에 종(從)하는 것이 아니라, 재(財)를 취(取)하는 형태(形態)를 유지할
것이다.

종 (從)-사주 특히 재(財)에 종(從)-하는 경우는 처(妻)나, 금전(金錢)
에 굴복하지만, 기운이 왕(旺) 해지면 재(財)를 박차고, 그동안 당한
설움을 앙갚음 한다.
• 강태공의 예를 든다면 아내에게 어렵더라도 조금만 더 참아 달라고 달래고
사정하다시피 해도, 그의 아내는 그를 버리고 결국 등을 돌린다.
• 그 후 강태공은 재상의 반열에 오르고, 모든 것의 상황이 달라지니, 그의 예
전 아내가 찾아오지만 이미 쏟아진 물을 도로 주워 담을 수 없다는 일화(逸話)
가 나온다. 대체로 재(財)에 종(從)-하는 사주의 주인공들은 항상 이런 사고방

식이 항상 마음 한구석에 있다. 항상 분기가 충천, 불만이 많은 사람이다. 깨달음을 얻는 사람은 스스로 배워, 덕을 닦으면서 그 부족함을 채운다.

• 거의 말년(末年)에 정신을 차리나 이미 때는 늦은 것이라, 극히 적은 수의 사람이 성공한다. 그만큼 깨달음이 더욱 필요한 사주다.

• 여기서 볼 것은 재(財)에 종(從)-하였지만, 항상 재(財)의 모든 것을 알고 있다. 그것도 속속들이 말이다. 견겁(肩劫)이 왕(旺)-하니 언제인가 몰라도 항상 판도(版圖)를 뒤엎는 경우는 문제가 없다.

각　각의 주인이 될 사람이 정해져 있다. 천간(天干)에 자리하고 있으므로. 그러나 이런 경우는 극히 드문 경우니 일반적으로 재(財)에 굴복하는 경우가 많다.

❷. 을(乙)목 일 경우.

乙	乙	乙	乙
酉	酉	酉	酉

⇨ 유(酉)월의 을(乙)목 일간.
종살격(從殺格)이 성립(成立).

⇨ 자연 동합(同合) 이다. 좋은 팔자는 못 된다. 왜? 여자일 경우는 관(官)이 많으므로 심하면 시집을 4번이나 가야 한다는 결론.

동　합(同合)이라 모여 있어도 뭉쳐있는 것은 아니다. 남자의 경우, 애쓰고 땀만 흘리는 인생. 축(丑) 운(運)이 와야 뭉쳐진다. 흩어져 있는 형상

• 한국 땅에는 같이 살고 있어도 영호남이요, 충청이요, 강원이요 일단은 관망상태다. 커다란 이슈가 생겨야 너 나 할 것 없이 뭉치고, 합친다.

• 그 역할을 하는 것이 바로 축(丑)-토다.

❸. 병(丙)화 일간일 경우.

丙	丙	丙	丙
申	申	申	申

⇨ 신(申)월의 병(丙)화 일간.
　신(申)금도 다 짝이 있다.
　다만 내 것이 조금이라는 것 뿐.

⇨ 여기서 지지(地支)의 신(申)금을 잘 살펴야한다.

• 일단 지장간((支藏干)을 보자. 신(申)은 ➡ 무(戊), 임(壬), 경(庚)이다. 병(丙)화 일간(日干)에게 각각 식상(食傷)이요, 관(官)이요, 재(財)이다.

식상(食傷) ➤ 재(財) ➤ 관(官)하여 흐름이 잘 이어진다. 그런데 결과(結果)는? 관(官)으로 귀결(歸結)이다. 이런 것을 일러 뒤끝이 안 좋다고 한다. 선강후약(先强後弱)이다. 결정적인 순간, 어려움에 봉착(逢着)한다.

❹. 정(丁)화 일 경우.

丁	丁	丁	丁
未	未	未	未

⇨ 미(未)월의 정(丁)화 일간.
전형적인 화토중탁(火土重濁)이 되어버렸다.

⇨ 견겁(肩劫)이 과다(過多). 여자의 경우, 자식(子息)인 식상(食傷)은 있는데 관(官)인 남편이 보이지 않는다.
• 남의 자식을 키운다.

❺. 무(戊)토 일간(日干)일 경우.

戊	戊	戊	戊
午	午	午	午

⇨오(午)월의 무(戊)토 일간.
이것 역시 화토중탁(火土重濁).

↳ 조토(燥土)라 질그릇이다. 여기에서 묘(卯)목을 만나면 문제가 된다.

• 황사(黃砂)가 발생한다. 묘(卯)와 오(午)의 관계를 살펴보면 그 작용(作用)이 나온다. 이것이 아무도 관심(觀心) 없는 황사작용(黃砂作用)이다.

파 (破)의 작용이지만, 단순한 파(破)가 아니다. 다른 여러 경우에도 항상 (恒常) 발생하는 것이 황사(黃砂)작용이다. 아직 풍(風)의 작용(作用)에 대한 이론적(理論的)인 언급(言及)이 없었던 부분인데, 본인이 지나치게 꺼내 왈가왈부하는 것도 아직 시기가 아닌 것 같아, 다음에 기회를 보아 설명하기로 한다.

❻. 기(己)토 일 경우.

己	己	己	己
巳	巳	巳	巳

↳ 사(巳)월의 기(己)토 일간.
화토중탁(火土重濁)이라도 차원이 다르다.

↳ 흙으로 그릇을 만드니 영롱한 소리가 난다.
• 사(巳)중➡ 병(丙), 경(庚)이 있으니 잘 제련되어 두드리면 쇳소리가 난다. 종교(宗敎)에 귀의해도, 큰 그릇의 역할을 한다.

❼. 경(庚)금 일간일 경우.

庚	庚	庚	庚
辰	辰	辰	辰

↳ 진(辰)월의 경(庚)금 일간.
사방을 둘러보아도 괴강(魁罡)만이 있다.

⊨ 신라시대의 명장인 김유신 장군의 사주다.

괴강(魁罡)으로만 이루어져 있다. 괴강격(魁罡格)도 된다.

진(辰)은 지장간이 ➡ 을(乙), 계(癸), 무(戊)이다. 계(癸)수는 을(乙)목에 흡수(吸收)되고, 을(乙)목은 경(庚)금과 합(合)하여 금(金)이 되고, 무(戊)토는 ➡ 경(庚)금으로 기운(氣運)을 모은다. 무신(武臣)에 어울리는 사주다. 전형적인 무신(武臣)격이다.

❽. 신(辛)금 일간.

辛	辛	辛	辛
卯	卯	卯	卯

⊨ 묘(卯)월의 신(辛)금 일간.
종재격(從財格)의 사주.

⊨ 묘(卯)가 ➡ 습목(濕木)이라 목생화(木生火) 못한다.

재 (財)는 있어도 관(官)인 벼슬은 못 한다. 우산지목(牛山之木)이다. 묘(卯)목은 수생목(水生木)을 받을 줄만 알지, 목생화(木生火)를 못 하니 답답하다.

금전을 취할 줄 만 알지 주는 방법을 모르는 사람과 같다. 사랑을 받기만 하려 하고 베풀 줄 모른다.

• 특징(特徵)은 ➡ 유(酉)-운은 묘유(卯酉)➡상충(相沖)이라, 전실(塡實)이 되어 흉(凶)하다.

• 수(水)운일 경우는 어떨까? 수생목(水生木)이라 재(財)가 왕(旺) 해지므로 자연 재생관(財生官)하려 발버둥 친다. 중간(中間)에서 통관(通貫) 역할을 하는 것 같아도, 그것이 나의 목줄을 조이는 결과(結果)를 가져오게 된다.

• 부분적(部分的)으로는 좋아도 전체적(全體的)인 면으로, 큰 그림을 그리지 못하는 팔자다.

❾. 임(壬)수 일간일 경우.

壬	壬	壬	壬
寅	寅	寅	寅

⇨ 인(寅)월의 임(壬)수 일간.

용신(用神)은 ➡ 인(寅)중의 병(丙)화다.

⇨ 길격(吉格), 종아격(從兒格)이다. 견겁(肩劫)이 많은 것은 어쩔 수 없다.

❿. 계(癸)수 일간일 경우.

癸	癸	癸	癸
亥	亥	亥	亥

⇨ 해(亥)월의 계(界)수 일간.

견겁(肩劫)이 많다는 것은 부정(否定) 할 수 없다.

⇨ 지지(地支)가 삼합(三合)으로 길격(吉格).

비 견(比肩)과 비겁(比劫)이 많으니 팔자(八字)라 생각, 넘어가야 한다.

❖ 천간(天干), 지지(地支) 모두 수(水)로 이루어져 있다.

❖ 운(運)에서의 길(吉)과 흉(凶).

• 파격(破格)이 되는 경우, 형, 충, 파, 해(刑冲破害)가 되는 운이 가장 흉(凶)한 운(運)이다.

한 번에 커다란 상처(傷處)를 입는 것 또한 특징(特徵). 길(吉) 할 때는 그 폭이 크듯, 흉(凶)할 때도 그 폭(幅)이 크다.

6. 일귀격(日貴格).

□ 일귀격(日貴格)?

일지(日支)에 옥당천을귀인(玉堂天乙貴人)을 놓은 것을 말한다.

☞ 옥당천을귀인(玉堂天乙貴人)이란?
천을귀인(天乙貴人)이라고도 한다.

□ 천을귀인(天乙貴人)

일 간 (日干)	갑(甲)	을(乙)	병(丙)	정(丁)	무(戊)	기(己)	경(庚)	신(辛)	임(壬)	계(癸)
양(陽)	미(未)	신(申)	유(酉)	해(亥)	축(丑)	자(子)	축(丑)	인(寅)	묘(卯)	사(巳)
음(陰)	축(丑)	자(子)	해(亥)	유(酉)	미(未)	신(申)	미(未)	오(午)	사(巳)	묘(卯)

❖ 일주(日柱)를 살펴보자. 성립되는 것.

정(丁)　　정(丁)　　계(癸)　　계(癸)
유(酉)　　해(亥)　　묘(卯)　　사(巳)

위 의 4개 일주를 말하는데 부(富)티가 나면서, 귀(貴)티가 나는 귀한 집 자제(子弟)와 같은 인상을 주는 귀공자 타입.
• 명문가(名文家) 자손이다.

❖ 정(丁)
❖ 지지(地支)에 재(財)를 놓고 있다.
　유(酉)――재(財)이지만 재(財), 관(官)으로 본다.
❁ 재관격(財官格)이라 법정(法政)계이고, 언변(言辯)이 유창하다.

❖ 정(丁)

❖ 지지(地支)에 관(官)을 놓고 있다.

해(亥)――관(官)이지만 재(財), 관(官)으로 보는 것이다.

➡ 재관격(財官格)이라 법정(法政)계이고, 언변(言辯)이 유창하다.

❖ 계(癸)

지(地支)에 식상(食傷)을 놓고 있다.

묘(卯)―식상(食傷)은 관을 극한다. 묘(卯)는 바람이라 풍파(風波)다.

• 일귀격(日貴格)으로 보기가 약간은 어렵다. 풍파가 심하므로.

❖ 계(癸)

❖ 지지(地支)에 재(財)를 놓고 있다.

◉ 사(巳)――――― 사(巳)중 ➡ 무(戊)토와 무계(戊癸)합이다.

❂ 남자의 경우를 보면 재관동림(財官同臨)이고, 여자의 경우는 암합(暗合)이다.

❂ 일귀격(日貴格)이 되기 어렵다.

▢ 재(財)가 많으니 그것이 문제가 된다.

○	丁	○	○
寅	酉	酉	巳

↦ 축(丑)월의 정(丁)화 일간(日干).
지지(地支)에 재(財)의 기운(氣運)이 강하다.

↦ 재다신약(財多身弱)의 사주인데 과연 일귀격(日貴格)으로 가능할까?
사주(四柱)에 재(財)가 많으면 삶이 그리 순탄하지 않다. 가식(假飾)이 염려.

◻ 무엇을 하던 일귀격(日貴格)의 성정(性情)이 나온다.

壬	丁	壬	○
寅	亥	子	○

▷ 자(子)월의 정(丁)화 일간(日干).
사주에 관(官)의 기운(氣運)이 강(强)하다.

▷ 정임(丁壬)-합이 많고, 관(官)의 기운(氣運)이 강(强)하니, 기생팔자다.
일귀격(日貴格)이라 하여 신분이 항상 부귀(富貴)와 연결 안 되고, 이무기와 같은 격(格)으로 흐르는 경우도 많다.

이 런 경우는 상대하는 사람이 수(水)이니까 연관(聯關)을 그리하면 된다. 법정(法政)계의 손님이 많다.

◻ **일덕격(日德格).**

일지(日支)에 복덕(福德)을 갖추어 일덕격(日德格)이라고 한다.

7. 괴강격(魁罡格).

◻ 괴강격(魁罡格)이란?

庚辰(경진), 壬辰(임진), 戊戌(무술), 庚戌(경술) 을 말하는데 특징은 진(辰)과 술(戌)이다. 여기에서 辰(진)은 천강(淺絳))이 되고, 戌(술)이 하괴(河魁)가 되는 것이다.

❖ 천(淺) : 수심이 얕은 물. 소견이나, 지식이 해박하지 못하고, 경망스러움이다. 오래지 않음이다.

❖ 강(絳) : 색(色)으로는 진홍색(眞紅色)을 말한다. 중국 산시성에 있던 주(州)이름, 강(江) 이름이다. 현세로 비긴다면 홍위병(紅衛兵)을 생각하면 될 것이다.

❖ 하(河) : 황하를 말한다. 강을 말한다.

❖ 괴(魁) : 괴수(魁首)요, 우두머리다. 커다란 것을 말한다. 이는 음양(陰陽)이

절멸(絶滅)하는 땅인 고로 이름하여 괴강(魁罡)이라 한다. 천간(天干)의 수장(首長)인 갑(甲)—목을 제압하는 것이니, 천간(天干)의 대표로 자리, 진(辰)이 있으면 靑龍(청룡)이라 하고, 무(戊)에 있으면 녹당(綠堂)이라 하고 吉(길)함이 있어 흉(凶)함이 없어지게 된다.

❏ 괴강(魁罡)이 많이 있을 경우, 성정(性情)상 특징(特徵).

❖ 사람의 두뇌가 총명하고, 영특 ➡ 하나를 알면 열을 헤아린다.

❖ 일에 임하여 판단이 빠르고, 망설임이 없다.

❖ 실권(實權)을 장악하면 자기 뜻에 따르지 않는 사람은 과감히 숙청하고 제거. 토사구팽도 과감히 행한다. 괴강(魁罡)의 성격은 엄격(嚴格)하여 용서함과 너그러움이 부족하고, 조급(躁急)하여 "빨리 빨리!"를 내세운다.

❏ 운(運)과 괴강격(魁罡格)의 관계. ─────────────

운 (運)이 신왕(身旺) 운(運)으로 흐르거나, 용신(用神)운을 맞으면 복(福)이 배가(倍加)하여 나타나고, 순조로움과 행운(幸運)이 생긴다.

❖ 운(運)에서 특히 형살(刑殺)을 만나면 그 파장이 더욱 증가하여 심히 무거운 일이 많이 발생한다. 형(刑), 충(沖), 극제(剋制) 함이 중복된다면 재앙(災殃)과 흉사(凶事)가 연이어 발생한다. 심하면 인명을 살상(殺傷)하거나, 명(命)을 다하는 일도 발생.

8. 재관쌍미격(財官雙美格).

❑ 재관쌍미격(財官雙美格)이란 ?

⊙ 일지(日支)에 재(財), 관(官)을 동시에 놓고 있어 붙여지는 이름이다.

재(財)와 관(官)이 자기의 역할을 아름다울 정도로 잘해 착하고 예쁘다는 말이다. 재(財), 관(官)이 각자 이름값을 하는 경우다.

⊙ 의외로 이런 형상의 사주를 갖춘 사람이 많다. 적을 것 같아도 간혹 나타나는 형태의 격이다. 특성은? 성격(性格)이 되어 잘나가다 문제가 생길 가능성이 많은 격국(格局)이다. 그래서 실전의 예를 많이 적었다.

❖ 록마동향(祿馬同鄕) : 록(祿)은 관(官)이요, 마(馬)는 재(財)이다.

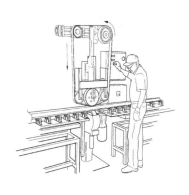

록(祿)이란 국가(國家)의 록(祿)을 받으니 공무원(公務員)이요, 마(馬)는 말인데 예전에는 말의 숫자로 그 집의 재산 정도를 평가하였다. 하여 비유한 말이다. 동향(同鄕)이니 서로가 잘 통하는 것이요, 같이 자란 것이다. 거기에 한술 더 뜬다면 예전에 씨족–사회 시절에는 다 한집안 식구나 마찬가지였었다.

❖ 재관동림(財官同臨). ─────────────

❷ 재(財), 관(官)이 한 지붕 밑에 같이 있다.

남 성에 있어서 재(財)는 처(妻)요, 관(官)은 자손(子孫)이라, 아내인 여성이 임 신(姙娠) 한 것이다.

❂ 미혼(未婚) 남자일 경우, 속도위반이라 총각 득자요, 부적절한 관계일 경우는 부정(不貞)포태(胞胎)라 하는 것이다. 폭넓은 의미의 부정포태와 좁은 의미의 차이도 알아야 한다.

❖ **재관쌍미격(財官雙未格)이라고 한다.**

격국(格局)으로 통용(通用)할 때 자주 사용하는 단어다.

☞ 관(官)이란 천간(天干)에 투출(透出) 되어야 그 역할을 제대로 한다.

⊙ 다른 육친(六親)도 마찬가지.

▪ 내가 원하고 바라는 것에 따라 그 대상(對象)이 달라질 수도 있겠지만, 약간의 특별(特別)성을 요한다.

▪ 대다수의 경우에는 부귀, 영화를 최고로 선택하는 것이 인간사의 심리.

여 자의 경우는 남편을 잘 만나야, 원님 덕에 나팔을 부는 격(格)이 되는 것이다. 자연 아내의 내조(內助)도 자연 큰 역할이 필요하다. 남자의 경우는 처(妻)의 내조(內助), 금전적(金錢的)인 수월함으로 승승장구요, 출세(出世)가도(街道)를 달리는 것이다. 그에는 관운(官運)도 작용을 할 것이다.

⊙ 관(官)이 천간(天干)에 투출(透出)을 해도 재(財)의 생조(生助)가 없다면 빛을 보지 못한다.

▪ 관(官)의 뿌리가 되고 근원지가 확실해야 관(官)이 마음 놓고 자기의 뜻을 펼친다.

▪ 밀고 당겨주는 재성(財星)과 인수(印綬)의 도움이 없다면 관(官)은 외롭다. 오직 운(運)에만 의지해야 한다.

⊙ 운(運)이란 지나면 그만이다. 기본적인 협력업체가 있어야 한다. 그래야 든든한 기반 위에 실적을 올리는 것이다. 이것을 고관무보(孤官無輔)라 하는데, 운(運)에서 들어오고 나가는 것이니 길지도 못할뿐더러, 기다리는 세월이 장구(長久)할 수도 있다.

❖ 이때 적극적으로 재(財)가 천간(天干)에 투출(透出),

관(官)을 보채고, 독려, 결국은 빛을 보도록 하는 형상을 최관지요(催官之曜)

라 하고, 록마동향(祿馬同鄕)이라 한다. 여자가 억센 편이고, 약간은 설친다.

❖ 지지(地支)의 재(財)가 천간(天干)의 관(官)을 생조(生助)하는 경우.

▪ 관(官)이 재(財)의 위에 있으므로 재(財)인 말을 타고 가는 형상이라 명관과마(名官跨馬)라 표현하는 것이다.

▪ 조용한 내조(內助)를 한다.

☞ 이와 같은 형상을 갖춘 일주(日柱)는

계(癸)　　임(壬)

사(巳)　　오(午)　------일주(日柱)다.

계(癸)

사(巳)--------무(戊), 병(丙), 경(庚)이라

　　　　　　↙　　　↓　　　↘

　　　　정관(正官)　정재(正財)　정인(正印)---정재, 정관, 정인

임(壬)

오(午)--------병(丙), 기(己), 정(丁)

　　　　　　↙　　　↓　　　↘

　　　　편재(偏財)　정관(正官)　정재(正財)-----정재, 정관

☞ 기해(己亥) 일주는 어떤가?

기(己)

해(亥)--------무(戊), 갑(甲), 임(壬)

　　　　　　　　　　　　↓　　　　↘

　　　　　　　정관(正官)　　정재(正財)

관 (官)이 천간(天干)에 투출(透出)하지 않을 경우, 명백한 한계가 애매해진다. 두각(頭角)을 나타내지 못한다.

장군(將軍)이 못되고 연대장(聯隊長)으로 예편(豫編)하는 것이나 마찬가지다.

☞ 천간(天干)으로 관(官)이 투출(透出)할 경우, 재성(財星)의 도움도 필요하지만 유기적(有機的)인 다른 육친(六親)의 협조도 이어져야 제대로 빛을 본다.

☞ 운(運)에서 생조(生助)도 연결된다면, 그야말로 금상첨화(錦上添花)다.

❏ 일단은 신왕재왕(身旺財旺)이 제 몫을 한다.

○	壬	○	○
寅	午	酉	丑

⇨ 유(酉)월의 임(壬)수 일간(日干).
　　오행(五行)을 고루 갖추고 있다.

⇨ 지지(地支)에서 변화(變化)가 생겨 화금상전(火金相戰)으로 이어진다.
　 결과(結果)는 신왕재왕(身旺財旺)으로 귀결(歸結).

❏ 신강(身强)도 좋지만 불상사(不祥事)가 생긴다.

○	壬	○	○
子	午	子	○

⇨ 자월의 임(壬)수 일간(日干).
　　재관동림(財官同臨).

⇨ 재관쌍미격(財官雙美格)의 작용이 나올까?

일단 구색(具色)은 갖추었다. 그러나 자-오(子-午)➡충(沖)으로 오(午)중

기(己)-토와, 정(丁)-화가 손상(損傷)을 입는다.

☞ 정(丁)화 일주가 임오(壬午)년의 운(運)을 맞이한다면 어떨까?

정(丁)---임(壬)→ 정-임(丁壬) 합(合)이 성립(成立)한다.

　오(午)-----병(丙), 기(己), 정(丁)

❖ 오(午)중 기(己)토가 있으니 임자 있는 몸이요, 딸도 있는 상대.

☞ 이런 경우는 어떨까?

정(丁) ---- 임(壬) → 정임(丁壬) 합이요,

미(未) ---- 오(午) → 오미(午未) 합이다.

❖ 천간(天干)과 지지(地支)가 합(合)으로 들어오니 꼼짝 마라!

◻ 좋아도 지나치면 흠이 된다.

丁	壬	丙	甲
未	午	寅	寅

▷ 인(寅)월의 임(壬)수 일간(日干).
　재관동림(財官同臨).

▷ 임오(壬午) 일주(日主)라 재관쌍미격(財官雙美格). 합과 충의 지독한 결합. 본인이 감당을 못한다.

- 재(財)의 기운(氣運)이 지나치게 왕(旺)하다.
- 일(日), 시(時)의 합(合)을 주목하라.
- 이혼서류에 도장을 찍은 사람이다.

❒ 견겁(肩劫)이 지나치게 많다.

甲	壬	壬	壬
辰	午	寅	寅

⇨ 인(寅)월의 임(壬)수 일간(日干).
　재관동림(財官同臨)이다.

재 관쌍미격(財官雙美格)인데, 사공이 너무 많다.
싸움하다 끝난다. 뜬구름이 되고 만다.

❒ 그래도 큰소리 치며 사는 사람이다.

丁	癸	辛	乙
巳	巳	巳	未

⇨ 사(巳)월의 계(癸)수 일간(日干).
　　재관동림(財官同臨)이다

⇨ 현재 관리직(管理職) 자격증(資格證)을 취득, 종사(從事)하고 있는 사람.
• 재(財), 관(官), 인(印)이 갖추어져 있으나, 인수(印綬)가 제 역할을 못 하고 빛을 못 보나 그래도 나름대로 맥(脈)은 이어간다. 단점(短點)이라면 재(財)가 지나치게 많은 것이 흠이다.

아 내를 지나치게 억압하며 사는 사람이다.
지장간(支藏干)을 살펴보자. 사(巳)중 경(庚)금이 제 역할 한다.

❒ 2남 1녀 중의 막내이다.

丙	癸	癸	戊
辰	巳	亥	午

⇨ 해월의 계(癸)수 일간(日干).
　　재관동림(財官同臨)이다.

⇨ 신강(身强)하고 구색이 어울리나, 파격(破格)이 된 것이 아쉽다.

□ 국립대 수석(首席)으로 합격했던 사람이다.

己	癸	壬	丙
未	巳	辰	寅

▷ 辰월의 계(癸)수 일간(日干).
　재관동림(財官同臨)이다.

▷ 사주가 약간 약한 것이 흠이다. 재(財)가 강한 것은 어쩔 수 없다.
사춘기 시절부터 이성(異性)문제로 고민이 많았던 사주.

□ 국회의원 보좌관을 하셨던 분의 사주.

庚	壬	戊	戊
戌	午	午	戌

▷ 오(午)월의 임(壬)수 일간(日干).
　재관동림(財官同臨)이다.

▷ 과연 정계(政界)의 진출(進出)이 가능할까?
포기하였다. 재(財)의 기운(氣運)이 과도(過度)한 것이다.

□ 일찍부터 가출(家出)도 불사한 사람의 사주.

辛	壬	丙	乙
亥	午	戌	丑

▷ 술(戌)월의 임(壬)수 일간(日干).
　재관동림(財官同臨)이다

년(年),월(月)의 지지(地支)가 형살(刑殺)이라 어쩔 수 없는 모양이다.
월지(月支)가 형(刑)에 임하면 항상 문제가 생긴다.

9. 잡기재관격(雜氣財官格).

□. 잡기재관격(雜氣財官格)이란?

잡 기(雜技)라 함은 음(陰)과 양(陽)이 혼합(混合)된 것이요, 충(沖)이
되면 오히려 좋다고 하는 것인데, 진(辰)과 술(戌)에서 따온 것이다.

❖ 진(辰)과 술(戌)에는 천을귀인(天乙貴人)이 없다.

❖ 원래 잡(雜) 이라는 글자 자체가 잡스러운 것이다. 단순, 청아, 깨끗하지 못
하고 이것저것 복잡, 다난하여 혼란스럽기까지 한 것을 말한다.

▪ 정신이 산만, 매사가 통일, 안정감이 없다. 사
람으로 비유한다면 어수선하고, 산만, 항상 바쁘
기만 하다.

❖ 아이들을 본다면 장난감을 갖고 놀 때 꺼내어
놓기는 잘하는데 정리(整理)하는 데는 관심(觀
心)이 없다.

□ 잡기재관격(雜氣財官格)의 구성(構成).

❖ 잡기재관격(雜氣財官格)은 수(水), 목(木) 일
주(日主)가 진(辰), 술(戌), 축(丑), 미(未) 월로
구성(構成)이 되어야 성립(成立)된다. 출생을 말
한다.

❖ 사주가 신왕(身旺)하여 균형(均衡)을 이루어
야 한다.

사주가 신약 할 경우는 자칫 잡놈이요, 잡년이
되는 것이다.

❖ 충(沖)이나, 형(刑)이 있어서 개고(開庫)가 되어야 한다.

구 슬이 서 말이라도 꿰어야 보배요, 장롱 면허증은 소용이 없다.

　　▪ 기계도 사용하지 않으면 녹이 스는 법이다. 본명에서 만나지 못하였을 경우, 운(運)에서 분명히 만나게 되는 것이다. 단지 그것이 어느 정도 효력(效力)이 있느냐가 문제다.

❖ 천간(天干)에 투출(透出) 되어야 실로 귀물(貴物)의 작용이 된다.

❖ 잡기재관격(雜氣財官格)은 재성(財星)과 관성(官星)에 대한 사항이다. 신왕관왕(身旺官旺), 신왕재왕(身旺財旺)일 경우나, 종재격(從財格), 종살격(從殺格)이면 당연히 좋은 팔자(八字)다. 내격(內格), 외격(外格)도 된다.

❖ 운(運)의 흐름이 좋아야 한다는 것은 당연한 논리(論理)다.

❏ 잡기재관격(雜氣財官格)의 특성(特性).

❏ 사람은 좋은데 왜, 무엇이 문제일까?

壬	癸	己	戊
子	丑	未	戌

▷미(未)월의계(癸)수 일간.
　　결혼에 한 번 실패한 남성이다.

▷ 지지에 형살(刑殺)을 놓고 있는데, 일단은 고(庫)를 셋이나 놓고 있다. 월지를 살펴보면 6월의 조토(燥土)라, 토(土)의 기운(氣運)이 지나치게 강(强)하다. 무계(戊癸)합을 기(己)토가 중간에서 방해(妨害)하고 있다.

일 지(日支), 시지(時支)의 자(子)-축(丑)➡합(合)도 월지(月支)의 미
　　(未)-토가 축(丑)-미(未)➡충(沖)하여 방해(妨害)하고 있다.

◉ 잡기재관격(雜氣財官格)이라도 충(沖), 형(刑)이 반복이요, 형살(刑殺)로 이어지니 업(業)이다. 파격(破格)이 되어버린 경우다.

▪ 만사가 어렵다. 그것도 자중지란(自中之亂)이니 답이 안 나온다.

10. 잡기재관-인수격 (雜技財官-印受格).

잡기(雜技)라는 뜻은 여러 개의 기(氣)가 섞여 있다는 뜻이다. 진(辰), 술(戌), 축(丑), 미(未)는 토성(土星)으로서 사계(四季)에 속할 뿐만 아니라, 지장간(地藏干) 속에는 오행(五行)의 기(氣)가 모두 들어 있다. 그러므로 충(沖), 형(刑) 되어 격(格)이 되는 것을 잡기재관인수격(雜技財官印受格)이라 한다.

1) 잡기재성격(雜技財星格).

월지(月支)가 진술축미 (辰戌丑未)중 어느 하나가 되고 천간에 재성이 있는 것으로 성격이 되면 부명이다.

2) 잡기관성격(雜技官星格).

월지(月支)가 진술축미(辰戌丑未) 중 어느 하나가 되고, 천간(天干)에 관성(官星)이 있는 것으로 성격(成格)이 되면 귀명(貴命)이다.

3) 잡기인성격(雜技印星格).

월지(月支)가 진술축미(辰戌丑未) 중 어느 하나가 되고, 천간(天干)에 인성(印星)이 있는 것으로 성격(成格) 되면 후복(厚福)의 명(命)이다.

* 이 격(格)은 월지(月支)가 형, 충, 파, 해(刑沖破害)가 되어야 길(吉)이 된다.
* 사주(四柱) 중 형, 충, 파, 해(刑沖破害)가 있는데 운(運)에서 또 같은 현상(現象)이 되면 흉(凶)으로 바뀐다.

* 이 격(格)은 간지(干支) 압복(壓伏)을 흉(凶)으로 한다. 압복(壓伏)이란 월주와 같은 간지(干支)가 다른 곳에 있거나, 운(運)에서 오는 것을 말한다.
* 모두 신강(身强)해야 성립.

잡 기편관격(雜技偏官格)이 되고, 다른 곳에 편관(偏官)이 여러 개 있으면 신약(身弱)해지므로 식신(食神)으로서 억제(抑制)하고, 인성(印星)으로서 설기(泄氣)시켜야 좋은 팔자가 된다.

＊ 잡기관성격(雜技官星格)은 식상(食傷)이 천간(天干)에 없는 것이 좋다. 만약 있으면 천천히 발달한다. 운은 식상(食傷)운이 오면 좋지 않고, 재성(財星) 및 관성(官星)운은 좋다.

＊ 격에 충(沖), 형(刑)이 없는데 월간(月干)이 무(戊), 기(己)가 되어 그 위를 누르면 초년(初年)에 매사 복잡 다난.

＊ 을(乙)-일생의 월지(月支)가 미(未)-월이 되어 잡기(雜技)격이 되면, 재물(財物)은 많으나 성정(性情)이 어질지 못하다.

＊ 신(辛)일생이 축(丑)월에 생(生)하여 잡기(雜技)격이 되면 덕(德)은 있으나 빈한(貧寒)하다. 고(庫)를 갖고 있으므로.

＊ 진술축미(辰戌丑未) 중에서 재성(財星)이 되고, 충(沖)이나 형(刑)이 되면 남명(男命)은 반드시 처(處)를 상하게 한다.

여 명(女命), 관성(官星)이 진, 술 ,축, 미(辰,戌,丑,未)중에 있으면 남편 복이 없고 운에서 재차 묘(墓), 절(絶)을 만나면 생사별(生死別)한다.

❑ 파문(波紋)은 파문(波紋)이다.

○	壬	○	○
子	申	戌	○

⇨ 술(戌)월의 임(壬)수 일간(日干).
　　신강(身强), 잡기재관격(雜氣財官格)이다.

⇨ 술(戌)-토에게는 무엇이 문제일까?
미(未)-술(戌)형(刑)이요, 축(丑)-술(戌)형(刑)이요, 진(辰)-술(戌)충(沖)이 되면 괴로워진다.

❖ 술(戌)이 용신(用神)으로써 화(火)가 필요한데, 진(辰)이 오면 신자진(申子辰) ➡ 수국(水局)이 형성되고, 축(丑)이 오면 자(子)-축(丑)➡ 수국(水局)으로 오히려 기신(忌神) 역할을 한다.

❖ **잡기재관격(雜氣財官格)의 특징(特徵).** ────────────────

- 반관(半官), 반민(半民)의 팔자(八字)다.
- 직장(職場)과 사업(事業)을 병행한다.
- 심사(心事)를 보면 쌀 직불금 부당 수령행위다. 한 가지 직종(職種)에 만족(滿足) 못 한다.
❖ 재주도 한 가지에는 만족을 못 하는 사람이다.
- 많기는 한데━━━어느 광고의 문구를 보면 "낮에도 대리, 밤에도 대리"라는 말과 같다.

❖ 신약일 경우, 욕심(慾心)이 항상 화(禍)를 자초(自招)하는 격(格)이다.
❖ 가정적(家庭的)으로 항상 문제점(問題點)이 많다.
재고(財庫), 관고(官庫)를 놓고 있으니 항상 시끄럽다.

❑ 재(財), 관(官) 자체가 다른 오행(五行)으로 변화한다면 파격(破格).

丁	癸	壬	戊
巳	酉	戌	申

▷ 술(戌)월의 계(癸)수 일간.
관(官)이 인성(印星)으로 변화한다.

▷ 술(戌)-토인 관(官)이 인성(印星)인 금(金)으로 변화(變化)한다. 자녀(子女)가 출생(出生) 당시부터 이상이 생겨 병원에 입원하였는데, 결국 머나먼 곳으로 보내며 이별(離別)을 고한 아기 아버지의 사주.

11. 시상관성격(時上官星格).

일간(日干)을 기준(基準)으로 격(格)이 정해지는 것은 극(剋)히 당연하고 그것이 근본(根本)이다. 이 세상 모든 것이 나라는 존재(存在)가 없어진 다음에는 아무것도 필요 없고, 존재(存在) 자체가 무의미하다. 일간(日干)과 시주(時柱)와의 상관관계이다. 시주(時柱)에 있는 육친(六親)과의 관계인데 주로 재(財), 관(官)을 논하는 사항이다.

일 간(日干)대 시주(時柱) 성격(成格)이라 함은, 시주(時柱)로 격(格)이 정해진다는 말이다. 이 말은 곧 격(格)이 용신(用神)이 된다는 말.

❋ 시주(時柱) 자체가 격(格)이요, 용신(用神)이라는 뜻은, 항상 앞을 바라보며 미래지향적인 삶을 살고 있다는 이야기요, 귀격(貴格)의 사주(四柱)라는 설명.

☞ 시상(時上)은 시(時)에 있음을 나타내는데, 천간(天干)과 지지(地支) 다 허용함이다. 시주(時柱)에 정관(正官)을 놓고,➡ 그 관성(官星)이 용신(用神)일 때 시상관성격(時上官星格)이 성립. 여기에는 전제 조건이 있다. 단 신왕관왕(身旺官旺)이라야 한다. 이러한 사주를 소유하는 사람들은 주로 관계(官界), 정계(政界)에 발을 디디거나 사회적으로 명망(名望)을 얻는 사람이다.

□ 인수격(印綬格)이요, 관격(官格)이 성립된다.

乙	戊	○	○
卯	辰	巳	巳

↳ 사(巳)월의 무(戊)토 일간.
원류(原流)가 튼튼. 관(官)도 왕(旺)하다.

▷ 무(戊)토 일간(日干)인데 일주가 무진(戊辰)이라, 진(辰)토는 습토(濕土)라 용도(用度)가 많은 흙이다. 화(火)의 생(生)을 받으니 원류(原流)가 든든, 왕(旺)하게 되는 것이다. 진(辰)토가 묘(卯)-진(辰)하여 방합(方合)도 형성, 흐름의 기운(氣運)이 일간(日干)인 무(戊)-토에 모여진다. 옹립(擁立)하는 사주

이것이 시상관성격(時上官星格)이다. 격(格)이자 용신(用神)이므로 사주를 추명함에 어려움이 없다. 사주 판단이 빠르게 나오면 그만큼 사주가 명쾌하다는 것. 용신(用神)을 이것으로 할까? 격(格)을 정(定)해도 또 다른 격(格)이 없을까? 망설일 필요가 없다.

용신(用神)이 시상(時上), 말년(末年)에 있다. 일찍 빛을 보는 것은 아니다. 잠재력(潛在力)을 인정받고, 한 계단 한 계단 올라가는 사주다.
※ 대기만성(大器晚成)형의 사주다. 관(官)이 용신(用神)이니 인성(印星)을 추구하는 면이 나온다. 정관(正官)이 투출(投出) 하였으니, 그것도 하나, 투쟁(鬪爭)은 없다. 관(官)이 을묘(乙卯) 음(陰)의 관성(官星)이다.

◉ 끈기가 엿보이는 면이다. 적은 나무로 대들보가 되려면 오랜 세월이 지나야 한다. 결국, 아래 즉 말단(末端)에서 부터 시작한다. 수장(首長)의 역할을 하는데 걸리는 시간이 길어도 목표와 끈기를 갖고 매진(邁進)한다.

◉ 중간에 유혹(誘惑)이 있어도, 오로지 자기 역할에 충실(充實), 나아갈 길을 선택한다. 흐름을 보면 목(木)→화(火)→토(土)로, 모든 것이 일간(日干)인 무(戊)-토로 흐른다. 매사 일을 처리해도 항상 순리(順理)대로 하지, 자기 독단적(獨斷的)인 월권행위는 하지 않는다. 항상 절차를 밟아 일을 처리한다. 커다란 실수는 없다. 여기에서도 빨리 빛 보는 경우도 있다. 운(運)에서 흐름을 살핀다. 항상 "천천히"라는 고정관념(固定觀念)은 항상 실수를 부른다.

12. 시상일위귀격(時上一位貴格).

시상일위귀격(時上一位貴格)은 시상(時上)에 편관(偏官)이 있는 것이다. 전체적인 흐름이 편관(偏官)의 성향이 농후하고, 낙하산식이다. 큰 걸음의 행보다.

시 상관성격(時上官星格)을 판단함에서, 무조건 시주(時柱)에 관성(官星)이 오면 시상관성격(時上官星格)이라는 판단을 내리지는 않겠지만, 충족(充足)할 수 있는 조건(條件)이 되는가? 잘 살펴야 한다.

🔲 시작부터가 다르다.

甲	戊	○	○
寅	辰	巳	巳

⇨ 사(巳)월의 무(戊)토 일간.
편관(偏官)이 시상(時上)에 있다.
정관, 편관 차이다.

⇨ 편인격(偏印格)이요, 편관격(偏官格)이요, 시상일위귀격(時上一位貴格)인데 정관(正官)과 다른 점이 명확하게 드러난다. 정관이 9, 10급부터 시작한다면 편관은 5급부터 시작한다.

• 긴 시간을 요(要) 하면서 시작한다 해도 항상 차이가 난다.

정 관(正官)은 을(乙)-목이지만, 편관(偏官)은 갑(甲)-목이라 벌써 스타일부터 다르다. 씨알이 다르다. 씨알이 작은데 아무리 큰 걸음을 걸어봐야 어울리지 않는다. 체질적으로 맞지 않는다. 반대로 씨알이 굵은데 잔걸음으로 행보를 한다면 답답해서 나자빠질 것이다.

❖ 정관(正官)은 잔걸음이면, 편관(偏官)은 큰 걸음이니 같은 행보(行步)라도 차이가 난다. 모든 면에서 차이다. 무조건 낙하산이라고 편협(偏狹)된 생각은 버려야 한다. 방 비로는 마당을 청소할 수는 없다. 쓰임새와 추임새가 다르다.

❖ 정관(正官)과 편관(偏官)의 차이를 한 번 더 본다면, 똑같이 장·차관이 되어 부서의 수장(首長)이 되었다 해도 정관(正官)은 장관에서 머무는 것이요, 편관(偏 官)은 국무총리까지 하는 것이다.

❏ 일단은 신왕(身旺), 관왕(官旺)한 것이 첫째 조건.

○	庚	○	○
寅	午	酉	丑

↦ 유(酉)월의 경(庚)금 일간.
↦ 지지(地支)가 화(火), 금(金) 상전(相戰).

시

상일위귀격(時上一位貴格)은 천간(天干)에 관(官)이 나타나는 것이 더 좋은데, 지지(地支)에만 있더라도 귀격(貴格)으로 취급. 천간에 나타난 것만 못하다.

❏ 이런 경우는 어떨까?

○	庚	○	○
午	申	酉	丑

↦ 유(酉)월의 경(庚)금 일간.
↦ 종왕격(從旺格)에 가까운 형태.

↦ 여기서 용신(用神)은 무엇일까?

오(午)화가 용신(用神)이라고 할 경우, 과연 시상관성격(時上官星格)이 성립될까?
성립요건을 충족(充足) 하지 못하고 있다. 관(官)이 지나치게 약(弱)하다. 일단은 쓸모없는 경우가 되고 만다. 금실무성(金實無聲)이다.

❒ 금실무성(金實無聲).

우 리는 일반적으로 종(鐘)을 연관, 소리만을 생각한다. 공명(共鳴)이 시원치가 않다는 설명인데, 이것은 일차적인 사항만을 본 것이다. 이차적(二次的)인 사항을 본다면 속이 빈 굵은 파이프에 부딪혔다고 생각해보자.

⊙ 일단은 쇠에 부딪힌 것이니 그 충격이 클 것이다. 그러나 속이 찬 파이프 즉 진짜 쇳덩이에 부딪혔다고 생각하면 그 충격(衝擊)이란 엄청난 것이다.

엉덩이를 맞을 경우, 속이 빈 것은 흉터만 크고, 속이 찬 쇠파이프는 뼈까지 상하게 한다. 오히려 자국도 잘 안 난다. 서서히 골병이 든다. 사주 추명도 마찬가지.

그 차이다. 금(金)이 하나 작용할 때, 둘 이상의 복수(複數)가 작용할 때는 차이가 실로 심각하다. 다른 오행(五行)의 경우도 마찬가지. 흔히 예를 드는 싸리나무의 경우, 말대로 한두 개는 쉽게 부러지지만, 다발이 될 경우는 쉽게 꺾지 못하는 것이다.

13. 시상(時上) 편재격(偏財格).

시주(時柱)에 편재(偏財)가 있는 경우인데 지지(地支)에 있는 것보다는 천간(天干)에 투출(透出)된 것이 더 확실, 뚜렷하다.

⊙ 신왕재왕(身旺財旺)한 경우인데 재계(財界), 관계(官界), 정계(政界) 두루 섭렵하는 경우다. 어째서? 재(財)는 관(官)을 생 하므로 관(官)까지는 바라볼 수가 있기 때문.

• 관(官)이나 정(政)으로 나간다면 주로 경제통(經濟通)으로 활약하게 된다. 명예로운 업적(業績)을 이루기는 어려운 경우다. 일단 일간(日干)이 강(强)한 것이 좋고, 편재(偏財)가 지나치게 많으면 흠이 된다.

견 겁(肩劫), 재물(財物)로 인한 구설, 여성문제(女性問題)로 곤욕(困辱)을 치르니 특히 신중해야 한다. 충(沖), 파(波)가 없으면 무난한 형국.

☐ 시상편재격(時上偏財格)의 성향(性向).

시주(時柱)의 편재(偏財)가 용신(用神)일 경우 성립(成立). 재성(財星)이므로 내가 다스리고, 활용하는 것을 좋아하지 남이 시켜서 하거나, 지시를 받는 것을 별로 탐탁하게 여기지 않는다.

⊙ 이런 사람은 독립적(獨立的)으로 자기 직무(職務)를 부여하여 스스로 처리하는 쪽으로 유도하는 것이 좋다.
⊙ 금전(金錢)과 연관된 업무일 경우는 받아서 처리하는 것보다 스스로 운용(運用)하여 지출 처리하도록 맡기는 것이 좋다.

□ 신왕(身旺)하고 재왕(財旺)한 사주.

辛	丁	丙	丁
丑	酉	午	未

⇨ 오(午)월의 병(丙)화 일간. 화기(火氣)가 왕. 재성(財星)도 만만치 않다.

⇨ 일지(日支)에 재성(財星)이 있으므로, 재성의 기운이 강(强)하게 작용한다. 월지(月支)에 오(午)화가 있으니 견겁(肩劫)이라 스스로 자기 자신을 추스르는 정도는 충분하다.

✪ 견겁(肩劫)이 태왕(太旺)한 격(格)이요, 편재격(偏財格)도 해당.

시 상편재격(時上偏財格)은 거부(巨富)도 될 수 있고, 장관도 될 수 있다. 업(業)측으로 보면 기업의 오너요, 관(官)측으로 보면 장, 차관인데, 사업(事業)을 할 가능성은? 아니면 관(官), 정(政)측으로 나갈 가능성(可能性)은 어떻게 구별(區別)하는가?

✪ 비견(比肩), 겁(劫)이 많은 사람은 가난한 팔자다.

그래서 자기도 모르게 돈에 대한 애착(愛着)이나 한(恨)이 많은 사람이다. 이런 사람은 관직에 있어도 뒤로 들어오는 돈은 사양하지 않는다. 발각이 나지 않도록 하면서 기막히게 먹는다. 부서를 선택해도 이권이나 금전(金錢)과 연관(聯關)이 많은 부서를 골라간다. 결국에는 사업 쪽으로 눈을 돌리게 된다.

관 료(官僚)로 진출하는 경우, 인성이 많은 사람. 선비형 자질을 갖고 있다. 사랑도 충분(充分)히 받고 자란 사람이다. 배가 부르게 자랐으니 돈에 대한 집착(執着)이 강하지 않다. 선택은 관료(官僚) 쪽을 선택.

❏ 구별이 확실하고 깨끗한 사람.

壬	戊	丙	○
子	申	午	寅

⇨ 오(午)월의 무(戊)토 일간.
　　지지(地支)가 수화상전(水火相戰).

⇨ 인성(印星)과 재성(財星)이 균형(均衡)을 유지. 인성(印星)을 갖고 출생(出生) 하였으니 심성(心性)이 착하다. 화(火)는 낮이요, 수(水)는 밤이라, 낮과 밤이 조화(造化)를 이루니 사람이 명쾌하기 그지없다.

인 수격(印綬格)이요, 편재격(偏財格)이라 신왕(身旺)하고 재왕(財旺)한 사주라 신왕재왕격(身旺財旺格), 시상편재격(時上偏財格)이다.

❂ 이런 사람은 사업을 할까? 관(官), 정계(政界)로 갈까?

▪ 관(官), 정(政)으로 가든, 인(印)으로 가지, 이 사람 사업은 절대 아니다.
▪ 돈에 초점을 절대로 맞추지 않는다. 돈 싫어하는 사람이야 없겠지만, 보통 사람보다 금전(金錢)에 관심(觀心)이 덜하다.
▪ 출생(出生)이 인성(印星)이니 항상 명예(名譽)를 존중. 흙탕물에 빠져도 자기 의관(衣冠)을 걱정하는 스타일이다.

14. 시묘격(時墓格). ─────────────

☞ 시묘격(時墓格)이란?

■ 일간(日干)의 고(庫)가 시지(時支)에 위치.
☞ 일간(日干)의 고(庫)라 자기의 고장(庫藏)을 놓고 있다. 스스로 무덤을 마련한 것이다.
■ 생로병사(生老病死)의 순리(順理)에 의해 자연 병사(病死)다.

☞ 오행(五行)의 일간(日干)으로 보는 시묘격(時墓格).

❑ 갑(甲), 을(乙)인 ➡ 목(木) 일간.

○	(甲,乙)	○	○	
未	○	○	○	시지(時支)에 미(未)토를 놓고 있다.

↦ 미(未)토는 지장간(支藏干)이 정(丁), 을(乙), 기(己) ➡ 목(木)의 고(庫).

❑ 병(丙), 정(丁)인 화(火) 일간.

○	(丙,丁)	○	○	
戌	○	○	○	시지(時支)에 술(戌)토를 놓고 있다.

↦ 술(戌)토는 지장간(支藏干)이 신(辛), 정(丁), 무(戊)이므로 화(火) 고(庫).

❑ 무(戊), 기(己)인 토(土) 일간.

○	【戊,己】	○	○	
戌	○	○	○	시지(時支)에 술(戌) 토를 놓고 있다.

술 (戌) 토는 지장간(支藏干)이 신(辛), 정(丁), 무(戊) 이므로 토(土)의 고(庫)다. 화(火), 토(土)는 동격(同格)이라, 화(火)와 토(土)가 같다.

❏ 경(庚),신(辛)인 금(金) 일간.

○　【庚,辛】　○　○

丑　　○　　○　　○　　　시지(時支)에 축(丑)토를 놓고 있다.

⤷ 축(丑)토는 지장간(支藏干)이 계(癸),신(辛),기(己)이므로 금(金)의 고(庫).

❏ 임(壬), 계(癸) 수(水)일 경우는 진(辰)토가 시지(時支)에 있어 고(庫).

○　【壬,癸】　○　○

辰　　○　　○　　○　　　　시지(時支)에 진(辰)토를 놓고 있다.

⤷ 진(辰)토는 지장간(支藏干)이 계(癸), 신(辛), 기(己).

☞ 이 격(格)은 일단 사주(四柱)가 신강(身强)해야 하는데, 고(庫)가 충(沖), 형(刑)이 되어있으면 좋은데, 신약(身弱)일 경우, 오히려 흉(凶)으로 작용하는 경우가 많다.

☞ 오행(五行)별로 살펴보는 고장(庫藏).

* 진(辰)에는 을(乙)-계(癸)-무(戊) ⤷ 수(水)의 고(庫)이다.
* 술(戌)에는 신(辛)-정(丁)-무(戊) ⤷ 화(火)의 고(庫)이다.
* 축(丑)에는 계(癸)-신(辛)-기(己) ⤷ 금(金)의 고(庫)이다.
* 미(未)에는 정(丁)-을(乙)-기(己) ⤷ 목(木)의 고(庫)이다.

ㅁ. 전재격(專財格).

시지(時支)에 재(財)를 놓고 있는 경우.(재고(財庫)도 해당.)

시지(時支)는 말년(末年)인데, 말년에 돈방석에 앉는 경우다. 금전적(金錢的)인 어려움이 없이 노후(老後)를 보내는 경우다.

15. 공협격(拱挾格).

❑ 공협격(拱挾格)이란?

길(吉)로 작용

흉(凶)으로 작용

• 지지(地支)사이에 서로 공유(共有)하고 있어 붙여진 명칭(名稱).

겉으로 드러나지 않은 징검다리다. 순서로 본다면 다음 차례, 그다음 차례의 순서인데, 중간인 다음 차례에서 보이지 않는다.

• 역(逆)으로 보는 경우도 있는데, 다시 역(逆)으로 본다면 같은 결과다. 동반(同伴)하고 있다, 함께 기거(寄居)하고 있다 보는 것인데, 부모(父母)가 있고 자식이 안 보인다 하여 그 집에 자식이 없겠는가?

• 한 가정이라면 당연히 자식과 부모가 있는 것으로 간주하는 것이다. 한 집으로 비교해보자. 단순한 공간(空間)의 논리(論理) 설명이다.

◉ 방이 셋인데 부모가 한방을 쓰고, 아들이 방 하나를 사용하고, 딸이 또 방 하나를 사용한다 치자. 식구 구성상 조합(調合)이 된다. 그런데 밖에서 낳은 자식이 하나 들어온다 생각해보자. 엄연히 자식이라 식구로 인정한다 해도 모두가 불편하다. 그간 없는 동안 어떻게 생활하였으며, 어떠한 사고방식과 생활을 하였는지 모르는 것이다. 그것을 알려면 많은 시간이 필요하다. 서로 간에 적응(適應)할 시간이 필요하다.

불 화(不和)가 생겨, 없느니만 못한 경우가 생길 수도 있다. 사주(四柱)에서는 항상 생극제화(生剋制化)가 우선이듯 원리(原理)가 그렇다.

◉ 사주(四柱)의 기운(氣運)이 적정한데 다시 새로운 기운(氣運)이 들어온다면 필히 한편으로 기운이 쏠리기 마련. 가뜩이나 기운(氣運)이 강(强)해 난리(亂離)인데, 또다시 같은 편의 기운(氣運)이 들어온다면 처치 곤란이다. 많은 문제가 발생한다.

■ 기운이 부족, 응원군(應援軍)이 필요할 경우는 더없이 좋지만, 항상 전체적인 상황을 판단하는 것을 우선으로 해야 한다.

❏ 손님도 손님 나름.

○	壬	○	○
○	寅	子	○

▷ 자(子)월의 임(壬)수 일간.
자(子)와 인(寅)사이에 축(丑)이 들어온다.

임 (壬)수 일간은 기운이 왕(旺) 해지는 것은 좋지만, 자(子)−축(丑)➡수국(水局)으로 화(化)하니, 가뜩이나 차가운 물인데 더 차갑다.

◉ 인(寅)−목이 알맞게 물의 온도를 조정해 놓고 있는데, 거기에 찬물을 더 넣어버린다. 따뜻한 물이 냉수(冷水)로 변한다.

❏ 경(庚)금 일간(日干)인데, 매우 신왕(身旺)하다.

○	庚	○	○
酉	辛	午	○

➡ 자(子)월의 임(壬)수 일간.
자(子)와 인(寅)사이에 축(丑)이 들어온다.

➡ 지나치게 냉(冷)하다 보니 따스함이 필요, 오(午)화를 용신(用神)으로 사용.
오(午)와 신(辛) 사이에 미(未)가 들어온다. 오(午)-미(未)➡화국(火局)을 형성 ➡ 경(庚)금 일간(日干)으로 써는 반가운 일이다.

미 (未)토는 왕토(旺土), 재고(財庫)이고, 옥당천을귀인(玉堂天乙貴人)이니 말할 수 없이 좋은 경우다. 공귀격(貴格)이다.

여기에서도 길(吉)과 흉(凶)의 작용(作用)이다. 순서가 한 단계인가, 두 단계인가? 도 살펴야 한다.
▪ 방합(方合)을 기준으로 한다면 좌, 우 단계 변화일 경우, 길이 되기도 하고, 다른 성향으로 변해 오히려 기운을 도기(盜氣) 하거나, 약(弱)한 기운을 더욱 약화(弱化)시키는 경우가 발생한다,

또 반대로 약(弱)한 기운을 강화(强化)시키는 경우도 발생하니 그것이 판단의 첫째요, 옆집에 민폐를 끼치지 않나 살펴야 한다.

▪ 옆에서 잘 도와주고 있는데, 공연히 들어와 들쑤시는 경우도 생긴다. 이럴 경우, 오히려 안 오는 것만 못하다.

❏ 공협(拱挾)의 여러 경우를 살펴보자. ────────

1. 공록격(拱祿格). ──────────────────

❏ 정록(正祿)을 끼고 있는 경우.

癸	癸	○	○
丑	亥	○	○

⇨ 계(癸)수 일간.
일지(日支)와 시지(時支)사이에
자(子)수가 들어온다.

⇨ 신왕(身旺)일 경우는 수기(水氣)가 더욱 강화되므로, 흉(凶)으로 작용을 많이 하게 된다. 신약(身弱)할 경우는 길(吉)로 작용, 충(沖), 형(刑)이 된다면 파격(破格)으로 성립이 불가하다.

자 (子)수가 계(癸)수의 정록(正祿)인데 신왕(身旺)이 되어 흉(凶)으로 작용. 자빠져도 코가 깨지는 격이요, 도둑을 맞으려면 개도 안 짖는 격이요, 믿는 도끼에 발등 찍히는 격.

• 요사이 전직 고위간부의 형이 부정행위로 재물(財物)을 취득하였으나, 금전의 배분 문제로 서로 간 불신으로 범법(犯法)행위가 들통나는 사건을 보면 알 것이다.
☞ 특징은 일(日)과, 시(時)에 있는 천간(天干)이 동일(同一)하고, 지지(地支)에서 위와 같이 록(祿)을 공유(共有)하고 있다.

❏ 다른 경우를 살펴보기로 하자

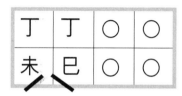

丁	丁	○	○
未	巳	○	○

⇨ 정(丁)화 일간(日干).
일지(日支), 시지(時支)사이에
오(午)화가 들어온다.

⇨ 오(午)화가 자기의 자리라며 틈을 비집고 들어온다.

❑ 화(火),토(土)는 동격(同格)이라 화(火)의 경우와 같다.

己	己	◯	◯
未	巳	◯	◯

⇨ 기(己)토 일간.
일지(日支)와 시지(時支) 사이,
오(午)화가 들어온다.

戊	戊	◯	◯
午	辰	◯	◯

⇨ 무(戊)토 일간.
일지(日支)와 시지(時支)사이,
사(巳)화가 들어온다.

2. 공귀격(拱貴格).

❑ 천을귀인(天乙貴人)을 사이에 두고 있을 경우, 성격(性格)이 된다.

천을성(天乙星)은 만신을 주재하는 천상(天上)의 신(神)으로 천상(天上)이나 인간의 모든 일을 헤아리며, 그 신(神)이 존재하는 곳에는 모든 흉살(凶殺)이 숨어버린다고 매우 길(吉)한 것으로 취급.

♣ 사주에 천을귀인(天乙貴人)이 있는 자는 "복력(福力)이 강해 웬만한 흉(凶)은 능히 면한다" 하는 길성(吉星)이다.

사 주를 보러 가면 천을귀인(天乙貴人)이 있다고 해 모두 사주가 좋다 하는 것은 일차적 판단. 천을귀인(天乙貴人)이 있다고 무조건 사주가 상격(上格)으로 가는 것만은 아니다.

♣ 고서(古書)에 의하면 자시(子時) 이후에 태어난 이가 형(刑), 충(沖), 파(波),해(害)를 당하면 흉(凶)은 중간 정도이고, 오시(午時) 이후에 태어난 이가

형(刑),충(沖), 파(波), 해(害) 를 당하면 천을 귀인(天乙貴人)이 귀인(貴人)의 역할을 제대로 하지 못해 흉(凶)의 정도가 심하다 하였다.

♣ 천을귀인(天乙貴人)도 12 운성에서 사지(死地)에 들면 명(命)줄이 끊어지는 경우도 있다 한다.

❏ 참고로 보는 천을귀인(天乙貴人)과 일간(日干)과의 관계.

   ✪ (일간(日干))   ✪ (지지(地支))
      ↓   ↓

❖ 갑, 무, 경 (甲, 戊, 庚) ─────── 축, 미 (丑 , 未)
❖ 을, 기 (乙, 己) ────────── 자, 신 (子 , 申)
❖ 병, 정(丙, 丁) ────────── 해 ,유 (亥 , 酉)
❖ 신 (辛) ───────────── 오, 인 (午 , 寅)
❖ 임, 계 (壬, 癸) ──────── 사, 묘 (巳 , 卯)

❶
丙 甲 ○ ○
寅 子 ○ ○

❷
甲 甲 ○ ○
子 寅 ○ ○

☞ **❶**, **❷** 축(丑)토가
　　천을귀인(天乙貴人).

❸
戊 戊 ○ ○
午 申 ○ ○

❹
庚 甲 ○ ○
午 申 ○ ○

☞ **❸**, **❹** 미(未)토가
　　천을귀인(天乙貴人).

❺
辛 辛 ○ ○
卯 丑 ○ ○

❻
己 申 ○ ○
丑 卯 ○ ○

☞ **❺**, **❻**은 인(寅)목이
　　천을귀인(天乙貴人).

❼
癸 乙 ○ ○
未 酉 ○ ○

❽
乙 乙 ○ ○
酉 未 ○ ○

☞ **❼**, **❽**은 신(申)금이
　　천을귀인(天乙貴人).

❾
甲 壬 ○ ○
辰 寅 ○ ○

☞ **❾**는 묘(卯)가 천을귀인(天乙貴人)이 된다.

3.공재격(拱財格). ─────────────────────────────────

❑. 공재격(拱財格)은 재고(財庫)를 놓고 있어서 성립(成立).

辛　癸　○　○　　　☞ 술(戌)토가 들어오는데 재고(財庫)가 된다.
酉　亥　○　○　　　　　술(戌)토는 신(辛), 정(丁), 무(戊)이다.
　／\
　　戌

乙　庚　○　○　　　☞ 미(未)토가 들어오는데 재고(財庫)가 된다.
申　午　○　○　　　　　미(未)토는 정(丁), 을(乙) ,기(己)이다.
　\／\
　　未

己　己　○　○　　　☞ 진(辰)토가 들어오는데 재고(財庫)가 된다.
巳　卯　○　○　　　　　진(辰)토는 을(乙), 계(癸), 무(戊)이다.
　\／
　　辰

16. **암합격**(暗合格).

- 암합(暗合)으로 이루어지는 격(格)이다.
- 이에 상응(相應)하는 것으로는 암충(暗沖)하는 경우가 있다.
- 이에는 비천록마격(飛天祿馬格), 도충격(倒沖格), 정란차격, 임기용배격, 요사격(遙巳格) 등등이 있다.

사
주(四柱) 내에서 암합(暗合)하는 지장간(支藏干)이 있거나, 충(沖)이나 합(合)이 되면 격(格)이 성립 안 된다. 생극제화(生剋制化)가 우선.

☞ 시지(時支)의 자(子)나, 축(丑)에 암합(暗合)한 지장간(支藏干)의 오행(五行)이 일주(日主)의 정재(正財), 정관(正官), 정인(正印)의 이덕(二德)이 될 때에 성립.

☞ 사주(四柱)에 관(官)이 없고, 일지와 같은 글자가 중복되어 많으면, 충(沖)되는 글자만 불러오는 것이 아니라 합(合) 되는 글자도 불러온다. 암합(暗合)은 암충(暗沖)보다 힘이 더 떨어지지만, 합(合된 글자도 불러온다.

❶. 자요사격(子遙巳格).

❑ 요사(遙巳)가 성립 된다. 자요사격(子遙巳格)이다.

甲	甲	○	○
子	子	○	○

⤳ 사(巳)와의 암합(暗合)이 성립.
사(巳)의 지장간은 무(戊), 경(庚), 병(丙)이다.

무
(戊)토와 자(子)중의 계(癸)수가 ➡ 무계(戊癸)합(合)을 이루고, 병(丙)화는 정관인 신(辛)금을 끌어들인다 했는데 이중잣대적 의미가 있는 것 같다. 일단 무계(戊癸)➡합(合)은 잘 이루어진다.

❷ 축요사격(丑遙巳格).

◻ 무계(戊癸), 병신(丙辛)합이 이루어진다.

癸	癸	○	○
丑	丑	○	○

⇨계축(癸丑) 일주(日主)

축(丑)을 많이 만날 때, 사(巳)중 무(戊)토, 병(丙)화와 합(合)이 이루어지는데

⇨ 축(丑)토는 지장간(支藏干)이 계(癸), 신(辛), 기(己) 이므로 제대로 합(合)이 이루어진다.

☞ 자(子)수, 축(丑)토가 암합(暗合)이 제일 잘 이루어진다.

❖ 요사(遙巳)란?

• 요(遙) : 멀다, 아늑하다, 동경(憧憬)하다, 즉 멀리서 동경을 한다는 뜻인데 가까이 있지는 않지만 항상 그리워하고, 애틋한 마음을 갖고 있다는 설명.

• 그 대상(對象)이 바로 사(巳)화라는 것이다. 왜 하필이면 사(巳)화(火)일까?

그 것은 지장간이 무(戊), 경(庚), 병(丙)이라 이중 무(戊)토는 무(戊)-계(癸)합(合)을 이끌어내고, 병(丙)화는 병(丙)-신(辛)합(合)을 이끌어내는 효과를 노린 것이다.

❊ 요사(妖邪)와는 약간 다른 의미이나 일맥상통(一脈相通)하는 점도 있다.

일 단 유혹(誘惑)한다는 의미(意味)가 있기 때문이다.

• 그렇다면 다른 경우의 지장간은 암합(暗合)을 하는 것이 성립이 안 될까? 각자가 한 번 일일이 지장간(支藏干)을 살펴보자. ☞ 중요한 것은 합(合), 전실(塡實), 충(沖)이면 성립(成立) 안 된다.

❸ 육을서귀격(六乙鼠貴格).

☞ 육을서귀격(六乙鼠貴格)이란 ?

육을(六乙)이란 을해(乙亥), 을미(乙未), 을사(乙巳), 을축(乙丑), 을유(乙酉), 을묘(乙卯)의 을(乙)-목 일간(日干)의 여섯 일주(日主)를 이야기하는데, 서(鼠)는 쥐라, 쥐는 자(子)수다.

❶

乙　乙　乙　　☞ 을해(乙亥), 을미(乙未), 을사(乙巳) 일주(日柱)에서
亥　未　巳　　　　격(格)이 성립.

❷

乙　乙　乙　　☞ 을축(乙丑), 을유(乙酉), 을묘(乙卯) 일주(日柱)는
丑　酉　卯　　　　파격(破格)으로 격(格)이 성립 안 된다

이┃ 유는 축(丑)과 유(酉)는 ➡ 금(金)이 있고, 묘(卯)는 자(子)-묘(卯)➡ 형살(刑殺)이 성립되기 때문이다. 특히 을(乙)-일주(日主)에 병자(丙子)-시(時)에 출생(出生)하면, 천을귀인(天乙貴人)에 해당, 귀(貴)하다고 하는데 살펴보도록 하자.

☐ 이 역시 생극제화(生剋制化)가 우선.

| 丙 | 乙 | ○ | ○ |
| 子 | ○ | ○ | ○ |

⇨ 자(子)수에 사(巳)화가 ➡ 암합(暗合) 한다.
　사(巳)중 무(戊)토가 정재(正財),
　　　경(庚)금이 정관(正官).

❹ 육음조양격(六陰朝陽格). ─────────────────

☞ 육신조양격(六辛朝陽格) 이라고도 한다.

• 이 격(格)은 신(辛)-일생이 생시(生時)가 무자(戊子)-시(時)가 되는 것.

※ 이 격(格)은 자(子)가 1위(位) 있는 것이 좋다. 그러나 자(子)가 많이 있거나 오(午)의 ➡충(沖)이 있거나 축(丑)의 ➡합(合)이 있거나 병(丙), 사(巳), 오(午)가 있으면 격(格)이 구성되지 않는다. 이 격(格)도 대부분 내격(內格)과 겸해 있는 경우가 대부분이므로 사주 감명에 주의를 요(要)한다.

✪ 이 격(格)은 금(金), 수(水)운에는 발복(發福)➡전성기를 구가, 이때 병(丙), 정(丁), 축(丑), 오(午)가 없으면 뜻을 이룰 수 있다.

• 화(火)-운은 흉(凶)-운➡ 각종 재난(災難)이 생겨 곤혹(困惑)을 치른다.

◻ 조양(朝陽)은 양(陽)이 시작하는 때라, 자시(子時)를 말한다.

戊	辛	○	○
子	○	○	○

⇨ 신(辛)을 음(陰)중에서

가장 음다운 음(陰)이라 하여

신(辛)을 육음(六陰)이라 하여 붙여진 명칭이다.

⇨ 이른 아침이라고도 한다. 신(辛)일에 자시(子時)는 무자(戊子)가 된다.

⊙ 시지(時支)의 자(子)수가 사(巳)화를 요(遙) 하여 사(巳)중 병(丙)화와 병신(丙辛) 합(合)을 하므로 관(官)으로 사용.

⊙ 신사(辛巳)와 신미(辛未) 일주(日柱)는 조양(朝陽)-격이 안 된다. 전실(塡實) 때문이다.

■ 이것 역시 생극제화(生剋制化)를 항상 우선으로 해야 한다.

❺. 정란차격(井欄叉格).

□ 정란차격(井欄叉格)이란? 뜻을 음미(吟味)해보자.

정(井) : 우물이요,

란(欄) : 경계(境界), 칸막이, 울타리요,

차(叉) : 엇갈리는 것이요, 가닥이요, 갈래이다. 엇갈림인데, 물이 경계를 넘어 밖으로 나오는 것이니 방어선(防禦線)이 무너진다.

우 물이란 물이 나오는 샘의 근원(根源) 즉 혈(穴)을 찾아 땅을 파고 흙이 무너지지 않도록 하고, 갖은 오물이 침투하지 않도록 옆에 단단히 지지대를 하고 칸막이를 하여 아이들이 빠지지 않도록 하고, 위에는 지붕을 하

여 흙먼지나 기타 오물이 들어오지 않도록 한다. 더욱 신경을 쓴다면 물 위에 뚜껑까지 한다.

◉ 근원(根源)인 혈(穴)에서 물이 지나치게 나와서 우물을 넘치도록 한다. 일단 물의 근원(根源)인 샘구멍에서 물이 지나치게 많이 나오니, 그것이 결국 포화상태(飽和狀態)가 되어 넘고 만다. 끼를 주체하지 못하고 발산(發散)한다.

경 (庚)금 일주(日柱)가 지지(地支)에 신-자-진(申子辰) 수국(水局)이 되면 종아격(從兒格)이 된다. 경신(庚申), 경자(庚子), 경진(庚辰) 일주(日主)를 기억.

✪ 금생수(金生水)하는 결과다.

샘물이요, 우물물이다. 종아격(從兒格), 상관격(傷官格)이 되니, 실질적(實質的)인 대표자는 수(水)다.

✪ 금생수(金生水)하여 음(陰)의 기운(氣運)이 극(極)에 달하여, 음(陰)의 경

계선(境界線)을 넘어 밖으로 나온다.

■ 음(陰)이 극(剋)에 달하면 시(始)－양(陽)이라, 음(陰)이 양(陽)의 울타리로 들어가니 음(陰)과 양(陽)이 교차(交叉)되는 것이요, 정란차격(井欄叉格)이 된다.

❑ 정란차격(井欄叉格)의 구성(構成).

❑ 근원(根源)은 금생수(金生水)로 이루어진다.

○	庚	○	○
○	申	子	辰

⇨ 경(庚)금 일간(日干).
지지(地支)에 신자진(申子辰) 수국(水局) 형성.

⇨ 종아격(從兒格)이 형성(形成).

여기서 한 번 더 짚고 넘어가자.

■ 음극즉(陰極則) 시양(始陽)이요, 양극즉(陽極則) 시음(始陰)이라,

☞ ■ 이것의 해석은 음(陰)이 양(陽)을 충(沖)하고, ■ 양(陽)이 음(陰)을 충(沖)한다.

무 조건 음(陰), 양(陽)의 충(沖)을 보는 것이 아니다. ■ 여기서는 수(水), 화(火)를 보는 것이다.

✪ 수(水)와 화(火)는 체(體)요, 목(木)과 금(金)은 용(用)이다. 수(水), 화(火)는 상하(上下)로 서로 마주하고 있어 항상 극(剋)을 향(向)한다. 서로가 불가분(不可分)의 관계에 있으면서, 서로의 존재(存在)를 필요로 한다. 상대가 있으므로 자기 존재가 존립(存立)하는 것이다.

☞ 지지(地支)에서 일어나는 변화를 살펴보자.

신(申) → 인(寅) → 충(沖)

자(子) → 오(午) → 충(沖)　　　☞ 수화상전(水火相戰)이 발생(發生).

진(辰) → 술(戌) → 충(沖)

　　↓　　　　↓
수국(水局)　　화국(火局)

☞ 경(庚)금 일간(日干)의 입장에서 각각을 살펴보자.

인(寅)목 → 재성(財星)이 된다.

오(午)화 → 관성(官星)이 된다.

술(戌)토 → 인성(印星)이 된다.

❖ 재(財), 관(官), 인(寅) 삼기(三奇)를 충(沖)하는 것이다.

❖ 삼합(三合)인 인(寅)–오(午)–술(戌)의 결과물을 놓고 보면 관(官)이 된다.

　　　　　음(陰)이 극(極)에 달해 양(陽)을 시생(始生),
그것이 화(火)다.

☞ 시생(始生)한다 함은, 결국 취(取)한다는 것.

☞ 반대로 인(寅)–오(午)–술(戌)이 있다면 어떨까?

　　　　　역(逆)으로 신(申)–자(子)–진(辰)을 취하는 결과.

☞ 취(取)한다 함은 따라오는 것이다.

❑ 허열(虛熱)을 보셨나요? 천원일기격(天元一氣格)의 사주.

壬	壬	壬	壬
寅	寅	子	辰

⇨ 자(子)월의 임(壬)수 일간.

　　　이 사주의 특징을 살펴보자.

⇨ 격(格)의 특징(特徵)보다, 설명하려는 의도(意圖)가 중요하다.

❏ 정란차격(井欄叉格)을 설명하는데 하등의 연관성이 없어 보인다.

수기(水氣)가 왕한 사주인데, 핵심은 허열(虛熱)이라는 것. 이 사주의 주인공은 음식을 먹기만 하면 땀을 줄줄 흘린다. 손수건을 아예 갖고 다니는 사람이다. 물론 몸이 허약하거나, 부실(不實)해도 땀이 많이 나는 것은 당연하다. 그러나 그것이 도(度)를 넘고 있으니 문제다.

▪ 땀이 많이 나는 것은 몸에 열(熱)이 많이 난다는 것과 같다.

▪ 음(陰)이 양(陽)을 밀어내는 결과다. 신-자-진(申子辰)과 인-오-술(寅午戌)에 대한 설명. 수(水)와 화(火)에 대한 설명.

▪ 불이란 물이 많으면 꺼지는 것이다.

❖ 중화(中和)를 이루기 위해서는 화(火)의 기운이 더 보충되어야 하는데, 인체에 서는 그것이 땀으로 나타난다.

▪ 열(熱)을 내면서 수분(水分)을 증발시킨다. 화(火)의 모자람을 보충(補充)하고, 수(水)의 지나침을 억제(抑制)하는 것이다.

▪ 수화기제(水火既濟)와 수화미제(水火未濟)를 생각.

☞ 수(水)가 왕(旺)한데, 실질적으로 부족한 화(火)의 기운이 땀, 열(熱)로써 모 자람을 보충하고 있다.

☞ 경(庚)금 일주(日主)가 지지(地支)에 신자진(申子辰) 수국(水局)을 이루어 정란차격(井欄叉格)을 형성(形成),

▪ 인-오-술(戌)인 화국(火局)을 각각 충(沖), 자기의 관(官)으로 삼는다. 왕(旺)한 자기의 기운을 억제(抑制), 균형(均衡)을 유지.

☞ 정란차격(井欄叉格)의 사주 소유자가 여자라면, 사주가 냉(冷)하니 불감증(不感症)이 염려. 아무리 남자가 노력하고, 별 방법을 동원해도 반응이 시원치 않다.

❑ 순수(純粹)한 귀격(貴格)이 못 된다. 귀격도 귀격(貴格) 나름.

丙	庚	丙	甲
子	申	子	辰

ㄴ▷ 자(子)월의 경(庚)금-일간.
전형적(典型的)인 정란차격(井欄叉格)이다.

ㄴ▷ 정란차격(井欄叉格)이라도, 일단은 사주에 충파(沖波)가 없어야 한다.
∎ 극(剋)도 때로는 충(沖)과 같은 역할을 한다.

❑ 일단은 자신이 강(强)해야 한다.

丙	庚	庚	庚
子	申	辰	子

ㄴ▷ 자(子)월의 경(庚)금 일간.
전형적(典型的)인 정란차격(井欄叉格).

ㄴ▷ 위의 사주(四柱)와는 사정이 다르다. 환경(環境)이 다르다.
본인의 기운이 강(强)하니 능히 견딘다.

❑ 다 좋기만 한 것은 아니다.

庚	庚	戊	甲
辰	子	辰	申

ㄴ▷ 진(辰)월의 경(庚)금 일간.
정란차격(井欄叉格)을 형성하고 있다.

환 갑이 지난 나이에 지금 아파트에서 홀로 살고 있는 남성의 사주.
시대가 시대인 만큼 이제는 연세가 드신 분들 사주도 신경 써야 한다.

수명(壽命)이 그만큼 길어졌기 때문이다. 예전 같으면 에이, 이제 살면 얼마나?
하면서 조용히 살다가 가는 거지 뭐! 하며 손사래를 치시던 분들도 얼마나 더
살겠는가? 가 아니다. 일을 더 하느냐? 건강은?

⊙ 좋은 친구를 선택하여야 하는데 누가 더 좋겠는가? 하고 물어오는 것이다.

그것도 두, 세분의 사주를 갖고 말이다. 우리 손자(孫子) 장가가는 것까지 볼 수 있을까? 이제는 말년(末年) 특히 건강, 이성, 직업, 취미생활 등에 관한 사항을 짚고 넘어가야 하는 시대다.

❑ 통변(通變)에 대한 구체적인 사항은 용신(用神)편에서 다루고, 여기서는 격국(格局)에 관한 사항을 살펴보자.

❑ 정란차격(井欄又格)으 좋다고만 보는 것은 금물.

격(格)만 얼핏 보고 쉽게 판단(判斷)하지 말자.

❻. 도충격(倒沖格).

사 주(四柱)에 재(財), 관(官)이 안 보이면 상대방을 충(沖)해야 하며, 많은 지지(地支)가 충(沖)을 일으켜서 동(動)을 얻는다. 동(動)을 얻는다는 것은 충(沖) 하여 밖으로 나오도록 하여 대접해드리는 것이다.

⊙ 도충록격(倒沖祿格)의 경우.

병오(丙午)일, 정사(丁巳) 일주가 여름인 화(火)월에 출생(出生)한 경우, 오(午) 일생일 경우는 오(午)자가 삼위(三位) 즉 셋을 이룰 경우, 자(子)를 불러들여 충(沖) 하는데, 이때 자(子)중의 임(壬)수가 밖으로 나오는데 오(午) 화에게는

관성(官星)이 되는바, 이것을 용신(用神)으로 삼는다. 사(巳) 화의 경우도 마찬가지.

❼. 비천록마격(飛天祿馬格).

록(祿)은 정관(正官)이요, 마(馬)는 말인데 정재(正財)를 뜻한다. 비천(飛天)이란 하늘을 난다는 설명. 해석(解析)을 어떻게 하는 것이 제일 좋을까? 간단하게 은유적(隱喩的)인 표현(表現)을 해보자.

◉ 날아간다는 것은 없어진다는 표현(表現)이요, 눈에 보이지 않는다는 표현.

❖ 비(飛)란?

날다, 날리다, 튀는 것이요, 속도가 너무 빨라 가는 것이 마치 떠도는 형상과도 같은 것이요, 일종의 눈속임과도 같은 형상이다.

날아간다는 것은 보일 경우는 늦게 움직이는 것이요, 안 보인다는 것은 그만큼 몰래 하는 것이요, 순식간에 해치운다는 뜻이다.

❖ 천(天)이란?

하늘이요, 천체요, 행로(行路)다. 즉 운(運)의 행로다. 하늘이란 거역할 수 없는 존재(存在)라 어쩔 수 없는 운(運)의 작용(作用)이다.

☞ 비천(飛天)이란 암충(暗沖)이다.

❖ 록(祿) : 록봉(祿奉)이니 금일봉이요, 급여요, 봉급이다. 열심히 일한 대가(代價)를 받으니 기쁜 것이요, 가족들이 고마워하니 행복이다. 관(官), 벼슬이다. 정관(正官)을 말한다.

❖ **마(馬)** : 말, 큰 것이다. 재물(財物)이요, 재화(財貨)다. 정재(正財)다.

☞ 암충(暗沖) 해오는 지장간(支藏干)이 정재(正財), 정관(正官)이거나, 정관(正官), 정인(正印) 일 때 성립.

☞ 여기에서 말하는 암충(暗沖)은 지지(地支)에서 같은 자(字)가 셋 이상일 때 성립하는데, 지지(地支)가 모두 같으면 더욱 좋다.

☐ 각각의 경우를 살펴보자.

❖ 자(子)가 많을 경우.---오(午)를 충기(沖起)하여 오고

❖ 오(午)가 많을 경우.---자(子)를 충기(沖起)하여 오고

❖ 해(亥)가 많을 경우.---사(巳)를 충기(沖起)하여 오고

사 (巳)가 많을 경우.---해(亥)를 충기(沖起)하여 오고

충이라 하여 부정적인 의미만 있는 것이 아니다. 긍정적인 의미의 해석도 필요하다. 도출이라는 말이다. 여기서 해석이 달라진다. 당신 능력이다.

⇨ 양극즉시음(陽極則始陰)이요, 음극즉시양(陰極則始陽)이다.

사, 오(巳, 午)는 양(陽)의 끝으로 음(陰)을 충기(沖起)하고, 해, 자(亥, 子)는 음(陰)의 끝으로 양(陽)을 충기(沖起)하여 온다.

☞ 사(巳), 오(午), 해(亥), 자(子)의 지장간(支藏干)이 일간(日干)의 록마(祿馬)가 될 수 있기 때문이다.

☞ 비천록마격(飛天祿馬格)은 지지에 같은 자(字)가 셋 이상일 때 성립.

❶

○	○	○	○
子	子	子	○

↳ 지지(地支)에 자(子)가 셋이다.
이때는 ➠ 오(午)를 충(沖)하여 온다.

↳ 정재(正財), 정관(正官), 정인(正印)을 충(沖)하여 온다.

❷

○	辛	○	○
亥	亥	亥	○

↳ 지지(地支)에 해(亥)가 셋이다.
이때는 ➠ 사(巳)를 충(沖)하여 온다.

사 (巳)-해(亥)➠충(沖)이 나오는데 해(亥)수가 하나일 경우는 어떨까? 그것은 장담할 수 없다. 일 대 일이므로 주변의 상황을 살펴야 한다. 그러나 여럿일 경우는 주변의 상황에 별로 개의치 않는다.

※ 군중심리(群衆心理)가 작용, 든든하다. 내가 취할 수 있다. 사(巳)화 속에는 무(戊), 병(丙), 경(庚)이 있는데 그중 무(戊), 병(丙)을 취하니 이것이 정관(正官)이요, 정인(正印)이다.
☞ 여기에서 무엇을 살펴야 할 것인가?
일간(日干)인 신(辛)-금이 자력(自力)으로 정관(正官)과 정인(正印)을 취한 것이 아니다. 지지(地支)에 있는 해(亥)수의 힘을 빌려 취한 것이다.

신 (辛)금의 입장에서는 내가 생(生) 해주는 오행(五行)이니 내가 잘 보살펴주니 은혜를 갚는다고 볼 수 있다. 감투도 쓰고, 표창도 받는다.
◉ 지휘계통에서는 아랫사람이 잘하면 상관도 덩달아 덕(德)을 입는다. 그러나 반대로 그것이 역(逆)으로 흘러 사고나, 뇌물수수 등등 잘못된 결과로 나타난다면 옷을 벗어야 하는 결과를 초래하기도 한다.

❷ 의 경우 이런 사주는, 비천록마격(飛天祿馬格)이 아니더라도 종아격(從兒格)이 성립한다.

▪ 해(亥)-중의 갑(甲)-목까지 가니 좋은 사주다. 그런데 이런 경우 운(運)에서 사(巳)운이 온다면 어떨까? 초전박살 난다.

▪ 근간(根幹)이 다 흔들린다. 이런 경우가 바로 전실이다. 다른 경우를 보자.

❑ 신(申)은 지장간이 무(戊), 임(壬), 경(庚)이다.

○	甲	○	○
寅	寅	寅	○

⇨ 지지(地支)에 인(寅)이 셋이다.
이때는 신(申)을 충(沖)하여 온다.

☞ 편관(偏官)이요, 편인(偏印)이다. 비천록마격(飛天祿馬格)과는 거리가 멀다.

☞ 여기서 유념할 것은 비천록마격(飛天祿馬格)은 체(體), 용(用)이 각각 다른 사(巳), 오(午)와 해(亥), 자(子)가 된다.

❖ 자(子), 오(午)는 원래가 음(陰)인데 양(陽)으로 사용하고,

❖ 해(亥), 사(巳)는 원래 양(陽)인데 음(陰)으로 사용.

❑. 비천록마격(飛天祿馬格) 성립 조건.

❶. 사주(四柱)에 암충(暗沖)에 해당하는 자(字)가 없어야 한다.

❑ 암충(暗沖)의 예를 살펴보자.

○	辛	○	○
亥	亥	巳	亥

⇨ 지지(地支)에 해(亥)가 셋이다.
이때는 사(巳)와 암충(暗沖)이 된다.

⇨ 사(巳)화가 월(月)에 이미 자리 잡고 있다. 충(沖)을 해오지 않는다.

◻ 자리가 없다.

○	癸	○	戊
亥	亥	亥	○

▷ 지지(地支)에 해(亥)가 셋 이다.
이미 무계(戊癸)-합(合)이 이루어졌다.

▷ 천간(天干)으로 이미 합(合)이 성립. 없어야 할 것이 있으니, 정작 필요할 때는 소용없다.

❷. 충(沖) 해 오는 자(字)의 지장간(支藏干)이 일간(日干)의 정재(正財), 정관(正官), 정인(正印)에 해당해야 한다.

◻ 깨끗한 것이 좋다.

○	癸	○	○
亥	亥	亥	○

▷ 지지(地支)에 해(亥)가 셋.
이때는 사(巳)를 충(沖)한다.

▷ 사(巳)화의 지장간(支藏干)이 무(戊), 경(庚), 병(丙)인데 일간의 계(癸)수에게 ➡ 정관(正官), 정인(正印), 정재(正財)이다.

☞ 여기에서 용신(用神)은 무엇이 될까?

견겁(肩劫)이 왕(旺)하므로 해(亥)-중의 갑(甲)-목이 용신(用神).
☞ 여기서도 정(正), 편(偏)의 차이다.
정(正)이면 정도(正道)를 지키며, 자기의 분수를 아니 남의 것을 넘보지 않고 자기 자리만 지킨다. 고로 내가 얼마든지 취할 수 있다. 그러나 편(偏)이 된다면 강가에 매어둔 배다. 이놈도 올라타고, 저놈도 올라타고, 또한 금방의 가락지요, 버스 안의 손잡이다. 대중의 것이요, 먼저 취하는 사람이 임자다.

❸. 충(沖) 되어 사용하는 글자의 지장간(支藏干) 오행(五行) 중에서 어느 한 자(字)라도 사주(四柱)에 있으면 안 된다.

❑ 사(巳)화의 지장간(支藏干)이 무(戊),경(庚),병(丙)이다.

○	癸	○	○
亥	亥	亥	○

⇨ 지지(地支)에 해(亥)가 셋이다.
일단 보이지 않는다.

☞ 이중 어느 자(字)라도 사주(四柱)에 나타나 있으면 안 된다. 격(格)이 성립(成立) 안 되는 것이다.

☞ 육십갑자(六十甲子)중 암충(暗沖)된 지장간(支藏干)이 ➡ 이덕(二德)인 재(財), 관(官)에 해당하는 일주(日柱)는?

| 계(癸) | 신(辛) | 경(庚) | 임(壬) | 정(丁) | 병(丙) | ↘ 6종류. |
| 해(亥) | 해(亥) | 자(子) | 자(子) | 사(巳) | 오(午) | ↗ |

❑ 무늬만 비슷하다고 현혹 되면 안 된다.

○	乙	○	○
亥	亥	亥	○

⇨ 지지(地支)에 해(亥)가 셋이다.
사(巳)화를 충(沖)한다.

일 간(日干) 을(乙)-목과 각각의 지장간(支藏干) 속에 있는 천간(天干) 을 보자. 일간(日干)인 을(乙)목과의 관계를 본다. ➡ 무(戊)토가 정재(正財)요, 경(庚)금이 정관(正官)이다.

☞ 그림은 형성(形成)이 되는 것 같다. 그런데 왜 쓰지 못할까? 사(巳)화가 상

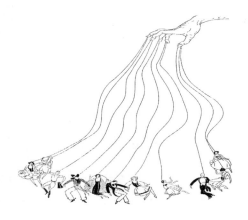

관(傷官)이고, 상관(傷官) 속에 들어있는 재(財)와 관(官)이므로 사용 못 한다.

❹. 암충(暗沖) 하는 글자를 합(合)하거나 충(沖)해도 묶이고, 파괴(破壞)되어 성립하지 않는다.

• 운(運)에서 오는 경우도 마찬가지다.

❑ 이미 밧줄로 꽁꽁 묶여 있으므로, 사(巳)를 충(沖) 하지 않는다.

○	辛	○	○
寅	亥	亥	亥

⇨ 지지(地支)에 해(亥)가 셋이다.
이때는 사(巳)와 암충(暗沖)이 안 된다.

⇨ 몸 따로 마음 따로다. 인(寅)-해(亥)합(合)으로 기인한다.

☞ 다른 면으로, 종재격(從財格)으로 좋은 사주(四柱)가 된다.

❑ 결론은 항상 생극제화(生剋制化)가 우선.

○	癸	○	甲
亥	亥	亥	寅

⇨ 지지(地支)에 해(亥)가 셋.
인(寅)-해(亥)➡합(合)이 성립.

지 지(地支)가 같은 것이 셋 이상이면, 국(局)을 형성하는 것이나 진배없다. 대체로 사주가 좋은 쪽으로 흐르는 경우가 많다.

❺. 종합적(綜合的)으로 살펴보는 예.

☐ 계(癸)수 일간(日干)일 경우.

○	癸	○	○
亥	亥	亥	亥

⊢ 해(亥)월의 계(癸)수 일간.
　　　　윤하격(潤下格)이 성립.

⊢ 여기에서 용신(用神)은 무엇이 될까?

• 해(亥)중 갑(甲)－목이 용신(用神)이 된다. 종아격(從兒格)까지 흘러간다.
☞ 사(巳)화를 충(沖)하여 무엇을 얻을 수 있을까?
무(戊)토 : 정관(正官), 경(庚)금 : 정인(正印), 병(丙)화 : 정재(正財).

☐ 신(辛)금 일간(日干)일 경우.

○	辛	○	○
亥	亥	亥	亥

⊢ 해(亥)월의 신(辛)금 일간.
　　　종아격(從兒格)이 성립.

⊢ 여기에서 용신(用神)은 무엇이 될까?
• 해(亥)중 갑(甲)목이 용신(用神). 종재격(從財格)으로도 연결.
☞ 사(巳)를 충(沖)하여 무엇을 얻을 수 있을까?
　무(戊) : 정인(正印), 병(丙) : 정관(正官)

❏ 경(庚)금 일간(日干)일 경우.

○	庚	○	○
子	子	子	子

▷ 자(子)월의 경(庚)금 일간.

윤하격(潤下格)이 성립.

▷ 여기에서 용신(用神)은?

• 해(亥)중 갑(甲)목이 용신(用神)이 된다.

• 금수쌍청(金水雙淸)이다.

• 종아격(從兒格)으로 흐른다.

• 자(子)수이므로 ➡ 오(午)화를 충(沖)한다.

☞ 오(午)화를 충(沖)하여 무엇을 얻을 수 있을까?

기(己) : 정인(正印), 정(丁) : 정관(正官)

비 천록마격(飛天祿馬格)을 취하는 것이 과연 좋을까?

❏ 임(壬)수 일간(日干)일 경우.

○	壬	○	○
子	子	子	子

▷ 자(子)월의 임(壬)수 일간.

양인격(羊刃格)이 성립.

▷ 여기에서 용신(用神)은?

• 용신(用神) 찾기가 힘들다. 많으면 많고, 적으면 적다.

• 양인(羊刃)이 지나치게 많아 정신없다.

• 자(子)수이므로 ➡ 오(午)화를 충(沖)한다.

(午)화를 충(沖) 하여 무엇을 얻을 수 있을까?

오 차라리 비인(飛刃)을 생각해보는 것은 어떨까? 오는 병(丙), 기(己),

정(丁).

기(己)토 : 정관(正官), 정(丁)화 : 정재(正財)

◻ 정(丁)화 일간(日干)일 경우.

○	丁	○	○
巳	巳	巳	巳

염상격(炎上格)이 성립.

⇨ 여기에서 용신(用神)은?

용 신(用神)을 찾는 자체가 힘들다. 많으면 많고, 적으면 적다.
꽃으로 만족해야 한다. 사(巳)화이므로 ➡ 해(亥)수를 충(沖)한다.

☞ 해(亥)수를 충(沖)하여 무엇을 얻을 수 있을
까?

▪ 해(亥)는 무(戊), 갑(甲), 임(壬)이다.

▪ 갑(甲)목 : 정인(正印), 임(壬)수 : 정관(正官)

◉ 병(丙)화 일간(日干)일 경우.

○	丙	○	○
午	午	午	午

⇨ 오(午)월의 병(丙)화 일간(日干).

염상격(炎上格)이 성립.

⇨ 여기에서 용신(用神)?

▪ 양간(陽干)이므로 양인격(羊刃格)이 성립.

▪ 양인(羊刃) 무격(無格)의 사주(四柱)다.

☞ 자(子)를 충(沖)하여 무엇을 얻을 수 있을
까? ▪ 계(癸)수를 얻지만 너무나 허약(虛弱)하
다. ▪ 유명무실.

◻ 도충(倒沖)록마(祿馬)

정 사(丁巳)일주, 병오(丙午)일주는 각각 양(陽)이 음(陰)을 충(沖) 한다
고 즉 거꾸로 충(沖)을 한다고 ➡ 도충(倒沖)이라 한다.

☞ 결론을 본다면?

신(辛) 계(癸) ▷ 신해(辛亥), 계해(癸亥)일주.

해(亥) 해(亥)

지지와 동일한 해(亥)수를 많이 갖고 있을 때만 성립.

☞ 비천록마격(飛天祿馬格)을 접하다 보면 많은 사항을 느끼게 한다.

꼭 이 격(格)을 살펴본다는 의미보다 더한 느낌이 오는 부분이 있다. 있지도, 보이지도 않는 것을 찾는다는 것이다. 염원(念願)이다. 삶에 있어서도 갈망(渴望)하고, 소망(所望)하고, 희망(希望)하는 것을, 반드시 오는 행복(幸福)을 위해 말이다. 모든 것은 마음먹기 달린 것이다.

☞ 비천록마격(飛天祿馬格)의 성향으로, 사주를 분석. ──────

이 런 사항이라면 다른 경우도 가능할 것이다. 같은 자(字)가 아니지만 합쳐서 한 덩어리나 마찬가지, 추론이 가능하다. 수화상전(水火相戰)이요, 금목상전(金木相戰)이 되는데 이들의 경우를 비교해보자.

❶. 수화상전(水火相戰)의 경우,

지지(地支)에 셋 이상이라 하므로, 방합(方合), 삼합(三合)을 생각할 수 있다. 수(水)는 해자축(亥子丑), 신자진(申子辰)이요, 화(火)는 사오미(巳午未), 인오술(戌)이다. 방합(方合)과 삼합(三合)의 차이에 따라 그 효과(效果)나 대응(對應)하는 결과는 약간씩 차이는 있을 수 있다. 물과 불로만 보는 것이 아니다.

❷. 금목상전(金木相戰)의 경우.

이 역시 방합(方合), 삼합(三合)을 살펴보면 인묘진(寅卯辰), 해묘미(亥卯未), 금(金)의 경우는 신유술(申酉戌), 사유축(巳酉丑)으로 볼 수 있다.

▫ 비천록마격(飛天祿馬格)의 행(幸), 불(不).

▫ 경(庚)금 일간에 인(寅)목은 편재(偏財)다.

○	庚	○	○
申	申	申	申

⇨ 신(辛)월의 경(庚)금 일간(日干).

신(申)이므로 인(寅)목을 충(沖)하는 것이다.

⇨ 정재(正財)가 아니고, 편재(偏財)만 상대하니 사고만 발생한다.

- 바람둥이다. 사주 자체가 견겁(肩劫)이 왕(旺)-하니 재(財)가 있을 자리가 없다.
- 당연히 재(財)가 부족(不足)하다. 또한 경신(庚申)일 자체가 홍염살(紅艷殺)에 해당,
- 여자만 보면 미쳐나간다. 눈이 뒤집어진다.

ㄱ 저 치마만 걸치면 오케이다. 가정적으로 매우 불행(不幸)한 사주(四柱)다. ▪ 대외적으로 어떠한 위치와 부귀(富貴)를 누리는지 몰라도 안에서는 아닌 경우다. 물론 다 그렇다는 것은 아니지만 그런 확률(確率)이 많다.

▫ 예전의 이야기를 생각하여 보자. 다 자식을 위함이다.

○	辛	○	○
亥	亥	亥	亥

⇨ 해(亥)월의 신(辛)금 일간.

종아격(從兒格)이 성립.

⇨ 이 경우는 자식(子息)으로 인해 남자(男子)가 생기는 경우다.

▪ 신해(辛亥)일주(日柱)는 고란살(孤鸞殺)이다. 독수공방하는 것 같지만 그것이 아니다.

◉ 새벽이슬에 젖은 어머니의 버선—자락을 보고 자식이 눈물을 흘리는 형국이다. 이 역시 불행한 경우다.

▪ 관(官)의 자리가 없다. 바람피우는 것이다.

17. 양기상생격(兩氣相生格).

▪ 두 기운(氣運)이 서로가 밀고 당기는 형상(形象)이다. 인수(印綬)가 기운이 왕(旺)해도 결국 그 기운은 일간의 몫으로 돌아온다.

▪ 지나치게 기운이 몰리는 단점(短點)이 나타나는 경우다. 위기(危機)가 기회(機會)가 되고, 기회가 위기가 되는 경우에 해당.

▪ 이 격(格)은 양기상생격(兩氣相生格), 또는 이기상생격(二氣相生格)이라 하는데, 일간(日干)을 기준으로 견겁(肩劫)이 왕(旺)하고, 인성(印星) 또한 왕(旺)한 경우다. 여기에는 오행(五行) 상 전부 해당하므로, 다섯 가지로 분류.

❶. 수, 목 상생격(水木相生格).

수(水), 목(木), 화(火)—운 길(吉)운이고, 토(土), 금(金)—운은 흉(凶)운이다. 수(水)는 인성(印星)이요, 목(木)이 견겁(肩劫)이라 수(水), 목(木)은 자체로 보충, 화(火)는 흐름으로 연결(連結)이 이어진다. 자연 별문제가 없다. 토(土)와 금(金)으로 이어질 경우는 어떨까? 일간(日干)인 목(木)에게는 재(財)와 관(官)이 되는지라 왕(旺) 한 기운에 역행(逆行)하는 경우가 되어 흉(凶)으로 연결된다. 각각 다른 오행(五行) 경우도 이같이 판단.

❷ 목, 화 상생격(木火相生格)

목(木), 화(火), 토(土)운 길(吉)운이고, 금(金), 수(水)운은 흉(凶)운.

❸ 화,토 상생격(火土相生格)

화(火), 토(土), 금(金)-운 길(吉)운이고, 수(水), 목(木)운은 흉(凶)운.

❹ 토,금 상생격(土金相生格)

토(土), 금(金), 수(水)운은 길(吉)운이고, 목(木), 화(火)-운은 흉(凶)운.

❺ 금, 수 상생격((金水相生格)

금(金), 수(水), 목(木)-운은 길(吉)운이고, 화(火), 토(土)-운은 흉(凶)운.

✪ 식상(食傷)격은 비겁(比劫), 식상(食傷), 재성(財星)-운은 길(吉)운, 인성(印星), 관성(官星)-운은 흉(凶)운이다.

• 식상(食傷)은 수기발로(秀氣發路)가 비상하고 재능(才能)이 샘물 같이 솟아나므로 학문, 예술, 기술에 우수한 재능이 있다.

⊙ 편인(偏印), 인수(印綬) 또한 학문(學文), 예술(藝術), 기술(技術)방면에 우수한 재능(才能)이 있다.

그러므로 이 분야에서 두각(頭角)을 나타내어 대업(大業)을 완수할 수 있는 귀명(貴命)이다.

18. 양기상성격 (兩氣相成格).

▪ 이기(二氣)의 구성(構成)

❶ 비겁(比劫)과 재성(財星),

❷ 비겁(比劫)과 관살(官殺)로 구성된 사주 형태다. 양신상성격(兩神相成格)이라고도 한다.

⊙ 서로의 기운(氣運)이 상관관계(相關關係)로 성립(成立)된다는 것을 염두에 두어야 할 것이다.

▪ 나의 입장에서만 보는 것이 아니라, 상대 입장에서도 판단.

주 명(推命)을 함에 있어서 일간(日干)을 중심으로 추명 하는 것이 원칙이다. 당연한 이야기지만 때로는 반대 입장에서도 사주를 보아야 한다. 항상 실수가 생기는 것은 바로 이 원리를 생각하지 않기 때문이다.

▪ 상대가 있어야 내가 존재(存在)한다는 사실이다.

일 간(日干)을 중심으로 보는 것이 원칙(原則)이지만 답답하거나, 답이 안 나올 경우, 거꾸로 한번 뒤집어보면 답이 나온다. 엉뚱한 소리 같지만 한 번 곰곰 생각해 볼 여지는 있다.

❶ 목(木),토(土) 상성격(相成格).

⊙ 목(木)과 토(土)의 관계로 이루어진다.

목극토(木剋土)라 목이 당연히 우세할 것 같으나 전체상황을 보아야 한다. 흙에 매몰되는 경우도 있으니, 양(量)적인 것 보다, 질(質)적인 면도 보아야 한다.

⊙ 그리고 언제 환경(環境)이 바뀌는가 보아야 한다. 운(運)에서의 변화로 주객

(主客)이 바뀐다. 그 시점(始點)을 간파하는 것이 중요하다. 양기격(兩氣格)의 중요한 사항이다. 순응(順應)하고 흐름을 역행(逆行)하지 않는 것이 원칙. 다른 경우도 이와 같은 방법(方法)으로 살피면 큰 실수(失手)는 없다. 수(水), 화(火), 토(土)-운이 길운(吉運)이고, 금(金), 목(木)-운은 흉(凶)운.

❷ 토(土), 수(水) 상성격(相成格)

화(火), 금(金), 수(水)운은 길운(吉運)이고, 목(木), 토(土)-운은 흉운(運).

❸ 수(水), 화(火) 상성격(相成格)

금(金), 목(木), 화(火)-운은 길운(吉運)이고, 토(土), 수(水)-운은 흉운(運).

❹ 화(火), 금(金) 상성격(相成格)

목(木),토(土),금(金)운은 길운(吉運)이고, 수(水),화(火)운은 흉운(運)이다.

❺ 금(金),목(木) 상성격(相成格)

토(土), 수(水), 목(木)-운은 길운(吉運)이고, 화(火), 금(金)-운은 흉(凶)운.

✪ 재성(財星)으로 구성된 양기상성격(兩氣相成格)의 경우.

☞ 정재(正財).

직장(職場), 사업(事業)과 관계되는 일로 능력에 맞는 업무, 적성에 어울리는 직종을 선택하게 된다. 사업을 확장해도 무리하게 추진(推進)하지 않는다. 사업의 기반을 확실하게 다진다.

☞ 편재(偏財)

편재(偏財)의 특성(特性)이 그대로 드러난다. 박력 있고, 남들이 생각하는 이상으로 일을 확장하나, 의외로 성공을 거두는 경우가 많다.

❂ 관성(官星)으로 구성되는 양기상성격(兩氣相成格)의 경우.

☞ 정관(正官)

정관의 특성을 그대로 나타낸다.
고지식한 면이 답답하기는 하나 타의 부러움을 사기도 한다.

☐ 운에서 변화가 올 경우,
• 예기치 못한 상황에 곤욕을 치르기도 한다.

☞ 편관(偏官).

전형적인 야망(野望)의 기질이다. 수단과 방법을 가리지 않고 출세(出世)—지향주의다. 뇌물도 마다하지 않는다. 축재(蓄財)로 부를 누리는 경우도 많다. 말년에 초라한 모습을 보이기도 하나, 대체로 욕(辱)을 먹어도 무난히 지나간다.

☐ 양기상성격(兩氣相成格)의 경우 유의할 점. ──────────

양기상성(兩氣相成)의 경우, 이기(二氣)가 주(主)를 이루므로 보통 비율(比率)을 따진다면 4:4 정도로 표현을 한다. 이럴 경우, 주객(主客)이 전도(顚倒)되는

경우가 종종 생긴다.

그것은 추명을 함에 있어서 체(體)와 용(用)의 구별이 중요하다.

실질적(實質的)으로 필요한 기운이 무엇인가 잘 판단해야 한다.

겉으로 드러난 기운만 보고 판단(判斷)한다면 실수를 한다.

⊙ 자동차가 겉은 멀쩡한데, 엔진에 이상이 있는가 확인해야 한다. 침수차인가 확인하라, 눈텡이 맞는다. 비록 중고차나 성능(性能)이 우수한 경우도 있다.

19. 파재격(破財格).

이 격(格)의 특징(特徵)은 재(財), 관(官), 인(印)이 없다. 천간(天干)과 지지(地支)로의 두드러짐을 말한다. 견겁(肩劫)과 식상(食傷)으로 구성. 일지(日支)에서 파(波)가 형성되어 재(財)가 되는 것을 말한다.

❑ 그리 흔한 경우는 아니다.

○	乙	○	○
午	卯	○	○

➪ 을(乙)목 일간(日干). 시지(時支)의 오(午)는 지장간(支藏干)이 병(丙), 기(己), 정(丁)이다.

➪ 일지(日支)와 시지(時支)가 파(波)를 형성. 오(午)중 기(己)토는 일지(日支)인 을(乙)목의 입장에서는 편재(偏財)가 된다.

재(財), 관(官)운이 오면 길(吉)하고, 형(刑), 충(沖), 파(波), 해(亥)가 되면 흉(凶)작용. 재(財), 관(官), 인(印)중 일부가 있더라도, 이 같은 응용(應用)에 유용한 경우다. 잡격(雜格)을 보는 이유가 이러한 데 있다.

⊙ 조후–관계로 살펴보자. 일반적으로 조후 하면 조습(燥濕)만을 생각하는데 조(燥), 습(濕), 한(寒), 냉(冷), 풍(風)등 많은 경우를 생각할 수 있다.

• 여기에서 외면(外面)되는 것이 풍(風)인데 황사작용의 장본인(張本人)이다.

⊙ 일지와 시지가 파(破)를 형성한 상황인데, 바로 바람으로 인한 작용이 많이 생긴다. 일반적으로 바람하면 봄철의 훈풍이요, 여름철의 열풍이요, 가을철의 시원한 단풍 바람이요, 겨울의 매서운 칼바람을 연상하게 되는데, 이중 봄에는 겨울철의 냉기(冷氣)가 아직 가시지 않은 쌀쌀한 봄바람도 있고, 여름철의 후덥지근한 바람도 있고, 가을의 늦더위 바람도 있고, 겨울의 온기가 남아 있는 바람도 있다.

여기서 바람은 끈적끈적하고, 미덥지근 짜증나는 바람이다.

⊙ 매사 모든 일에 불쾌감을 유발하고 의욕을 저하, 일의 능률을 감소시키는 바람직하지 못한 바람이다.

20. 자오쌍포격(子午雙包格).

자(子)와 오(午)는 서로가 대칭(對稱)하여 마주 보는 수화(水火)형국. 정반대의 위치에 있는 것이라, 마치 대포가 포구를 서로 대치하여 정면으로 향하고 있는 형상을 갖추므로 붙여진 명칭이다.

◻ 격(格)의 구성.

❖ 자(子)가 2, 오(午)가 2
❖ 자(子)2, 오(午)1
❖ 자(子)1, 오(午)2

지 지(地支)가 서로 충(沖)이 되지만 수화기제(水火旣濟)가 되므로 귀명(貴命)이 된다. 자(子)와 오(午)는 서로가 상극(相剋)의 관계이지만, 서로가 시작하여 끝이 나는 관계로 결국 돌고 도는 것이라 서로가 서로를 견제하면서 서로가 없어서는 안 되는 존재다. 오히려 귀(貴)함이 된다.

✪ 인체의 역학관계(力學關係)를 살펴본다면 심장(心臟)은 위에 있고 신장(腎臟)은 밑에 있어 심장의 양기(陽氣)와, 신장의 음기(陰氣)가 서로 보완(補完)의 관계에 있는 것이다.

✪ 신장(腎臟)의 음기(陰氣)는 위로 올라가 심장(心臟)의 양기(陽氣)가 과열되는 것을 억제하고, 심장의 양기는 신장으로 내려와 차가운 기운을 다스려 신체의 원활함을 기한다. 발은 따뜻하게, 머리는 차갑게 하는 것이 바로 이 원리(原理)다.

◻ 수화기제(水火旣濟).

❖기(旣) : 이미, 원래, 처음, 이윽고 라는 의미로 시작을 뜻한다.
❖제(濟) : 건너가다, 빈곤(貧困)이나 어려움에서 구제하다.

기 제(旣濟)는 더 이상의 발전(發展)이 없고, 어려움을 상징한다. 주역의 63번째에 나오는 괘(卦)의 이야기다. 매사에 처음 시작은 의욕(意慾)과 순조(順調)로움 으로 길(吉)하나, 그것이 점차 절정(絶頂)에 이르면 쇠퇴(衰退)하기 마련이다. 꽃도 피고 나면 지는 것이 당연한 이치(理致)다.

◉ 사람이란 누구나 잘나갈 때는 항상 잘나갈 것으로 착각(錯覺)한다. 그저 이대로만 하는 바람이다. 잠시 잠깐 망각(妄覺)하는 것이다.

◉ 자연 교만(驕慢)해지고, 미래에 대한 안목(眼目)이 흐려진다. 해이하여, 앞날에 대한 대비를 못하는 경우가 생긴다.

◉ 이에 대한 경각심(警覺心)이다.

□' 화수미제(火水未濟).

불 이 아래에 있고, 물이 위에 있는 형상이다.

▪ 주역 64괘 중에서 제일 마지막의 괘이다. 아직은 미완(未完)의 상태. 오르고 오르면 못 오를 리 없건만! 하는 식이다.

▪ 여기서 생각하면 물이란 수(水)로 위에서 아래로 흐르는 것이요, 불이란 화(火)라 위로 올라가는 것이다.

어찌 보면 당연한 위치다. 물은 위에 있으니 아래로 내려와야 할 것이요, 불은

밑에 있으니 자연 위로 올라가야 한다. 각자가 서로의 본분을 알고 행(行)하는 것이다. 그리하면 서로가 중간에서 만나는 것이요, 자연 웃으면서 화합(和合)하는 것이다.

▪ 서로가 이심전심(以心傳心)의 뜻을 아는 것. 현재 있는 것은 위치가 뒤바뀐 것이다.

서 로가 그것을 알고 노력, 서로가 자기의 갈 길을 찾아가는 것이다. 그에는 무한한 노력, 인내가 필요할 것이다.

21. 간지쌍련격(干支双連格).

• 사주 간지(干支) 중 쌍(双)으로 연결(連結)된 것으로, 천간(天干)과 지지(地支)가 모두 연결되어있는 것을 말한다.

• 이 격(格) 역시 통변—성의 조직에 따라 즉, 흠이 없어야 한다.

• 복록(福祿)이 나타나는 것으로 천을귀인(天乙貴人)의 작용도 한다.

丙	甲	乙	丙
寅	午	未	午

⇨ 미(未)월의 갑(甲)목 일간(日干).

천간(天干), 지지(地支)를 살펴보자.

천 간(天干)으로 갑(甲)과 을(乙)이 이어지고, 지지(地支)로는 오(午)와 미(未)가 이어진다.

22. 천간연주격 (天干連珠格).

• 년간(年干)을 기준으로 해서 십간(十干)이 순서대로 구성된 경우로, 이 격(格)은 대체로 부모(父母)덕이 많다.

• 통변(通辯)성이 양호하면 현달(顯達)한다.

☐ 양간연주격(兩干連珠格)

辛	庚	己	戊
巳	申	未	子

▷ 미(未)월의 경(庚)금 일간(日干).

천간(天干)을, 지지(地支)를 살펴보자.

▷ 두 개의 천간(天干)이 각각 (상연(相連) : 서로 연결이 이루어진다.) 하여 붙여진 이름.

☐ 사주의 형태를 예를 들어보자.

乙	丙	乙	丙
未	午	未	午

▷ 미(未)월의 병(丙)화 일간(日干).

천간(天干)을, 지지(地支)를 살펴보자.

▷ 년간(年干), 일간(日干)을 살펴보면 천간(天干)이 각각 병(丙)화로 같은 오행 (五行). 음양(陰陽)도 같다. 이같이 천간(天干) 두 곳이 같고 지지(地支)가 상연(相連)즉, 나란히 서로가 연결되는 경우다.

예 에서는 을(乙)과 병(丙)이 각각 둘이 같은데, 이 중 병(丙)-화(火)나, 을(乙)-목(木)만 둘이 같은 경우가 이에 해당, 예를 든 사주는 중복 (重複)이 된 경우다. 귀격(貴格)의 사주로 본다.

23. 지지연려격 (地支連茹格).

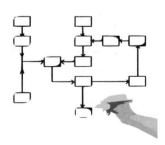

• 네 개의 지지(地支)가 십이지(十二支)의 순서대로 있거나 한 칸씩 건너서 구성된 명식(命式).

• 격(格)은 대체로 인격(人格)이 높고, 의지(意志)가 강(强)하며 운명(運命), 부(富)도 모두 견고. 또한 부귀쌍전(富貴雙全)의 명(命)으로 본다.

丁	庚	丁	庚
丑	子	亥	戌

▷ 해(亥)월의 경(庚)금 일간(日干).
지지(地支)를 살펴보자.

▷ 년(年)-지(地)가 술(戌)인데 월(月), 일(日), 시(時)로 하여 순서대로 나열되듯 구성된 사주.

丁	癸	丁	己
巳	卯	丑	亥

▷ 축(丑)월의 계(癸)수 일간(日干).
지지(地支)를 살펴보자.

▷ 년(年)-지(地)가 해(亥)수인데 월지(月支)가➡축(丑)이요, 일지(日支)가➡묘(卯)요, 시지(時支)가➡사(巳)이다. 각각 한 칸씩을 건너뜀 형국. 각각 공협(拱夾)을 또한 이루고 있는 형국.

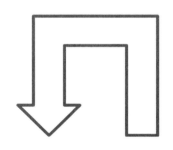 

24. 양간부잡격(兩干不雜格).

네 개의 천간(天干) 즉 년(年), 월(月), 일(日), 시(時) 중 같은 오행(五行)이 두 개씩 나누어져 있는 사주로, 양간부잡격(兩干不雜格)을 무조건 귀격(貴格)으로 봐서는 안 된다. 대체로 일간(日干)이 강(强)한 경우가 많은데 용(用)이 되는 통변성의 역량(力量)이 어떠한지에 따라 대귀(大貴)의 명(命)이 될 수도 있고, 빈천(貧賤)의 명(命)이 될 수도 있다.

25. 삼붕격 (三朋格).

붕(朋)이란? 글자 자체(自體)를 보면, 달이 둘이 어우러져 있는 형상이다. 어찌 생각하면 하늘에 달이 둘이 있을 수 있는가? 하고 생각을 할 것이다. 결국, 하나는 없어져야 한다.

• 흉(凶)적인 면으로 본다면 결국 아무리 친한 친구라도 결국 사라질 때는 하나가 먼저 사라진다는 의미이다.

• 더 흉(凶)한 쪽으로 본다면 결국 친구, 벗, 동료를 제거하여 내가 혼자 존재(存在)해야 인정(認定)받는다는 의미이다.

◉ 다른 의미 즉 상형문자(象形文字)적인 의미로 본다면 조개를 꿰어 맨 형상(形象)이라고 하기도 하는데 어우러져 나란히 서 있는 형상이다. 사이가 좋은 것이니 벗이요, 친구(親舊)이다.

좋은 의미로 본다면 힘을 합하면 못할 것이 없다는 이야기. 즉 붕(朋)자 위에 산(山)이라는 글자를 얹으면 무너질 붕(崩)-자가 된다. 결국, 밑에서 둘이 힘을 합해 커다란 산도 무너뜨린다는 설명.

❏ 일간(日干), 월간(月干), 시간(時干)이 같을 때를 말한다.

년(年), 월(月), 일간(日干)이 같을 경우는 격(格)이 떨어진다고 본다. 삼붕격(三朋格)을 가리켜 최소한 장관급 이상은 틀림없다고 보는 경우가 많은데, 그렇지 않은 경우가 더 많으므로 세심한 감정이 필요하다.

◉ 이 격(格)은 자체로서 일간(日干)이 매우 강(强)하다. 그러므로 이와 균형(均衡)이 맞는 재(財), 관(官)이 강(强)하면 부귀(富貴)의 명(命)은 틀림없다.

그러나 사주의 구성이 천태만상(千態萬象)이므로 경우에 따라, 최악의 빈명(貧命)이 될 수도 있다. 중요한 것은 특수(特殊)-격이라도 통변-성의 조직 여하에 달린 것이지 특수(特秀)격 자체만으로 속단하는 것은 잘못된 방법이다.

◻ 월(月), 일(日), 시(時)의 천간(天干)이 동일(同一)하다.

癸	癸	癸	己
卯	亥	丑	戌

⇨ 축(丑)월의 계(癸)수 일간(日干).
천간(天干)을 살펴보자.

⇨ 이 경우는 어떨까? 기운(氣運)이 지나치게 강(强)하다.

26. 삼기격(三奇格), 삼귀격(三貴格).

사주의 구성에 있어 정재(正財), 정관(正官), 인수(印綬)가 완전하게 갖추어진 형태로 천간(天干)에 나란히 있는 것을 밖에 있다 하고, 지지(地支)에 나란히 있는 것을 안에 있다고 한다. 이것은 천간(天干)과 지지(地支)를 양(陽), 음(陰)으로 구분을 하여 안과, 밖으로 나타내는 것이다.

이 격(格)은 일간(日干)이 신강(身强) 해야 하고 삼기(三奇) 또한 자체적으로, 또는 생조(生助)를 받아 강왕(强旺) 하면 총명(聰明)하고, 건실(健實)하여 최고의 인격자로서 남의 존경을 받고, 평생을 지내면서 재난(災難)이 간혹 있어도 영향을 받지 않으므로, 없는 것과 같으며 부귀(富貴)가 동시에 충만하다. 운(運)의 흐름에 있어 겁재(劫財), 상관(傷官), 편관(偏官), 편인(偏印), 충(沖), 형(刑), 파(破), 해(害), 공망(空亡) 운은 흉(凶)한 운이고, 그 외의 운은 길운(吉運)으로 본다.

🔲 각각의 구색은 다 갖추었다.

乙	丙	癸	辛
未	申	巳	亥

⊳ 사(巳)월의 병(丙)화 일간(日干).

천간(天干), 지지(地支)를 살펴보자.

⊳ 무조건적 판단(判斷)은 금물이다. 흐름을 살펴야 한다.

천간(天干)으로 일간(日干)만 양(陽)이고, 전부 음(陰)이다.

27.육임추간격(六壬趨艮格).

● 이 격(格)은 임일(壬日)-생으로서 생시(生時)가 임인(壬寅)-시(時)일 때 격(格)이 구성된다.

▪ 임일(壬日)-생이 지지(地支)에 인(寅)을 많이 보면, 인(寅) 중의 갑(甲)이 기(己)를 암합(暗合)하여 임(壬)의 관성(官星)으로 하고, 인(寅) 중의 병(丙)화가 신(辛)을 암합(暗合)하여 인수(印綬)를 삼고 인(寅)은 또 해(亥)를 암합하여 임(壬)의 록(祿)이 되어 귀격(貴格)의 명(命)이 된다.

◉ 지혜(知慧)가 깊고, 인자(仁慈)하다.

사 주(四柱) 중에서나, 운(運)에서 관살(官殺)이 있거나, 오면 흉(凶)이 된다.

▪ 사주에 재성(財星)이나 인수(印綬)가 있으면 더욱 좋은 길(吉)명(命)이다.

28.형합격(刑合格).

• 이 격(格)은 계(癸)일-갑인(甲寅)-시(時)를 말한다.

시지(時支)의 인(寅)목이 사(巳)화를 형(刑)하여 사(巳)화의 지장간(支藏干)인 무(戊), 경(庚), 병(丙)을 취한다는 말인데, 계(癸)수 일간(日干)에게는 각각 재(財), 관(官), 인(印)이 되어 삼기(三奇)를 득(得)하는 것이나 마찬가지다.

계 (癸)-일주가 여섯인데 그 중 계묘(癸卯), 계유(癸酉), 계해(癸亥)일 세 일주(日柱) 만을 택해 적용.

☞ 특징(特徵).

계(癸) 일주가 갑인시(甲寅時)에 출생하면 인(寅)이 사(巳)를 형(刑)하여 오

고, 사(巳)는 일주(日主)에게 재관(財官)이 된다. 합록격(合祿格)과 유사하다 보겠다.

⊙ 합록격(合祿格)은 기쁘게 합하여 오는 것이고, 형합격(刑合格)은 강제로 형(刑)하여 오는 것이 다르다.

사 주에 경신(庚申)이 있으면, 형(刑)하여 오는 목(木)을 극(剋)하니 형합격(刑合格)이 성립(成立)하지 않는다.

☞ 무기(戊己)가 있으면 관살이 이미 투출(透出)하여 형합(刑合)하여 올 필요가 없어지므로 형합격(刑合格)이 되지 않는다.

❖ 주색(酒色)으로 인하여 패가망신(敗家亡身)하는 것을 강조한다.

❖ 설상가상으로 칠살(七殺)과 양인(羊刃)이 사주에 있으면 객사(客死)로 취급.

❖ 재성(財星)이 희신(喜神)이 되고, 인성(印星) 또한 희신(喜神)으로 본다.

❖ 경(庚), 신(辛)금이 있어 갑(甲)-목을 충(沖)하고, 극(剋)하면 파격(破格)이 되어 귀(貴)함이 사라진다.

甲	癸	◯	◯
寅	◯	◯	◯

⇨ 계(癸)일 갑인(甲寅)-시(時).

내가 강(强)해야 갑인(甲寅)을 내 것으로 만든다.

甲	己	◯	◯
子	卯	◯	◯

⇨ 천간(天干)으로는 갑기(甲己)합(合)이고,

　지지(地支)로는 자묘(子卯)刑.

◯	丙	辛	◯
◯	子	卯	◯

⇨ 천간(天干)으로는 병신(丙辛)합(合)이고,

　지지(地支)로는 자묘(子卯)형이다.

ㅁ.간합지형격(干合支刑格).

- 일간(日干)은 간합(合)을 형성,
- 일지(日支)는 일간(日干)과 간합(合)되는 지지(地支)와 형(刑)을 이루는 형태의 격(格)이다.

⊙ 천간(天干)은 겉으로의 나타남이요, 외형적(外形的)인 상태.
⊙ 지지(地支)는 속으로의 모습이요, 내적(內的)인 상황이다.

❏ 천간(天干)-합(合), 지지(地支)-형(刑)의 형태를 이룬다.

○	甲	己	○
○	戌	未	○

⇨ 천간(天干)으로 갑기(甲己)합을 이룬다.
　 지지(地支)로는 형(刑)을 이룬다.

○	辛	丙	○
○	卯	子	○

⇨ 천간(天干)으로 병신(丙辛)합을 이룬다.
　 지지(地支)로는 자묘(子卯)형(刑)을 이룬다.

이 격은 주(酒)와 색(色)을 주로 말하는데, 거기에 첨가한다면 잡기(雜技)에도 관련된다.

- 사행심리(射倖心理)가 강(強)하다. 이성(異性)-관계로 연관 지어지는데, 난잡함으로 모든 것을 잃어버리는 형국(形局)이다.
- 건강 또한 문제로 야기되는 경우가 많다.

✪ 간합지형(干合支刑)이란?

• 천간(天干)으로는 합(合)을 이루고 지지(地支)로는 형(刑)을 이루는 경우.

위와, 아래가 서로 상반(相反)된 길을 가는 것이라, 결코 좋다 볼 수 없는 일이다.

▪ 천간(天干)은 시작이요, 지지(地支)는 결과라, 시작은 좋은데 결과가 나쁜 것이다. 서로 좋아할 때는 환장 하더니, 헤어질 때는 서로가 막가는 식이다.

매 사 일이 어그러지고, 사고가 자주 발생하고, 흉사가 많다. 바람을 피워도 성병에 걸리는 것이요, 성관계를 해도 임신한다.

출산(出産)해도 유산하는 것이요, 오돌뼈를 먹다가 이빨이 부러지는 것이요, 새 옷 입고 가다가 넘어져 옷을 버리는 것이요, 초행(初行)인 여행길에 네비가 고장을 일으키는 것이다. 인간관계(人間關係)에 덕(德)이 없는 것이 특징(特徵). ☞ 수신제가(修身齊家)를 항상 염두에 두고 생활 해야한다.

ㅁ.**천지합덕격**(天支合德格).

☐ 천지합덕격(天支合德格)이란?

천 간(天干), 지지(地支)가 각각 합(合)을 이루는 것.

• 이때 천간(天干), 지지(地支)가 한 기둥에 위치, 천간(天干)은 천간(天干)끼리 지지(地支)는 지지(地支)끼리 합(合), 각자가 상합(相合) 하는 것.

甲	己	○	○
子	丑	○	○

⇨ 천간(天干)으로는 갑기(甲己)-합(合)이고,

지지(地支)로는 자축(子丑)-합.

⇨ 천간(天干)으로는 병신(丙辛)－합(合)이고,

　　지지(地支)로는 묘술(卯戌)－합.

⇨ 천간(天干)으로는 정임(丁壬)－합(合)이고,

　　지지(地支)로는 자축(子丑)－합(合).

모든 합(合)이 그러하듯 일단 일주(日柱)를 기준, 시(時)와 합(合)을 이루는 것이 가장 힘이 강하다. 이유는 일(日), 시(時)는 앞으로의 모든 희망(希望)을 간직하고 사는 연유다.

❂ 월과 비교하면 부모와 자식(子息) 간의 시간적(時間的) 개념(槪念)에는 거의 비슷하다. 그러나 내가 양육(養育)당하는 어린 시절에서 성숙(成熟)하는 그 시간, 내가 자녀(子女)를 양육하며 지내는 그 시간과는 길이는 비슷하나 그 개념(槪念)이 다르다.

❂ 내가 성숙하는 기간은 내가 부족(不足)하여 모르고 지내는 시간이 많지만, 내가 성장(成長)하여 지내는 시간은 그 차이가 있다. 부모(父母)와 같이 지내는 시간과 성인(成人)이 되어 자녀(子女)를 옆에 두고 지내는 시간(時間)과는 기간(期間)은 비슷하지만, 농도(濃度)가 다르다.

그래서 일(日)과 시(時)의 관계가, 일(日)과 월(月)보다는, 일(日)과 년(年)보다는 차이가 있고, 농도(濃度)에서 일간(日干)의 입장에서 차이가 난다. 그래서 강약(强弱)의 분별을 한다면 일(日), 시(時)쪽에 더 비중(比重)을 둔다. 그것이 상급(上級)이다. 그 다음은 차급(次級). 그리고 일간과 관계없이 월, 년이 각각 상합(相合) 한다 해도 그 변화(變化)를 잘 주시, 결과(結果)를 본다.

29. 사위순전격(四位純全格).

- ❋ 사중(四仲)-----(子午卯酉),자오묘유, 사위순전격(四位純全格)
- ❋ 사맹(四孟)-----(寅申巳亥),인신사해, 사맹순전격(四孟純全格)
- ❋ 사고(四庫)-----(辰戌丑未),진술축미, 사고순전격(四庫純全格)

☞ 지지(地支)에서 각각 네 지지(地支)가 세트로 갖추어진 경우.

사위순전격(四位純全格)은 대 부귀(富貴)의 발전, 빈천(貧賤)하게 되는 양면성(兩面性)을 띠고 있으며, 육친(六親)에 덕(德)이 없음 또한 큰 흠(欽)이다.

☞ 사주 구성 자체가 충(冲)이 겹쳐 있는데, 이를 해소(解消)하는 합(合)이 없으므로 흥망성쇠(興亡盛衰)가 빠르게 나타난다.

❶. 사정격 (四正格), ─사위순전격(四位純全格).

☐ 년, 월, 일, 시에 자(子), 오(午), 묘(卯), 유(酉)를 갖춘 경우.
또는 사중격(四仲格)이라 한다.

☞ 지지에 子(자), 午(오), 卯(묘), 酉(유)가 완전히 갖추어진 格(격)으로 문학 방면에 소질이 있으며, 통변─성의 배치가 양호하면 대─부귀의 명이다.

☞ 사정(四正)은 12 운이 모두 沐浴(목욕)에 해당하므로 주색(酒色)에 탐닉하여 ─身(일신)을 망칠 가능성이 많다.

• 특히 女命(여명)은 음탕(淫蕩)하므로 修身(수신)에 힘써야 한다.

• 남명(男命)에서 양인(羊刃)이 어디라도 있으면 관재(官災)가 많이 일어난다. 흥망성쇠(興亡盛衰)가 많다. 길(吉)로 작용하면 대성(大成)하는 팔자다.

❷. 사생격(四生格)──사맹순전격(四孟純全格).

❏ 년, 월, 일, 시에 인(寅), 신(申), 사(巳), 해(亥)가 완전히 갖추어진 격(格)으로 총명(聰明)하며 통변(通辯)─성의 배치가 양호하면 비상한 발전을 할 명(命)으로서 최고(最高)위에 오를 수 있다.

조 직이 다소 불량하더라도, 군인이나 정치가가 되면 대권(大權)을 장악할 수 있다. 발달(發達)도 급속히 빨리 나타나지만 쇠(衰)함도 빠르다. 속전속결의 의미.

☞ 전체적인 면을 살펴보면 충(沖)과 형(刑)의 연속. 안개 속에서는 아무것도 보이지 않는다. 가까이 다가서서 볼 때 정확하게 보인다.

☞ 크게 성공한다는 것은 극히 일부분에 한정된 사람들의 이야기다.

• 보통 사람들의 경우, 사생격(四生格)을 갖춘 경우, 환란(患亂)이 많으며 변동(變動) 수가 심한 경우가 대부분.

 • 사주가 양호하지 않을 경우, 힘들거나, 위험한 일 등에 종사하는 경우가 많고, 변화가 많아 깊게 고심한다.

☞ 큰 욕심(慾心)을 버리고 작은 일에도 정성(精誠)을 다하는 것이 만사가 형통하는 길.

• 특히 여성의 경우는 엉뚱한 생각으로 자신의 역량(力量)을 지나치게 과신(過信)하여 들뜨는 경우가 많아 침착성이 요구된다.

• 대인관계에서의 실수가 연발 . 이성(異性)─관계에서도 여성스러움과 겸손(謙遜)함이 필요.

❸. 사묘격(四墓格), 사귀격(四貴格)—사고순전격(四庫純全格).

년 , 월, 일, 시에 진(辰), 술(術), 축(丑), 미(未)가 완전히 갖추어진 격(格)으로 집착執着)이 강하다.

☞ 사주의 구성(構成)이 양호하면 대부(大富), 대귀(大貴)로서 장관급 이상 될 자격이 있다. 그러나 조합(調合)이 좋지 않으면 시작은 좋아도 끝이 좋지 않거나, 일찍 죽는다. 남녀불문(男女不問), 자식(子息)—복이 박하다.

여 명(女命)의 경우, 약점(弱點)을 이용 강압적인 성희롱이나, 성폭력을 당하는 경우도 있기 쉬우므로, 자녀에 특별한 관심(觀心)이 필요하다.

☞ 자신(自身)의 지나친 욕망(慾望)을 이루기 위해 혼탁한 물에 뛰어드는 우(愚)를 범하지 않도록 항상 도덕적(道德的)인 교육(敎育), 인성(仁聖)교육에 치중해야 한다. • 적성이나 능력에 맞는 업종을 선택, 발전적인 분야에 시간이 걸려도 노력, 성취하는 일에 보람을 느끼도록 해야 한다.

뜬 구름을 좇는 이상적(理想的)인 향수(鄕愁)에 몰입하지 않도록 해야 한다.

• 일시적인 인기나 상승으로 인한 뜬구름 현상에 자신을 제어하지 못하고 환락과 망상에 사로잡혀 마약 및 불미스러운 행동으로 인한 사회적인 질타를 저심해야 한다. 뛰어드는 자체도 문제지만 뒷감당이 어려운 것이다.

색 인

통변의 길-4

신통방통 격국 통변

엮은이 / 한명호
펴낸이 / 한원국
펴낸곳 / 두원출판미디어
강원도 춘천시 후만로 116번길 2
☎ 033) 242-5612, FAX 033) 251-5611
Cpoyright ⓒ2024.01.02,by Dooweon Media Publishing Co.

| 판권 본사 |
| 소유 의인 |

이 책의 내용은 저작권법에 따라 보호받고 있습니다.

판권은 본사의 소유임을 알려드립니다.
등록 / 2010.02.24. 제333호
♣ 파본, 낙장본은 교환하여 드립니다.
유튜브: 원담역술원,
한명호의 댄스아카데미
♣ E-mail :doo1616@naver.com
초판 1쇄 2024. 01. 09
ISBN 979-11-85895-34-5

정가 30,000 원